国家出版基金项目
NATIONAL PUBLICATION FOUNDATION

吴敏霞等 編著

陝西碑刻文獻萃編

唐五代卷（中）

中華書局

本册目録

230.707　武懿宗墓誌

説 明

唐景龍元年（707）十一月刻。誌、蓋均正方形，邊長均90厘米。蓋文5行，滿行4字，篆書“大唐故懷」州刺史贈」特進耿國」公武府君」墓誌之銘」”。誌文楷書29行，滿行28字。蘇頲撰文。蓋四殺飾纏枝花紋，四側飾卷雲紋；誌四側亦飾纏枝花紋。西安市出土，具體時、地不詳。現存西安博物院。《隋唐五代墓誌滙編》《全唐文補遺》著録。

大唐故懷州刺史贈特進耿國公武府君墓誌銘并序
尚書考功郎中蘇頲撰

釋文

大唐故懷州刺史贈特進耿國公武府君墓誌銘并序」

尚書考功郎中蘇頲撰」

公諱懿宗，太原文水人也。則天大聖皇后從父昆弟之子」，周文穆皇帝之曾孫，行臺左丞追贈太子太保蜀王之孫，倉部郎中追贈」河内王之子。昔后稷公劉之累仁，文考武王之丕命，前史書之備矣」。先后于彼新邑，造我舊周。光宅四表，權制六合。本枝旁蔭，維岳降精，公實」稟焉，德成而上。始以門調補太子右千牛備身、澤州司法參軍事、泉州司」兵參軍事、都水監丞，封六安縣開國公，食邑一千户。三爲水衡都尉，二爲」司農卿，一爲殿中監。天授建元之初，朝廷從鼎之義，乃分太社，俾侯東藩」，封河内郡王，食邑五千户。復爲左右金吾大將軍，三爲司屬卿，三爲洛州」長史，歷魏、汴、同、許四州刺史，三爲懷州刺史，一拜營繕大匠，一爲神兵軍」大總管。神龍初，皇帝慕堯撫運，祀夏乘曆，降爵爲公，徙封於耿，仍食」邑三千户。轉太子詹事，重牧于懷。神龍二年六月十八日，遘疾薨長安之」延壽里第，享年六十六。追贈特進，賜物三百段，米粟二百石。喪事官給，葬」日，量借帳幕手力，仍令京官五品一人檢校。嗚呼哀哉！公始則高潔清明」之量，畏威持重之望。百鍊無以比其鋒，三傾無以侔其狀，參乎粵不可測」已。於是達乎政體，閑乎國章，人有舉直，物無干峻。卑位養能，大機駿發。惟」月之序，登用九卿；仁風其揚，作爲九牧。擿伏而尹河是寄，詰奸而式道有」光。皆爲代垂範，自公俾乂。暨林胡作患，草竊幽燕，師兵總乎出律，料敵期」乎善戰。無不列在史官，藏之王府，其餘可略而詳矣。公憲章惟古，文武在」躬。動則斯通，靜而能鎮。失得沿理，曾忘怵惕。範圍滿慮，必戒驕矜。知微知」彰，有始有卒者，公之謂矣。故門惟鼎食，居若布衣。孰云達觀，不享難老。粵」以其年十一月廿六日祔于京城南舊塋，禮也。路車此贈，俾秦詩之多感」；甲騎紛如，猶漢臣之寵數。渭城東望，終岳南臨。草芸黄而有風，松暗漠而」無景。宛其永往，共盡何言。有子鴻臚丞履貞等八人，泣血長號，因心撰美」。其銘曰」：

崇崇戚閈，休有其光。夙奉邦國，久而弥芳。葬之中野，于何彼蒼。身與代隔」，名與風翔。飛飛旌旐，摇落煙霜。永託玄夜，空聞白楊」。

景龍元年歲次丁未十一月乙未朔廿六日庚申」

按

誌主武懿宗，武則天堂侄，兩《唐書》有傳。本誌所載，雖多有夸美掩飾之辭，然述其生平、任職，亦十分詳細，可補史之闕。

231.708　韋君夫人皇甫維摩墓誌

説明

唐景龍二年（708）正月刻。蓋盝形，誌正方形。誌、蓋尺寸相同，邊長均63厘米。蓋文3行，滿行3字，篆書“大唐故」滑國夫」人誌銘」”。誌文楷書29行，滿行29字。蓋四殺及誌四側均飾纏枝花紋。出土具體時、地不詳。現存西安交通大學博物館。《西安交通大學博物館藏品集錦——碑石書法卷》著録。

釋文

□唐故工部尚書滑國公韋府君夫人故滑國夫人皇甫氏墓誌銘并序」

□國夫人諱維摩，字歸正，安定朝那人也。幼標聰察，長高令範。靈姿外豐，神」□内正。然其爲淑也，焕乎若梁閒之朝日；然其爲德也，散乎同林下之清風」。信稱閫内之師，豈獨女中之最者矣。第如門承簪黻，家滿龍鳳。舄弈千載，備」諸圖諜焉。曾祖對，周京兆正，累遷虞和懷三州諸軍事、懷州刺史，進爵杜縣」開國侯，食邑三千户。稟質嶷矣，有孚攣如。閉户淫書，得先君之糟粕；虚己應」物，爲後進之衣冠。固能與天子而共化，方諸侯而等列。昔稱良二千石，斯之」謂歟。祖毅，隨汝州期城縣令，光州司馬。丹石爲操，冰泉厲己。掌三變之文律」，作八宏之武庫。廊廟之下，詎用其材；州縣之中，徒汙其行。惜哉！偉器沉於下」僚。父玄亮，皇朝應孝廉舉，解褐爲左衛兵曹參軍，尋遷通事舍人。秩滿，除岐州岐山縣令。申恩孩□，肩德懲姦。聞絃歌之聲，若子游也；觀鳥獸之異，如魯」恭也。緫衆己以爲善，縮一同而闡化。雖年移歲謝，地是人非，而故吏門生，懷」恩佩德，詢諸風化。至于今稱之夫人即公之次女也。酷嗜章句，耽翫經籍。假」使謝韜之詞高飛雪，蔡琰之識洞聞琴，殆無以過也。洎乎爰至待年，歸于韋」氏。既遭良匹，方蹈禮儀。恭慎之心，敬如賓客。唱和之道，順若陰陽。既而晚歲」所敦，堅持釋教。或禪庭寂慮，累日忘歸；或精室降心，則通宵不寐。嘗縱容謂」府君曰：人之生也其能幾何？夫卷俗背時，精心練行。妾未之逮而有志焉，願」與公釋煩惱之津，居清戒之域耳。府君聞焉，太息，欲之而未能致也。尋而府」君薨，夫人遘疾。嗚呼！大志不諧，小年俄晚。星月增色，收精魄於上天；琴瑟無」聲，失威儀於内則。春秋七十有五，以景龍元年十二月七日終於宣平之私」第也。豈直左右聳念，遠近興感。亦迺流慟宫掖，軫悼皇情而已哉。有」制追贈滑國夫人，仍申吊祭。并贈絹二百匹，葬事官給焉。悲夫！隔以幽明，須」遵禮矣。卜其宅兆而安措之，即以明年歲在戊申正月乙未朔廿七日辛酉」合葬于京兆少陵原先塋，禮也。有子□等，材具秀狀，道映今古。有懷大孝，無」異少連。其摧剥也，痛過乎戚；其攀慕也，禮過乎哀。以爲樹德興名，必資刊勒」。銜酸飲淚，俯託銘云。其詞曰」：

爰有殊邈兮遭良匹，琴瑟諧和兮閨闈密。忽一化掩瓊質，豈三千兮見白日」。身既歿兮名既存，烏亦飛兮兔亦奔。幽隧寂兮荒野曠，草縈骨兮木斂魂。容」言德行兮永已矣，朝朝暮暮兮煙雲屯」。

按

史籍中，有關女性佛教信仰的記載少之又少。該誌記載誌主皇甫維摩晚年篤信佛教之事，對研究唐代女性佛教信仰具有一定的資料價值。此誌出土地域不詳，據墓誌“合葬于京兆少陵原”，當出土于今西安市長安區杜陵原。

232.708　辛節墓誌

辛公
墓誌

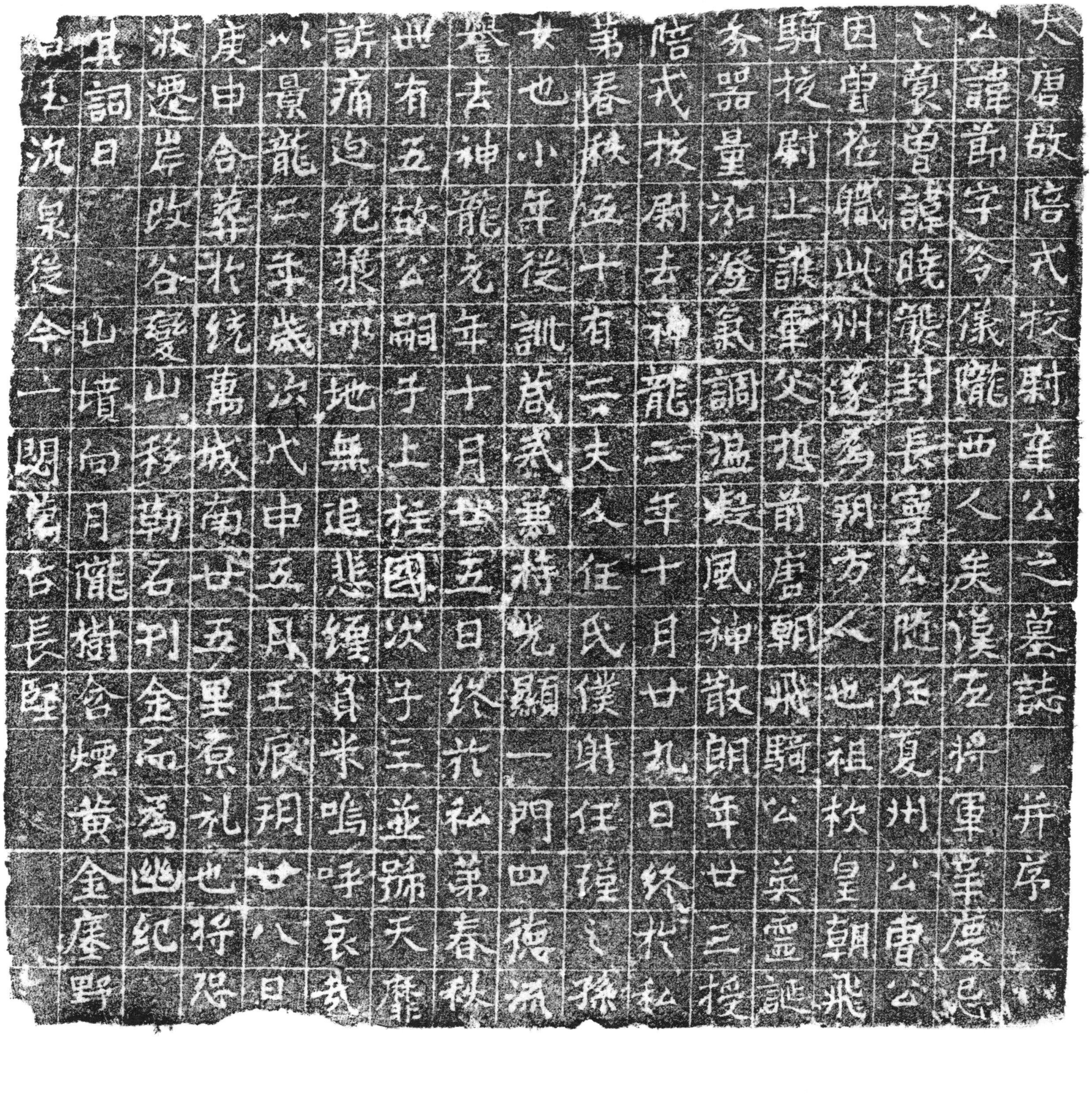
大唐故陪戎校尉辛公之墓誌并序
公諱節字令儀隴西人矣漢左将軍辛慶忌
之裔曾諱曉襲封長寧公隨任夏州公曹公
因官在職此州遂為朔方人也祖秋皇朝飛
騎校尉上護軍父抱前唐朝飛騎公英靈誕
秀器量淵凝氣調溫殷風神散朗年廿三授
陪戎校尉去神龍二年十月廿九日終於私
第春秋五十有二夫人任氏僕射任瑝之孫
女也小年從訓箴義兼持光顯一門四德流
譽去神龍元年十月廿五日終於私第春秋
卌有五嗣子上柱國次子三並孫天靡
訴痛追絕漿叩地無追悲纏肖米鳴呼哀哉
以景龍二年歲次戊申五月壬辰朔廿八日
庚申合葬於統萬城南廿五里京禮也將恐
淪遷岸改谷變山移勒石刊金而為幽紀
其詞曰　山墳向月隴樹含煙黃金塵野
白玉沉泉從今一閟萬古長堅

説明

唐景龍二年（708）五月刻。蓋盝形，誌正方形。誌、蓋尺寸相同，邊長均41厘米。蓋文2行，滿行2字，篆書“辛公」墓誌」”。誌文楷書17行，滿行17字。有界格。蓋四周飾十二生肖圖案，四殺飾牡丹花紋；誌四側飾四神圖案。20世紀90年代後靖邊縣紅墩界鄉圪坨河村出土。現存榆林市文物保護研究所。《全唐文補遺》《榆林碑石》《新中國出土墓誌（陝西叁）》著録。

釋文

大唐故陪戎校尉辛公之墓誌并序」

公諱節，字令儀，隴西人矣。漢左將軍辛慶忌」之裔。曾諱曉，襲封長寧公，随任夏州公曹。公」因曾莅職此州，遂爲朔方人也。祖杸，皇朝飛」騎校尉、上護軍。父哲，前唐朝飛騎。公英靈誕」秀，器量泓澄，氣調温凝，風神散朗。年廿三，授」陪戎校尉。去神龍二年十月廿九日，終於私」第，春秋五十有二。夫人任氏，僕射任瑾之孫」女也。小年從訓，箴戒兼持。光顯一門，四德流」譽。去神龍元年十月廿五日，終於私第，春秋」卌有五。故公嗣子上柱國，次子三，並號天靡」訴，痛迫絶浆；叩地無追，悲纏負米。嗚呼哀哉」！以景龍二年歲次戊申五月壬辰朔廿八日」庚申，合葬於統萬城南廿五里原，礼也。將恐」波遷岸改，谷變山移。勒石刊金，而爲幽紀」。其詞曰：

山墳向月，隴樹含煙。黃金瘞野」，白玉沉泉。從今一閟，萬古長堅」。

按

此誌刻于唐景龍二年，唐中宗李顯即位之三年。唐代自690年武則天改國號爲周之後，至705年亦即神龍元年唐中宗復位，期間爲武周時期。故此誌稱其父爲“前唐朝飛騎”，亦即武周之前之唐朝。

233.708　韋洵墓誌

説 明

唐景龍二年（708）十一月刻。蓋盝形，誌正方形。誌、蓋尺寸相同，邊長均102厘米。蓋文4行，滿行4字，篆書“大唐贈益」州大都督」汝南王韋」君墓誌銘」”。誌文楷書54行，滿行53字。李嶠撰文。蓋四殺飾動物圖案及纏枝花紋，四周飾牡丹花紋。20世紀90年代初長安縣韋曲出土。現存西安市長安博物館。《長安碑刻》《長安新出墓誌》著録。

釋 文

大唐贈吏部尚書益州大都督汝南郡王韋府君墓誌銘并序」

中書令修文館大學士監修國史上柱國常山郡開國公臣李嶠奉敕撰」

臧否共域，神靈虧降鑒之明；吉凶同流，天壤失財成之契。觀大運之紛糾，語常名之踳駁。禍淫福善之説，空著箴規；陰修陽報之言，卒成河」漢。終使物理迴互，生涯夭閼。蘭薰桂馥，與蕭艾而俱焚；璧潤璣明，逐泥沙而共隕。萬化於是乎匹其芻狗，百齡於是乎随其木鴈。永言人事」，良可悲夫。王諱洵，字深規，京兆萬年人也。昔軒轅之南遊建木，垂黼黻而朝百靈；顓頊之北至幽陵，戴干戈而平九土。陶唐接於夏御，周晉」連於商伯。光靈相襲，八才登而馬喙生；勳業共昌，四牡出而龍旂耀。徙珪璜於鄒甸，興紱冕於秦域。雙台繼美，緇服改而逾新；二牧象賢，彤」襜輟而還駕。侍中乃比良均直，僕射則懷經蓄藻。麾幢棨戟之盛，熏灼五侯；鍾鼎軒裳之榮，包含七貴。地業隆於寓内，家風被於天下。立崑」丘之圓柱，不能齊靈閬之高；浮渤海之方壺，未足比長源之濬。况復祥開洽渭，慶溢河洲。鄉園下枕於白亭，門户上連於紫極。與夫」塗山啟國，基趾不隆於夏朝；嬀汭疏宗，波瀾殆絶於虞運。方其等级，豈可同年而語哉。曾祖才，随儀同三司、左武候驃騎將軍、坊州刺」史、恒安縣開國伯。太階鄰極，法三銥之儀制；上將開府，横八屯之武威。六條而皀蓋朱軒，七命而丹書白馬。祖弘表，随左千牛。義寧初，立」功授游騎將軍、曹王府典軍。仍聽致仕，贈特進、揚州大都督、魏國公，食邑三千户。陪紫殿之列，奉黑衣之衛。收功於草昧之運，謝病於光華」之朝。曳組疇荊棘之勞，懸車遂里閭之請。東海黄金之座，遽失歡娱；北邙青檟之墳，空延寵飾。考玄貞，少嘉隱遁，不從州郡之舉；晚遇牽」迫，起爲普州參軍。道不偶時，弃官從好。及娀臺受聘，丙殿承恩。爰降殊私，授豫州刺史。尋遇飛禍，薨於嶺外。追贈太師、雍州牧、益州」大都督、上柱國、酆王，謚曰獻惠，葬榮先陵。敏學豐才，含章通理。白雪高韻，青霞奇節。法喬卿之幽賞，恒在北山；謝安石之良遊，每居東岫。觀」五湖而長往，飲三江而不出。朱絲坐縶，始屈參卿之班；紫紱行垂，俄承剖符之委。既而恩宣入□，政緝下車。少年受檄而捐刀，暴客聞風而」守劍。耆老則一書緘惠，京師則九里蒙福。魏少英之政術，連最三河；荀伯儵之吏能，孤標六郡。方膺緣鶴之舉，忽從禦魑之罰。河間側望，思」贈寶而無階；澤畔行吟，痛懷沙而不返。遭随無朕而偶會，否泰有時而消復。逢乾坤之再造，遇日月之重光。雖寶曆承平，撫蘿圖而」凝睟；而玉衣銜疚，思桂林而掩泣」。天子懷至誠於金屋，念非罪於銅標。爰歸鄧氏之還，式寵梁侯之贈。析珪踰邵杜之邑，盤石掩齊梁之宇。尚父師周之号，仍託鹽梅」；昭陽冠楚之名，更期韜略。迴鳳綸於紫闥，耀龜鈕於玄扉。光寵之隆，哀榮莫二。王即獻惠王之長子，順天翊聖皇后之母弟」也。紫溪銛鍔，丹山逸翰。氣將衝斗，飛欲沖天。謝室芝蘭，未能齊其芬馥；王門珠寶，豈得比其光價。天機穎晤，雅調高奇。踐中郎之庭，而文彩」駿發；登司隸之座，而聲華藉甚。加以五行俱下，兩字不遺。入周廟而理圖書，昇孔堂而聽絲竹。兼通人之博識，擅益友之多聞。讀楓江之碑」，懸得指趣；觀栢寢之器，暗詳年月。至若書稱窺藁，藝是唐杯。究迴鸞返鵠之奇，殫落鴈啼猨之巧。一驕一笑，起奔電於仙壺；百局百平，駐良」辰於秋弈。造微咸達其旨，觸象皆臻其妙。永隆二載，天衢大亨。畫堂開帝子之宫，朱邸列皇孫之府。妙擇英俊，以爲寮属。有敕命王」爲皇孫府從事。晨瞻青瑣，暮奉緑車。陪楚館之朝雲，扈梁臺之夜月。披丹獲賞，方侍從於西園；變白生灾，忽流漣於南徼。文明之始，随酆王」徙居欽州。委形趍断髪之鄉，垂翅踐跕鳶之路。軺軿不息，分随西北之雲；章甫何爲，空泛東南之水。將漢罪而俱謫，與虞遷而並放。讒能害」善，宋玉招魂而不歸；憂實傷人，孝章永年而無術。春秋廿，以如意元年三月十三日薨於欽州之旅館。嗚呼哀哉！寄命荒陬，埋魂異域。鳥」氓龍子，導九譯而纔通；魚䰰豚羹，經四時而莫饗。温序悲他鄉久客，既軫皇情；文泉乞歸葬本塋，遂承天造。神龍元年，乃下」制，贈吏部尚書，追封汝南郡王。仍令所司備禮，迎還京邑。黄金刻璽，白玉垂璫。以慰蒿里之長辭，以寬椒庭之永恨。珠崖敻絶，石門」深阻。昔年人去，逐南海之飛鵬；今日喪還，随北河之旅鴈。迢遰三越，飄颻萬里。蒼梧白馬，將臨鐵鳳之城；紫厩玄龍，暫下銅人之路。驅五營」而式道，制千官而扈蹕。儀瞻象物，奠委虚樽。痛感百靈，哀纏二御。哭泣之位，上連星象之精；慘悽之容，下變煙雲之色。雖」恩榮已備，而感悼踰深。乃下制，更贈

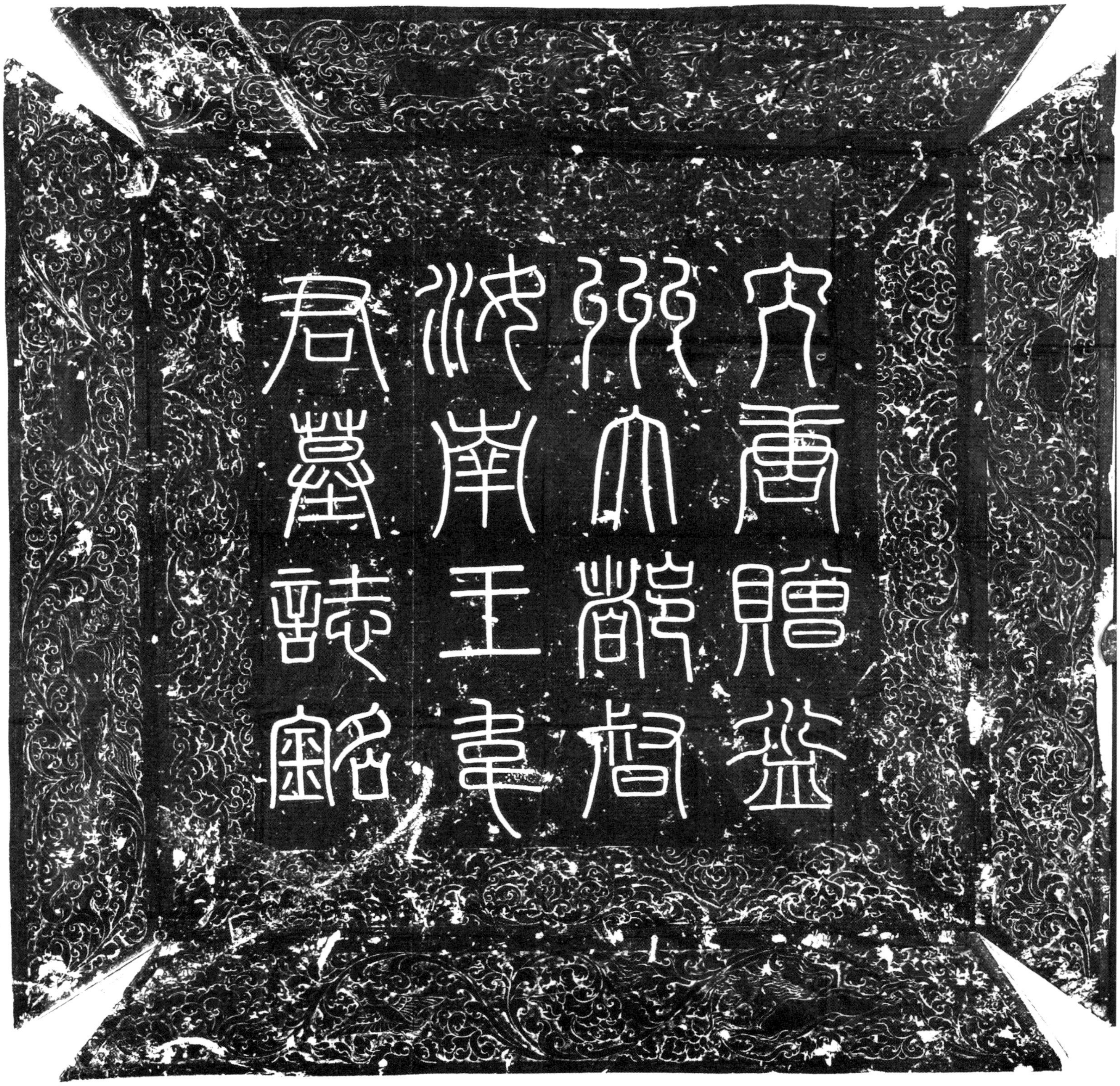
大唐贈益
州大都督
汝南王韋
君墓誌銘

使持節益州諸軍事、益州大都督，給東園祕器，絹布各一千段，粟麦各五百石。衣九襲，權於右」金吾衛安置。葬日，給班劒卌人，羽葆鼓吹儀仗送至墓所往還。仍令禮部尚書彭國公韋温、太子詹事兼知左金吾衛大將軍陳國公陸頌」、祕書監嗣虢王邕、中大夫試雍州司馬崔日用等監護葬事，緣葬所用，並遣官供。惟王多藝多才，有文有武。被服仁義，同旋禮樂。謙恭孝友」，將是脩身之基；翰墨文章，以爲賞心之具。丱歲而不遊紈綺，童年而遍窺經籍。是以朝端發譽，戚里推高。豈唯四姓小侯伏其才行，故亦九」功元宰稱其俊傑。方當翻飛槐棘，雅步衣簪。振鵷鷺之羽毛，受夔龍之爵位。顔苗何負而不秀，孔樹何辜而先伐。茫茫天道，靈均曾問而不」言；杳杳靈心，蕭遠經論而未辯。冥漠空尔，嗚呼痛哉！二聖以王瓊樹早凋，鏡臺無匹。求故事於漢府，得遺塵於魏宫。用擇高門，冥婚」蕭氏。即銀青光禄大夫、行中書侍郎、同中書門下三品、監修國史、上柱國、酇國公至忠之第三女也。族華人秀，姿麗才高。婉嫕端莊，美任蘭」之早慧；閑和懿淑，惜曹瓠之無年。不將蒕草共芳，翻與蕣榮俱落。爰擇良日，册爲汝南王妃。食魚非唱和之辰，鏘鳳限幽明之域。死者可作」，衾幬會於九泉；魂而有知，琴瑟諧於萬古。侍郎以才器入仕，忠勤作相。登樞拾芥，誦賢傳之遺經；建社分茅，復宗臣之舊國。迨茲連媾，實謂」光朝。即以景龍二年十一月十四日合葬於京城南韋曲之舊塋，禮也。魚甲貝胄，天星北落之軍；珠衣玉棺，國府東園之器。張畫蟻而徐引」，撫靈鼉而按節。笳簫掩抑，登曲坂而前臨；旌旐繽紛，繞長門而斜度。慘百辟之臨會，哀六宫之祖别。中官撫馹，悲看石槨之封；節使銜」綸，泣對銅扉之掩。落日黯而藏耀，幽釭寒而罷燭。松前兩鶴，更疑陶侃之賓；梓上雙鴛，即是韓馮之鳥。昭途永謝，穸路茲安。終嶺南馳，唯與」豆田相接；渭濱西望，但將竹圃爲鄰。寂寂空山，蒼蒼寒壟。閟黄壚於此日，朝紫闕其何年。軒宫憶同氣之遊，深嗟墜萼；黼席祟」外姻之禮，幾歎亡珠。念桑海之方遷，懼蘭風之或掩。杜元凱勳庸事業，已刻豐碑；趙邠卿爵里姓名，更題陰石。恭承璽命，敢作銘云」：

遠矣仙籙，昭哉聖庸。東園下鳳，西海乘龍。兩霸開業，雙台繼蹤。玄龜入印，白馬疏封。其一。代襲鍾歌，人傳鼎食。八舍更踐，三臺互陟。金組鳳銜」，玉冠貂飾。國佇寅亮，家資宴翼。其二。析珪在魏，啟土惟酆。地似莘邑，門連漢宫。瑶臺祚永，金穴恩隆。身謝天曆，名揚國」風。其三。種德其昌，惟賢挺出。心服孝友，體包文質。河岳吐精，宫商授律。才子寧論，聖童非匹。其四。戚里馳譽，天朝擅名。伯喈屣接，休弈車迎。桂嶽」陪乘，蘭宫振纓。詞高七子，眄重三英。其五。畋騁良遊，醴筵高會。方受恩帛，行遭斐貝。漢罪閭中，秦餘嶺外。瑕露珠璧，智窮蓍蔡。其六。金鄰對越，銅」柱瞻吴。嶺宿雄虺，川藏短弧。人驚北思，鳥落南圖。旅骨朝掩，羈魂夜呼。其七。悼軫玉衣，澤宣瑶戺。題劒流渥，懸刀贈祉。社割新茅」，塋開舊梓。形閟九掖，心通萬里。其八。紼下鑾儆，轜升帝壛。三泉覩日，萬乘迴天。泣視容衛，悲臨奠筵。衣冠惙默，徒御流」漣。其九。李徑方春，茗榮早落。琴瑟幽對，松籮暗託。奩委玉笄，櫬懸金箔。嗟此合會，共安冥漠。其十。吉赴蒿里，哀生桂房。龍頭制域，豹尾臨喪」。六戎按部，三代垂章。管促朝露，旌懸夜霜。其十一。賢戚之封，貴臣之塚。五宗畢會，四神攸奉。明王下禁，數百步之樵蘇；仙鶴来觀，幾千年之」丘壟。其十二」。

按

誌主韋洵，唐中宗李顯韋皇后之弟。兩《唐書》無傳，但《舊唐書·外戚傳》《新唐書·外戚傳》均提及韋皇后父韋玄貞“爲普州參軍，以女爲皇太子妃，擢拜豫州刺史……四子洵、浩、洞、泚……贈……洵爲吏部尚書、汝南郡王”。對韋洵記載極少，本墓誌共計三千餘字，内容則要豐富得多，正可補史載之闕。正因誌主爲韋皇后之弟，故其墓誌銘之撰寫爲朝廷所重視，特敕命中書令、修文館大學士、監修國史、上柱國、常山郡開國公李嶠爲之。

234.709　阿彌陀石像塔銘

大唐阿彌陀石像塔銘并序
如聞銅衡廣運天門仰而莫窮金牓遥臨地戶窺而罕測况乎
他方世界三千日月之循環聚落城池百億山河之彈壓然則
不生不滅府龠安居無去無來湛然常住故能救焚拯溺導引
群迷者其暨夫柰苑淪光菴園晦跡勝幡西振偽教東流赤縣
神州稍望列刹季代浸遠可略而言此塔者弟子拔也貞家之
永安之所立也永安姓程氏元北狄人焉屬
皇運勅興龔行薄伐鯨鯢必翦巢穴無遺南通火鼠之鄉咸皆
啓顙北達燭龍之境莫不稱臣自爇丹書函移緹琯悲生樹橋
恨起鳴笳思臘柰而無因冀仁祠而有託遂削衣減膳命匠嵌
工採合浦之珠璣琢崑峯之玉石上爲
應天皇帝爰及曹主下爲法界蒼生存亡眷屬敬造阿彌陀像
一鋪并勒般若波羅蜜多心經一卷摹丹篆碧似滿月之披雲
鑄埃瑚瓊若晴虹之上漢故知如來變現盡入針鋒菩薩經行
翻從豪末龠其池涵寶菓雨降祥華天樂自然法音演暢當生
彼國我無愧焉不可思維迺爲銘曰
寶蓋上浮方與下薄三千國土百億城郭無晦無明惟寂惟冥
拯拔生死歸依常樂其一沙河斅浪寶樹摧枝星雨交隕嵐風迸
吹幡幢西振爲馬東馳法堂鬱起景塔雲披其二復有勇猛託身
選憬破窟覆巢流萍泛梗德謝藥布名懃董永志在福由心將
妙境其三傍求帝獻遠訪神工既圖淨域更寫天宮瑞菓擎露祥
華灑空銖衣儻拂萬劫無窮其四
景龍三年歲次己酉六月八日建

説 明

唐景龍三年（709）六月刻。碑高47厘米，寬44厘米。銘文楷書23行，滿行24字。20世紀90年代禮泉縣唐昭陵封域廣濟寺遺址（今趙鎮石鼓村）出土。現存昭陵博物館。《昭陵碑石》《陝西碑石精華》著録。

釋 文

大唐阿彌陁石像塔銘并序」

如聞銅衡廣運，天門仰而莫窮；金榜遥臨，地户窺而罕測。况乎」他方世界，三千日月之循環；聚落城池，百億山河之彈壓。然則」不生不滅，寂爾安居；無去無來，湛然常住。故能救焚拯溺，導引」群迷者哉。暨夫柰苑淪光，菴園晦跡。勝幡西振，像教東流。赤縣」神州，相望列刹。年代浸遠，可略而言。此塔者，弟子拔也貞家人」永安之所立也。永安姓翟氏，元北狄人焉。属」皇運勃興，龔行薄伐。鯨鯢必翦，巢穴無遺。南通火鼠之鄉，咸皆」啟顙；北達燭龍之境，莫不稱臣。自隸丹書，亟移緹琯。悲生樹橘」，恨起鳴笳。思臘祭而無因，冀仁祠而有託。遂削衣減膳，命匠徵」工。採合浦之珠璣，琢崑峰之玉石。上爲」應天皇帝，爰及曹主；下爲法界蒼生，存亡眷属。敬造阿彌陁像」一鋪，并勒般若波羅蜜多心經一卷。摹丹篆碧，似滿月之披雲」；鏤琰琱瓊，若晴虹之上漢。故知如來變現，盡入針鋒；菩薩經行」，翻從豪末爾。其池涵寶葉，雨降祥華。天樂自然，法音演暢。當生」彼國，我無愧焉。不可思維，迺爲銘曰」：

圓盖上浮，方輿下薄。三千國土，百億城郭。無晦無明，惟寂惟寞」。拯拔生死，歸依常樂。其一。沙河輟浪，寶樹摧枝。星雨交隕，嵐風逆」吹。幡幢西振，象馬東馳。法堂鬱起，影塔雲披。其二。復有勇猛，託身」遐憬。破窟覆巢，流萍泛梗。德謝欒布，名慙董永。志在福田，心游」妙境。其三。傍求帝獻，遠訪神工。既圖淨域，更寫天宫。瑞葉擎露，祥」華灑空。銖衣儻拂，萬劫無窮。其四」。

景龍三年歲次己酉六月八日建」

按

塔銘所記“此塔者，弟子拔也貞家人永安之所立也。永安姓翟氏，元北狄人焉”，拔也貞，或即《舊唐書》所載之“拔也古”，爲當時北方少數民族鐵勒諸部之一。塔銘爲研究唐代少數民族遷徙、姓氏變化及宗教信仰等提供了極其珍貴的資料。

大唐故
賀蘭府
君墓誌

235.709　賀蘭敏之墓誌

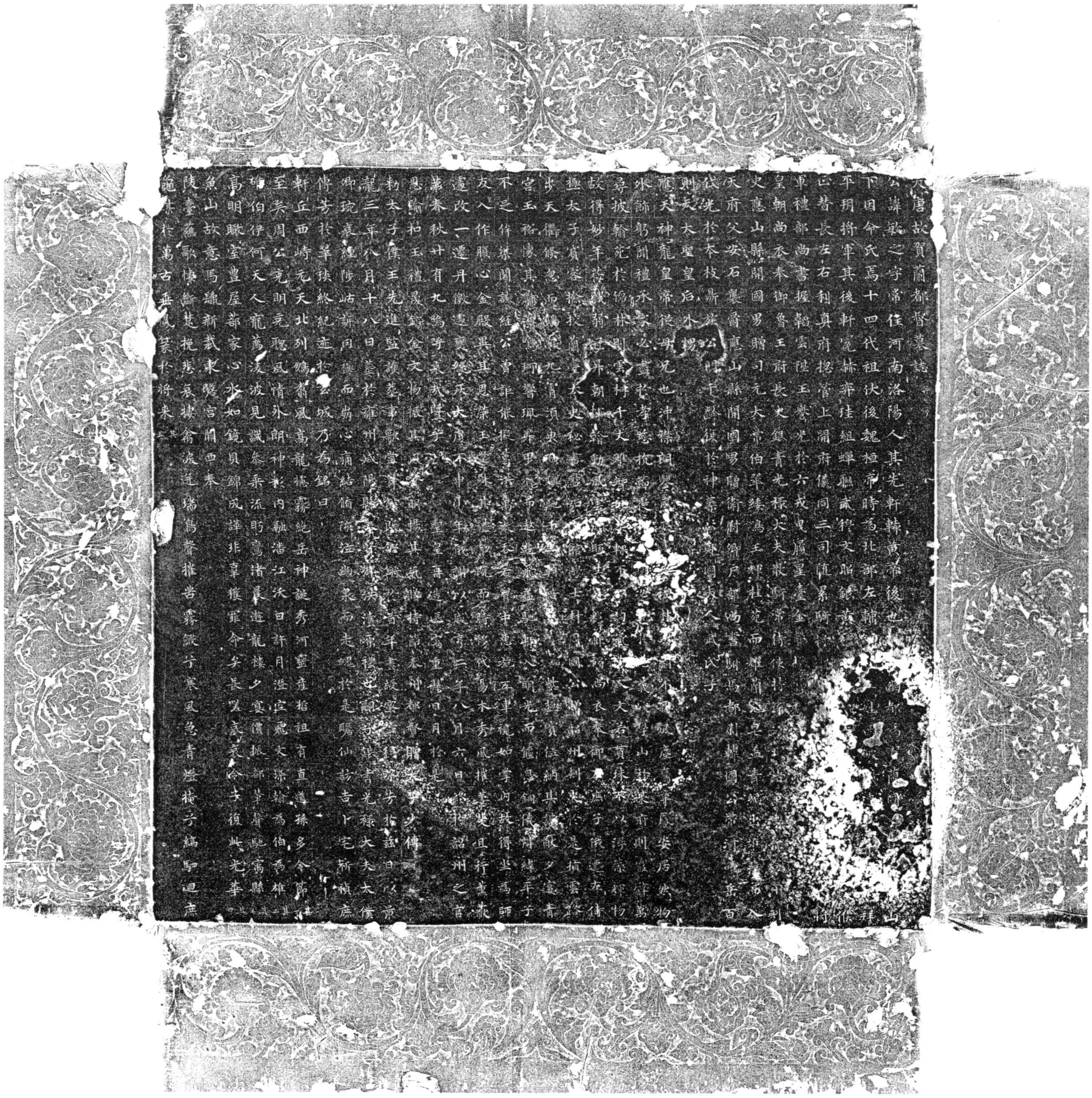

説 明

唐景龍三年（709）八月刻。蓋盝形，誌正方形。蓋邊長82厘米，誌邊長84厘米。蓋文3行，滿行3字，篆書“大唐故」賀蘭府」君墓誌」”。誌文楷書34行，滿行33字。蓋四殺飾纏枝牡丹花紋，誌四側飾纏枝花紋。1964年咸陽市周陵鄉出土。現存咸陽博物館。《隋唐五代墓誌滙編》《全唐文補遺》《咸陽碑石》著録。

釋 文

大唐故賀蘭都督墓誌并序」

公諱敏之，字常住，河南洛陽人。其先軒轅黄帝後也。□□幽都爲賀蘭國公□□□山」下，因命氏焉。十四代祖伏，後魏桓帝時，爲北部左輔□□□姓西破□□□□□□拜」平朔將軍。其後軒冕赫弈，珪組蟬聯。武穆文昭，銀黄□□□□□□□□□□□□□候」正替長、左右利真府總管、上開府儀同三司，随累騎將軍、□□□□□□□□□□□將」軍、禮部尚書。握韜雲陛，玉譽光於六戎；曳履星臺，金聲□□□□□□□□□□□□□」皇朝尚衣奉御、魯王府長史、銀青光禄大夫、散騎常侍、使持節□州諸軍事、□□州刺」史、應山縣開國男，贈司元太常伯。翠綏鳴玉，輝桂苑而耀蘭池；皂盖青□，出雄□而入」天府。父安石，襲爵應山縣開國男，贈衛尉卿、户部尚書、駙馬都尉、韓國公。帶河礪岳，百」代光於本枝；鼎族公門，千齡復於神葉。公鄭國夫人武氏子」，則天大聖皇后外甥」，應天神龍皇帝從母兄也。沖襟朗鑒，風度□□。瑶林□□，不雜風塵。鸞章鳳姿，居然物」外。飾躬聞禮，承家必盡於孝慈；抗節從□，□國必□於忠義。峻學山於策府，則霞壁萬」尋；披翰苑於儒林，則雲柯千丈。雖智如□粿，不以詞氣□人；文若貫珠，不以浮藻輝物」。故得妙年莅職，弱冠昇朝。揮翰動風雲，顧眄生光彩。解褐尚衣奉御左庶子，俄遷左侍」極太子賓客、檢校蘭臺太史秘書監、弘文館學士，封周國公，贈韶州刺史。於是指雲路」，步天衢。倏忽而鶴唳九霄，須臾而驥馳千里。朝陪紫極，寶位納其謀猷；夕宴青」宫，玉裕懷其黼藻。鳴珂響佩，昇甲觀而遨遊；飛盖馳軒，入明光而偃息。銅儀辯緯，平子」不足侔；渠閣談經，公曾詎能擬。葛洪萬卷，吞若胸中；惠施五車，視如掌内。故得坐爲師」友，入作腹心。金殿異其恩榮，玉堂殊其禮□。既而時移代易，木秀風摧。萋斐且行，薰蕕」遽改。一遷丹徼，遽變緹灰。大廈不申，小年俄謝。以咸亨二年八月六日終於韶州之官」第，春秋廿有九。嗚呼哀哉！暨乎聖皇再造區宇，重懸日月。於是」恩逾扣玉，禮晟鎔金。文物振其威，□明暢其氣。贈持節秦州都督，贈太子少傅」。敕太子僕王先進監護葬事。歌堂舞館，既鏗鏘於昔年；畫綬蜜章，復芬芳於兹日。以景」龍三年八月十八日葬於雍州咸陽縣奉賢鄉洪瀆原，禮也。嗣子銀青光禄大夫、太僕」卿琬，哀纏陟岵，訴罔極而崩心；痛結循陔，泣幽泉而走魄。於是瞻仙訪吉，卜宅祈禎，庶」傳芳於翠琰，終紀迹於玄城。乃爲銘曰」：

軒丘西峙，元天北列。鵬翥風高，龍攄霧絶。岳神誕秀，河靈産哲。祖有直道，孫多令節。其一」。至矣周公，克明克聰。風情外朗，神彩内融。潘江沃日，許月澄空。飛文染翰，爲伯爲雄。其二」。雄伯伊何，天人寵薦。淩波見識，参乘流眄。鷺渚晨遊，龍樓夕宴。價振都輦，聲馳寓縣。其三」。高明瞰室，豐屋蔀家。心水如鏡，貝錦成譁。非辜獲罪，命矣長嗟。哀哀令子，復此光華。其四」。魚山故意，馬鬣新裁。東瞻宫闕，西奉」陵臺。薤歌悽斷，楚挽悲哀。棲禽淚迸，瑞鳥聲摧。苦霧斂兮寒風急，青燈掩兮縞駟迴。庶」龜□於萬古，垂鳳篆於將来。其五」。

按

誌主賀蘭敏之，《唐書》有載。本誌云“非辜獲罪，命矣長嗟”，言其無罪而獲罪，與《唐書》所記有異，可資考證。

236.710　豆盧望碑

説明

唐景龍四年（710）二月刻。碑圓首方座。殘高252厘米，寬118厘米。碑文隸書30行，滿行73字。李迥秀撰文。碑殘損較重，首、座皆無，上部文字清晰，下部多處被人爲敲擊殘損，漫漶不清，右側下部殘失。1995年乾縣靖陵墓室出土。現存乾陵博物館。《全唐文補遺》著録。

釋文

大唐故開府儀同三司尚書左僕射上柱國贈司空芮國元公豆盧府君之碑并序

兵部尚書修文館□□□□□□□□□□□□□□□□□□□□□□□□□□□□□□□□□」

聞夫福履莫先於壽考，榮名莫大於富貴。公問有珍從，可謂壽矣；禄盈萬鍾，可謂富矣；位登三事，可謂□□。□□於此，足以垂□。□□□□□□□□□□□□□□於書社者□立言□□□□□□□□□□」大闡周易之微旨。存則道備搢紳，没則名留竹帛，惟芮元公得之矣。公諱望，字思齊，昌黎徒河人。其氏族□聲，所由來尚矣。曾祖□，周驃騎大將軍、開府儀同三司、□□□，隋左武候大將軍、□□□」尉、南陳安公。祖寬，唐禮部尚書、鎮軍大將軍、岐州刺史，贈特進、并州大都督、芮國定公。父仁業，唐右武衛將軍，贈太子少保、芮國□公。相門卿族，輝映列古；緯武經文，卷懷前代。公陶兩儀之間□，□□」葉之積德。岳鎮川渟，蘭薰松茂。孝友之性，非因黼藻；仁義之方，無藉砥礪。負揭日月，踐履冰霜。得高論於帷幾，擅奇聲於通理。才稱經世，不爲雕蟲之末；學以□身，不□章句之廣。通人許其公□，□□」論之王佐。陳平門巷，轍跡可稱；王濬幡旗，戲言無遠。起家以門資補太子左千牛。宫廢，出爲遂州司兵參軍，入爲殿中尚食直長。分署外兵，來調中餗。陟遐自□，此之謂歟。秩滿，隨牒授左監門□□□」，轉衛尉寺丞，稍遷詹事丞，加朝散大夫，拜尚書庫部郎中，轉主爵郎中。言辭博望，來奏明光，步入東掖之門，坐題北宫之筆。屬三韓負固，五奴反逆，方命渡□之師，允籍樓舡之勢。以公爲江南□□□」使，突冒接連，艨衝繼進。軍容之盛，實有助云。孝敬皇帝昔在儲貳，妙擇宫寮，除太子右衛率府中郎將，轉左衛勳府中郎將，累拜太子左清道副率。侍衛兩宫，勤勞□□□□□□□□□□□□」敬公憂，去職。三入壹溢，喪過乎禮，泣血絶漿，俯而猶病。起爲左清道率，言從奪服，事迫朝命。割創巨以終天，扶尫羸而就職。及祥縞，又丁太夫人艱，哀疚之容，復如喪敬公之日。尋□爲右衛親□□□」將，累遷冀州刺史。唐都舊國，時號難理。威嚴以馭其强，愛惠以綏其弱。途歌里詠，老安少懷。服闋，襲爵芮國公，轉懷州刺史。俗雜五方，地稱六輔。風化浹於鄰境，河潤及於京師。徵爲尚書兵部□□。□」卿之職，師兵所慎，動必應機，緊賴斯在。時高宗厭俗上仙，太后臨朝稱制。□國以之作難，三叔於是流言。淮海荊河，稱兵嘯聚。太后以漢數四七，時遘屯蒙，□中□二事□□□」，乃以公檢校同州刺史，兇黨克平，追復本職。俄遷太僕卿。伯冏正僕，夏侯奉車，方斯蔑如也。大駕久留洛食，西土咸懷怨思。居守之委，存乎其人。乃拜公左千牛將軍，京師留守□□□□。時□□□」，公弟欽文，以飛言得辜，竄于炎方。公坐出爲婺州刺史。未幾，除越州都督。句吴甌越，輕剽成風。還不易方，素漸聲訓。下車之日，威令肅然。入計拜太府卿，轉鴻臚卿。國之小藏，邦之大序。允求文□，□□」元方。久之，遷中書令。出納王言，緝熙帝載。魏祖之熹文若，晉皇之歎陽元，不是過也。時中書李昭德與公作對，昭德以罪下獄，公坐聯事削級，左遷趙州刺史。公累典名郡，長於牧人。政聲之□，□□」彌著。滿歲，檢校太常卿，制西京留守。公頻總留事，委遇特深。契丹來侵幽薊，妄陳讖記，從亂如□。乃命公持節河北，宣明國典。助桀吠堯之伍，面縛來降；即聾從昧之徒，輿棺請罪。兇渠克□，□□□」焉。公以懸車之年，表請骸骨。不許，拜太府卿。帝以公久在樞衡，任遇斯重，春秋高矣，不宜復婆娑九列，乃遷刑部尚書。公坐鎮雅俗，動必依仁。名法之書，非其志也，□累固辭。朝廷重□□□」徙授太子詹事，尋策拜尚書右僕射。備社稷之家臣，居元愷之重任，豈惟咸有壹德，實亦敬同三老。公知無不爲，心□俱罄；成而不有，事跡罕傳。長想歸休，遂稱疾篤。轉太子少保，又讓不受，除□□□」□。職參調護，地實優閑。頃之，兼領太子詹事。皇上踐祚，以公宫端舊臣，加位特進，臨軒策拜尚書左僕射、平章軍國重事。珮垂玄玉，坐馭緑車，國之元老，時莫與貳。上思優賢，俾□□□」，乃賜别食宋州封三百户。安國相王，帝之介弟。特申優異，制公兼長史。則天大聖皇后欑塗方啟，還座京邑，□公攝太尉，都領山陵諸使事。中書令韋安石等各揚所職□□□」焉。事畢，賜物千段，策拜開府儀同三司，餘如故。式贍四海，儀形百辟。黄權鄧騭，兼之者公。日下曾泉，既深大耋之恨；風高落□，彌軫長年之悲。請老，制許。俸禄印綬，一無所減。嗚呼！上藥難□，□□」終謝。沉痼彌留，晦明逾積。時景龍三年十一月廿二日，即長安頌政里之私第，春秋八十有六。上聞凶震悼，親爲發哀，輟朝三日，贈司空、并州大都督，賻物千段，米

局部

粟千斛，賜東園秘器，□□□」須，□令官給，務令優厚，仍爲立碑。吉凶儀衛，將送往復。敕鴻臚卿李迥秀監護，雍州司馬韋銑爲副。璽書弔祭，襚以錦衾斂服，又賵以玄纁束帛，乘馬四匹，而加璧焉。公惟嶽降神，自天生德。□□□」合，照鄰藏用。清徽素範，標邁當時。勁節貞心，發揮雅俗。敦至柔以待物，崇勞謙以虛己。竭誠奉上，不順旨以取容；謹身率下，不賓名以求譽。慎伯起之金，存子罕之寶。斟酌荀□，□□□商。辯藏□□，□」其欲訥之性；學富九流，晦其洽聞之跡。廟堂仰其模楷，簪紱推之領袖。蕭條隱吏之際，優遊平勃之間。故能出入三朝，周旋五紀。履順而動，自符大雅之訓；委心而行，弗違中庸之德。進退有通□□□」，屈申無嫌於險易。出處殊軫，慕其道而載懷；文武異途，聞其風而擊節。詩不云乎 "人之云亡，邦國殄萃" 者也。粤以四年二月廿八日陪葬乾陵，禮也。嗣子太子右衛副率靈昭，質茂珪璋，操秉□□。□」仁遊藝，文學表於四科；考古論兵，武功宣於七德。至性窮觀行之道，立身極揚名之事。躬奉陳迹，仰遵聖旨。太常彝器，既有銘於功業；峴首南陽，宜備刊其景行。迥秀即公之内弟，躬奉名節，□□□」□。仰憑遺愛，少寄情感。俾夫不朽之跡，與日月而長懸；無愧之詞，共山河而永久。迺爲銘曰」：

壽丘長發，厭越遐征。奄宅玄土，遂遷朔城。龢龍啟域，鬪馬標名。中山問鼎，上洛影纓。自北徂南，俾侯錫土。化漸江漢，道變齊魯。慶流耳孫，福基鼻祖。烏奕當代，蔞蕤□古。□□□□，□□華裔。□□□□」，相望邸第。公之克挺，實爲命世。蔚影昂藏，搏風陵厲。抗志貞亮，秉心淵默。容止可仰，威儀不忒。傳稱四科，書陳三德。榮問不已，芳猷允塞。外重四嶽，公實居之。内貴五省，公徧遊之。咸歌來慕，同□□□」。非吏非隱，念兹在兹。閲水東逝，奔曦西仄。大廈摧梁，垂天□翼。百年有數，一棺永息。荒壠凝陰，寒雲無色。飾終何事，贈以台華。詔葬何事，送以輕車。墳開千曲，邑聚萬家。慭遺之痛，舉世諮嗟」。

按

豆盧望，曾任武后及中宗兩朝宰相，兩《唐書》有傳。史書云豆盧氏名 "欽望"，京兆萬年人，而本誌云 "公諱望，字思齊，昌黎徒河人"，二者有異。其他事蹟誌文亦記載甚詳，可補史籍之闕。

237.710　牛興墓誌

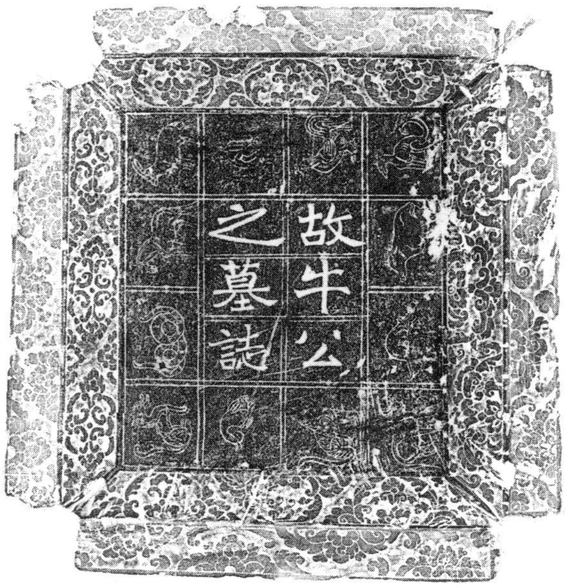
故牛公
之墓誌

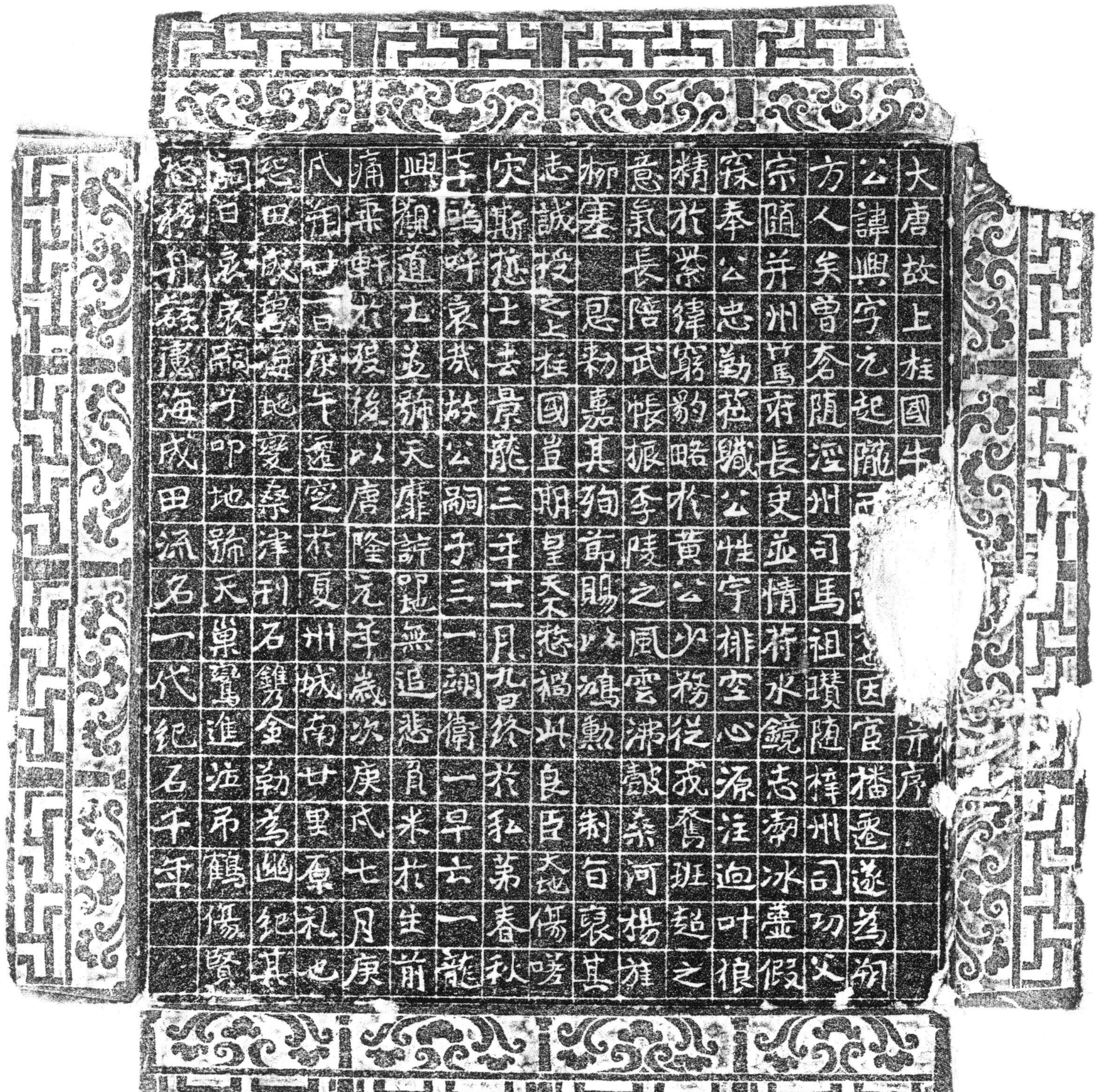
大唐故上柱國牛□□□□□并序
公諱興字元起隴西□□也因官播遷遂為朔
方人矣曾各隨涇州司馬祖瓚隨梓州司功父
宗隨并州萬府長史並情符水鏡志潔冰壺假
寐奉公忠勤莅職公性宇排空心源注迴叶狼
精於茶律窮豹略於黃公少務從戎奮班超之
意氣長陪武帳振李陵之風雲沸鼓桑河楊旗
柳塞　恩勅嘉其殉節賜以鴻勳　制旨褒其
志誠授之上柱國豈期皇天不慭禍此良臣天地傷嗟
灾斯慈士云景龍三年十一月九日終於私第春秋
七十嗚呼哀哉故公嗣子三一胡衛一早亡一龍
興觀道士孟號天靡許咒地無追悲負米於生前
痛乘軒於役後以唐隆元年歲次庚戌七月庚
戌朔廿日庚午遷窆於夏州城南廿里原禮也
恐田成碧海地變桑津刊石鐫金勒為幽紀其
詞曰哀哀孤子叩地號天巢鸞進泣吊鶴傷賢
□□□□□海成田流名一代紀石千年

説明

唐唐隆元年（710）七月刻。誌砂石質。蓋盝形，誌長方形。誌、蓋尺寸相同，均長48厘米，寬44厘米。蓋文2行，滿行3字，楷書“故牛公」之墓誌」”。誌文楷書17行，滿行18字。界以方格。蓋文四周飾十二生肖，四殺飾纏枝寶相花紋，四側飾菊花紋；誌四側飾勾雲紋及幾何圖案。20世紀90年代靖邊縣紅墩界鄉華家洼林場出土。現存榆林市文物保護研究所。《全唐文補遺》《榆林碑石》《新中國出土墓誌（陝西叁）》著録。

釋文

大唐故上柱國牛□□□□□并序」

公諱興，字元起，隴西□□人也。因宦播遷，遂爲朔」方人矣。曾夻[①]，随涇州司馬。祖瓚，随梓州司功。父」宗，随并州竹馬府長史。並情符水鏡，志潔冰壺。假」寐奉公，忠勤莅職。公性宇排空，心源注迴。叶狼」精於紫緯，窮豹略於黄公。少務從戎，奮班超之」意氣；長陪武帳，振李陵之風雲。沸鼓桑河，揚旌」柳塞。恩敕嘉其殉節，賜以鴻勳；制旨褒其」志誠，授之上柱國。豈期皇天不憖，禍此良臣；大地傷嗟」，灾斯哲士。去景龍三年十一月九日終於私第，春秋」七十。嗚呼哀哉！故公嗣子三：一翊衛、一早亡、一龍」興觀道士。並號天靡訴，叩地無追。悲負米於生前」，痛乘軒於歿後。以唐隆元年歲次庚戌七月庚」戌朔廿一日庚午，遷窆於夏州城南廿里原，礼也」。恐田成碧海，地變桑津。刊石鐫金，勒爲幽紀。其」詞曰：

哀哀嗣子，叩地號天。巢鸞進泣，弔鶴傷賢」。恐移舟壑，慮海成田。流名一代，紀石千年」。

校勘記

①夻，亦可能爲“大名”二字。因該墓誌界以方格，前後分别有“人也、竹馬、之上、天不、大地、十一、九日、七十、叩地、一日”等均一格二字，故疑。

238.710　李千里墓誌

説明

唐景雲元年（710）十一月刻。誌、蓋均正方形，邊長均88厘米。蓋文3行，滿行3字，篆書“大唐故」李府君」墓誌銘」”。誌文楷書33行，滿行32字。蓋四殺飾動物圖案及纏枝花紋，四周飾蔓草紋；誌四側飾纏枝花紋。約1956年西安市灞橋洪慶村出土。現存中國社會科學院考古研究所西安研究室。《隋唐五代墓誌滙編》《全唐文補遺》著録。

釋文

大唐故左金吾衛大將軍廣益二州大都督上柱國成王墓誌銘并序」

王諱千里，字仁，隴西成紀人也。神堯皇帝之曾孫，高宗天皇之猶子。實」長吴嗣，別封鬱林。尔乃導靈源於聖仙，格神功於天地。彤弓旅矢，受言藏之。青社白」茅，寵章紛若。固已圖分石室，事鬱金板矣。王總氣冲和，資靈峻極。黼黻言行，鸞龍符」彩。年在總角，職委荒隅。亟環星紀，載康夷落。終能礼蟠於地，聲聞于天，中朝嘉焉。徵」爲岳州別駕。伯輿應海岱之召，子春受荊河之辟。昔惟人表，今特宗英。黑幘既臨，彤」襜允協。俄而高宗晏駕，太后循機。天子居房陵之宫，姦臣縱」崑山之火。王隱若敵國，慮深属垣。畏塗叱馭，焦原跟趾。懷社稷之長策，挫風雲之逸」氣。通變不羈，輪轅適用。乃授使持節襄廬二州諸軍事、二州刺史。沉碑著績，捧檄徵」才。漢池凝化，江滸偃德。累遷許、衛二州刺史。入夷儀而按部，臨浚水而憑軾。韓崇之」緝化，衛文之和人，不之能尚。初，孝和之在桐宫也且廿年，鼎命將遷者數矣」。王稍見親近，永懷興復。獻納之際，懇至尤深。丕業之未淪，緊王是賴。終能叶謀宰輔」，昇聞禁掖。開鶴鑰之嚴扃，展龍樓之舊礼。鬼神動植，於是獲安。改牧蒲坂，用加恒授」。長安晚歲，孽豎弄權。陰興篡奪之心，將肆虔劉之虐。王傅會平勃，竟興明命」。聖期千載，功業一匡。大建土宇，爲唐室輔。允膺典册，光啟于成。仍授左金吾衛大將」軍，兼廣、益二州大都督，兼五府大使，上柱國、王如故。若乃金吾戒道，玉節臨藩。灑時」雨於西蜀，播仁風於南海。統兼要害，秩冠戎竟。賁亮一人，聲華萬里。嗚呼！履霜有漸」，赴火不息。漢戚崇奢，曲陽增怒。晉人言反，庾氏猶存。武三思因后族之親，叨天人之」位。罪浮於梁冀，謀深於霍禹。忠良鈐口，道路以目。王志叶青宫，精貫白日。慮彼鴆毒」，斬茲梟鏡。而蕭牆伺隙，椒掖迴天。翻聞戾園之禍，更甚長沙之酷。神龍四年七月五」日遇害，春秋六十有二。嗚呼哀哉！惟王位兼文武，器隆棟幹。鵬激談津，猿吟射圃。駕」駟馬而敷藻，入三雍而獻樂。全於危疑之際，非爲身也；赴於宗稷之急，由安上也。存」非苟合，故昌運以之興；勇非虚殉，故逆節由其沮。允所謂立功立事，遠而不朽者歟」。皇上入纂絶業，芟夷醜正。體國經野，庸勳昨親。制復舊班，用加新寵。仍使膳」部郎中李敏監護喪事。榮哀所加，幽明知感。以大唐景雲元年歲次庚戌十」□月戊申廿五日壬申葬於京兆郡之銅人原，礼也。孫瓘，業緒文昭，慕深王父。易苴」絰於錦帶，備芻靈於黼翣。淒淒薤露，先掩潤於朝曦；膴膴荼原，永埋芬於厚穸。旌節」仍舊，忠貞不泯。俾甄實録，用紀泉庭。銘曰」：

赫赫宗涼，巍巍巨唐。資英誕秀，燭代輝梁。象賢吴國，鎮俗蠻方。別乘伊賴，分」符允臧。夷庚復辟，司隸歸章。寄深中尉，錫重南陽。后戚方侈，天衢未康。權傾吕禄，勢」溢梁商。誓旅誅逆，提戈耀芒。白沙流舋，青紙貽殃。帝猷玄感，寶曆重光。棣蕚」增感，芝泥考祥。寵優麟□，礼備龍幰。墜接銀海，川臨玉潢。銘開見日，氣靜寃」霜。未集玄燕，先悲白楊。圖芳琬琰，以助旗常」。

按

誌主李千里，唐高祖之曾孫，唐高宗之宗侄，《舊唐書·太宗諸子傳》附其傳。唯本誌所載千里任職經歷，較正史爲詳。

239.711　楊君夫人韋氏墓誌

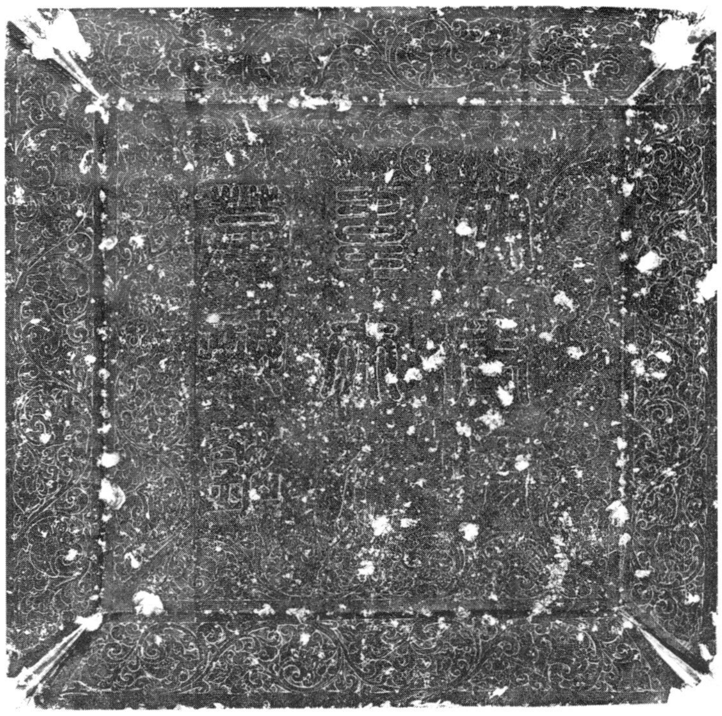

大唐故司勲郎中楊府君夫人韋氏扶陽郡君墓誌銘并序

説 明

唐景雲二年（711）七月刻。蓋盝形，誌正方形。誌、蓋尺寸相同，邊長均75厘米。蓋文3行，滿行3字，篆書“大唐故」韋夫人」墓誌銘」”。誌文楷書35行，滿行36字。韋希損撰文。蓋四殺飾纏枝花紋，四周飾寶相花紋。西安市出土，具體時、地不詳。現存西安博物院。《隋唐五代墓誌滙編》《全唐文補遺》著録。

釋 文

大唐故司勳郎中楊府君夫人韋氏扶陽郡君墓誌銘并序

朝議郎行萬年縣丞韋希損撰」

昔嘗觀書，見賢婦人德操，豈三復而已矣，亦累息而嘉之。盖立義節，君子其猶病諸，況坤柔之」體乎。夫人号淨光嚴，京兆杜陵人也。肇自豕韋，居□鄒魯。至大丞相陪葬杜陵，闔宗衣冠，聿徙」京兆。龍旂赫以炳燦，蟬冕光乎紹復。圖册之美，可略言焉。六代祖華，晉尚書左僕射、太常卿、太」尉公。弈代人英，匡時國寶。南宫八座之列，位總尚書；北闕三台之儀，職隆宗伯。高祖量，周使持」節撫軍大將軍、散騎常侍、汝南縣開國子，食邑三百户。文武期於不墜，將相可以兼昇。新征無」返顧之憂，撫軍斯重；陳力有正辭之美，散騎何優。開國承家，自叶諸侯之禮；分茅胙土，載延明」辟之恩。曾祖瑗，陽武令，襲汝南子。衣冠美胤，弓冶良材。釋尊官厚禄而不居，貴庇影同塵而出」仕。小邦爲宰，初逢逐鹿之秋；大道方亨，旋偶飛龍之運。大父德倫，皇朝瀛州任丘縣令」。屬興王始基，求賢未浹。懷公輔之量，猶且爲邦；播人謡之聲，因而作乂。父仁慎，皇朝雍」州參軍、同州司户、屯田駕部員外、朝請大夫、兵部郎中。種德依仁，自家形國。强學以待問，見賢」而思齊。命我參卿，始資鴻陸。分曹理郡，方舉鵬霄。尚書郎之茂才，列星交映；明光殿之連闥，粉」壁相輝。飾以青緌之榮，加其朱紱之美。台鉉之貴，于嗟不及。夫人巽爲長女，嫁實從夫。年十有」八，歸于楊氏。秦晉匹也，家道正焉。夙夜無違，行止有度。郎中府君賢明特秀，風範成規。納婦而」箕帚載持，將雛而琴瑟逾理。藝乎紃組，自諧嘉偶之歡；整其衣冠，不懈如賓之禮。先是前夫人」童男幼女，並夫人鞠育提携，無異己生，不邀他譽。始自于髫齔，成之以冠婚。語於其倫，豈止加」等。夫人先人後己，存讓寡欲。明識大觀，無能与偕。尋而府君暴終，心事獨斷。因其卜厝，不俟終」日。行周公之禮，命與前夫人合葬焉。當其易衣衾，徙棺櫬，凡護凶事，莫匪夫人躬親之。盖書曰」：非知之艱，行之惟艱。夫人一處孀嫠，亟環星籥。栢舟明於信誓，蓬首絶於容華。身不服於綺羅」，耳不聆於絲竹。内敏而先覺，行柔而體和。言且合於禮經，惠必施於宗属。加以深警泡幻，懸探」妙有，晏坐一室，諦觀六塵。雖泯色空，尚嬰煩惱。日者聖善不悆，夫人心疚形羸。温席以興，嘗藥」而進。俄積旬望，遽丁内艱。夫人不勝，喪成寢疾。以景雲二年五月七日終于静安里第，春秋六」十。平昔之日，嘗召諸子勒言，以爲孝實天經，哀纏風樹。生不遂於廬墓，死願陪於窀穸。諸子敬」遵先旨，以其年七月廿九日，窆于萬年縣義豐鄉銅人原父塋北一里間，庶冥通也。夫」人家風祖德，士大夫推而先之。惟送迎不出門，見兄弟不踰閾。椒花柳絮，恥以矜才；舉案承筐」，自然成德。有敬姜之禮，有孟母之訓。宋伯姬之貞節不渝，曹大家之婉度斯在。夫人有四子：伯」至玄，朝散大夫、左臺殿中侍御史；仲履常，前同州蒲城縣主簿；叔昭微，前汾州參軍；季希寂，前」薛王府典籤。並四世□公之子孫，三虎八龍之昆季。推以王祥、王覽，比之元方、季方。棠棣之華」，萼不韡韡。希損地居猶子，禮謂諸姑。恩庇殊深，哭慟何極。與二三子忝延中外之親，命虛薄才」，愧勒貞芬之跡。銘曰」：

昭昭大彭，弈弈重相。子孫踵武，衣冠令望。諺彼儒書，遷因詔葬。人物相錯，吾家不讓。其一。誕生淑」媛，作配君子。鴈旭禮行，翟衣容止。爰奉巾櫛，克諧宫徵。雄劍先飛，孤桐半死。其二。居嫠晝哭，撫胤」月將。不窺明鏡，就養高堂。恩同孟母，孝亦王祥。宗黨之譽，儀形有章。其三。薄言世途，誰不同穴。推」以先懿，昭其達節。懇誠歸依，庶解纏結。了絶人我，深知生滅。其四。創巨之痛，名教爲心。百年何速」，大夜云侵。依灞北之原壟，巽闕西之墓林。誰忍虛帷之寂寂，載看孤墜之沉沉。其五」。

按

誌主韋淨光嚴，因其夫君暴終，又丁内艱，故其“深警泡幻，懸探妙有，晏坐一室，諦觀六塵”，反映了唐代婦女信奉佛教之緣由，對研究唐代女性佛教信仰有一定的價值。另，此誌出土地域不詳，據墓誌“窆于萬年縣義豐鄉銅人原”，當出土于今西安市灞橋區田王村一帶。

撰者韋希損，字又損，京兆杜陵（今陝西西安韋曲）人。歷官城固主簿、渭南縣尉、藍田縣尉、萬年縣丞。係誌主韋淨光嚴之侄。

240.711　章懷太子及妃房氏合葬墓誌

説明

景雲二年（711）十月刻。蓋盝形，誌正方形。誌、蓋尺寸相同，邊長均87厘米。蓋文4行，滿行4字，篆書“大唐故章｣懷太子并｣妃清河房｣氏墓誌銘｣”。誌文楷書34行，滿行33字。盧粲撰文，李範書丹。蓋四殺、四側與誌四側均飾纏枝蔓草紋。1971年乾縣章懷太子墓出土。現存乾陵博物館。《全唐文補遺》《新中國出土墓誌（陝西壹）》《陝西碑石精華》著録。

釋文

大唐故雍王贈章懷太子墓誌銘并序｣

太常卿兼左衛率岐王範書｣

太子諱賢，字仁，隴西狄道人也。太宗文武聖皇帝之孫，高宗天皇大帝之｣第二子，今皇上之兄也。立極補天之業，濟代光宅之功。焕圖史而昭然，仰化成而｣可見。謏聞短識，不足以談天。太子降宸極之精靈，含淳和之粹氣。克岐｣克嶷，始於匍匐之年；惟聰惟明，表自覃訏之歲。孝友之性，因心以載揚；仁愛之德，自誠｣而克著。以永徽六年，制封潞王。明慶元年，加雍州牧。龍朔元年，徙封沛王，雍州牧｣如故。麟德二年，加右衛大將軍。咸亨二年，徙封雍王，餘如故，別食實封一千户。若華分｣秀，延十景之暉；桐葉疏珪，派五潢之潤。加以韶音勝氣，逸裁英規。萬頃汪汪，包叔度之｣宏量；千尋落落，凜和嶠之高風。屬笙歌上賓，震宫虚位。於是當明兩之寄，膺主鬯之尊｣。上元二年，高宗臨軒，册命爲皇太子。馳道肅恭，萬國之貞斯在；□□視膳，三朝｣之禮不虧。豈謂禍構江充，釁生伊戾。愍懷貽謗，竟不自明；申生遇讒，寧期取雪。以永淳｣二年，奉敕徙於巴州安置。土船餘俗，遥然巴宕之鄉；竹節遺黎，逷矣蠻賨之戍｣。賈生賦鵩，雖坦懷於化物；孝章愁疾，竟延悲於促齡。以文明元年二月廿七日終于巴｣州之公館，春秋卅有一。垂拱元年四月廿二日，皇太后使司膳卿李知十持節｣册命，追封爲雍王。神龍元年，寶曆中興，宸居反正，恩制追贈司徒公｣。令胤子守禮往巴州迎柩還京，仍許陪葬乾陵栢城之内。自京給鼓吹儀仗，送｣至墓所。景雲二年四月十九日，又奉敕追贈册命爲章懷太子。重海之潤，更流｣於夜臺；繼明之暉，復朗於泉户。妃清河房氏，皇朝左領軍大將軍、衛尉卿、贈兵部｣尚書仁裕之孫，銀青光禄大夫、宋州刺史、贈左金吾衛大將軍先忠之女也。公侯將相｣之門，鍾鼎旗裳之盛。或象河疏秩，望隆於樞斗；或銜珠表貴，寄重於兵鈐。妃稟柔明之｣姿，包和淑之性。十年不出，四德允修。而黄鳥于飛，振喈喈之響；翠葛爰茂，盛萋萋之容｣。穠桃當納吉之期，摽梅屬縏纓之歲。以上元年中制命爲雍王妃。三星在户，芳｣春仲月之辰；百兩遵途，雙鳳和鳴之兆。媞媞左辟，敬行於舅姑；肅肅宵征，惠流於閨闈｣。而天未□禍，朝哭纏哀。訓棘心而擇鄰，採蘋藻而恭事。以景雲二年龍集荒落六月十｣六日遘疾薨於京興化里之私第，春秋五十有四。即以其年十月壬寅朔十九日庚申｣窆於太子之舊塋，禮也。嗣子光禄卿、邠王守禮，履霜露而攀宰樹，擗厚地而訴高天。紀｣遺烈於貞琬，稱栢質於幽埏。嗚呼哀哉！式爲銘曰｣：

昭哉靈命，赫矣皇唐。玄珪錫瑞，緑錯開祥。荷兹百禄，君臨萬方。本枝繁茂，家室君｣王。其一。川瀆效靈，挺生英睿。白茅胙土，黄離以繼。忽遘讒言，奄移遐裔。座鵩來止，隙駒行｣逝。其二。宸居反正，在物咸亨。恩隆棣萼，澤被維城。儲貳貽贈，泉路增榮。魂歸舊宇，櫬｣卜新塋。其三。南望神京，西瞻畢陌。瑞雲浮紫，祥烟凝白。霧慘松埏，燈淪幽穸。俾英聲與茂｣範，長不朽於金石。其四｣。

銀青光禄大夫邠王師上柱國固安縣開國男盧粲撰｣

按

本誌爲章懷太子李賢與妃房氏合葬墓誌，關于李賢的記載，與225.706《雍王李賢墓誌》所記基本一致，爲研究李賢的重要材料。

撰者盧粲，幽州范陽（今河北涿州市）人。擢進士第，歷官給事中、秘書少監。兩《唐書》有傳。

書者李範，唐睿宗第四子，封岐王，兩《唐書》有傳。傳稱其好學工書，多聚書畫古迹，爲時所稱。由此誌書法可見李範功力之一斑。

唐陳君墓誌銘

241.713 陳德墓誌

説明

唐先天二年（713）十一月刻。蓋盝形，誌正方形。誌、蓋尺寸相同，邊長均53厘米。蓋文2行，滿行3字，楷書“唐陳君」墓誌銘」”。誌文楷書23行，滿行23字。有界格。2003年永壽縣渠子村出土。現存永壽縣文化館。

釋文

唐右金吾衛綏化府右果毅都尉陳君墓誌銘并序」

嚴君諱德，字延慶，其先潁川人也。高祖堤，北齊都督，齊史具」載。祖昌，周雲州刺史。父珍，隋晉陽令。並時英國秀，千里一同」。善政有聞，嘉聲載遠。嚴君生於隋末，長自時屯。遂釋文場」，因習武事。大唐膺運，齊王置府，爰命英雄，引爲左右，尋」而拜典軍。未幾，屬王有犯，府廢，罷歸鄉里。後收敘參選，受右」金吾衛、綏化府右果毅。軍機具舉，戎政載修。部伍彊明，器械」精鋭。竟而相如武騎，本自所輕；李廣不封，終嗟多舛。豈期單」痓難久，薤露易晞；未踐伏波，俄從閱水。以垂拱二年正月十」五日遘疾，二十二日終於私弟，春秋八十有二，權殯於潘杜里。以先天二年歲次癸丑一十一月辛酉朔二十四日甲申」，改葬於永壽原，禮也。嗚呼哀哉！慈親元氏，後魏昭帝後，甘」州刺史昌黎王之曾孫，隋萬福府驃騎之孫女也。分枝若木」，析派天津。二姓交驩，百兩來迓。以神龍二年八月十七日寢」疾終，春秋八十有五。生前齊體，以申舉案之儀；没後同墳，還從」合葬之禮。嗚呼哀哉！長子禮，吏部散官。次子靈芝，朝議大夫」、行晉州神山縣令。次子處士庭蘭。萬鍾咸歎，九仞興悲。踏厚」地以長號，酬昊天而罔極。嗚呼哀哉！迺爲銘曰」：

分宗虞后，析派胡公。洪源昔創，胤嗣今隆。迺祖迺父，千里一」同。嚴君挺秀，克紹家風。武藝稱絶，射道尤工。位參大事，職」預元戎。尊靈永蟄，幽壤成空。慈親作儷，琴瑟聲通。合□」禮畢，事親道終。胤子流慟，酬恩罔窮」。

先天二年歲次癸丑一十一月二十四日」

242.714　達奚承宗墓誌

大唐處士達奚公墓誌銘并序
公諱承宗字承宗河南洛陽人也門代冠冕鼎盛閥
中回遂家焉今爲長安人也嶽夫靈源遐濬茂緒繁
碩萬王旅庭始尊王會一戎革運終列帝圖奉枝十
人苗分於啓路徵成八柱葉茂於承家委莛簡冊可
略言也曾祖濬周大宗伯鄭國公祖濬
皇朝巴州別駕父懷義刑部郎中大理司農二寺卿
鍾鼎門傳衣冠代濟物華人寶方翰國楨公即司農
府君之仲子也幼挺奇節長負逸才公理不孤林園
澹泊士安多疾玄晏清羸人欽達士之風門多長者
之轍簫然樂道終保令名負杖晨吟藏舟夜徙嗚呼
哀哉以大唐開元二季十月四日卒於長壽里第春
秋七十有五即以其月一十九日歸葬于韋曲北原
之舊塋禮也遺命薄葬斂以時服木偶塗車亦不忘
古傳芳勒石用誌斯今其詞曰
軒冕冑胤公侯子孫金聲飛穆玉質逾溫言與貞放
道以自存策瓢有樂名利無寫泌冥者寂道逸自遠
不出戶庭已高埶阮學昇堂室詞清林苑聲體雙無
禮樂齊昊蒼不弔神理多欺閱川何速積山及弦
荒郊落照寒隴搖飈渭陽增感長嗟孝思

説明

唐開元二年（714）十月刻。誌正方形。邊長38厘米。誌文楷書20行，滿行20字。出土具體時、地不詳。現存西安市長安博物館。《長安碑刻》著録。

釋文

大唐處士達奚公墓誌銘并序」

公諱承宗，字承宗，河南洛陽人也。門代冠冕，鼎盛關」中。因遂家焉，今爲長安人也。徵夫靈源遐濬，茂緒繁」碩。萬玉旅庭，始尊王會；一戎革運，終列帝圖。本枝十」人，苗分於啟路；弼成八柱，葉茂於承家。萎蕤簡册，可」略言也。曾祖濬，周大宗伯、鄭國公。祖濬」，皇朝巴州别駕。父懷義，刑部郎中，大理、司農二寺卿」。鍾鼎門傳，衣冠代濟。物華人寶，方翰國楨。公即司農」府君之仲子也。幼挺奇節，長負逸才。公理不孤，林園」澹泊。士安多疾，玄晏清羸。人欽達士之風，門多長者」之轍。蕭然樂道，終保令名。負杖晨吟，藏舟夜徙。嗚呼」哀哉！以大唐開元二年十月四日卒於長壽里第，春」秋七十有五。即以其月一十九日歸葬于韋曲北原」之舊塋，禮也。遺命薄葬，斂以時服。木偶塗車，示不忘」古。傳芳勒石，用誌斯今。其詞曰」：

軒冕胄胤，公侯子孫。金聲已穆，玉質逾温。言與身放」，道以目存。簞瓢有樂，名利無喧。其一。沉冥者寂，逍遥自遠」。不出户庭，已高嵇阮。學昇堂室，詞清林苑。聲體雙無」，禮樂齊選。其二。昊蒼不吊，神理多欺。閲川何速，積山及兹」。荒郊落照，寒隴摇飔。渭陽增感，長嗟孝思」。

按

誌主曾祖、祖之名，疑有一誤。

243.715　尼法雲墓誌

大唐故
尼法雲
誌石銘

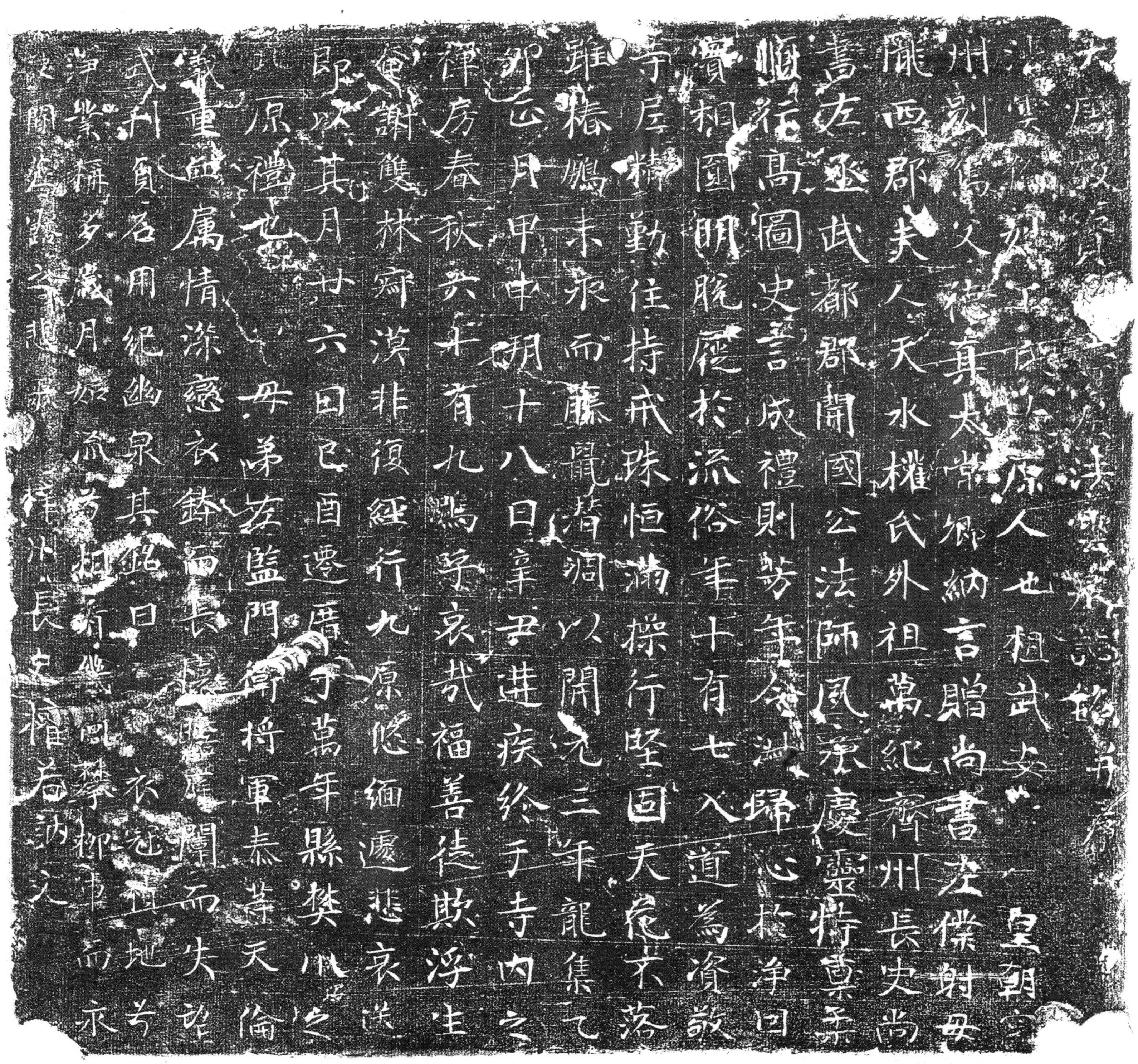

説明

唐開元三年（715）正月刻。蓋盝形，誌正方形。誌、蓋尺寸相同，邊長均34厘米。蓋文3行，滿行3字，篆書“大唐故」尼法雲」誌石銘」”。誌文楷書18行，滿行18字。權若訥撰文。蓋四殺飾纏枝花紋。出土具體時、地不詳。現存西安市長安博物館。《長安碑刻》著録。

釋文

大唐故資敬寺尼法雲墓誌銘并序」

法雲，俗姓王氏，太原人也。祖武安，皇朝定」州别駕。父德真，太常卿、納言，贈尚書左僕射。母」隴西郡夫人天水權氏。外祖萬紀，齊州長史、尚」書左丞、武都郡開國公。法師夙承慶靈，特稟柔」順。行高圖史，言成禮則。芳年令淑，歸心於淨因」；實相圓明，脱屣於流俗。年十有七，入道爲資敬」寺尼。精勤住持，戒珠恒滿；操行堅固，天花不落」。雖椿鵬未永，而藤鼠潛凋。以開元三年龍集乙」卯正月甲申朔十八日辛丑，遘疾終于寺内之」禪房，春秋六十有九。嗚呼哀哉！福善徒欺，浮生」奄謝。雙林寂漠，非復經行；九原悠緬，遽悲哀送」。即以其月廿六日己酉遷厝于萬年縣樊川之」北原，禮也。母弟左監門衛將軍泰等，天倫」義重，血属情深。戀衣鉢而長懷，瞻庭闈而失望」。式刊貞石，用紀幽泉。其銘曰：

衣冠積地兮」淨業稱多，歲月如流兮相看幾何。攀柳車而永」訣，聞薤露之悲歌。

梓州長史權若訥文」

按

誌文所云資敬寺，位于唐長安城永樂坊（今西安市草場坡），隋開皇三年太保薛國公長孫覽爲其父所立。唐時多有達官貴人之女性入寺修行，武周時期齊州長史之外孫女、納言王德真之女法雲即其一。誌所載法雲出身顯貴，且墓誌序文爲其外戚權若訥所撰，銘文爲其母弟王泰所撰，反映了唐代出家女尼與本家的親密關係。

244.716　竇匪石墓誌

説 明

唐開元四年（716）四月刻。誌正方形。邊長60厘米。誌文楷書31行，滿行30字。2002年西安市南郊三爻村出土。現存西安博物院。

釋 文

大唐故洋州司馬扶風竇君墓誌銘并序」

君諱匪石，字匪石，扶風郡人也。自錫氏之後，代載鴻業。遠祖魏其侯嬰，恢立忠」讜。次至車騎將軍憲，紹建大勳。東漢列於功臣，西京光於外戚。海嶽崇潤，軒裳」繼軌。曾祖機，随户部郎中、太原郡守、建安郡開國公。衣冠有裕，談議成准。祖孝」鼎，皇司勳郎中、漢王府司馬兼梁州都督府司馬。材則可宗，政能開務。父晦，皇」岐州扶風縣令、益州什邡縣令。温良儉讓，素風貞實。藴巖廟之器，涵瑶琳之寶」。公弱而英秀，長則端敏。德爲黼藻，身備禮樂。造心必微，設言有範。慕鴻鵠之圖」遠，期青紫以俯拾。弱冠，鄉貢明法擢第，授承務郎。尋而選補鄜州參軍。無何，以」大禮舉授陝州參軍。周邵分陝，關河故國。適務參卿，履道從仕。秩滿，遷洛州武」臨縣丞，尋拜雍州乾封縣尉。皇畿務總，京輦殷湊。公設拒以臨事，幹時以任劇」。故能使寇盗移境，流風有聲。尋又授雍州司户，充南郊輦脚，加朝散大夫，制除」盩厔縣令。詞曹理劇，墨綬調人。暫同州縣之勞，俄錫大夫之命。入爲太子舍人」。禁闈方拜，始踐東朝之美；兵欄實殷，用光南省之列。兼判兵部員外郎。其年，丁」太夫人憂，去職。服闋，旋属前任。公事以一官當奏，雪除太子司議郎。後因親累」，出爲遂州員外司馬。劒山横鎮，巴江甫迩。豪宗所以聚姦，黠吏由其作犯。公下」車佐理，闔境知讓。大舉時弊，罔不悛復。載興人謡，震于遐遠。未幾，改爲晉州司」馬。不就職。又以他累，除虔州司馬。其年，復授洋州司馬。再徙不進，于何滯剥。大」運知歸，竟嗟淪奄。以開元四年歲次景辰正月戊寅朔廿八日乙巳遘疾終於」官舍，春秋五十有二。公材幹優舉，志識通博。從吏郡邑，歷官宫省。四至司馬，一」任爲郎。進思無邪，立心必正。閨門之内，怡怡自穆；賓僚之間，詢詢善誘。青雲之」路未致，黄壤之期永卜。嗚呼哀哉！有子孺子，年始在丱，貌雖齊於毁棘，力不逮」於封墳。夫人正平縣君薛氏，秉心允塞，潔行恭順。嚴於克家，禮盡婦道。及公大」漸之後，歸柩之日，而晝親喪禮，夕衛靈櫬。風雨晦如，險艱不易。故得返扶風之」鄉陌，從杜陵之宅兆。即以其年龍集單閼四月丁未朔廿七日，葬於京兆府萬」年縣洪固鄉之畢原，禮也。什邡府君，殯在他所。及因禮祔，同啟先塋。墨龜之辰」改食，青烏之隧畢掩。古所謂苦節能貞，孝婦高義者矣。荒野煙靄，林松歲滋。刻」金石以旌德，庶徽猷之不隕。其銘曰」：

盛德之後，必生達人。於昭竇公，冠超時倫。惟才尚善，造理獨得。沉以剛斷，明用」柔克。簡惠能和，貞廉允則。歷司宫省，累佐藩國。容止合雅，政教有聲。罔忝前緒」，式崇令名。大運不躋，降年莫遂。隕夫凶咎，殲以忠懿。幼子在蒙，賢婦秉義。載啟」塋域，躬茲喪事。杜城故邑，京兆新阡。丘陵一閉，松檟何年」。

按

誌主竇匪石，史載不詳。竇氏自漢代以來，爲關中顯姓。墓誌所載其家族世系、竇匪石之生平和任職，均可補史載之闕。

245.716　唐法藏禪師塔銘

説明

唐開元四年（716）五月刻。石呈長方形，長84厘米，寬71厘米。正文楷書36行，滿行30字。田休光撰文。石略有石花，個別文字有損。石原在長安縣王莊鄉楩梓谷。現存西安碑林博物館。《金石萃編》《關中金石文字存逸考》《全唐文》《西安碑林全集》等著録。

釋文

大唐淨域寺故大德法藏禪師塔銘并序

京兆府前鄉貢進士田休光撰文」

世之業生滅若輪環者，則雖塵沙作數，草木爲籌，了無遺纖哉。吁！不可知者，其」惟流浪乎。夫木性生火，水中有月。以凡筌聖，從道場而至道場；通因及果，非前」際而於後際。行之於彼，得之於此。禪師諱法藏，緣氏諸葛，蘇州吴縣人。昔群雄」角力，三方鼎峙。蜀光有龍，吴恃其虎。瑾之後裕，蟬聯姑蘇。曾祖詧，吴郡太守、蘇」州刺史、秘書監、銀青光禄大夫、上柱國、開國男。大父穎，隨閬州刺史、銀青光禄」大夫。父禮，皇唐少府監丞。吴會旗裳，東南旖旎。洗墨而清夷落，衣錦而燭」江鄉。山海禁錢，蓬萊秘府。屢遊清貫，歷拜寵章。禪師即蘇州使君之曾孫、少府」監丞之第二子也。年甫二六，其殆庶幾。知微知章，克岐克嶷。此寺大德欽禪師」廣，世界津航，人非鑽仰。禪師伏膺寂行，禮備師資，因誦經。至永徽中，頗以妙年」經業優長，奉敕爲濮王度。所謂天孫利益，禪門得人。禪師自少出家，即」與衆生作大善知識。道行第一，人天殊勝。開普門之幽鑰，酌慈源之蜜波。由恐」日月居諸，天地消息。每對天龍八部，晝夜六時。如救頭然，曾未暫捨。非乞之食」不以食，以至于頭陁；非掃之衣不以衣，得之於蘭若。禪師自少于老，駞騾象馬」，莫之聞乘也。以爲鎔金爲像，非本也；裂素抄經，是末也。欲使賤末貴本，背僞歸」真。求諸如来，取諸佛性。卅二相，八十種好，衆生對面而不識，奈何修假以望真」。且夫萬行之宗，衆相之本，生善之地，修善之境。禪師了了見之矣。夫鐘鼓在庭」，聲出于外。如意元年，大聖天后聞禪師解行精最，奉制請」於東都大福先寺檢校无盡藏。長安年，又奉制請檢校化度寺无盡藏」。其年，又奉制請爲薦福寺大德非禪師。戒固居龍象之首，清淨開人倫」之目。不然，焉使天文屢降，和衆相推。揚覺路之威儀，總禪庭之準的。護」珠圓朗，智刃雄鳴。伏違順之鬼魔，碎身心之株杌。廢情属境，卑以自居。如谷王」之流謙，百川委輸；若周公之吐哺，天下歸心。菩薩下人，名在衆生之上。悲哉！三」界即火宅之所，四大將歲時之速。既從道来，亦從道去。遂拂衣掩室，脱屣繩牀」。惟惚惟慌，不驚不怖。粵以開元二年十二月十九日捨生于寺，報齡七十有八」。門人若喪考妣，乃相謂曰：和上云亡，吾徒安放？乃拉血相視，仰天椎心。即以其」年十二月廿七日，施身于終南山楩梓谷屍陁林。由是積以香薪，然諸花疊。收」其舍利，建窣睹波于禪師塔右。自佛般入涅槃，于今千五百年矣。聖人不見，正」法陵夷。即有善華月法師、樂見離車菩薩，愍兹絶紐，並演三階。其教未行，咸遭」弑戮。有隨信行禪師與在世，造舟爲梁，大開普敬認惡之宗，將藥破病之説，撰」成數十餘卷，名曰三階集録。禪師靡不探賾索隱，鈎深致遠。守而勿失，作禮奉」行。是故弟子將恐頽其風聲，乃掇諸景行，記之于石，銘曰」：

有若禪人凝稜，心不易兮。身世澒洞，探討真賾兮。寂行沖融，涣若冰釋兮。軒裳」蟬聯，清輝相射兮。弈裳不染，乾乾衣錫兮。蕭灑諠譁，地自虚僻兮。玄關洞開，亡」珠可索兮。吾將斯人，免夫過隙兮。魂兮何之，聲流道格。若使天地長久而可知」，即相與摭實，刊之于石兮。

開元四年歲次景辰五月景子朔廿七日壬寅建」

按

法藏，唐高僧，華嚴宗實際創始人。《宋高僧傳》《佛祖統紀》有傳，可與此銘互相印證。

246.716　楊君夫人獨孤氏墓誌

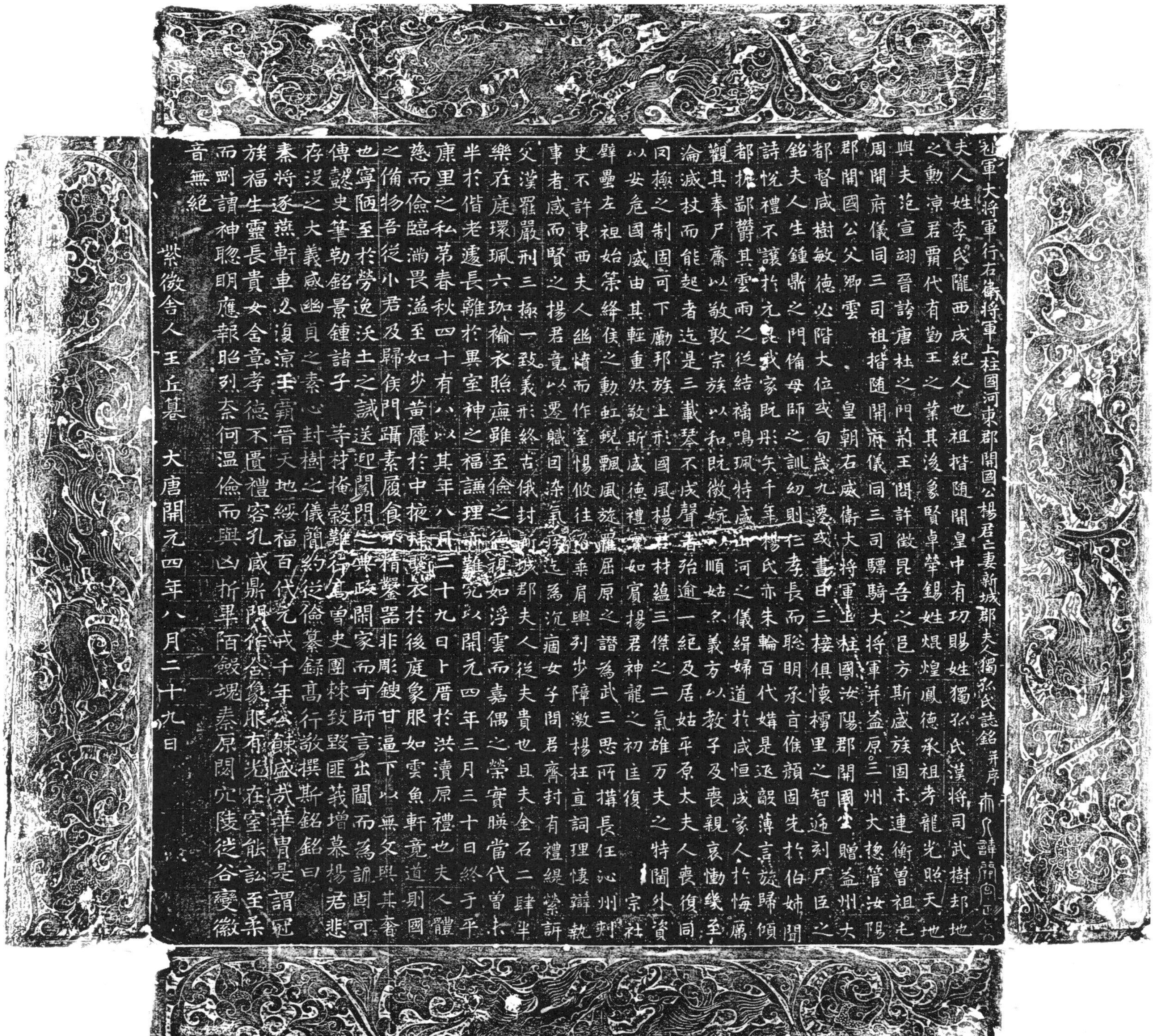

説 明

唐開元四年（716）八月刻。蓋盝形，誌正方形。誌、蓋尺寸相同，邊長均75厘米。蓋文4行，滿行4字，篆書“大唐故新」城郡夫人」獨孤氏墓」誌銘并序」”。誌文楷書31行，滿行31字。王丘撰文。蓋四殺飾纏枝花紋，四側飾海石榴瑞獸紋；誌四側亦飾海石榴瑞獸紋。1951年咸陽市底張灣出土。現存西安碑林博物館。《全唐文補遺》《西安碑林全集》著録。

釋 文

冠軍大將軍行右衛將軍上柱國河東郡開國公楊君亡妻新城郡夫人獨孤氏誌銘并序

夫人諱開，字正真」

夫人姓李氏，隴西成紀人也。祖楷，随開皇中有功，賜姓獨孤氏。漢將司武，樹刼地」之勳；涼君霸代，有勤王之業。其後象賢卓犖，錫姓焜煌。鳳德承祖考，龍光照天地」。與夫范宣翊晉，誇唐杜之門；荊王問許，徵昆吾之邑。方斯盛族，固未連衡。曾祖屯」，周開府儀同三司。祖楷，随開府儀同三司、驃騎大將軍、并益原三州大總管、汝陽」郡開國公。父卿雲，皇朝右威衛大將軍、上柱國、汝陽郡開國公，贈益州大」都督。咸樹敏德，必階大位。或旬歲九遷，或晝日三接。俱懷樗里之智，遞刻尸臣之」銘。夫人生鍾鼎之門，備母師之訓。幼則仁孝，長而聰明。承旨候顔，固先於伯姊；聞」詩悦禮，不讓於元昆。我家既彤矢千年，楊氏亦朱輪百代。媾是匹敵，薄言旋歸。傾」都振鄙，鬱其雲雨之從；結褵鳴珮，特盛山河之儀。緝婦道於咸恒，成家人於悔厲」。觀其奉尸齋以敬，敦宗族以和。既微婉以順姑，亦義方以教子。及喪親哀慟，幾至」淪滅。杖而能起者，迄是三載；琴不成聲者，殆逾一紀。及居姑平原太夫人喪，復同」罔極之制。固可下勵邦族，上形國風。楊君材藴三傑之二，氣雄万夫之特。閫外資」以安危，國威由其輕重。然敬斯盛德，禮實如賓。楊君神龍之初，匡復宗社」。壁壘左袒，始策絳侯之勳；虹蜺飄風，旋罹屈原之譖。爲武三思所構，長任沁州刺」史，不許東西。夫人幽憤而作，窒惕攸往。乃乘肩輿，列步障，激揚枉直，詞理悽辯，執」事者感而賢之，楊君竟以還職。因染氣疾，迄爲沉痼。女子問君，齊封有禮；緹縈訴」父，漢罷嚴刑。三極一致，義形終古。俄封新城郡夫人，從夫貴也。且夫金石二肆，半」樂在庭；環珮六珈，褕衣照廡。雖至儉之德，視如浮雲；而嘉偶之榮，實映当代。曾未」半於偕老，遽長離於異室。神之福謙，理亦難究。以開元四年三月三十日終于平」康里之私第，春秋四十有八。以其年八月二十九日卜厝於洪瀆原，禮也。夫人體」慈而儉，臨滿畏溢。至如步黄屨於中掖，拜褧衣於後庭。象服如雲，魚軒竟道。則國」之備物，吾從小君。及歸侯門，躡素履，食不精鑿，器非彫鏤。甘逼下以無文，與其奢」也寧陋。至於勞逸沃土之誡，送迎閾門之典。政閑家而可師，言出閫而爲訓。固可」傳懿史筆，勒銘景鍾。諸子□等材掩穀難，行高曾史。團棘致毁，匪莪增慕。楊君悲」存没之大義，感幽貞之素心。封樹之儀，簡約從儉。纂録高行，敬撰斯銘。銘曰」：

秦將逐燕，軒車必復。涼王霸晉，天地綏福。百代元戎，千年公餗。盛哉華胄，是謂冠」族。福生靈長，貴女含章。孝德不匱，禮容孔臧。鼎門作合，象服有光。在室能訟，至柔」而剛。謂神聰明，應報昭烈。奈何温儉，而與凶折。畢陌斂魂，秦原閟穴。陵徙谷變，徽」音無絶」。

紫微舍人王丘纂

大唐開元四年八月二十九日」

按

誌主獨孤氏，父獨孤卿雲，爲唐東征將士，《新唐書》有載，惟嫌簡略。本誌可補足其生平事蹟、任職經歷。另，其夫曾“爲武三思所構，長任沁州刺史，不許東西”，獨孤氏“幽憤而作，窒惕攸往。乃乘肩輿，列步障，激揚枉直，詞理悽辯，執事者感而賢之，楊君竟以還職”。獨孤氏爲夫請命，足可稱道。

247.717　尹文操碑

大唐尹尊師碑

説 明

唐開元五年（717）十月刻。碑螭首龜座。通高450厘米，寬126厘米。額文2行，滿行3字，篆書“大唐尹」尊師碑」”。正文隸書26行，滿行71字。員半千撰文。原碑已佚，現存碑爲元大德元年（1297）聶志真重刻。石斷爲三截，現已粘結修補，斷裂處文字有損。原立于周至宗聖宫。現存周至樓觀臺説經臺。《全唐文》《樓觀臺道教碑石》著録。

釋 文

大唐故宗聖觀主銀青光禄大夫天水尹尊師碑并序」

銀青光禄大夫行太子右諭德兼崇文館學士上柱國平涼縣開國公員半千撰」

聞夫真人者出巨殼，歷倚杵，騎蜚廉，從敦圉，臣雷公，妾密妃。朝濯髪於湯泉，夕晞首於暘谷。仍丹丘以長嘯，戴翠華以高遊。自非植因曠劫，肅恭太浩，從事於金房之前，鏤心於玉晨之上」，擕青童而應黄緑者，奚以成後來之妙相虖？繼絶景而胤希聲，則尊師其人矣。尊師諱文操，字景先，隴西天水人也。後秦尚書僕射緯之後，緯仕長安，故爲扈人焉。若迺鬱爲帝師，降迹於」唐勛之代；光乎王佐，應命於周武之朝。家藉代資，可略言矣。曾祖洪，宇文朝商州長史。大父舒，隋文州别駕。昭考珍，皇朝散大夫。尊師特稟異氣，垂實冥華。始降迹也，其母袁氏夜夢玄妙」玉女授以九老丈人之符，數月而聞腹中誦經聲，且時時有異光繞身矣。及載弄之始，目光炯然，眸子轉盼，若有所見。及勝衣之日，自識文字，惟誦老子及孝經，迺曰：此兩經者，天地之心」也。此後見好殺之字，若蹈水火；視無禮之文，如墜泉谷。稍長，聞有尹真福庭，迺精心事之，不近俗事。因讀西昇、靈寶等經，漸達真教。既得玄味，便契黄中。聞師者傳道之父母，行道之神明」。無數劫來，妙經是出。不因師學，謂之長昏。遂章惶無已，求師不暇。時有周法師者，内音之先鳴，上皇之高足。迺願參軒效駕，陪景嘯空，奔走禮謁，以申宿志。法師見之，迺謂尊師曰：汝於劫」會之中，已受龜山之録也。便訓以紫雲之妙旨，授以青羽之隱法，壹入其心，謂赤松、王子喬可與撫煙月矣。年十五，道行已周，有名於遠近矣。屬文德皇后遵上景而委中宫，于時搜」訪道林，博採真迹，尊師即應玄景，行預緑雲，奉敕出家，配住宗聖觀。雖剪芝瓊園，採琳玄隴，意每遠出，未近謝也。將欲沐浴東井，棲遲南昌。保護崑崙，窺窬渾沌矣。故屬想丹煙，遊心」紫度。遍尋五岳，備涉九元。尋三君之祖氣，成七晨之慧眼。旋謁法師，便居終南。寂慮於温泉，冥精於寒谷，有年日矣。既通八景，又達九天。知來藏往，多所曉悟。若有神曰：法師上遷。及省所」居，已去順也。貞觀末年，行喪既畢。永徽三年，迺遊太白，入重玄也。見所未見，聞所未聞。此後丹字紫書，三五順行之法，扶晨接晝，九六逆取之方，咸得其要。尊師所有遊山異迹，祈醮靈應」，並有别録，此不載之。至於顯慶已來，國家所賴，出入供奉，功德諮量。救世度人，轉經行道。玄壇黄屋，帝座天言。東都西京，少陽太壹。九城二華，展敬推誠。三十餘年，以日繫月。始終不絶，有」感必通。凡是効驗，君臣同悉。敕書往復，日月更迴。神道昭章，歲時交積者，不可具載。並傳於帝居，一二要者，略舉其目。初，尊師遊太白高頂，雲霧四周，聲振萬壑。忽湧圓光，去地」千仞。復有像充九色，其高十仞。欣然長往者，意已篤焉。高宗之在九成宫，有孛彗經天，長數丈，以問尊師。尊師對曰：此天誡子也。子能敬父，君能順天。納諫徵賢，斥邪遠佞。罷役」休征，責躬勵行，以合天心，當不日而滅。上依而行之，應時消矣。是故高宗以晉府舊宅爲太宗造昊天觀，以尊師爲觀主。儀鳳四年，上在東都，先」請尊師於老君廟修功德。及上親謁，百官咸從。上及皇后、諸王、公主等，同見老君乘白馬，左右神物，莫得名言，騰空而來，降于壇所。内外號叫，舞躍再拜，親承聖」音，得非尊師之誠感也。由是奉敕修玄元皇帝聖紀一部，凡十卷，總百廿篇，篇别有贊。時半千爲尊師作也。紀贊異秩，繕寫進之，高宗大悦，終日觀省，不離玉案。迺授尊師」銀青光禄大夫，行太常少卿。尊師固讓，不得已，辭官而受散職焉。永淳二年，天中有望，告成有日，萬乘雷動，千騎風馳。天子乘閣道而御帝車，群官陪六儀而承七曜。將禮于天樞，幸」中岳也。金繩未舉，玉檢猶潛。而六龍頓轡，三光歛色。聖體不安，旋于皇極。屬紫微虚位，白雲上征。萬國號訴，四方遏密。太后諮訪尊師，尊師曰：真坊仙境，亦著代謝。物」有榮悴，氣有初終。大道之常，幸康神器。陛下宜存思諒闇，極想欽明，密理百神，潛庇萬姓。文操人閒地上，物裹天中，所有靈明，倍百祈請。亦望二十四結，火燒而憂盡；七十二教，水鍊」而法成。皆見先徵，以明後事。迺著祛惑論四卷、消魔論卅卷、先師傳壹卷。垂拱四年，將賓玉帝也。上足時道成，咸願奏章以延福蔭。尊師止之曰：有順宜遵，不可犯禁。言訖委化，顔色如常」。粤以長壽四年四月十二日遷兆於終南文仙谷。弟子侯少微等，追思龍漢，遠慕龜巖。冀德音與天地同久，神道共陰陽齊化。昭庇鶱林，冥滋栢樹。俾斯貞石，文若三光。其詞曰」：

局部

去矣大僊，悠哉上玄。玉谷白芝之座，金闕紫蘭之前。既嘯景於瓊札，固交歡於碧泉。出三萬六千之厚地，入三萬六千之遠天。咀九華之翠菊，坐五色之紅蓮。常吟外景，每握内篇。春霞飛」虖絳雲，秋風生虖紫煙。徘徊高黄嶺，顧步太白巓。三秦四塞帝王國，京兆長安龍鳳川。煌煌兮四明路，浩浩兮八景年。今已向上襲前果，何時來下降宿緣。當乘道之氣，應傳道之味。必使」氤氲六合中，自然昌揚萬劫通。稽首寧歌步，願得乘九素，天下同此心，非獨騫之林。

開元五年十月二日

弟子侯少微建」

按

尹文操，字景先，唐著名道士。初于宗聖觀出家，後爲昊天觀觀主。曾奉敕修《玄元皇帝聖紀》，又著《祛惑論》《消魔論》《先師傳》諸書，爲樓觀道教的發展做出了很大貢獻。

文末有元聶志真題跋“尊師出世於唐之貞觀，碑建於開元甲子十周，字畫昏蝕，慮歲久益舛，先迹無考，□重摹于石，以壽其傳。大元大德元年三月朔提點聶元真敬識”楷書二行。

撰者員半千，字榮期，唐齊州全節（今山東章丘）人。本名餘慶，因其師王義方賞之，言“五百年一賢，足下當之矣”，因改名半千。少舉童子科，歷官武陟尉、左衛長史、弘文館學士、太子右諭德兼崇文館學士。

原拓多漫漶，據《全唐文》等補。

248.718　李悰墓誌

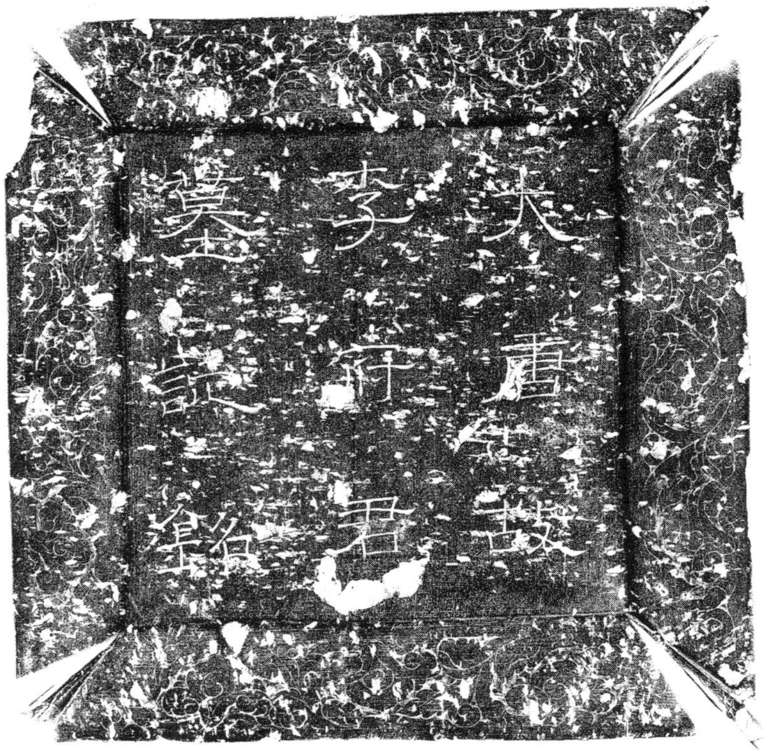
大唐故
李府君
墓誌銘

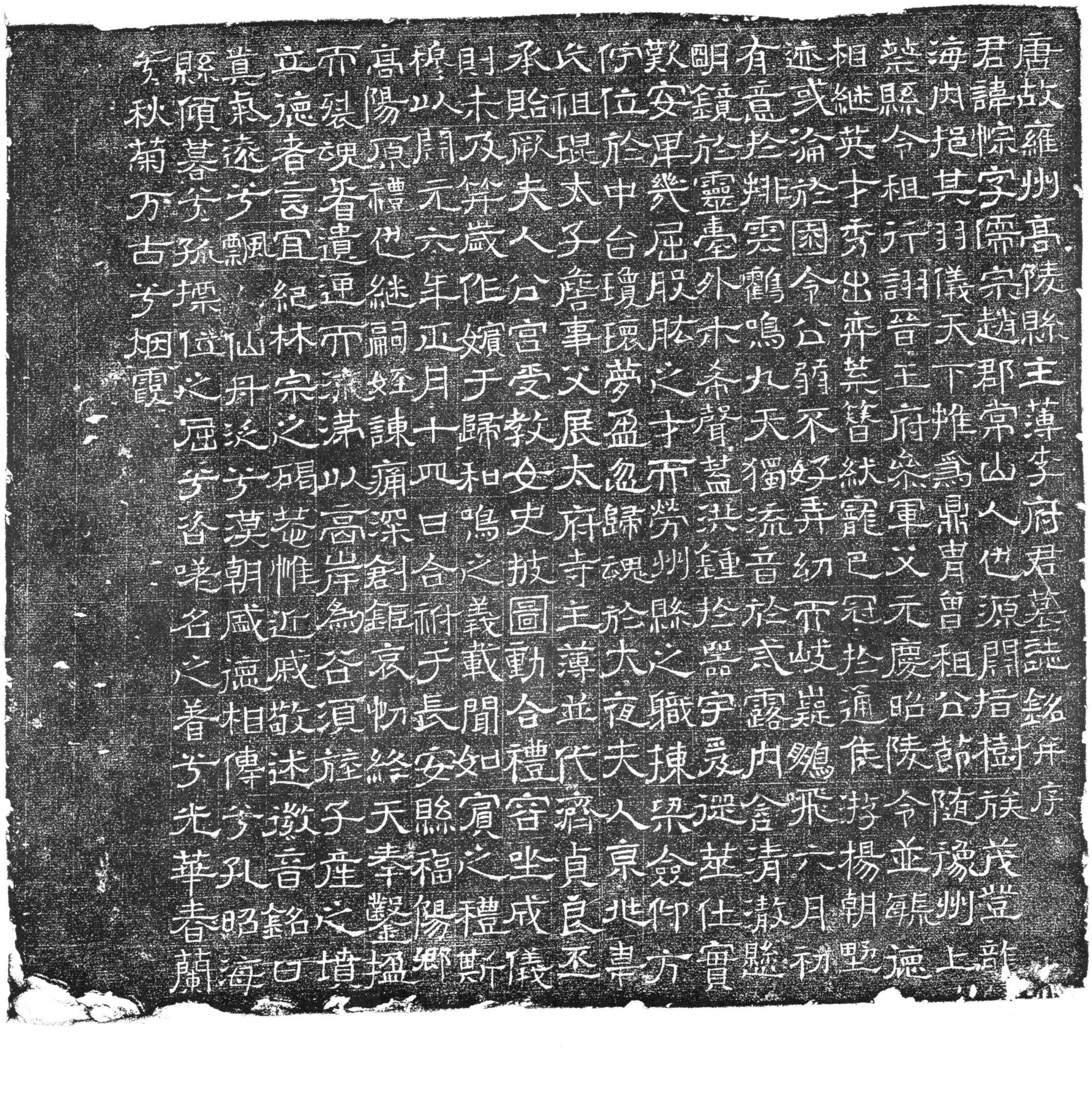
唐故維州高陵縣主薄李府君墓誌銘并序
君諱悰字儒宗趙郡常山人也源開指樹族茂豈龍
海內挹其羽儀天下推爲鼎胄曾祖公節隨豫州上
禁縣令祖行詡晉王府条軍父元慶昭陵令並毓德
相繼英十秀出弃葉替紱寵已冠於通侯游揚朝墅
迹或論於園令公翦不好弄幼而岐嶷總飛六月初
有意扵翔雲鶴鳴九天獨流音於式露內會清撤懸
明鏡於靈臺外未希聲蓋洪鍾於器宇爰遐楚仕寶
歎安軍幾屈股肱之十而勞州縣之職揀梁僉仰方
佇位於中台瓊環夢盈忽歸魂於大夜夫人京北皐
氏祖琨太子詹事父展太府寺主薄並代濟貞良丞
承貽承夫人公宮受教女史披圖動合禮容坐成儀
則未及算歲作嬪于歸和鳴之義載間如賔之禮斯
標以開元六年正月十四日合術于長安縣福陽鄉
高陽原禮也繼嗣姪諫痛深創鉅哀物終天奉鑿擅
而發硯著遺運而流潇以高岸爲谷須旋子産之墳
立德者言宜紀林宗之碣巷帷近戚敬述邀音銘日
眞氣遠兮飄　仙舟泛兮漠朝感德相傳兮孔昭海
縣傾暮兮孫摽位之屈兮沓嗟名之著兮光華春蘭
兮秋菊万古兮烟霞

説 明

唐開元六年（718）正月刻。蓋盝形，誌方形。誌、蓋尺寸相同，均長42厘米，寬40厘米。蓋文3行，滿行3字，隸書“大唐故」李府君」墓誌銘」”。誌文隸書20行，滿行20字。蓋四殺飾纏枝花紋。出土具體時、地不詳。現存西安市長安博物館。《長安碑刻》著録。

釋 文

唐故雍州高陵縣主簿李府君墓誌銘并序」

君諱悰，字儒宗，趙郡常山人也。源開指樹，族茂登龍」。海内挹其羽儀，天下推爲鼎冑。曾祖公節，隨豫州上」蔡縣令。祖行詡，晉王府参軍。父元慶，昭陵令。並毓德」相繼，英才秀出。弈葉簪紱，寵已冠於通侯；游揚朝野」，迹或淪於園令。公弱不好弄，幼而岐嶷。鵬飛六月，初」有意於排雲；鶴鳴九天，獨流音於戒露。内含清澈，懸」明鏡於靈臺；外木希聲，蓋洪鐘於器宇。爰從筮仕，實」歎安卑。幾屈股肱之才，而勞州縣之職。棟梁僉仰，方」佇位於中台；瓊瓌夢盈，忽歸魂於大夜。夫人京兆韋」氏。祖琨，太子詹事。父展，太府寺主簿。並代濟貞良，丕」承貽厥。夫人公宫受教，女史披圖。動合禮容，坐成儀」則。未及笄歲，作嬪于歸。和鳴之義載聞，如賓之禮斯」穆。以開元六年正月十四日合祔于長安縣福陽鄉」高陽原，禮也。繼嗣姪諫，痛深創鉅，哀切終天。奉鑿楹」而裂魂，看遺匣而流涕。以高岸爲谷，須旌子産之墳」；立德者言，宜紀林宗之碣。恭惟近戚，敬述徽音。銘曰」：

真氣遠兮飄飄，仙舟泛兮漢朝。盛德相傳兮孔昭，海」縣傾暮兮孤標。位之屈兮咨嗟，名之著兮光華。春蘭」兮秋菊，万古兮烟霞」。

按

此誌出土地域不詳，據墓誌“合祔于長安縣福陽鄉高陽原”，當出土于今西安市長安區郭杜鎮楊村一帶。

249.718　越王李貞墓誌

大唐故
太子少保豫
州刺史越
王墓誌銘

唐故太子少保豫州刺史越王墓誌銘

説明

唐開元六年（718）正月刻。蓋盝形，誌正方形。誌、蓋尺寸相同，邊長均89厘米。蓋文4行，滿行4字，篆書“大唐故太」子少保豫」州刺史越」王墓誌銘」”。誌文隸書30行，滿行32字。蓋四殺飾寶相石榴花紋，四側飾瑞獸蔓草紋。1972年禮泉縣煙霞鎮興隆村出土。現存昭陵博物館。《隋唐五代墓誌滙編》《昭陵碑石》《新中國出土墓誌（陝西壹）》著録。

釋文

唐故太子少保豫州刺史越王墓誌銘」

王諱貞，字貞，隴西狄道人也。元皇帝之曾孫，神堯皇帝之孫」，太宗文武皇帝之第八子也。夫天氣下降，地氣上騰。鼓之以雷霆，潤之以風雨。必有」河目海口，龍章鳳姿。輝若木而挺生，派咸池而載誕。横風雲而落落，揭日月而昭昭」。道可以幽贊神明，行可以儀刑列辟。固本枝於百代，緝熙光於萬年。則周公其人，噫」，見之於王矣！惟王稟七曜之粹，冠三代之英。乘白雲於帝鄉，其容以穆；索玄珠於罔」象，其道惟微。雅好典墳，招延豪傑。攀桂枝之偃蹇，賞脩竹之檀欒。文標七步之奇，樂」對三雝之妙。由是自天之祐，比川澤而增深；干雲之姿，歷歲時而逾邈。乃累封原、漢」、越三王，食邑萬户，使持節安徐揚三州都督、相州刺史，遷絳州刺史兼太子少保。岷」濮之險，實惟巴江；剽劫之患，時聞棧閣。利有攸往，實在西南。褰帷作鎮，爰降綸綍」。乃授綿州刺史，又遷豫州刺史。十郡連衡，三州輻湊。浩攘尨聒，化理尤難。愷悌昭明」，風俗斯變。屬高宗厭代，椒掖君臨。履霜堅冰，乾道斯革。比干委命，忠諍」莫從。威公淚盡，空聞繼血。王慷慨延首，喑嗚誓心。迺七國而連師，申九伐於商野。小」人道長，君子道消。明明上天，曾靡下鑒。茶然煨燼，夫何可言。嗚呼！以垂拱二年九月」十一日遇害，薨於州館，春秋六十二。俄而上天悔禍，大憝咸誅。舊物惟新，頽綱必復。君」側之惡，尚巧如簧；汨羅之冤，未申朝命。睿宗撫運，我后登庸，追」遠飾終，具斑惟敘。嗚呼！以開元五年五月廿日舊封建，謚曰敬王。以開元六年正月」廿六日詔陪葬於昭陵，禮也。有子沖等五人，並弈弈星連，軒軒霞舉。發言爲」論，受詔成文。德懋漢蕃，道光周翰。痛乾綱之中圮，哀品物而潛蒙。乃受授韜鈐，謨」謀敬愛。霜戈彗掃，月羽星流。未交鋒於魏闕，咸喪元於中野。惟家之索，牝雞幾怨於」詩人；天下擊之，周勃未安於劉氏」。開元神武皇帝明斷自天，雄姿拂日。赫龍光於紫極，歸帝座於皇圖。百姓昭明，六幽」光宅。仁霑動殖，德被沈潛。追繼絶於前王，乃詔封於宗子。横橋北走，渭水東流。地」勢半於平陵，風煙通於畢陌。遲遲容衛，歷城闕而無聲；寂寂車徒，上郊原而望斷。庶」乾坤或毁，松栢爲薪。遺風尚結於人思，明德見嗟於來哲。敢緣兹義，迺作銘云」：

黄雲蕭索，紫氣氤氳。發祥降祉，吐曜騰文。於萬斯年，必百代祀。永錫爾類，欽哉不已」。克岐克嶷，知微知章。褰帷受委，仁聲孔敭。歷數邅屯，宗枝靡託。翻然鳳舉，奮矣龍作」。風飛電掃，欱野噴山。丘陵反覆，輪轂朱殷。天命非忱，不利攸往。僵仆大憝，沈潛朽壤」。申冤復祉，爰洎我朝。潛靈祕景，陟降雲霄。旌旆逶遲，笳簫斷絶。草冷煙覆，松寒霧」結。雞鳴泉路，犬吠雲中。庶神僊之可託，播金石於無窮」。

按

誌主李貞，唐太宗第八子。兩《唐書》有傳。但其記載與此誌多有不合，所任官職詳略有别、次序不一，誌可與正史互補互證。該誌書體清秀俊美，爲隸書上乘之作。

250.718　鄭欽言墓誌

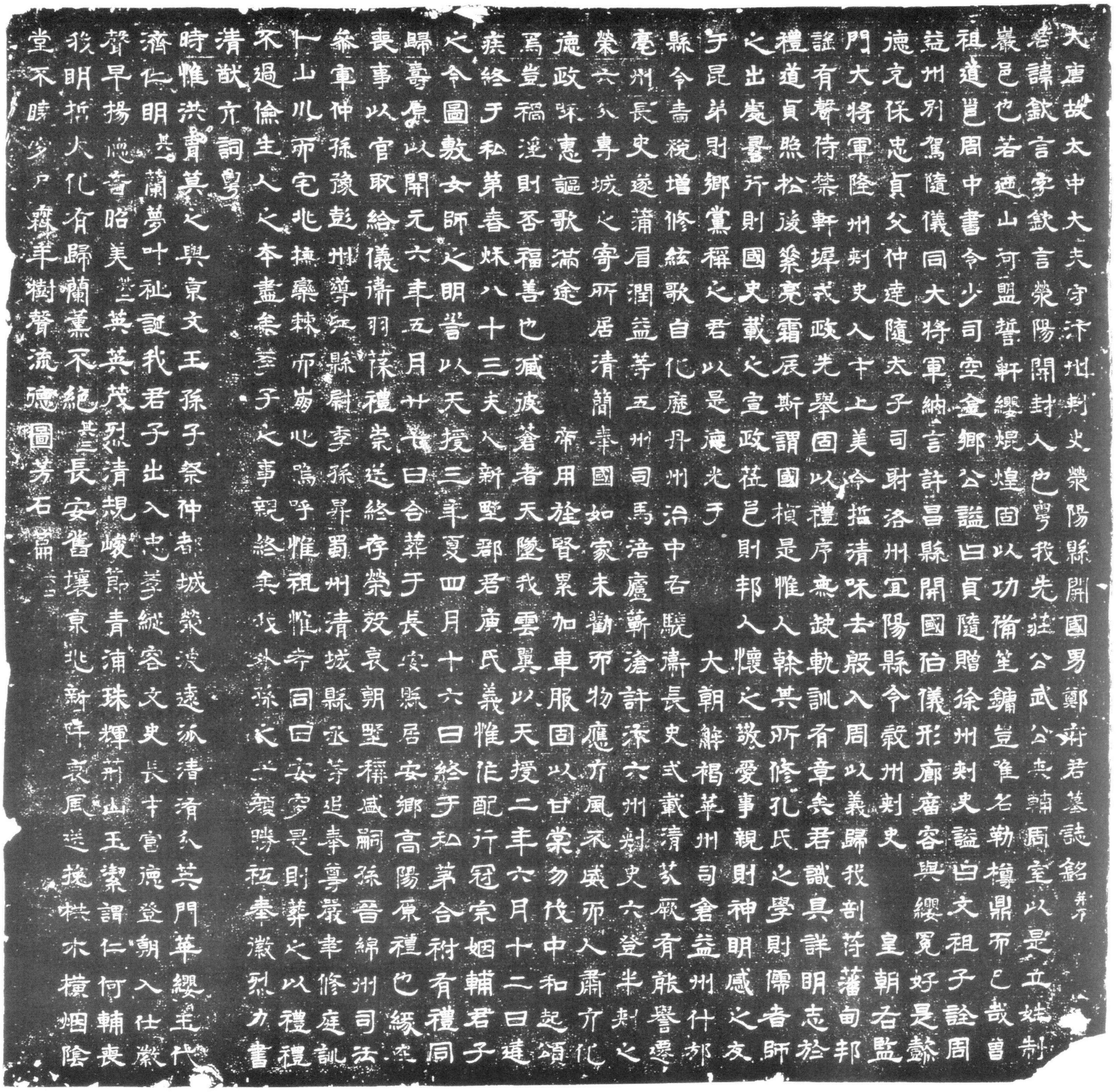
大唐故太中大夫守汴州刺史滎陽縣開國男鄭府君墓誌銘并序
君諱欽言字欽言滎陽開封人也粵我先莊公武公典輔周室以是立姓制
巖邑也若遐山河盟誓軒纓煨煌固以功備策鏞崔名勒樽鼎而已哉曾
祖道邕周中書令少司空金鄉公謚曰貞隨贈徐州刺史謚曰文祖子詮周
益州別駕隨儀同大將軍納言許昌縣開國伯儀形廊廟容與纓冕好是懿
德克保忠貞父仲達隨太子司財洛州宜陽縣令穀州刺史 皇朝右監
門大將軍隆州刺史入十上美令拈清味去殷入周以義歸我 剖符藩甸邦
詮有聲侍禁軒墀武政光舉固以禮序無違軌訓有章參君識具詳明志於
禮道貞照松後叢竟霜晨斯謂國楨是惟人幹其所修孔氏之學則儒者師
之出處言行則國史載之宣政莅邑則邦人懷之敬愛事親則神明感之友
于昆弟則鄉黨稱之君以是遂光于 大朝解褐華州司倉益州什邡
縣令壽從增修絃歌自化歷丹州治中右驍衛長史貳清苑縣有能譽遷
慶州長史遂蒲眉潤益等五州司馬涪虔蘄滄許涿六州刺史六登半刺之
榮六分專城之寄所居清簡奉國如家未嘗勸而物應亦風不威而人肅亦化
德政寬惠謳歌滿途 帝用旌賢累加車服固以甘棠勿伐中和起頌
焉豈禍淫則否福善也滅彼蒼者天墜我雲翼以天授二年六月十二日遘
疾終于私第春秋八十三夫人新野郡君庾氏義惟作配行冠宗姻有輔君子
之令圖敎女師之明訓以天授三年夏四月十六日終于私第合祔有禮同
歸壽原以開元六年五月廿七日合葬于長安縣居安鄉高陽原禮也緣亦
喪事以官取給儀衛羽葆禮崇送終存榮殁哀朝野稱盛嗣孫晉綿州司法
參軍仲孫豫彭州導江縣尉季孫昇蜀州清城縣丞等追奉尊嚴聿修庭訓
卜山川而宅兆撫桑梓而崩心嗚呼惟祖惟考同曰安厝是則葬之以禮禮
不過儉生人之本盡矣孝子之事親終矣我外孫氏之親勝衽奉徽烈力書
清猷亦詞曰
時惟洪胄其之興京文王孫子祭仲都城滎波遠派清濟分英門華纓紱代
濟仁明其一蘭夢叶祉誕我君子出入忠孝縱容文史長十宦德登朝入仕
聲早揚德音昭美其二英英茂烈清規峻節青浦珠輝荊山玉潔謂仁何輔喪
我明哲大化有歸蘭薰不絕其三長安舊壤京兆新阡哀風送挽拱木横烟陰
堂不曉夕戶無年樹聲流德圖芳石篇其四

説明

唐開元六年（718）五月刻。誌正方形。邊長75厘米。誌文隸書29行，滿行29字。出土具體時、地不詳。現存西安市長安博物館。《長安碑刻》著録。

釋文

大唐故太中大夫守汴州刺史滎陽縣開國男鄭府君墓誌銘并序」

君諱欽言，字欽言，滎陽開封人也。粤我先莊公武公夾輔周室，以是立姓制」巖邑也。若迺山河盟誓，軒纓焜煌，固以功備笙鏞，豈唯名勒樽鼎而已哉。曾」祖道邕，周中書令、少司空、金鄉公，謚曰貞，隨贈徐州刺史，謚曰文。祖子詮，周」益州别駕，隨儀同大將軍、納言、許昌縣開國伯。儀形廊廟，容與纓冕。好是懿」德，克保忠貞。父仲達，隨太子司射、洛州宜陽縣令、穀州刺史，皇朝右監」門大將軍、隆州刺史。人才上美，令哲清和。去殷入周，以義歸我。剖符藩甸，邦」謡有聲；侍禁軒墀，戎政先舉。固以禮序無缺，軌訓有章矣。君識具詳明，志於」禮道。貞照松後，素亮霜辰。斯謂國楨，是惟人幹。其所修孔氏之學，則儒者師」之；出處詞行，則國史載之；宣政莅邑，則邦人懷之；敬愛事親，則神明感之；友」于昆弟，則鄉黨稱之。君以是德，光于大朝。解褐華州司倉、益州什邡」縣令。畜税增修，絃歌自化。歷丹州治中、右驍衛長史。式載清芬，厥有能譽。遷」亳州長史、遂蒲眉潤益等五州司馬、涪廬蕲滄許汴六州刺史。六登半刺之」榮，六分專城之寄。所居清簡，奉國如家。未勸而物應亓（其）風，不威而人肅亓（其）化」。德政和惠，謳歌滿途。帝用旌賢，累加車服。固以甘棠勿伐，中和起頌」焉。豈禍淫則否，福善也臧。彼蒼者天，墜我雲翼。以天授二年六月十二日遘」疾終于私第，春秋八十三。夫人新野郡君庾氏，義惟作配，行冠宗姻。輔君子」之令圖，敷女師之明訓。以天授三年夏四月十六日終于私第。合祔有禮，同」歸壽原。以開元六年五月廿七日合葬于長安縣居安鄉高陽原，禮也。緣在」喪事，以官取給，儀衛羽葆，禮崇送終。存榮殁哀，朝野稱盛。嗣孫晉，綿州司法」參軍；仲孫豫，彭州導江縣尉；季孫昇，蜀州清城縣丞等，追奉尊嚴，聿修庭訓」。卜山川而宅兆，撫欒棘而崩心。嗚呼！惟祖惟考，同日安穸，是則葬之以禮，禮」不過儉，生人之本盡矣，孝子之事親終矣。我外孫之子顔勝，祗奉徽烈，力書」清猷。亓（其）詞粤」：

時惟洪胄，莫之與京。文王孫子，祭仲都城。滎波遠派，清洧分英。門華纓玉，代」濟仁明。其一。蘭夢叶祉，誕我君子。出入忠孝，縱容文史。長才富德，登朝入仕。徽」聲早揚，德音昭美。其二。英英茂烈，清規峻節。青浦珠輝，荊山玉潔。謂仁何輔，喪」我明哲。大化有歸，蘭薰不絶。其三。長安舊壤，京兆新阡。哀風送挽，拱木横烟。陰」堂不曉，穸户無年。樹聲流德，圖芳石篇。其四」。

按

誌主鄭欽言，兩《唐書》無載。其曾祖鄭道邕，《隋書》有載，《北史》載之更詳。誌主之祖鄭子詮、父鄭仲達均不見載。則此誌所載墓主之家族世系、歷職爲官及誌主之生平等，均可補史載之闕。另，此誌出土地域不詳，據墓誌“合葬于長安縣居安鄉高陽原”，當出土于今西安市長安區郭杜鎮居安村一帶。

251.720　李延光墓誌

説明

唐開元八年（720）二月刻。蓋盝形，誌方形。誌、蓋尺寸相同，均長57厘米，寬56厘米。蓋文3行，滿行3字，篆書“大唐故」李府君」墓誌銘」”。誌文楷書30行，滿行31字。蓋四殺飾卷雲紋，蓋四側及誌四側均飾纏枝花紋。西安市灞橋出土，具體時間不詳。現存西安博物院。《隋唐五代墓誌滙編》《全唐文補遺》著録。

釋文

唐故中散大夫涪州刺史上柱國李府君墓誌銘并序」

君諱延光，字珪，隴西成紀人也。自靈溪育慶，膺指樹之祥；張掖疏封，啟苴茅之祚」。衣冠是稱於克荷，道德無殞於聿脩。固以輝映丹青，光昭簡册。鴻勛茂祉，可略言」焉。高祖叔基，周侍中、上開府儀同三司、驃騎大將軍、駙馬都尉、燉煌郡公。曾祖威」，隨使持節上大將軍、荊安二州總管、荊安熊鄧等四州刺史、上柱國、黎國公。大父」志廉，皇朝上開府陝東道行臺度支郎中、贈使持節衛州刺史。考元謹，太子」左千牛尚舍直長。並傳芳珪組，襲潤休淳。雖曆數屢歸，而勳榮不替。珥貂開府，用」睦葭莩之親；憑軾建旗，載光熊隼之飾。行臺擢秀，首從郎位之尊；望苑興能，初列」侍臣之末。可謂代濟不朽矣。君貽芬積懿，挺粹生名。巨材即異於纖莖，美價不資」於成器。而彈冠入仕，自下爲高。始因戎衛之資，遄就參卿之任。次補岐州普閏縣」丞、雍州好畤主簿。未樂桓覃之心，更述仇香之職。俄授乾封縣尉。黄圖奧庶，赤縣」雄清。將求錯節之奇，必俟剸鍾之勁。君閑於在劇，投刃猶虚。善績嘉猷，遽聞」天扆。長壽三年，制授右肅政臺監察御史員外置同正員，俄而即真。尋遷右」臺殿中侍御史，又爲本臺侍御史内供奉。四遷憲闈，六周年籥。霜風弥勵，冰壺益」清。初見推於茹剛，末竟疑於好直。聖曆歲，出爲鄭州中牟縣令。更滿，授懷州武德」縣令。滎河近郊，覃懷舊趾。下車視事，人歡有成。遠揖仲康之風，傍酌安仁之化。殊」時埒美，無得而稱。秩終，除德州司馬、陳州長史。榮参半刺，政美題輿。未淹河朔之」班，復踐胡公之國。尋除使持節涪州諸軍事、守涪州刺史。寄深共理，位總專城。適」分命於虎符，遂纏災於僞沴。以巨唐開元七年十二月十九日終於京兆府長安」縣懷遠里之私第，春秋七十有三。君秉志鳴謙，居家好約。履錯惟敬，懷考父之恭」；用缶有孚，得晏嬰之儉。加以齋心玄素，求福不回。契理允尚於無爲，從官必由於」直道。雖古之哲人志士，何以加焉。夫人滎陽鄭氏，太子諭德祖玄之女。族茂緇衣」，禮優彤管。淑慎其止，洵美且都。粤自友琴，先悲徹瑟。宜家不永，始有析於龍鐔；同」穴相從，終克諧於龜兆。以今八年歲次庚申二月甲申朔十三日景申，式啟先殯」，合葬於京兆府萬年縣義豐鄉銅人原之禮也。嗣子羲昇等，並充窮結欷，孺慕銜」悲。力必竭於衣衾，心亦盡於誠信。三日不怠，方申孝子之情；五月有終，復用諸侯」之禮。爰刊貞石，式紀鴻芬。虔奉徽音，乃爲銘曰」：

緜緜瓜瓞，寔惟真仙。丕降淳懿，代濟英賢。聿修厥德，公有其焉。惟公之生，正直聰」明。居家克儉，莅職惟清。終始不替，鬱其成名。滎陽洵美，作嬪君子。玉殁幽泉，劒飛」淵水。一去不還，千秋永已。惕遺範之不揚，勒貞珉而有紀」。

252.720　李思訓神道碑

説 明

唐開元八年（720）六月刻。碑螭首圭額。通高320厘米，寬130厘米。額文3行，滿行4字，篆書“唐故右武」衛大將軍」李府君碑」”。正文行書30行，滿行70字。李邕撰文並書丹。碑下部泐蝕嚴重。原立于蒲城縣三合鄉北劉村。現存蒲城縣博物館。《金石萃編》《潛研堂金石文》《寶刻類編》《金石録》等著録。

釋 文

唐故雲麾將軍右武衛大將軍贈秦州都督彭國公謚曰昭公李府君神道碑并序」

族子（下闕）」

觀夫地高公族，才秀國華。德名昭宣，沖用微婉。動必簡久，言必典彝。人之儀形，□以爲□。（下闕）」守中輜重養福。亢宗以長其代，邁德以閎其門者，其惟我彭國公歟！公諱思訓，字建，隴西狄道人也。（下闕）」至信徙於秦，克復其任。子仲翔討叛羌于狄道，子伯考因家焉。洎孫漢前將軍廣，子侍中□十四代孫暠，（下闕）」卿諱叔良。考原州長史、華陽縣開國公，贈寧州刺史，諱孝斌。或集事雲雷，擁旄爲將。或□光日月，（下闕）」然寡欲，超然遠尋。好山海圖，慕神仙事。且束以名教，阻於從遊。乃博覽群書，精慮衆藝。百□偕妙，一□□知。（下闕）」聳義直道首。公非忠益之論，不關於言；非侯度之謨，不介其意。夫如此，可以近大化，斷（漸？）衆（家？）□功烈（下闕）」罩子贊禹，甘生相秦，莫可得而聞已。十有四補崇文生，舉經明行脩科甲。明年，吏□以文翰擢（下闕）未幾，加」朝散大夫。滿歲，除常州司倉參軍事。出納之悋，職司其憂，蓋小小者于時也。鼎湖龍昇，（下闕）興二□之」歎。近關而出，罔知所從；臨河而還，復將安處。僶俛轉揚州江都宰。公曰：五行四時十二月□□爲□五音六律（下闕）之多（下闕）義□其□」情。敷祐話言，所以廣德化；扇揚和氣，所以暢仁心。及履霜堅冰，終風折木。公歎曰：天（下闕）」詬俟時，變名求活。所恨南陽宗子，未舉勤王；西京宰臣，不聞復辟者，曠十有六載。及（下闕）位莫非其人。徵拜」太常寺丞，漸也。未月遷太府員外少卿，五旬擢宗正，即真彤伯，加隴西郡開國公，食邑三千户。（下闕）」吠。傷嗣害國，誘闢通之邪；甘言悲詞，售讒巧之譖。助逆封己，害正亂朝。公密奏封章，累（下闕）迴□納□」孽之謀，開臣禍之兆。放逐勳舊，慰薦寇讎。后族握兵，黨與屯衛。仡仡賈勇，凶凶作威。持戟□其（下闕）之□」或外廷揣摩，飛白烏之難。然以楚兵致討，嘗懼季良；淮南荐凶，獨防汲黯。出公爲岐州刺史。累（下闕）以□□之」舊也。家富勢足，目指氣使。驅掠以爲浮費，劍戟以爲盜夸。公乃急於長雄，緩於□□峻（下闕）國□以時」泰崇文，事危尚武。取申忠義，具屈才能，以左屯衛將軍徵，家口並給傳乘。議者以爲式是（下闕）」嶠則文雅洽通。故散騎平還，侍中兼掌，昔也所重，今之所難，公得之矣。復换散騎常侍，爲（下闕）之一□以圖書□」此之再仕，以□膂昇。故一從一横，一文一武，丈夫也，君子哉。尋拜右羽林衛大將軍，以（下闕）」渝考中上，又更右武衛大將軍。且師丹廉貞，則拜斯職；宋昌心腹，三登厥官。或以（下闕）」門也因假開喻，是究竟談。以實明宗，非差别行。其道流也，默論參玄。深視見聖，始作□於不（下闕）之紀導□□之（下闕）翼」皇道。決策謀府，經德智囊。而日月有除，霧露成疾，莫可救藥，誰能度思。嗚呼！春秋六十六，以開元□年八月（下闕）州郡」督，賵布絹四百端匹，米粟四百石，葬日官給，謚曰昭公。宜家魏國夫人竇氏，德心守彝，禮容宏矩，（下闕）嗚呼！（下闕）悲夫」。以八年六月廿八日合祔陪于橋陵園，禮也。姪吏部尚書兼中書令集賢院學士修國史□□公（下闕）」布和宏恕以歸厚。刑器有典，軌物有倫。嘗追如父之恩，是切加人之感。相與公之長子朝議大夫魏州别駕（下闕）集賢」院昭道等，並才名用譽，業尚居多。至性純深，終天孔亟。嘗恐竹簡紀事，未極聲華；石□□□，□揚風烈。（下闕）」

麟定時秀，人才國工。詩書樂地，典禮良弓。率心載德，濟義輸忠。湖海雅度，□□清風。□□槐集（下闕）」通。赫赫復□，振振秩宗。三思啬禍，諸韋荐兇。憂纏家國，氣薄華嵩。（下闕）」子惟孝，靈龜是從。桐柏烈烈，碑闕崇崇。盛業何許，佳城此中」。

按

李思訓，唐宗室，著名畫家，董其昌推崇其爲“北宗”之祖。兩《唐書》有傳。碑文云“公諱思訓，字建，隴西狄道人也”，而《新唐書》則言其爲隴西成紀人。此碑筆勢豪放，風神外露，爲李邕行書代表之作。

撰書者李邕，字泰和，鄂州江夏（今湖北武漢）人。唐書法大家，曾爲北海太守，世稱“李北海”。

253.720 華嶽精享昭應之碑

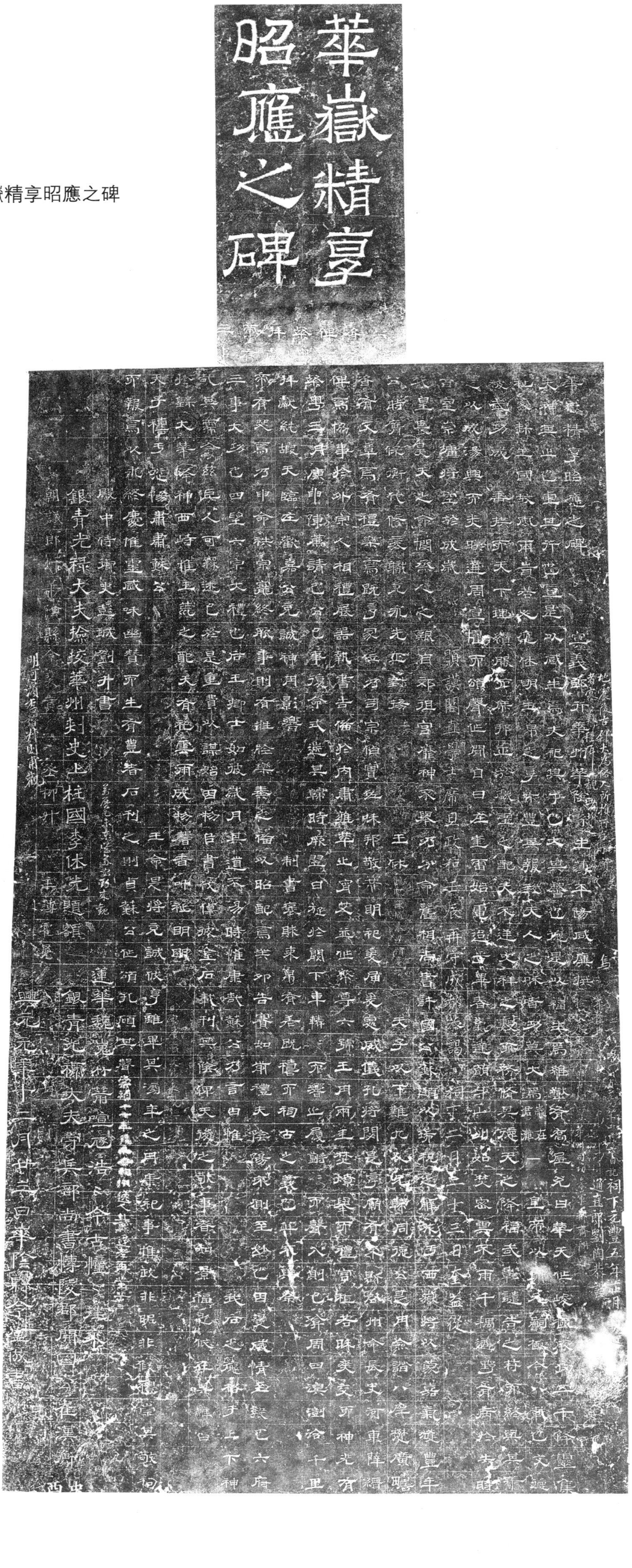
華嶽精享
昭應之碑

説 明

唐開元八年（720）刻。碑高409厘米，寬112厘米。額文2行，滿行4字，隸書“華嶽精享」昭應之碑」”。正文隸書20行，滿行49字。咸廙撰文，劉升書丹，李休光題額。碑陽爲《西岳華山神廟之碑》。現存華山西嶽廟。《全唐文》《陝西碑石精華》《華山碑石》等著録。

釋 文

華嶽精享昭應之碑

宣義郎行華州華陰縣主簿平陽咸廙撰」

夫神，其止也虚，其行也直，是以感生焉。夫祀，其事也大，其馨也德，是以福生焉。維嶽有高，居兑曰華。天作峻極，厥仞五千。降靈集」祉，密趑王國。故風雨時若，必應休明。玉帛之享，亦豐其報。致天人之和者，功莫大焉。歲在涒灘，皇帝以開元嗣極，今八載也。文德」被，武功成，垂拱而天下理，纉服而庶邦正。於戲！聖之配天，不逆灾祥之數，而務脩其德；天之降福，或彰譴告之符，而終與其善」。是以成湯興而炎暵遘，周宣懼而頌聲作。間自日在奎，雷始電，迨乎畢春，氣達萌牙，山川如焚，密雲不雨。千耦適野，胥病於失時」；百室崇墉，將空於成歲」。我皇畏昊天之命，憫烝人之艱，自郊徂宫，靡神不舉。乃分命舊相尚書許國公蘇頲，以瑞祝之辭，旅於西嶽，將以蒙嘉氣，獲豐年」。公時膺保衡，代修袞職，克永先正，對揚王休。天子以才難九人，允歸同德，公是用僉諧八座，懋廣疇」咨。有文章焉，有禮樂焉。既亨冢位，乃司宗伯。實佐和邦，敬恭明祀。爰届爰處，威儀孔將。閟是享廟，有來斯啟。州命長史河東薛縉」俾焉，協事於外，宗人相禮，展器執書，告備於内，肅雍萃止，宵艾並作。幣尊六號，玉用兩圭。焚燎舉而禮容祇若，昧爽交而神光有」粲。粤三月庚申，陳薦請也。公已事復命，式遄其歸。時厥翌日，旋於闕下，車轔轔而響止，履鏘鏘而聲入，則已滂周四溟，澍洽千里」。拜獻純嘏，天臨在歡。嘉公克誠，神用影響。制書褒賚，束帛有差。既禱而祠，古之義也。丘不與祭」，帝有毖焉。乃申命秩宗寵終厥事，則有牲牷樂奏之備，以昭配焉。癸卯，告賽如前禮。夫陰陽不測，至妙也；因變感情，至教也；六府」三事，大功也；四望六宗，大禮也。后王卿士，如彼歲月，其道不易，時惟康哉。蘇公乃言曰：惟我后之德，格于上下，神」哉其霈，今兹臣人，可無述已。於是重費以謀始，因物以書伐。倬彼金石，載刊其陰。俾夫後之敬事者，知景福之攸在。其辭曰」：

於鑠大華，降神西峙。惟王荒之，配天有祀。雲雨成物，馨香叶祉。明明」天子，禱于愆陽。肅肅蘇公，王命是將。克誠攸享，離畢其滂。年之用康，祀事惟政。非昵非假，禮崇其敬。祠」而報焉，以永終慶。惟靈感和，幽贊而生。有豐者石，刊之則貞。蘇公作頌，孔碩其聲」。

殿中侍御史彭城劉升書」

銀青光禄大夫檢校華州刺史上柱國李休光題額」

按

碑記唐玄宗李隆基開元年間遣尚書許國公蘇頲昭告致祭華山神廟之事，記述了致祭之緣由、主祭之身份、祭祀之形式及致祭之願望等，是研究古代祭祀非常珍貴的資料。

此碑自刻立後多有題名，如唐興元元年（784）銀青光禄大夫守兵部尚書博陵郡開國公崔漢衡題跋、華陰縣令盧倣書丹，唐貞元元年（785）檢校水部員外郎崔穎、華州司功參軍鄭齊聃、華陰縣令韋綬三人題名，宋元豐五年（1082）通直郎劉陶題名，宋政和二年（1112）顯謨閣直學士席旦及子奎益題名，明末清初李楷題名等。題名所書或隸或行，幸與正文不相混淆，特此説明。

撰者咸廙，唐平陽（今山西臨汾）人，兩《唐書》皆作“咸廙業”。《全唐文》所載之《屯留令薛僅善政碑》云“中丞宇文融、殿中侍御史咸廙業並引爲判官”。

書者劉升，唐彭城（今江蘇徐州）人。唐代著名書法家，尤以隸書見長。此碑書體結構嚴密，整齊舒朗，可爲習隸者之範本。

254.721　契苾夫人墓誌

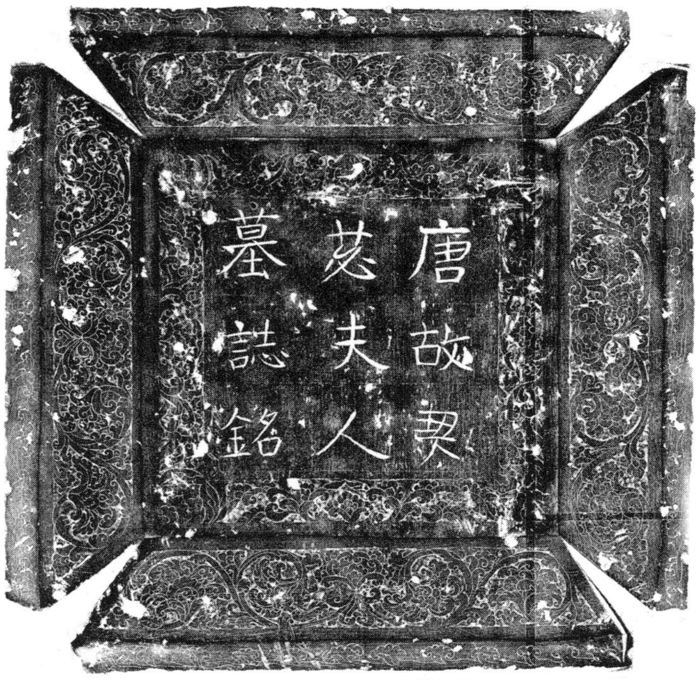
唐故契
苾夫人
墓誌銘

説 明

唐開元九年（721）二月刻。蓋盝形，誌正方形。蓋邊長75厘米，誌邊長71厘米。蓋文3行，滿行3字，楷書“唐故契」苾夫人」墓誌銘」”。誌文楷書22行，滿行22字。蓋四殺及誌四側均飾纏枝花紋，蓋四周及誌四周均飾纏枝花紋及十二生肖。1973年禮泉縣煙霞鎮興隆村出土。現存昭陵博物館。《昭陵碑石》著録。

釋 文

唐故契苾夫人墓誌銘并序」

夫人姓契苾氏，本陰山貴族，今爲凉州姑臧人也。地則二」凉繼軌，人則十族分源。通蒲類之大澤，接不周之天柱」。父何力，鎮軍大將軍、凉國公。料敵制勝，算無遺策。平遼之」功，公迺稱最。夫人□□□，夫人即公之第六女也。幼而閑」婉，長無矜貴。穆如蘭蕙，騫若鴻龍。並受自天資，非因外奬」。以妙年歸我右金吾將軍、常山縣開國公史氏。環珮有則」，匜盥無懈。覽彼樛木，執心以自持；于以采蘋，恭勤不失職」。可謂思弘君子矣。及其比翼將雛，和鳴乎椅梧；家与其黷」，寧過乎嚴肅。又積星歲矣。豈期府君先賓，雙」飛遽隻。藐是諸孤，孑焉無怙。夫人以斷織垂」訓，折蔆示嚴。禁其浮蕩，至于成立。以開元八年五月廿二」日遘疾終於居德里私第，春秋六十有六。嗚呼哀哉」！夫人涓潔助容，褘襐合禮。宜爾振振，被之祁祁。老萊以童」戲承顔，期於眉壽；仲由以負米興念，遽切風枝。痛深欒棘」，煢煢在疚。仰惟同穴之義，敬遵合祔之典。即以九年二月」廿五日歸厝陪于」昭陵舊塋，從先，禮也。女牀之鳥，雖存亡而暫隔；延平之劒」，竟先後而俱沉。恐慮城陷山移，故勒銘於貞石」：

彼蒼者悠悠，運天関兮不休。人寓世兮如浮，世送人」兮如流。何徒自矜兮，固若嵩丘。曾不知有力者，以負其舟」。一從委質空山幽，唯聞風樹日颾颾，天長地久千万秋。

按

誌主契苾夫人，唐代大將契苾何力第六女。其夫史姓，不見史載。古代女性一般冠夫姓，此誌不稱史夫人而稱契苾夫人，是此誌之一大特點。

255.721　東渭橋記

説明

唐開元九年(721)十一月刻。碑六面幢柱形，高67厘米，棱面寬16厘米。六面刻字，每面楷書5行，末3行，共28行，滿行20字。達奚珣撰文。碑下部微殘。1967年高陵縣周家大隊白家嘴村出土。現存西安市高陵區文化館。《高陵碑石》《全唐文補遺》著録。

釋文

東渭橋記

富平縣尉河南達奚珣詞」

書曰：導渭自鳥鼠同穴，其来尚矣。發源之際（下闕）」岐雍之間，包荒灃滈之類，益用深廣。東流映（下闕）」則莫可得而濟矣。夫通變者，聖人之務也。可（下闕）」之時，義大矣哉。開元中，京尹孟公以清風（下闕）」故事，可以成梁。上聞于天」，帝用嘉止。明制既下，指期有日。總統群務（下闕）」工徒，詳力役，經遠迩，度高卑。前規率由，具物（下闕）」雷霆，瑰材所聚，隐居山岳。曾未踰月，其功乃（下闕）」石，抗星柱，延虹梁。矗如長雲，橫界極浦，跡是（下闕）」奐乎，無以加也。至如架黿鼉而麾蛟龍，則聞（下闕）」鏁，孰尚其勞。豈如今兹擇善而舉，既利於物（下闕）」彼有慙德。若乃睿圖，光赫天京，輻湊于（下闕）」波足畏也，舟檝至危也。苟或失所，其傷則多。（下闕）」平路，無杭葦之險，同袵席之安，勞於一朝，逸（下闕）」有經矣。且夫詩美造舟之役，史重河橋之功。（下闕）」稽古有訓，敢不欽若。時郡邑寮寀視事者八（下闕）」望。禮樂之度，近取諸身。文章之能，高映天下。（下闕）」衆賢一心，其下畢力。上則答」□□之大命，中則述京尹之明謨，義叶從（下闕）」□□河流。高陵主簿劉綰，文吏之雄也。糾合（下闕）」不敏，從諸公之後焉。終始備詳，用舉其略。請（下闕）」

是時大唐開元九年冬十有一月旬有八日（下闕）」

京兆府士曹彭城劉惟超、高陵令太原（下闕）」

奉先尉渤海吴貫之、高陵尉河南（下闕）」

美原尉弘農楊慎餘、同官尉京兆（下闕）」

華原尉太原祁玉惲、三原尉吴郡（下闕）」

高陵主簿彭城劉綰、富平尉河南（下闕）」

按

東渭橋，開元九年重修，《唐六典》有記載，謂其爲“京都之衝要也”，爲唐代東入京城之重要扼喉，日本遣唐使入長安城亦經東渭橋。此碑對研究自唐以來渭河改道變化提供了實物資料。記文楷書，未見書者姓名，然亦爲唐楷精品。

撰者達奚珣，兩《唐書》無傳，時任富平縣尉。

256.722　杜守夫人魚氏墓誌

大唐故□衛校尉杜府君夫人魚氏墓誌銘并序
君諱守字信京兆人也其先帝堯之後若天子則唐堯元族若諸侯則杜
伯是宗孔殷嘉之号御龍豕韋周之善馬封唐杜氏也其後有隰會赫隰
則為晉士師會則晉之太傅赫有才德与蘇秦張儀六國馳名且劍履承
冠何代不有杜宗今望蓋不朽耶七祖之中即嗣父侯諫議大夫鴻門大
守太常御瑗是高祖也曾祖安隨任侍御史新津縣令鳴琴不下佩俗允
和前嚴聡馬之威後列法雷之震帝曰良哉謹乎我政祖策相州司戶還
任坊州司馬寬而能栗恩而又恭居仁有沖亮之謡司馮有舉轅之感父
寶龍貂豹略志雄貔虎罔而能立殘乎凶醜可游擊將軍守絳州全節府
果毅都尉君左衛親府親衛朝侍玉階夕趍蘭錡匪遑待息寧敢告勞壯
哉力振山兮陳厥謀劍揮光兮曜牛斗 勅簡充猛士別 勅優選時屬
太夫人在堂有羸老之疾弃乎榮秩寧侍所親假色承顏夔夔齋栗朝盥
夕膳蒸蒸不匱嗚呼旻天罕祐降此鞠凶太夫人春秋七十有一奄終其
壽君恭肅謹恪襲慶累仁何期積善無徵享齡不永春秋五十有七終乎
故里權殯為塋夫人宋徵子之胤隨高唐公之孫游擊將軍馮翊魚幹之
女也幼有懿德而美令儀內肅閨訓外揚君德擇詞而訴時然後言而又
少達苦空夙通恵命讀誦涅槃華嚴維摩法華尊勝等經妙窮至理屬以
洛川風雪委謝室而依銷法相流傾濟群生之津壞春秋六十有五大唐
開元十年七月十二日終于私第嗣子利貞立功賞緋魚袋昆季等往丁
艱日咸在幼年今罹各凶纔未成立杖而後起罔極攢哀即以其年白藏
之辰南呂之月十五日甲寅朔祔葬於華原縣北燭龍原禮也青龍在左
白獸居西雙魂共封二靈同穴珠玉既藏丘壠何旌刻此貞珉勒為斯銘
其詞曰
冥冥幽路漠漠荒阡日月長辭蔓靈遠前嗚呼嗚呼宣尼歎川夜臺一閉
閉日何年其一泉扃幽邃嗟嗟薤露拱木斂魂蕭蕭日暮悽兮切兮徽德將
故刻斯貞石旌乎安厝其二代兮代兮同是客魂兮魂兮何所依萬里去兮
路微微一去千秋兮不復歸其三
開元十年八月廿五日

説 明

唐開元十年(722)八月刻。蓋盝形,誌正方形。蓋邊長60厘米,誌邊長62厘米。蓋文3行,滿行3字,篆書"大唐故」杜公夫」人魚誌」"。誌文楷書28行,滿行28字。蓋四殺及誌四側飾纏枝海石榴花紋。20世紀80年代銅川市耀州區出土。現存銅川耀州區博物館。《全唐文補遺》《新中國出土墓誌(陝西叁)》著録。

釋 文

大唐故禦侮校尉杜府君夫人魚氏墓誌銘并序」

君諱守,字信,京兆人也。其先帝堯之後。若天子則唐堯元族,若諸侯則杜」伯是宗。孔殷嘉之,号御龍、豕韋。周之善焉,封唐杜氏也。其後有隰、會、赫。隰」則爲晉士師,會則晉之太傅,赫有才德,与蘇秦、張儀六國馳名。且劒履衣」冠,何代不有。杜宗令望,盖不朽耶。七祖之中,即嗣父侯、諫議大夫、鴈門太」守、太常卿瑗,是高祖也。曾祖安,随任侍御史、新津縣令。鳴琴不下,風俗允」和。前嚴驄馬之威,後列法雷之震。帝曰良哉,謹乎我政。祖策,相州司户,遷」任坊州司馬。寬而能栗,愿而又恭。居仁有冲亮之謡,司馬有攀轅之感。父」賓,龍韜豹略,志雄貔虎。剛而能立,殘乎凶醜。可游擊將軍、守虢州全節府」果毅都尉。君左衛親府親衛。朝侍玉階,夕趍蘭錡。匪遑侍息,寧敢告勞。壯」哉!力拔山兮陳厥謀,劒揮光兮曜牛斗。敕簡充猛士,别敕優選。時屬」太夫人在堂,有羸老之疾。弃乎榮秩,寧侍所親。候色承顔,夔夔齋栗。朝盥」夕膳,蒸蒸不匱。嗚呼!旻天罕祐,降此鞠凶。太夫人春秋七十有一,奄終其」壽。君恭肅謹恪,襲慶累仁。何期積善無徵,享齡不永,春秋五十有七,終乎」故里,權殯爲埅。夫人宋微子之胤,随高唐公之孫,游擊將軍馮翊魚幹之」女也。幼有懿德,而美令儀。内肅閫訓,外揚君德。擇詞而説,時然後言。而又」少達苦空,夙通惠命。讀誦涅槃、華嚴、維摩、法華、尊勝等經,妙窮至理。屬以」洛川風雪,委謝室而俄銷。法相流傾,濟群生之津壞。春秋六十有五,大唐」開元十年七月十二日,終于私第。嗣子利貞,立功賞緋魚袋。昆季等往丁」艱日,咸在幼年;今罹咎凶,纔未成立。杖而後起,罔極攢哀。即以其年白藏」之辰南吕之月十五日甲寅朔,祔葬於華原縣北燭龍原,禮也。青龍在左」,白獸居西。雙魂共封,二靈同穴。珠玉既藏,丘壟何旌。剋此貞珉,勒爲斯銘」。其詞曰」:

冥冥幽路,漠漠荒阡。日月長辭,蒭靈遶前。嗚呼哀哉!宣尼歎川。夜臺一閉」,開日何年。其一。泉扃幽邃,嗟嗟薤露。拱木斂魂,蕭蕭日暮。悽兮切兮,徽德將」故。剋斯貞石,旌乎安厝。其二。代兮代兮同是客,魂兮魂兮何所依。萬里去兮」路微微,一去千秋兮不復歸。其三」。

開元十年八月十五日」

257.723　執失善光墓誌

大唐故右監門衛将軍上柱國朔方郡開國公兼尚食内供奉執失府君墓誌銘 并序
君諱善光字令暉代郡朔方人也原夫傳芳夏裔騰懿天嬌胄星象而披圖控月絃而畫
野布諸史冊列在方書美族良苗其来遠矣曽祖淹本蕃頡利發 皇初起太原領數
千騎援接至京以功拜金紫光禄大夫上柱國仍降特制以執失永為安厥大姓新
昌縣樹功政碑爰從締構之初即應義旗之始功隣造化德賛 開天祖武本蕃
頡利發以元勳之子 皇授上大将軍右衛大将軍上柱國安國公于時頡利可汗率
百万之衆寇至渭橋蟻結蜂飛雲屯霧合祖即遣長子思力入朝獻策太宗嘉其誠節取
其謀効遣与李靖計會内外應接因擒頡利可汗賊徒盡獲 太宗与思力歃血而盟
曰代代子孫無相侵擾即賜金劵曰尚九江公主駙馬都尉贈武輔國大将軍被練韜戈
當鋒冒鏑呼郡儞侶削平沙塞又莫訶支從破遼還拜左威衛大将軍左羽林軍上下徒
特節執失等四州諸軍事執失州刺史上柱國歌禮縣開國子庵 大駕於遼碣斬巖
首於蒼波鐵石居心冰霜挺操侍奉帷幄帶礪山河公任右監門衛将軍上柱國朔方郡
開國公兼尚食内供奉獻濆際亜才緣代出畢辰誕慶人為時須器宇魁梧體貌岐嶷仁
慈立性孝友曰心寬猛相資劉義得所無欺悍獨不畏高明汪汪万頃之陂朗朗百間之
屋若日磾之歸漢即助雄圖等由余之入秦爰狀覇業六奇演妙畢合天謀八難陳
誠行參 帝議門傳冠冕地襲貂蟬掩抑笙竽非唯北里鏗鏘鍾鼎豈獨南隣丹穴鳳
飛彩瓊初日法此龍躍影翽朝雲屯武衛於中營掌鈎陳於徼道豈期天不遺憖殲又忠
良坐鵩起災巢鶴摧禍豎方靡劫碊石無療俄驚聞纊之悲遽鍾易簀之痛春秋六十以
開元十年七月廿一日薨于洛陽私第隟駒易往石火[illegible]留巷織停梭隣春輟相朝舉廢
朝之哭市興罷市之悲洹水珠亡荊山玉折嵆松千丈坐見摧殘郄桂一枝行看銷鑠小
星既落空傳白馬之名大樹将凋虚説青牛之号奉 勅贈粟百石絹一百疋開元十
年十月十三日陪窆于 昭陵禮也南瞻龍首則地受萬家北背鵝郊則山高千刃送應
緈而饗去弔鶴計而贊来扃是日而将閉門何年而重開長子𧺆庭次子過庭並和[illegible]
追蹤天靡及進溢粥而不嘗奉壷漿而不入影瘠瘠而杖狀形羸羸而骨立将恐陰陽迭
謝日月遷移深谷化於高陵平田變於巨浸勒琬琰以成文寄芳猷而長在迺為銘曰
天地氤氳厥初生人爰有父子迺立君臣文物歳廣徽章日新誰可匡時維公濟代歸山
天朝去彼荒裔知雄守雌納瑕藏穢亭毒出閤借筋成籌烝中妙略遠展嘉謀功叅帝念
德賛 王猷超鏘武衛排徊弍省蘭錡禁兵晝巡夜警志等鷹揚心同豹騁何期遄疾
奄忽云亡庭菂碎玉苑桂銷香珠埋遁岸木折邪梁馬蹴龍騰牛嘗鳳峙負從蘭階瑩開
蒿里青松日度白楊風悲冥冥泉宇鬱鬱佳城陰溝溜急暗壁天明百身不贖何年更生
鶴下巢徑鷄来由集哀鳥聚啼弔鶴群泣石人長望王羊久立墳新未草碑近無金隴雲
黯黯隧霧沉沉年華痛抱春色傷心哀哀二子慘慘雙嗣攢荼起恨攀栢增思哭無常聲
血有添淚鑽燧改火月往歳還舟移鯨壑田變龜山鐫華礎上播美行間
開元十二年歳次癸亥二月丁酉朔十三日己酉立頌

説明

唐開元十一年（723）二月刻。蓋盝形，誌正方形。誌、蓋尺寸相同，邊長均78厘米。蓋文3行，滿行4字，篆書“大唐朔方」公執失府」君墓誌銘」”。誌文楷書34行，滿行34字。蓋四殺飾牡丹花紋，誌四側飾忍冬紋。1976年禮泉縣煙霞鎮興隆村出土。現存昭陵博物館。《隋唐五代墓誌滙編》《全唐文補遺》《陝西碑石精華》《新中國出土墓誌（陝西壹）》《昭陵碑石》等著録。

釋文

大唐故右監門衛將軍上柱國朔方郡開國公兼尚食内供奉執失府君墓誌銘并序」

君諱善光，字令暉，代郡朔方人也。原夫傳芳夏裔，騰懿天嬌。膺星象而披圖，控月絃而畫」野。布諸史册，列在方書。美族良苗，其来遠矣。曾祖淹，本蕃頡利發。皇初起太原，領數」千騎援接至京，以功拜金紫光禄大夫、上柱國，仍降特制，以執失永爲突厥大姓，新」昌縣樹功政碑。爰從締構之初，即應義旗之始。功陪造化，德贊開天。祖武，本蕃」頡利發，以元勳之子，皇授上大將軍、右衛大將軍、上柱國、安國公。于時頡利可汗率」百万之衆寇至渭橋，蟻結蜂飛，雲屯霧合，祖即遣長子思力入朝獻策。太宗嘉其誠節，取」其謀效，遣與李靖計會，内外應接，因擒頡利可汗，賊徒盡獲。太宗與思力歃血而盟」曰：代代子孫，無相侵擾。即賜金券，因尚九江公主、駙馬都尉，贈武輔國大將軍。被練韜戈」，當鋒冒鋭，呼郡嘯侶，削平沙塞。父莫訶友，從破遼還，拜左威衛大將軍、左羽林軍上下、使」持節執失等四州諸軍事、執失州刺史、上柱國、歌禮縣開國子。扈大駕於遼碣，斬鯨」首於蒼波。鐵石居心，冰霜挺操。侍奉帷幄，帶礪山河。公任右監門衛將軍、上柱國、朔方郡」開國公，兼尚食内供奉。嶽瀆降靈，才緣代出；星辰誕慶，人爲時須。器宇魁梧，體貌岐嶷。仁」慈立性，孝友因心。寬猛相資，剛柔得所。無欺惸獨，不畏高明。汪汪万頃之陂，朗朗百間之」屋。若日殫之歸漢，即助雄圖；等由余之入秦，爰扶霸業。六奇演妙，畢合天謀；八難陳」誠，行參帝議。門傳冠冕，地襲貂蟬。掩抑笙竽，非唯北里；鏗鏘鍾鼎，豈獨南鄰。丹穴鳳」飛，彩淩初日；洼川龍躍，影簫朝雲。屯武衛於中營，掌鉤陳於徼道。豈期天不遺慭，殲及忠」良。坐鵩挺灾，巢鴞構禍。毉方靡効，砭石無瘳。俄縈聞蟻之悲，遽鍾易簀之痛。春秋六十，以」開元十年七月廿一日薨于洛陽私第。隙駒易往，石火難留。巷織停梭，鄰舂輟相。朝舉廢」朝之哭，市興罷市之悲。洹水珠亡，荊山玉折。嵇松千丈，坐見摧殘。郄桂一枝，行看銷鑠。小」星既落，空傳白馬之名；大樹將凋，虚説青牛之号。奉敕贈粟百石、絹一百疋。開元十一」年二月十三日，陪窆于昭陵，禮也。南瞻龍首，則地受萬家；北背鶉郊，則山高千刃。送鴈」辭而響去，弔鶴訃而聲来。扃是日而將閉，門何年而重開。長子�庭、次子過庭，並扣地無」追，號天靡及。進溢粥而不嘗，奉壺漿而不入。影瘠瘠而杖扶，形羸羸而骨立。將恐陰陽迭」謝，日月遷移。深谷化於高陵，平田變於巨海。勒琬琰以成文，寄芳猷而長在。迺爲銘曰」：

天地氤氲，厥初生人。爰有父子，迺立君臣。文物歲廣，徽章日新。誰可匡時，唯公濟代。歸此」天朝，去彼荒裔。知雄守雌，納瑕藏穢。牽裾出閤，借箸成籌。亟申妙略，遽展嘉謀。功參帝念」，德贊王猷。趍鏘武衛，徘徊戎省。蘭錡禁兵，晝巡夜警。志等鷹揚，心同豹騁。何期遘疾」，奄忽云亡。庭筠碎玉，菀桂銷香。珠埋随岸，木折鄒梁。馬鬣龍騰，牛崗鳳峙。奠徙蘭階，塋開」蒿里。青松日度，白楊風起。冥冥泉宇，鬱鬱佳城。陰溝溜急，暗壁天明。百身不贖，何年更生」。鵲下巢低，鸞来由集。哀烏聚啼，弔鶴群泣。石人長望，玉羊久立。墳新未草，碑近無金。隴雲」黯黯，隧霧沉沉。年華痛抱，春色傷心。哀哀二子，惨惨雙嗣。攢荼起恨，攀栢增思。哭無常聲」，血有添淚。鑽燧改火，月往歲還。舟移鯨壑，田變龜山。鐫華礎上，播美行間」。

開元十一年歲次癸亥二月丁酉朔十三日己酉立頌」

按

誌主執失善光，兩《唐書》無傳。誌文提及之執失思力，《新唐書》有傳。誌文云：“于時頡利可汗率百万之衆寇至渭橋，蟻結蜂飛，雲屯霧合，祖即遣長子思力入朝獻策。”與《舊唐書·高祖本紀》略有不同。本誌記執失一族世系甚詳，可補史之闕。

258.723　大唐御史臺精舍碑

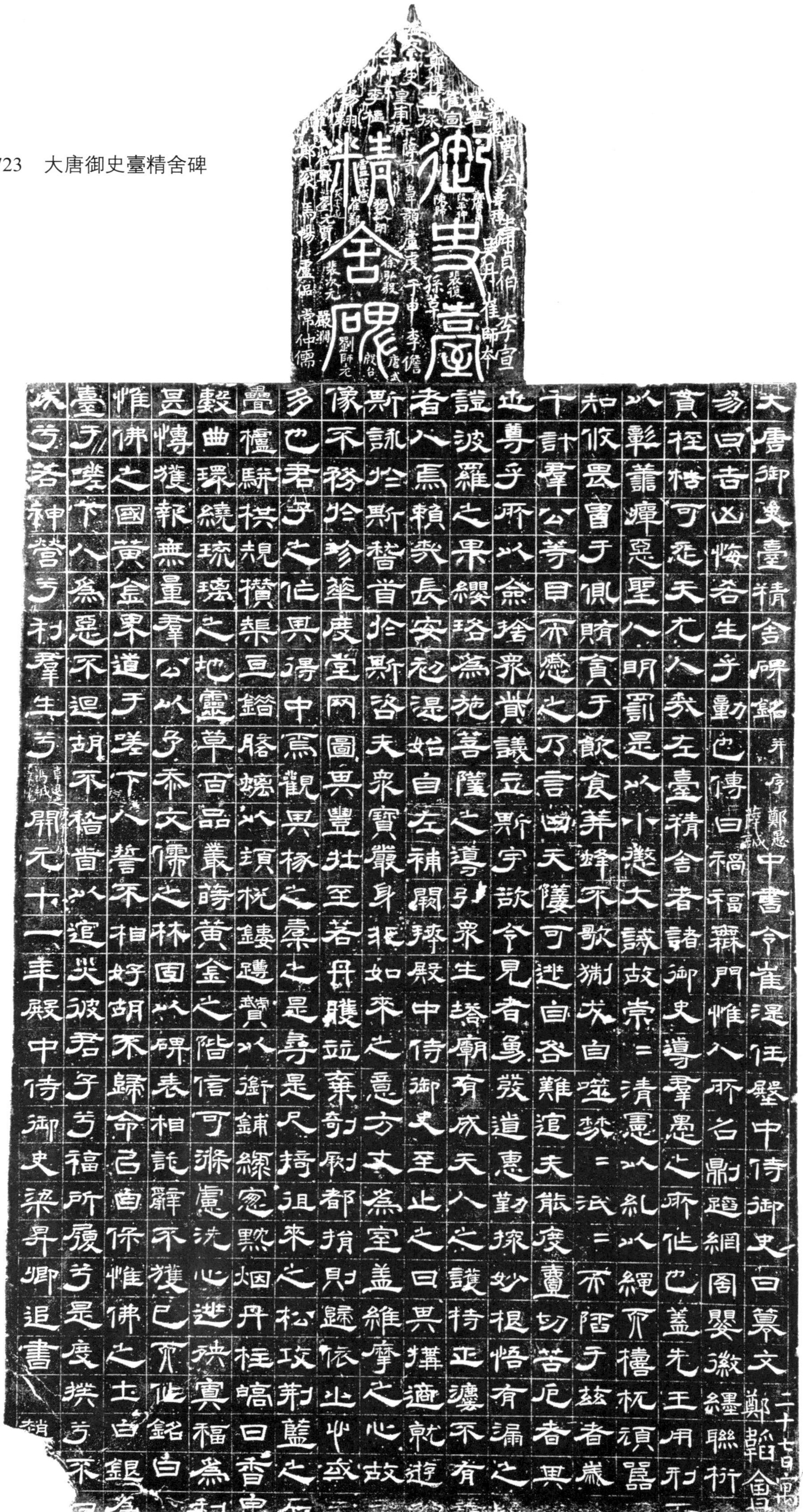
御史臺精舍碑
大唐御史臺精舍碑銘并序

説 明

唐開元十一年（723）刻。碑螭首方座。通高186厘米，寬65厘米。額文2行，滿行3字，篆書“御史臺」精舍碑」”。正文隸書18行，滿行30字。崔湜撰文，梁昇卿書丹。原立于唐長安御史臺，元代移至省衙。現存西安碑林博物館。《陝西碑石精華》《西安碑林全集》著録。

釋 文

大唐御史臺精舍碑銘并序

中書令崔湜任殿中侍御史日纂文」

易曰：吉凶悔吝，生乎動也。傳曰：禍福無門，惟人所召。則蹈網罟，嬰徽纆，聯桁楊」，貫桎梏，可怨天尤人哉？左臺精舍者，諸御史導群愚之所作也。蓋先王用刑，所」以彰善癉惡；聖人明罰，是以小懲大誡。故崇崇清憲，以糾以繩。而檮杌頑嚚，罔」知攸畏。冒于貨賄，貪于飲食，荓蜂不歌，猘犬自噬。棼棼泯泯而陷于兹者，歲以」千計。群公等目而感之，乃言曰：天孽可逃，自咎難逭，夫能度壹切苦厄者，其惟」世尊乎。所以僉捨衆貲，議立斯宇，欲令見者勇發道惠，勤探妙根，悟有漏之緣」，證波羅之果。纓珞爲施，菩薩之導引衆生；塔廟有成，天人之護持正法。不有善」者，人焉賴哉？長安初，湜始自左補闕拜殿中侍御史，至止之日，其構適就，遊於」斯，詠於斯，稽首於斯。咨夫衆寶嚴身，非如來之意；方丈爲室，盖維摩之心。故立」像不務於珍華，度堂罔圖其豐壯。至若丹艧並棄，剞劂都捐，則歸依之心，或未」多也，君子之作，其得中焉。觀其椓之橐之，是尋是尺，掎徂來之松，攻荊藍之石」，疊櫨騈栱，規攢桀亘。錯盤螭以頓梲，鏤蹲贔以銜鋪。緑窗黕烟，丹柱皜日。香泉」數曲，環繞琉璃之地；靈草百品，叢蒔黄金之階。信可滌慮洗心，逃殃寘福。爲利」甚博，獲報無量。群公以予忝文儒之林，固以碑表相託，辭不獲已，而作銘曰」：

惟佛之國，黄金界道，于嗟下人，誓不相好，胡不歸命以自保。惟佛之土，白銀爲」臺，于嗟下人，爲惡不迴，胡不稽首以逭災。彼君子兮，福所履兮。是度揆兮，不日」成兮。若神營兮，利群生兮。

開元十一年殿中侍御史梁昇卿追書

趙□□」

按

碑文乃崔湜撰于武則天長安初年，後開元十一年梁昇卿追書。御史臺設精舍，兩《唐書》皆無載。故此碑文極具史料價值，是研究唐朝監察機構、監察制度、法制思想的重要參考材料。另此碑碑陰、碑側、前後碑額空處均有題名，後代學者對此多有考證，尤以清趙鉞、勞格撰《唐御臺精舍題名考》爲最詳。

撰者崔湜，唐朝宰相。字澄瀾，定州安喜（今河北定縣）人。進士及第，官至中書侍郎同平章事。

書者梁昇卿，唐代著名書法家，尤長八分書，以隸書馳譽當時。其書法方勁沉著，筆力遒健，又工整劃一，極舒眼目，給人以平静祥和之美感。

259.724　阿史那毗伽特勤墓誌

唐贈左驍衛大將軍左賢王阿史那毗伽特勤墓誌銘并序
朝散大夫行著作佐郎東海徐峻撰
伊唐開元十有二祀秋九月丁巳朔粤三日己未左賢王右威衛將軍阿史那毗
伽特勤卒享年四十三頡利突利可汗之曾孫也其先夏后氏之苗裔隨草畜牧
曰居北垂虐周毒秦久患諸夏
我開元神武皇帝重光應運下武嗣興自東自西自南自北無思不服矣毗伽幽
都稟秀沮澤資靈占星辯胡運將終候呂知中國有聖乃率部悵翻然改
圖弃卑義於遐庭歸禮讓之淳化曾未移歲舊國淪亡非夫智察未萌識表先覺
覆巢之下豈復獨全皇上寵綏百蠻子育萬物收其委質之効嘉其革面之
誠任之以腹心尊之以爵祿開元三年拜雲麾將軍右威衛中郎將賜紫袍金帶
使令招慰三窟九姓曰與九姓同斬默啜傳首京師朝廷疇庸增秩將軍總舊
部落五年改封左賢王兼檢校新舊降戶牙帳及六蕃富有衆貴為蕃王承
命若驚踐榮增懼勞來安輯[illegible]大[illegible]之七年入朝特留宿衛逾年又充隴右朔方
二軍遊弈使時胡賊干誅動搖[illegible]執訊獲醜繫將軍頼焉遂兼羽林軍上下禁
旅之司爪牙是寄授之[illegible]守之[illegible]雅當[illegible]鼓山大蒐丞奉周王之駕長楊校獵屢
陪漢帝之軒上斃飛[illegible]下殪伏兔[illegible]課獲[illegible]出其先今年八月奉
勑又令朔方軍遊弈往來應變行申[illegible]候之朝朔漠消氛方見威邊之勇[illegible]降
癘令也則云勿藥之徵於斯[illegible]矣[illegible]悼渠師興哀
制贈左驍衛大將軍賜物一百段[illegible]百石[illegible]府長[illegible]使監護葬事緣葬所須
務從優厚厥[illegible]月季旬八日[illegible]首鄉禮也惟將軍字量[illegible]
弘體業沈毅天孫射法[illegible]一營[illegible]侯覩書有[illegible]指[illegible]中郎將再踐大將軍
金章解辮而錫[illegible]紫紱[illegible]祚[illegible]加體初[illegible]成[illegible]識[illegible]傳云知人則哲不其難
矣將軍之[illegible]功不言於大樹將軍之[illegible]起家[illegible]師終表義在於是迺為
銘曰[illegible]蘭生有[illegible]出自[illegible]馥惟內[illegible]粤在壯烈
俗為匪人[illegible]胡鑒[illegible]挺貞筠貞[illegible]伊何凌寒獨異[illegible]向占風慕義明明
天子任賢勿[illegible]其忠節崇其寵位寵[illegible]上[illegible]位以中郎[illegible]降威衛翺翔將
軍進級右地封[illegible]護兵馬跋履沙場沙[illegible]姓於[illegible]歸[illegible]之心懷我好音
元凶首剗遺噍誠[illegible]擣胡春三千紀難及義不[illegible]君計期必殞[illegible]緣奄忽寸陰詎
偕滔滔逝川尺波[illegible]始歛服[illegible]俄[illegible]魂歸大夜蒼茫曠野搖落
寒墳[illegible]嬰馬駐繆襄[illegible]銘勒勳于嗟万古埋此將軍
秘書省楷書驍騎尉趙郡李九皐書

説 明

唐開元十二年（724）九月後刻。誌正方形。邊長73厘米。誌文楷書31行，滿行31字。徐峻撰文，李九皋書丹。誌石左中部稍損，個别字不清。1956年西安市西郊棗園村出土。現存西安碑林博物館。《隋唐五代墓誌滙編》《陝西碑石精華》《西安碑林全集》著録。

釋 文

唐贈左驍衛大將軍左賢王阿史那毗伽特勤墓誌銘并序」

朝散大夫行著作佐郎東海徐峻撰」

伊唐開元十有二祀秋九月丁巳朔粤三日己未，左賢王右威衛將軍阿史那毗」伽特勤卒，享年四十三。頡利突利可汗之曾孫也。其先夏后氏之苗裔，随草畜牧」，因居北垂。虐周毒秦，久患諸夏」。我開元神武皇帝重光應運，下武嗣興，自東自西，自南自北，無思不服矣。毗伽幽」都稟秀，沮澤資靈。占星辯胡運將終，候吕知中國有聖。乃率部帳，翻然改」圖。弃韋毳於遐庭，歸禮讓之淳化。曾未移歲，舊國淪亡。非夫智察未萌，識表先覺」，覆巢之下，豈復獨全。皇上寵綏百蠻，子育萬物。收其委質之効，嘉其革面之」誠。任之以腹心，尊之以爵禄。開元三年，拜雲麾將軍、右威衛中郎將，賜紫袍金帶」。便令招慰三窟九姓，因与九姓同斬默啜，傳首京師。朝廷疇庸，增秩將軍，統舊」部落。五年，改封左賢王，兼檢校新舊降户，假牙帳及六纛。富有夷衆，貴爲蕃王。承」命若驚，踐榮增懼。勞来安輯，小大懷之。七年，入朝，特留宿衛。逾年，又充隴右、朔方」二軍遊弈使。時胡賊干誅，動摇河曲。執訊獲醜，緊將軍賴焉。遂兼羽林軍上下。禁」旅之司，爪牙是寄。授之勿貳，守之惟貪。每岐山大蒐，亟奉周王之駕；長楊校獵，屢」陪漢帝之軒。上斃飛禽，下殪伏兔。論□課獲，罔出其先。今年八月，奉」敕又令朔方軍遊弈。往来應變，佇申辰候之明；朔漠消氛，方見威邊之勇。穹蒼降」癘，今也則亡。勿藥之徵，於斯奚爽。冕旒追悼，渠帥興哀」。制贈左驍衛大將軍，賜物一百段、米一百石、粟一百石。内使監護葬事，緣葬所須」，務從優厚。厥亡月季旬八日遷□于京兆府長安縣龍首鄉，禮也。惟將軍宇量恢」弘，體業沉毅。天弧射法，太一營圖，無俟觀書，有同指掌。一拜中郎將，再踐大將軍」。金章解辮而飾腰，紫紱削衽而加體。初或竊議，終亦謂宜。傳云：知人則哲，不其難」矣。將軍之生，功不言於大樹；將軍之死，墓起象於廬山。飾終表哀，義在於是。迺爲」銘曰：

蘭生有馥，玉出自珍。珍非外假，馥惟内真。粤在壯烈」，俗爲匪人。潛懷朗鑒，高挺貞筠。貞筠伊何，淩寒獨異。朗鑒伊何，占風慕義。明明」天子，任賢勿貳。嘉其忠節，崇其寵位。寵以上秩，位以中郎。□□登降，威衛翱翔。將」軍進級，右地封王。統護兵馬，跋履沙場。沙場九姓，招喻歸命。歸命之心，懷我好音」。元凶首刎，遺噍誠深。群胡蠢蠢，千紀難忍。義不遺君，討期必殞。駸駸奔晷，寸陰詎」借。滔滔逝川，尺波靡舍。始欽服冕，俄悲□駕。□掩高堂，魂歸大夜。蒼茫曠野，摇落」寒墳。滕嬰馬駐，繆襲歌聞。詔葬贈册，書銘勒勳。于嗟万古，埋此將軍」。

祕書省楷書驍騎尉趙郡李九皋書」

按

誌主阿史那毗伽特勤，突厥可汗後裔，《新唐書》有載。阿史那毗伽特勤于玄宗即位後率部歸順唐朝，後“招慰三窟九姓，因与九姓同斬默啜，傳首京師”，因功封左賢王，統帥舊部。卒後贈左驍衛大將軍。誌可與史載互證互補。該誌書法蒼勁古樸，柔媚妍麗，整齊疏朗，用筆自然，深得歐體之神，爲唐楷之佳品。

260.726　獨孤思行墓誌

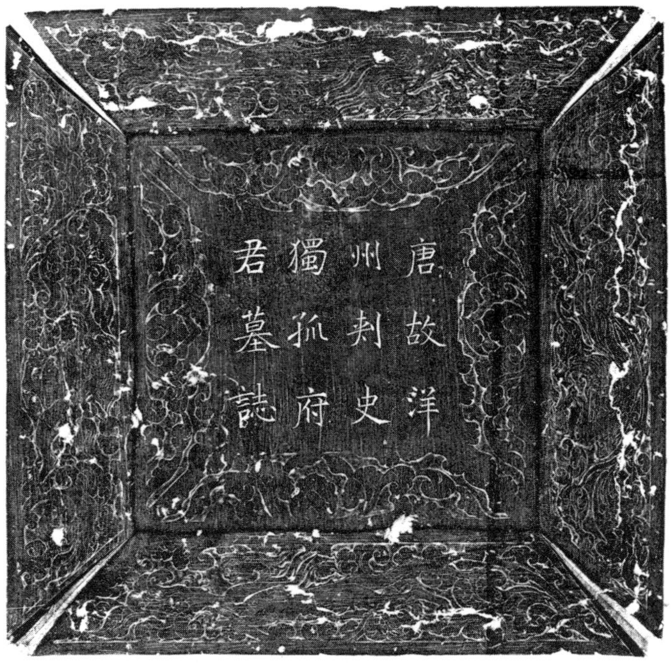
唐故洋
州刺史
獨孤府
君墓誌

説 明

唐開元十四年（726）七月刻。蓋盝形，誌正方形。誌、蓋尺寸相同，邊長均75厘米。蓋文4行，滿行3字，楷書“唐故洋」州刺史」獨孤府」君墓誌」”。誌文楷書30行，滿行31字。杜元志撰文。蓋四殺及誌四側均飾瑞獸纏枝花紋。誌中下部稍有泐蝕，個別字有損。西安市出土，具體時、地不詳。現存西安博物院。《隋唐五代墓誌滙編》《全唐文補遺》著録。

釋 文

故洋州刺史獨孤府君墓誌銘并序

祠部郎中杜元志撰」

君諱字思行，河南郡人也。其先□□氏，自秦累分胤，代雄朔漠；魏運南徂，翊佐中」土。精靈鬱乎淵奥，才秀緜乎蔓瓞。□□邁德，貴膺高門。歸已武稱，將軍乃精含白」虎；冀因文顯，秘監乃才藴蛟龍。禮樂衣冠，備乎兹矣。曾祖子佳，随儀同大將軍。祖」義順，皇朝兵部郎中、户部侍郎、尚書右丞、太僕卿。淳茂淑懿，邦家之光也。父元愷」，主客度支吏部郎中、給事中、大理少卿。星岳之英，公輔之器也。類任熙之徵拜，立」德昇榮；擬黄霸之見知，持平取貴。君即大理卿之五子也。弱不好弄，幼稱岐嶷。始」以門調解褐，授太子左千牛。儀形之選，膏粱之舉也。歷齊、衛、洛三判佐、尚乘直長」。刀筆之能，衣冠之任也。俄遷永寧令，政術之委也。試尚乘奉御，兼隴右西使，又遷」洮、疊、原三州上佐，再任奉御，兼知北使。朝廷以五原牧圉，龍種攸依。八月邊秋，胡」塵屢撓，不敢南牧，寔寄賢良。君以文武兼材，仁明稱遠，再沐題輿之委，累膺在坰」之寄。俄遷虞候率，渭、沅、開、洋刺史。踐禁衛，按名蕃。郄道胤之風神，儀形動帝；徐景」山之威化，愷悌在人。方將亨舞青雲，鼓躍滄海。和平万寓，飪金鼎之鹽梅。豈圖俄」頃百年，悲玉樹之淪没。粤以先天二年六月廿六日終于長安縣群賢里之私第」。□公服勤爲孝，盡力爲忠。體恕心和，言温行直。每條流潛運，綱紀立成。簡而易從」，嚴而難犯。故能所在必理，所行必聞。天不憖遺，亨年不永。夫人扶陽郡君杜氏，随」黄門侍郎秀曾孫，随千牛淹之孫，皇郊社令行毓之女也。貂金演貺，虹琰」凝姿。映芝砌而揚芬，肅蘭閨而糅彩。貞規月湛，有光班蔡。□□順□□明，豈獨蘋」蘩之禮。動循婦德，言成女訓。松蘿義重，契琴瑟而同和。□□□□□□□□□□」□開元十三年十一月廿六日寢疾而終，春秋七十二。高唐晦□，徒□□山岫之□」；□□分輝，終會平津之浦。即以開元十四年七月廿六日，遷祔於萬年縣之銅原」，礼也。嗣子易，攀追靡訴，創巨哀纏。苦懷蓼集，變慮桑田。顧川陸之浩曠，睇松檟之」緜連。邈想人代，□兹徽烈。思凜凜之如生，匹長暉之日月。懷天地之久固，寄金石」之昭晣。迺爲銘曰：

劉累之胤兮君之先，英奇磊落兮代緜連，君之繼體兮」鬱象賢。弱冠慷慨兮青雲志，霜明雪淨兮龍泉器。貞操凜凜兮雄圖早聞，荇彩昂」昂兮逸足絶群。明如秋天兮千里無雲，行若春蘭兮一葉皆薰。人謡允塞兮王言」有會，入作爪牙兮出司襟帶。行簡易兮險猶泰，條流不紊兮政尤最。華冠岌岌兮」劒陸離，材服暉映兮光葳蕤。國採俊兮官任智，三爲牧兮再爲使。在坰委兮循良」寄，有時無命兮梁木摧。天不輔德兮可哀哉，猗獁淑德兮作嬪君子。朝露共盡兮」生涯已矣。千秋萬歲京兆塋，日暮徒悲松栢聲」。

按

誌主獨孤思行，兩《唐書》無載，則誌所載其家族世系及其生平事蹟、任職爲官等，均可補史載之闕。

261.726　成王妃慕容真如海墓誌

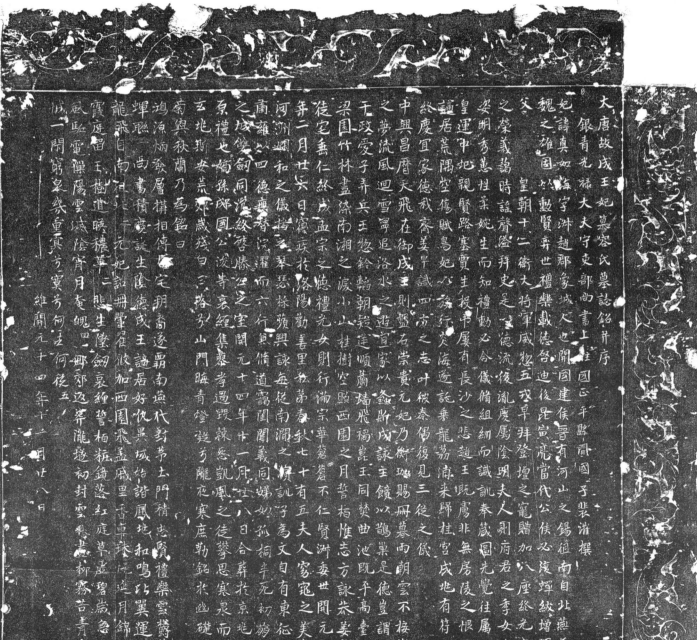

大唐故
慕容氏
墓誌銘

大唐故成王妃慕容氏墓誌銘并序
銀青光祿大夫守吏部尚書上柱國正平縣開國子裴漼撰
妃諱真如海字淵趙郡象城人也開國建侯晉有河山之錫徂南自北燕為趙
魏之雄國以勳賢弈世禮樂載德啓迪後昆寅亮當代公侯必復蟬紱增暉矣
父　皇朝十二衛大將軍威惣五戎早拜登壇之寵贈加八座終光戎履
之榮義藹時謠聲溢拜史是以德流後胤慶屬陰明夫人劉府君之季女也蘭
姿明秀蕙性柔婉生而知禮動必合儀循組紃而識訓奉箴圖先覺往屬
皇運中圮親賢路塞賈生投弔屬有長沙之悲趙王既囚非無房陵之恨王以
謫居荒隅空傷賦鵩妃以旅行炎海遂託乘龍荔浦來歸桂宮成地有符天讚
終慶宜家德我齊姜早識四方之志叶彼秦偶復見三從之儀
中興昌曆天飛在御成王則盤石崇貴元妃乃衡珈賜冊慕雨朝雲不接荊臺
之夢流風迴雪寧追洛水之遊宜家以鎰斯成詠主饋以鵲巢是德豈謂毋后
于歸愛子弄兵王惣鈴轄朝廷逆順蕭墻飛禍崑王同焚曲池既平高臺又傾
梁園竹林盡染南湘之淚小山桂樹空照西園之月誓栢惟志方詠共姜之詩
徒宅垂仁終成孟宗之德禮充女則行滿宗華蒼蒼不仁賢淑委世開元十三
年二月廿六日寢疾於洛陽勸善里私第春秋七十有五夫人家寵之美稟自
河洲關和之儀挹於琴瑟採蘋興詠每從南澗之濱訓子為文自有東征之賦
肅雍以四德無替洗羅而六行兼脩道藹閨闈義同娣姒孤桐半死初崩杞婦
之城雙劍同沉終啓滕公之室開元十四年十一月廿八日合葬於京兆同人
原禮也嫡孫郯國公滔等哀纏集蓼孝過毀棘悲凱風之徒攀思寒泉而罔極
玄兆斯安荒郊歲殘白日落兮山門晦青燈遽兮隴夜寒庶勒銘於幽礎播春
蘭與秋蘭乃為銘曰
鴻源炳發層構相傳卜宅朔裔遂霸南燕代封茅土門積忠賢禮樂雲蔚簪玉
蟬聯一尚書積慶誕生陰德成王謫居好仇異域始諧鳳兆和鳴比翼運屬
龍飛自南徂北二元妃詔冊翬翟彼加西園飛蓋戚里香車珠延月錦障飛
霞庭留玉樹道映穠華三悲生墜劍哀纏誓栢粧鏡落紅庭草虛碧歲急川景
風馳電彈陽雲滅陰宵月奄魄四郟鄏遐奔瀧邊初封雲飛畫柳霧苦青松佳
城一閉窮泉幾重寞兮寞兮何去何從五
維開元十四年十一月廿八日

説 明

唐開元十四年（726）十一月刻。蓋盝形，誌正方形。誌、蓋尺寸相同，邊長均72厘米。蓋文3行，滿行3字，篆書“大唐故」慕容妃」墓誌銘」”。誌文楷書29行，滿行30字。裴漼撰文。蓋四殺及誌四側均飾蔓草紋。1956年西安市灞橋區出土。現存中國社會科學院考古研究所西安研究室。《隋唐五代墓誌滙編》《全唐文補遺》《陝西碑石精華》著録。

釋 文

大唐故成王妃慕容氏墓誌銘并序」

銀青光禄大夫守吏部尚書上柱國正平縣開國子裴漼撰」

妃諱真如海，字淑，趙郡象城人也。開國建侯，晉有河山之錫；徂南自北，燕爲趙」魏之雄。固以動賢弈世，禮樂載德。啟迪後昆，寅亮當代。公侯必復，蟬紱增暉矣」。父□，皇朝十二衛大將軍。威總五戎，早拜登壇之寵；贈加八座，終光曳履」之榮。義藹時謡，聲溢拜史。是以德流後胤，慶属陰明。夫人則府君之季女也。蘭」資明秀，蕙性柔婉。生而知禮，動必合儀。脩組紃而識訓，奉箴圖先覺。往属」皇運中圮，親賢路塞。賈生投弔，屢有長沙之悲；趙王既虜，非無房陵之恨。王以」謫居荒隅，空傷賦鳥；妃以族行炎海，遂託乘龍。荔浦来歸，桂宫成兆。有符天讚」，終慶宜家。德我齊姜，早識四方之志；叶彼秦偶，復見三從之儀」。中興昌曆，天飛在御。成王則磐石崇貴，元妃乃衡珈賜册。暮雨朝雲，不接荊臺」之夢；流風迴雪，寧追洛水之遊。宜家以螽斯成詠，主饋以鵲巢是德。豈謂母后」干政，愛子弄兵。王總鈐韜，朝疑逆順。蕭牆飛禍，崑玉同焚。曲池既平，高臺又傾」。梁園竹林，盡染南湘之淚；小山桂樹，空照西園之月。誓栢惟志，方詠恭姜之詩」；徒宅垂仁，終成孟宗之德。禮光女則，行滿宗華。蒼蒼不仁，賢淑委世。開元十三」年二月廿六日，寢疾於洛陽勸善里私第，春秋七十有五。夫人窈窕之美，稟自」河洲；嫺和之儀，播之琴瑟。採蘋興詠，每從南澗之濱；訓子爲文，自有東征之賦」。肅雍以四德無替，浣濯而六行兼脩。道靄閨闈，義同娣姒。孤桐半死，初崩杞婦」之城；雙劒同沉，終啟滕公之室。開元十四年十一月廿八日，合葬於京兆同人」原，禮也。嫡孫郕國公浚等，哀纏集蓼，孝過毁棘。怨凱風之徒攀，思寒泉而罔極」。玄兆斯安，荒郊歲殘。白日落兮山門晦，青燈凝兮隴夜寒。庶勒銘於幽礎，播春」菊與秋蘭。乃爲銘曰」：

鴻源炳發，層構相傳。□宅朔裔，遂霸南燕。代封茅土，門積忠賢。禮樂雲鬱，簪玉」蟬聯。一。尚書積慶，誕生陰德。成王謫居，好仇異域。始諧鳳兆，和鳴比翼。運属」龍飛，自南徂北。二。元妃詔册，翬翟攸加。西園飛盖，戚里香車。珠幌延月，錦障飛」霞。庭留玉樹，道映穠華。三。悲生墜劒，哀纏誓栢。粧鏡落紅，庭草虚碧。歲急川景」，風驅電隙。陽雲滅陰，宵月奄魄。四。鄉郊返葬，隴隧初封。雲愁晝柳，霧苦青松。佳」城一閉，窮泉幾重。冥兮寞兮，何去何從。五」。

維開元十四年十一月廿八日」

按

誌主慕容氏，成王李千里之妃。誌所載唐高宗之後政權頻易、朝不安定之狀及視武則天專政爲“母后干政”等，反映了時人對時政之態度。

262.727　杜玄禮墓誌

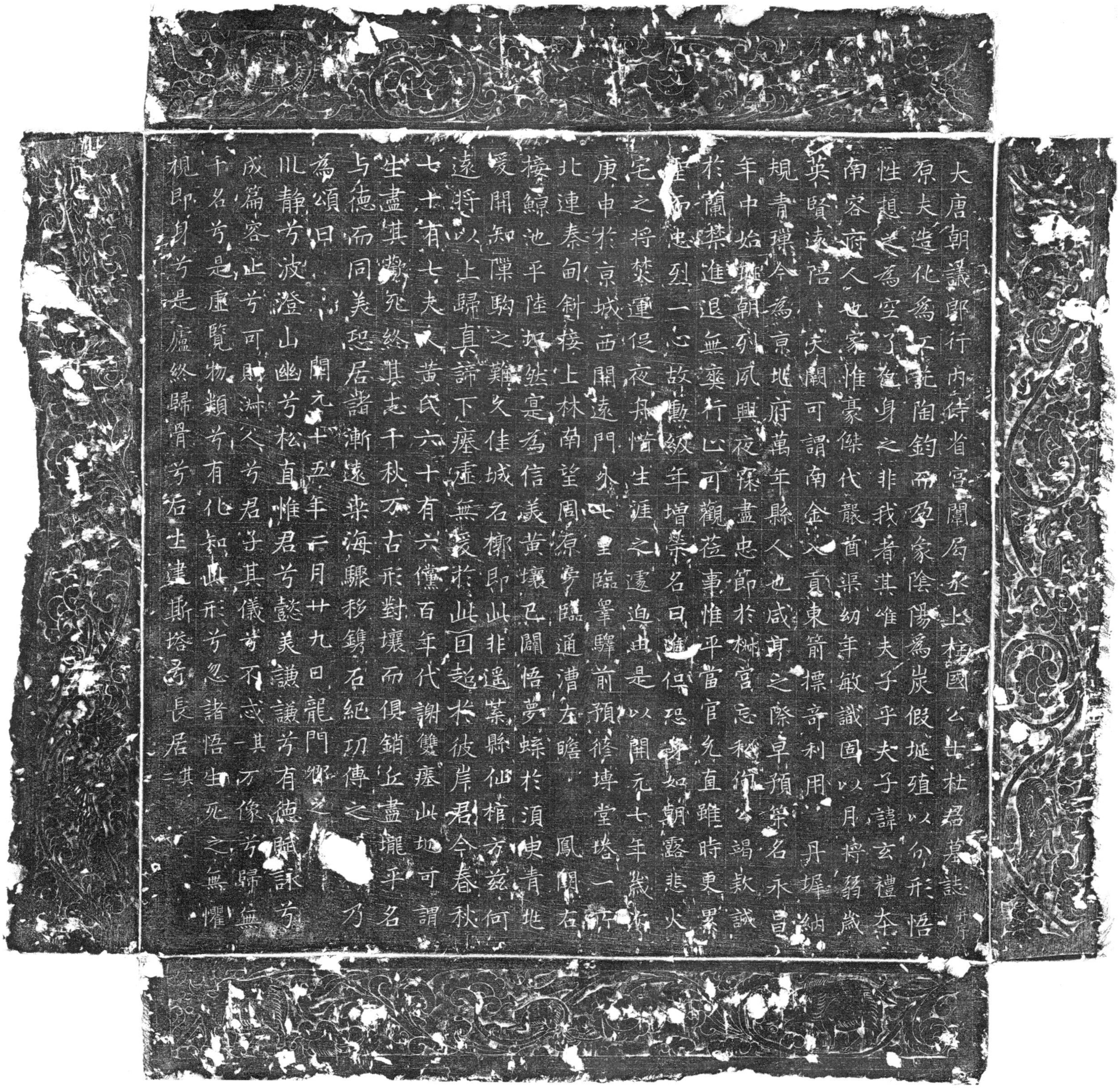
大唐朝議郎行内侍省宫闈局丞上柱國公士杜君墓誌并序
原夫造化爲工能陶鈞而孕象陰陽爲炭假埏殖以分形悟
性想之爲空了色身之非我者其唯夫子乎夫子諱玄禮夲
南容府人也家惟豪傑代嚴首渠幼年敏識固以月將翁歳
英賢遠陪夫闞可謂南金之貢東箭標奇利用丹墀納
規青瑣今爲京兆府萬年縣人也咸亨之際早預榮名永昌
年中始擢朝列夙興夜寐盡忠節於椒宫忘秘術於謁款誠
於蘭禁進退無爽行心可觀蒞事惟平當官允直雖時更累
聖而忠烈一心故勲級年增榮名日進但恐身如朝露悲火
宅之將焚運促夜舟惜生涯之遽迫由是以開元七年歳次
庚申於京城西開遠門外七里臨皋驛前預修塼堂塔一所
北連秦甸斜接上林南望周原旁臨通漕左瞻鳳闕右
接鯨池平陸坦然寔爲信義黄壤已闢悟夢蝶於須臾青壯
愛開知隟駒之難久佳城名櫬即此非遥葉縣仙棺方兹何
遠將以上歸真諦下瘞虚無於此回超於彼岸君今春秋
七十有七夫人黄氏六十有六儻百年代謝雙瘞此地可謂
生盡其歡死終其志千秋万古形對壤而俱銷丘壟乎名
与德而同美恐居諸漸遠桒海驟移鐫石紀功傳之乃
爲頌曰　開元十五年二月廿九日龍門鄉之
川静兮波澄山幽兮松直惟君兮懿美謙讓兮有德賦詠兮
成篇容止兮可則淵人兮君子其儀不忒其一万像兮歸無
千名兮是虚覽物類兮有化知此形兮忽諸悟生死之無懼
視即身兮是廬終歸骨兮右生建斯塔兮長居其二

説明

唐開元十五年（727）二月刻。誌正方形。邊長58厘米。誌文楷書23行，滿行23字。四側飾十二生肖纏枝花紋。西安市出土，具體時、地不詳。現存西安博物院。《隋唐五代墓誌滙編》《全唐文補遺》著録。

釋文

大唐朝議郎行内侍省宫闈局丞上柱國公士杜君墓誌并序」

原夫造化爲工，託陶鈞而孕象；陰陽爲炭，假埏殖以分形。悟」性想之爲空，了色身之非我者，其唯夫子乎！夫子諱玄禮，本」南容府人也。家惟豪傑，代襲酋渠。幼年敏識，固以月將；弱歲」英賢，遠陪天闕。可謂南金入貢，東箭標奇，利用丹墀，納」規青璅。今爲京兆府萬年縣人也。咸亨之際，早預策名；永昌」年中，始班朝列。夙興夜寐，盡忠節於椒宫；忘私徇公，竭款誠」於蘭禁。進退無爽，行止可觀。莅事惟平，當官允直。雖時更累」聖，而忠烈一心。故勳級年增，榮名日進。但恐身如朝露，悲火」宅之將焚；運促夜舟，惜生涯之遽迫。由是以開元七年歲次」庚申，於京城西開遠門外七里臨臯驛前，預修塼堂塔一所」。北連秦甸，斜接上林，南望周原，旁臨通漕，左瞻鳳闕，右」接鯨池。平陸坦然，寔爲信美。黄壤已闢，悟夢蝶於須臾；青兆」爰開，知隙駒之難久。佳城石槨，即此非遥；葉縣仙棺，方兹何」遠。將以上歸真諦，下瘞虚無。爰於此因，超於彼岸。君今春秋」七十有七，夫人黄氏，六十有六。儻百年代謝，雙瘞此地，可謂」生盡其歡，死終其志。千秋万古，形對壤而俱銷；丘盡壟平，名」与德而同美。恐居諸漸遠，桑海驟移，鐫石紀功，傳之□□。乃」爲頌曰：

川静兮波澄，山幽兮松直。惟君兮懿美，謙謙兮有德。賦詠兮」成篇，容止兮可則。淑人兮君子，其儀兮不忒。其一。万像兮歸無」，千名兮是虚。覽物類兮有化，知此形兮忽諸。悟生死之無懼」，視即身兮是廬。終歸骨兮后土，建斯塔兮長居。其二」。

開元十五年二月廿九日龍門鄉之□」①

校勘記

①該行原刻于“爲頌曰”下，實因誌石再無空餘處，今移置篇末。

按

誌主杜玄禮，兩《唐書》無載。誌云“於京城西開遠門外七里臨臯驛前，預修塼堂塔一所”，臨皋驛的具體位置，《長安志》云“臨皋驛在縣西北一十里開遠門外”，二者可參看。

263.727　孟立墓誌

説 明

唐開元十五年（727）八月刻。誌正方形。邊長59厘米。誌文楷書23行，滿行27字。四側飾寶相纏枝花紋。1984年咸陽市秦都區雙照鄉龐村出土。現存咸陽博物館。《隋唐五代墓誌滙編》《全唐文補遺》《新中國出土墓誌（陝西壹）》《咸陽碑石》著録。

釋 文

大唐故蘄州蘄春縣尉孟府君墓誌銘并序」

自周漢已来，履孝踐忠，言語志事，代莫踰乎孟氏矣。故楚國□□□□」，宗以至孝所聞；齊宣□囿之談，軻以言詞見答。破甑不顧太尉□□□」重還太守也。君諱立，字孝立，鄒人也。遠在于魯，魯國之先師；近家于秦」，秦中之孔子。曾祖懿，隨唐州刺史、臨邑公。祖嶷，唐永州刺史、河間公。父」禮，朝議郎、行眉州洪雅縣丞。三葉蟬聯，一時豹變。仁風動扇，慰黎庶於」方岳；德必有鄰，助絃歌於大邑。公如彼弓冶之子，是其文學之家。弱冠」，以大學明經擢第，四十彊而從仕，任蘄州蘄春縣尉。弛青襟於北海，聲」振桂林；紆黄綬於南昌，俯同梅福。負材而居下位，體命而委康時。歲月」若馳，光陰不待。父母相繼而見背，苴麻適變而還衣。洊鍾家艱，坐使遲」暮。乃至窮途之泣，方興大耋之嗟。以開元十五年六月廿九日遘疾終」于私第，春秋七十有一。孔丘木壞，和嶠松崩。埋玉樹於土中，亡人琴於」兹日。粤以其年歲次丁卯八月辛丑朔二十庚申，還祔于咸陽縣平城」鄉原之禮也。原高野曠，地厚泉深。當紫陌之四會，據黄山之一半。五陵」之下，俯披松栢之林；九嵕之前，迴首衣冠之路。長男知古，任榮州公井」縣丞。憶趨庭之訓，懷陟屺之悲。禄以代耕，固不辭於州縣；孝思竭力，誓」將報於劬勞。柴毁骨立，杖而後起。衣薪是弊，棺槨爲榮。儼素輤以載靈」，飛丹旐以啟路。嗚呼哀哉！黄泉大夜，白日何年。刻石記功，用銘不朽。詞曰」：

后稷至聖，信而有恒。三家派别，百代相承。軒冕遞進，英靈互興。今来□」往，云云見稱。其一。惟祖惟考，巍乎焕乎。暫勞州縣，材爲時須。開冰出□」，合浦還珠。松栢之性，歲寒不渝。其二。於穆夫子，黄中通理。弱齡擢第，彊」而從仕。過禮送終，安排知止。人琴俱逝，平生已矣。其三。風號拱木，雨肅」空山。黄泉地下，白日雲間。神理焉託，魂兮不還。百年妻子，瞻望胡顔」。

唐故游擊將軍楊公碑

264.727　楊孝恭碑

説明

唐開元十五年（727）九月刻。碑螭首圭額。通高280厘米，寬105厘米。額文3行，滿行3字，篆書“唐故游」擊將軍」楊公碑」”。正文隸書30行，滿行52字。崔忞士撰文，陸尚賓書丹。碑側飾寶相花紋。1983年西安市西郊三民村發現。現存西安碑林博物館。《全唐文補遺》《陝西碑石精華》《西安碑林全集》著録。

釋文

唐故游擊將軍左武衛翊府君右郎將楊公碑」

君諱孝恭，京兆長安人也。其先武帝時以二千石自弘農徙焉。傳曰：太上有立德，其次有立功，其次有立言。猗我楊氏鼻祖具之矣。夫立」德者，有若軒轅之宣考天地也；立功者，有若后稷之播時唐虞也；立言者，有若叔向之董振家邦也。降乎西京丞相之嗣，乘朱輪者十人」；東都太尉之門，垂黄裳者四代。靈宗初諜，自汾隅而流裔于君焉。曾祖惠，卓爾松孤，皓然玉立。屬隨失其鹿，事湛冥以養正；唐飛其龍，咨」入寥以澄壹。祖壽，風宇閑邈，寶價邛貴。德峻而諸侯莫友，道廣而天子不臣。所以潛夫之論克成，通侯之籍未載。公即壽之門子也。金麟」耀途而玄枵委和，玉樹茱庭而白虹射氣。雄濬義府，實惟河之九都；紛駭文宗，乃兼山之千仞。斯則物禁太甚，君能戒之。將欲效天士之」才，益名卿之勢。屬土運中圮，金行勃興。鍬怒飛之殷翼，艮大行之壯指。是以坐不貸之圃，理幽憂之疾。嗇神以養和，毁方而瓦合。晏如也」嗣雲之量，修然也繼軻之懷。非道勿言，非道勿動。心睽而體順，意孤而神和。寄安仁於一宿，終尚愒於雙樹。道立冥諜，福不唐捐。澣七情」而文實俱盡，照五蘊而色空咸滅，雖隨和亦奚以加此。以大足元年七月十四日反真於長安楊興里，春秋六十三。童子秉燎，一啟其足」而全哉是歸；王臣坐門，三舉其手而翛然而去。於戲！居常得終矣。其季子崇慶，藏器遇禽，覽暉區鳳。屬」聖人籥勹群慝，綱拔衆奇。旌賢舉能，一日參接。擢授右威衛將軍，光其用也。實能爪牙闕庭，垣翰邦國。森森乎當陽之庫」，耿耿乎倚天之鍔。文武未墜而識大，乾坤既亨而知章。進思盡忠，退思補過，抑公侯之腹心也」。聖上以右賢左戚，繼絶興亡。愛其生者必重其終，寵其子者必榮其父。常以公闔匱辭價，懷寶迷邦。月犯少微而天不慭留，君將大亨而」歲不我與。使夫南山臺杞，無族棫樸；奚能閣無巢鵷，庭空振鷺。我皇乃儼十二之嚴旒，下尺一之端命。騰虎闕之靈瑣，駭龍光之優論」。敕曰：右威衛將軍楊崇慶亡父孝恭，克訓遺緒，早違昭代，俾加優秩，式寵潛魂，可贈游擊將軍、左武衛翊府右郎將。所謂寵子而榮父也」。公節而不苦，光而不焯。德充符以喪朋，道冥昇以見獨。聞其風者，謂佰夷猶在；揖其道者，謂孟軻再生。實考盤於玄默之途，匪願冥於富」貴之地，斯亦近古之逸人也。夫人清河張氏，温以飭家，嚴以檢己。曲臺禮壞，掩紅縵而克敷六官；獨園道興，遲白毫而雅銘三界。實聖善」之母宗也。嗣子六人：崇節、崇禮、崇慶、崇斌、崇昕、崇旼等。父則以詩禮遠之，母則以愷風偃之。並得宣慈慎和，明懿淳肅。其崇節、崇斌、崇旼」，並相繼而殞，今皆改窆，從昭穆也。其崇禮閑居晦息，崇昕策名司階，禮則鞭生成人，昕則止戈爲武。然四則以慈孝不忍乎從仕，二則以」至忠就列於周行。於昭壹門，忠孝雙立。若使菀康臨境，孔融相國，則改里号門，不足多也。每至履霜露，臨汝墳，未嘗不相對而泣曰：先王」制禮，不敢過也。於戲！自親殯兩楹，月氣三變。宅兆斯啟，龜筮協從。遂以開元十五年九月三日遷葬於鄠畢之間，祔先塋也。天子乃使白」麟飛璽，丹鳳銜詔。給鼓吹賻贈，數優恒典。題湊下里，必超禮經。輤車豐碑，無墜邦則。於是告于廟，祖于庭。護北軍之鹵簿，錫東園之秘器」。可謂衢路黯藹，墳隧烘赩。白駟倚輈而踴顧不行，丹蛾結隅而茫昧無色。皇皇不至，充充若昔。其往也如慕，其反也如疑。善哉爲喪，足以」爲法。小子識之，庶臺卿墓前，題逸人而不朽；蔡邕碑上，紀少女而長存。於昭銘曰」：

華山維岳，峻極于天。維岳降神，生敞及震。維震及敞，維漢之珍。其一。自周徂唐，鼎黼相倚。列侯十稷，太尉四子。黄雀流慶，白鳳遺美。掩靄兩」京，榮耀無比。其二。九九霜節，冥冥誰慕。澣弃熏寵，崇徇澄素。青霞倚庭，玄珠耀路。至哉簡逸，自我作故。其三。達人反真，入寥天一」。我王重道，榮以殊秩。詔晃天門，榮□泉室。永惟皇寵，無替無畢。其四。爰有赤泉，在華之下。有子六人，克慰父母。繩繩六子，存」亡幹蠱。不紀圓石，後夫奚覩。其五」。

少室山隱逸人奉敕徵授弘文館直學士博陵崔忞士詞

將仕郎前直少府監鄠縣陸尚賓書」

開元十五年九月三日建

散官朱曜乘、陳英等刻字」

按

此碑書法俊逸清整，疏朗秀美，是唐隸之佳作。

265.727　楊執一墓誌

大唐故金紫光祿大夫行鄜州刺史贈戶部尚書上柱國河東忠公楊府君墓誌銘并序

説 明

唐開元十五年（727）九月刻。蓋盝形，誌正方形。誌、蓋尺寸相同，邊長均92厘米。蓋文3行，滿行3字，篆書“大唐故」楊府君」墓誌銘」”。誌文楷書45行，滿行45字。蓋四周飾牡丹花紋，四殺飾瑞獸及纏枝花紋；誌四側飾十二生肖與纏枝花紋。賀知章撰文，楊汲書丹。1951年咸陽市底張灣出土。現存西安碑林博物館。《全唐文補遺》《新中國出土墓誌（陝西貳）》《陝西碑石精華》《西安碑林全集》等著録。

釋 文

大唐故金紫光禄大夫行鄜州刺史贈户部尚書上柱國河東忠公楊府君墓誌銘并序」

右庶子集賢學士賀知章撰」

夫神則無方，慶惟有積。故善人爲紀，種德幽潛；君子慎獨，用心微隱。由是丹書玉環之祉，慎知去惑之仁。種德用心，其」義弘矣。啟源畀穀，侯其遠歟。府君諱執一，字太初，弘農華陰人也。自十九代祖漢太尉震暨曾祖随司空觀王雄，靈河」開積石之宗，太華作坤元之鎮。家聲籍甚於海内，國史紛綸於天府，固可略而言焉。祖續，皇鄆州刺史、都水使者」、弘農公。考思止，皇司馭司衛二寺卿、德潞二州刺史、湖城公。咸積德藏用，分竹苴茅。府君岱岳桂林，漢池明月。幼」罹凶閔，毀瘠加人。由是覼學禮經，深明喪服。雖兩戴之所未達，二鄭之所盤疑。皆劈肥分縷，膏潤冰釋。尤好左史傳及」班史，該覽詢求，備徵師説。性柬亮方直，能犯顔讜言。當天后朝，以獻書諷諫，解褐特授左玉鈐衛兵曹參軍，盖賁賢」也。常以攀檻抗詞，削草論奏，遂爲賊臣張易之所忌，黜授洛州伊川府左果毅都尉。長鳴必在於遠途，左退適成其踠」足。次當禁衛，復以封事上聞。天后深納懇誠，亟蒙召見。趍奉軒陛，咫尺天威。載犯驪龍之鱗，爰求斲馬之劒」。衷見于外，朝廷嘉焉。擢拜游擊將軍，遷右衛郎將，俄除左清道率，轉右衛中郎將押千騎使。既而長樂弛政，辟陽僭權」。壓鈕之兆未從，左袒之誠先發。安劉必勃，望古斯崇。中宗踐祚，以佐命匡復，勳加雲麾將軍，遷右鷹揚衛將軍。封」弘農縣公，食邑一千，實賦四百。賜絹二千匹，雜綵五百段，金銀器物十事。無何，進封河東郡公，增邑二千户，加冠軍大」將軍。特賜鐵券恕死者十，并廐馬金銀瑞錦之類。昔周武建邦，賢人所以表海；漢高創業，功臣所以誓河。魏絳錫重於」和戎，甘寧寵加於剋儁，無以尚也。府君秉心直道，奉上盡忠。雖窮鑿水之規，猶勗維塵之誡。初爲武三思所怨，出爲常」州刺史，後轉晉州。又譖與王同晈圖廢韋氏，復貶沁州。久之，三思以無禮自及，府君許歸侍京第。景龍四載，維帝念」功，擢拜衛尉卿，還復勳爵。俄除劒州刺史。丁内憂，創鉅逾昔。今上載懷王業，將幸晉陽，起府君爲汾州刺史。雖苴」菒外改，而欒棘内殷。心既憂而理深，言不文而人化。清静之政，上叶聖謨。徵拜涼州都督兼左衛將軍、河西諸軍」州節度督察等大使。府君安人和衆，利用厚生。懷之若椒蘭，愛之若親戚。不戰而犬羊自服，用德而烽候無虞。河右之」戎，蔥西之旅，解辮屈膝，關塞相望，殆五六年矣。於是降韻利發，敗乞力徐。璽書慰勉，相繼道路。乃加兼御史中丞」，賜絹二千匹，金銀繒綵更優恒數。久之，轉原州都督。未赴，復授涼州。前愛已殷，新教逾穆。尋復右衛將軍，餘官如故。府」君懷柳惠之直，任汲黯之氣。或忤時政，頗不見容。出許州刺史。屬單于犯關，上急邊任。復授右衛將軍、檢校勝州」都督、處置降户等使。府君德以綏之，寬以莅之。邊氓用安，外户不閉。尋還本官，復兼原州都督。以功徵拜左威衛大將」軍，尋檢校右金吾衛大將軍。無何，即真皇上蒲盧荒憬，蚑蝨夷狄，聽鞞思將，授鉞推賢。府君扞城已多，克勝者衆」。屬河塞殤殣，軍實屢空。復命爲朔方元帥兼御史大夫。慰撫凋亡，糾繩濫竊。攘緄逾於巨萬，盜駿軼於千蹄。而皆社鼠」稷蜂，咸乃傾巢熏穴。竟以黄金見鑠，白玉成磷。遂移疾朔方，来思右戟。復爲右衛大將軍，尋除右金吾大將軍。朝論未」愜，俄拜金紫光禄大夫、行鄜州刺史。時北都亢旱，農夫輟耒，既而下車雨降，負臿雲趍。邑有箱哥，人無菜色。属城流詠」，鄰郡懷仁。方冀伊鼎調風，虞庠养德。豈期道悠運促，終古同哀。人之云亡，雅俗斯殄。嗚呼哀哉！以開元十四年正月二」日遘疾薨於官舍，享年六十有五。豈止罷南荊之市，息東里之相，禮輟當祭，哭甚趍車而已哉。郡司上聞，聖君憫」悼，乃詔贈户部尚書，賜絹百匹、米粟各百石，官給靈轝遞還。葬日，官借手力、幔幕，盖聖人優賢悼終之令」典也。以十五年九月三日與故夫人獨孤氏同祔于京兆府咸陽縣洪瀆原，禮也。夫人本系李氏，隴西成紀人。祖楷，随」開皇中有功，錫以后族，因爲今姓。官至開府儀同三司、驃騎大將軍、并益原三州大總管、汝陽郡公。父卿雲，皇右」威衛大將軍、上柱國，襲汝陽郡公，贈益州大都督。邁德休祉，咸劭洪勳。夫人姆教夙成，婦禮冥立。友於琴瑟，恭于蘋藻」。景龍中封新城郡夫人，從府君之貴也。悲夫！不克偕老，奄先長逝。嗚呼哀哉！以開元四年三月卅日終平康里第，春秋」卅有八。嗣濯、汪、泂、汲、

大唐故
楊府君
墓誌銘

汶等，茹荼泣血，伊蒿增慟。以爲藏澤遷夜，佳城無曉。爰勒琬琰，誌夫徽烈。敬因佩德，敢作銘云」：

天道祚德，地靈潛祉。一君作乂，百世必祀。於鑠楊侯，周宣之子。避居西岳，遠跡商阯。其一。太尉台漢，德王佐随。積慶二十」，長源逶迤。玉環照爛，朱輪陸離。盛烈無已，高門在斯。其二。猗歟祖考，徽業靡墜。苴茅侯服，列棘卿寺。渤海仁君，河渠賢使。降」生才子，洪勳重位。其三。爰在幼齒，學如不及。逮乎成童，孝以冥立。柴骨如毁，飲血而泣。苴菓僅勝，水漿不入。其四。明主理奪」，忠臣直難。千祀一會，興言結歎。惟公秉列，抗議朝端。利見攀檻，肇允彈冠。其五。官序初卑，德聲已盛。冕旒虚受，簪黻推敬」。君子道興，佞臣所病。貞石可轉，寒松本性。其六。仁由造次，聖啟殷憂。北軍誅吕，左袒安劉。雲雨感義，經綸獻謀。弓矢」命錫，山河胙侯。其七。行直雖毁，功著終録。遠出江介，載臨汾曲。驥乃贖轅，蠅非污玉。十城善價，千里良足。其八。大君出震，天」下文明。三顧纏墨，萬里長城。我旅爰奮，我碁用精。帝澤無遠，王師有征。其九。屯則小往，亨爲大来。總戎北塞，專席南」臺。擊海自遠，摶風上培。泉魚烔察，谿翅遲迴。其十。德謂不亡，人亦誰久。十五虎竹，二六龜鈕。黄金飾吾，紫文飛綬。存榮終」□，忠公不朽。其十一。夫人邦媛，德惟展如。命服飛翟，文軒畫魚。長簟先委，孤墳已蕪。周禮從祔，咸陽故墟。其十二。秦郊蒼莽，渭川」□□。别館北臨，横橋南度。秋日無影，寒禽相顧。孝子之亭，忠臣之墓。其十三。

季子汲書」

按

誌主楊執一，《新唐書·楊恭仁傳》有載，言其“以誅張易之功封河東郡公，累官金吾衛大將軍”，與誌文相合。本誌所記執一其他事蹟甚詳，可補史之闕。此誌書者爲楊執一季子楊汲，書體端莊工整，爲唐楷之佳者。

撰者賀知章，唐著名詩人。字季真，越州永興（今浙江杭州）人。中乙未科狀元，歷官國子四門博士、太常博士、禮部侍郎、集賢院學士、工部侍郎等。曾與他人同纂《六典》《文纂》等。兩《唐書》有傳。

266.730　劉濬墓誌

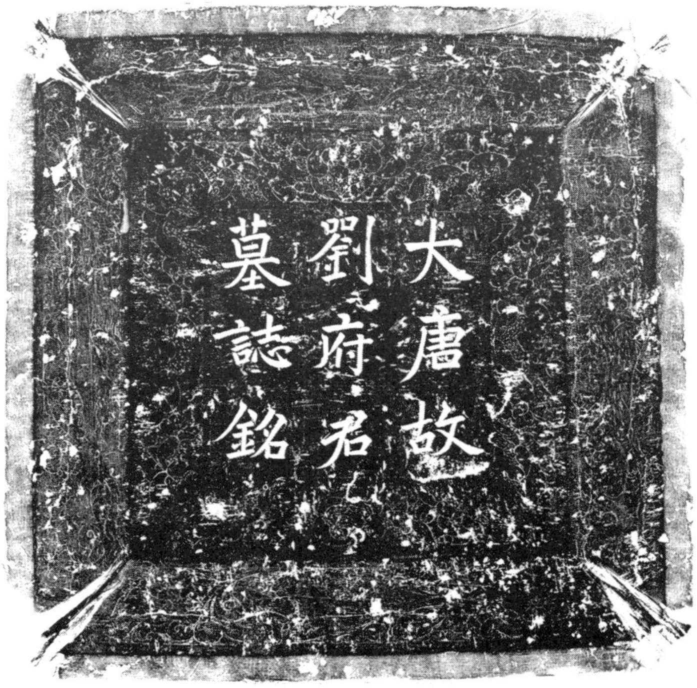
大唐故
劉府君
墓誌銘

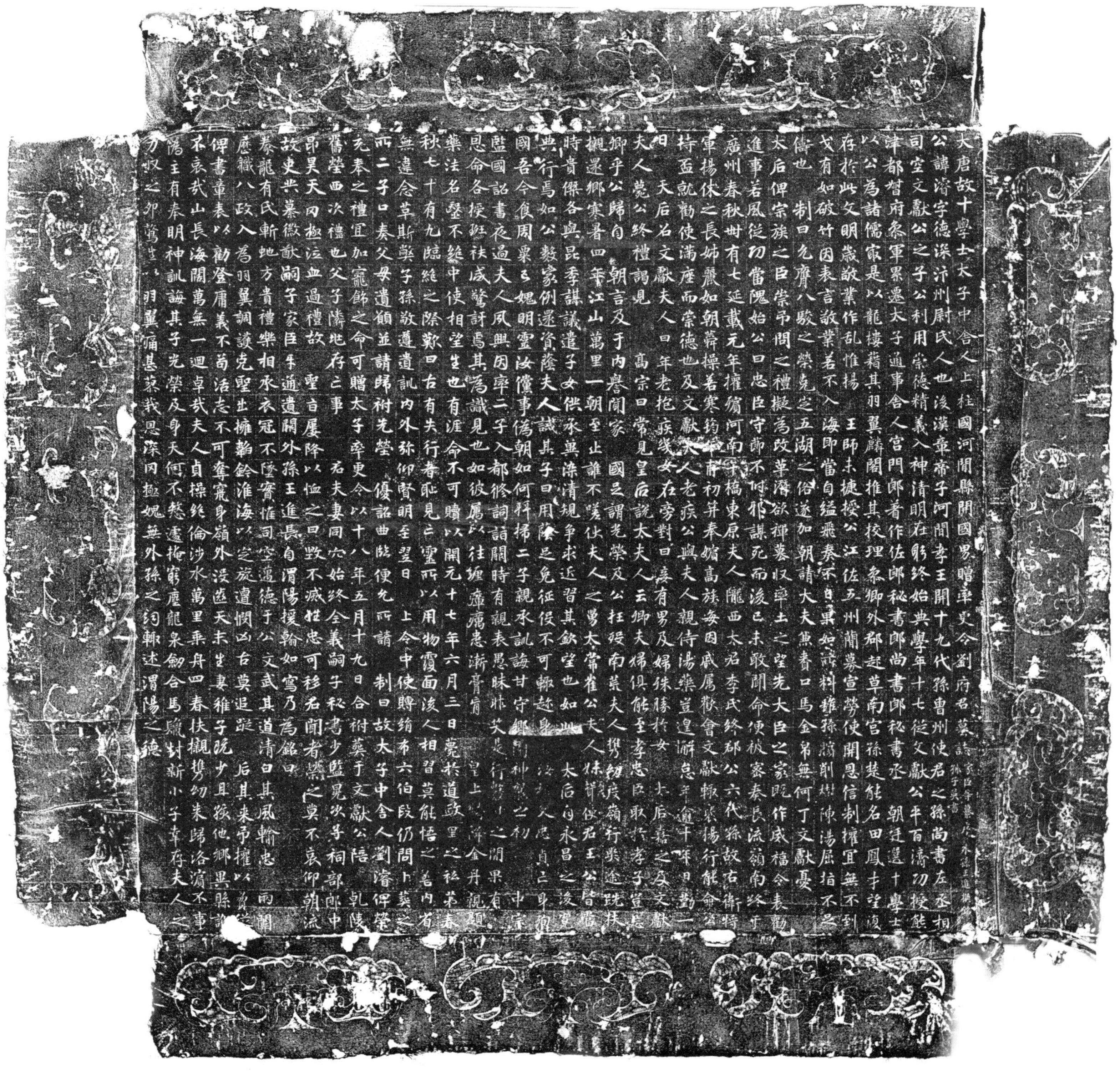

説 明

唐開元十八年（730）五月刻。蓋盝形，誌正方形。誌、蓋尺寸相同，邊長均79厘米。蓋文3行，滿行3字，楷書“大唐故」劉府君」墓誌銘」”。誌文楷書36行，滿行37字。家臣等撰序，王進撰銘，劉子英書丹。蓋四殺及四側飾蔓草花紋，誌四側綫刻瑞獸及蔓草紋。1960年乾縣乾陵鄉楊家洼村出土。現存乾陵博物館。《全唐文補遺》《新中國出土墓誌（陝西壹）》《陝西碑石精華》著録。

釋 文

大唐故十學士太子中舍人上柱國河間縣開國男贈率更令劉府君墓誌

家臣等纂序

外孫王進撰銘

孫子英書」

公諱濬，字德深，汴州尉氏人也。後漢章帝子河間孝王開十九代孫，曹州使君之孫，尚書左丞相」司空文獻公之子。公利用崇德，精義入神。清明在躬，終始典學。年十七，從文獻公平百濟，功授熊」津都督府參軍。累遷太子通事舍人、宫門郎、著作佐郎、秘書郎、尚書郎、秘書丞。朝廷選十學士」，以公爲諸儒最。是以龍樓藉其羽翼，麟閣推其校理。参卿外郡，起草南宫。孫楚能名，田鳳才望，復」存於此。文明歲，敬業作乱惟揚，王師未捷，授公江佐五州簡募宣勞使。開恩信，制權宜，無不到」戈，有如破竹。因表言：敬業若不入海，即當自縊。飛奏不日，果如所料。雖孫臏削樹，陳湯屈指，不足」儔也。制曰：允膺八駿之榮，克定五湖之俗。遂加朝請大夫兼賚口馬金帛。無何，丁文獻憂」。太后俾宗族之臣，崇弔問之禮。擬爲改革，潛欲禪簒。收率土之望，先大臣之家。既作威福，令表勸」進。事若風從，功當隗始。公曰：忠臣守節，不附邪謀，死而後已，未敢聞命。便被密奏，長流嶺南，終于」廣州，春秋卌有七。延載元年，權殯河南午橋東原。夫人隴西太君李氏，絳郡公六代孫，故右衛將」軍楊休之長姊。麗如朝蕣，操若寒筠。年甫初笄，奉嬪高族。每因戚属歡會，文獻輒褒揚行能，命公」持盃就勸，使滿座而崇德也。及文獻夫人老疾，公與夫人親侍湯藥，豈遑懈怠。年逾十年，日勤一」日。天后召文獻夫人曰：年老抱疾，幾女在旁。對曰：妾有男及婦，殊勝於女。太后嘉之。及文獻」夫人薨，公終禮謁見。高宗曰：常見皇后説太夫人，云卿夫婦俱能至孝，忠臣取於孝子，豈忘」卿乎。公歸自朝，言及于内，譽聞家國，足謂光榮。及公枉殁南荒，夫人携幼度嶺。行哭途跣，扶」櫬還鄉。寒暑四年，江山萬里。一朝至止，誰不嗟伏。夫人之舅太常崔公、夫人妹壻使君王公，皆當」時貴傑。各與昆季謀議，遣子女供承。冀染清規，爭求近習，其欽望也如此。太后自永昌之後，寬」典行焉。如公數家，例還資蔭。夫人誡其子曰：用蔭足免征役，不可輒趍身名。汝祖父忠貞，亡身殉」國。吾今食周粟，已愧明靈，汝儻事僞朝，如何拜掃。二子親承訓誨，甘守鄉園。神龍之初，中宗」監國，詔書夜過，夫人夙興，因率二子入都，修詞詣闕。時有親表愚昧，非笑是行。數日之間，果有」恩命，各授班袟，咸驚訝焉，其爲識見也如彼。属以往纏瘴癘，患漸膏肓。皇上特降金丹，親題」藥法，名醫不絶，中使相望。生也有涯，命不可贖。以開元十七年六月三日薨於道政里之私第，春」秋七十有九。臨絶之際，歎曰：古有失行者，耻見亡靈，所以用物覆面。後人相習，莫能悟之。吾内省」無違，念革斯弊。子孫敬遵遺訓，内外弥仰賢明。至翌日，上令中使賻絹布六伯段，仍問卜葬之」所。二子口奏父母遺願，並請歸祔先塋。優詔曲臨，便允所請。制曰：故太子中舍人劉濬，俾榮」充奉之禮，宜加寵飾之命，可贈太子率更令。以十八年五月十九日合祔葬于文獻公陪乾陵」舊塋西次，禮也。父子鄰兆，存亡事君。夫妻同穴，始終全義。嗣子秘書少監晃、次子祠部郎中」昂，昊天罔極，泣血過禮。故聖旨屢降以恤之，曰：毁不滅性，忠可移君。聞者榮之，莫不哀仰。朝流」故吏，共慕徽猷。嗣子家臣，互通遺闕。外孫王進，長自渭陽，援翰如寫，乃爲銘曰」：

豢龍有氏，斬虵方貴。禮樂相承，衣冠不墜。實惟司空，邁德于公。文武其道，清白其風。輸忠兩闈」，歷職八政。入爲羽翼，調護克聖。出擁韜鈐，淮海以定。旋遭閔凶，古莫追蹤。后其来弔，權以脅從」。俾書章表，以勸登庸。義不苟活，志不可奪。竄身嶺外，没齒天末。生妻稚子，既少且孩。他鄉異縣，誰」不哀哉。山長海闊，萬無一迴。卓哉夫人，貞操絶倫。涉水萬里，乘舟四春。扶櫬携幼，來歸洛濱。不事」僞主，有奉明神。訓誨其子，光榮及身。天何不慭，遽掩窮塵。龍泉劒合，馬鬣封新。小子幸存，夫人之」力。收之卵轂，生以羽翼。痛甚蓼莪，恩深罔極。愧無外孫之詞，輒述渭陽之德」。

按

誌主劉濬，唐高宗時名臣劉仁軌之子。兩《唐書》劉仁軌傳附，但極簡略。誌所載其家族譜系、生平、歷官、子嗣等，均可補正史記載之闕。

267.730　臧懷亮墓誌

大唐故羽
林大將軍
東莞公臧
府君墓誌

大唐故冠軍大将軍左羽林軍大将軍上柱國東莞郡開國公臧府
君墓誌并序
公諱懷亮字時明東莞莒人也周公之後焉 公縣歷京官婚姻不
雜子孫昌盛便住關中矣曾祖滿府君隨銀青光祿大夫海州總管
東海公祖寵府君 皇朝請大夫靈州長史襲東海公父德府君
皇朝散大夫原州司馬贈銀州刺史皆英傑弘毅志標松栢公奇
才卓犖風雲倜儻出為師律入作爪牙年廿應窮募附枝舉登科擢
左玉鈐衛翊府長上遷鴻州長道府左果毅長上充平狄軍都虞候
總管轉左衛陝州華望府左果毅長上破敵拜游擊將軍本府折衝
長上轉懷州南陽府折衝長上充勝州遊弈軍副使遷定遠將軍雍
州通樂府折衝長上遷明威將軍本衛左郎將充東受降城副使秣
馬利兵匈奴不敢南望拜忠武將軍左郎將兼安北副都護遷單于
都護借紫金魚袋匈奴犯塞 公亦弱伏兵陷敵略盡 恩加銀青
光祿大夫單于副大都護兼朔方軍副大總管遷靈州都督豐安軍
經略大使轉鄯州都督兼河源軍經略營田大使轉左威衛將軍兼
洮州都督莫門軍經略營田大使兼隴右節度副大使復以本官兼
勝州都督兼東受降城大使朔方軍節度副大總管會六州胡叛將
兵討除諸軍未至而特立殊勳 恩拜右武衛大將軍節度河東道
諸軍州兵馬重往討擊殲盡巢穴以功最拜左羽林軍大將軍[illegible]
本官兼安東大都護營府都督攝御史中丞平盧軍節度大使支度
營田海運大使及 神武登岳拜冠軍大將軍復本任東莞郡開國
公以開元十七年八月廿二日薨於京師平康私第春秋六十有公
明年冬十一月廿一日卜遠於三原禮也 公有五子長子前左監門
衛中郎將次子前安北都護三子前左金吾衛中候四子前左司禦
率府長史五子前殿中省進馬並淳孝濟義攀號永慕爰曰先遠之
期式記不朽之則其銘曰 將軍大樹特立功勳貞標殊烈敢不
不肇東征遼海西振烏孫千秋万古可得名存 勳

説明

唐開元十八年（730）十月刻。蓋盝形，誌正方形。誌、蓋尺寸相同，邊長均84厘米。蓋文4行，滿行4字，篆書“大唐故羽」林大將軍」東莞公臧」府君墓誌」”。誌文行楷27行，滿行26字。蓋四殺飾蔓草紋，誌四側飾壼門内十二生肖圖案。1985年三原縣陵前鄉三合村出土。現存三原縣博物館。《隋唐五代墓誌滙編》《全唐文補遺》《陝西碑石精華》著録。

釋文

大唐故冠軍大將軍左羽林軍大將軍上柱國東莞郡開國公臧府」君墓誌并序」

公諱懷亮，字時明，東莞莒人也，周公之後焉。公緜歷京官，婚姻不」雜，子孫昌盛，便住關中矣。曾祖滿府君，随銀青光禄大夫、海州總管」、東海公。祖寵府君，皇朝請大夫、靈州長史、襲東海公。父德府君」，皇朝散大夫、原州司馬、贈銀州刺史。皆英傑弘毅，志操松栢。公奇」才卓犖，風雲倜儻。出爲師律，入作爪牙。年廿，應穿葉附枝舉登科，擢」左玉鈐衛翊府長上，遷鴻州長道府左果毅長上，充平狄軍都虞候」總管。轉左衛陝州華望府左果毅長上。破敵，拜游擊將軍本府折衝」長上，轉懷州南陽府折衝長上，充勝州遊弈軍副使，遷定遠將軍雍」州通樂府折衝長上，遷明威將軍本衛左郎將充東受降城副使。秣」馬利兵，匈奴不敢南望。拜忠武將軍左郎將兼安北副都護，遷單于」都護，借紫金魚袋。匈奴犯塞，公示弱伏兵，陷敵略盡。恩加銀青」光禄大夫、單于副大都護兼朔方軍副大總管，遷靈州都督、豐安軍」經略大使，轉鄯州都督兼河源軍經略營田大使，轉左威衛將軍兼」洮州都督莫門軍經略營田大使，兼隴右節度副大使，復以本官兼」勝州都督，兼東受降城大使、朔方軍節度副大總管。會六州胡叛，將」兵討除，諸軍未至而特立殊効。恩拜右武衛大將軍，節度河東道」諸軍州兵馬，重往討擊，罄盡巢穴。以功最拜左羽林軍大將軍，復以」本官兼安東大都護營府都督，攝御史中丞、平盧軍節度大使、支度」營田海運大使。及神武登岳，拜冠軍大將軍，復本任東莞郡開國」公。以開元十七年八月廿二日薨於京師平康私第，春秋六十有八」。明年冬十月廿一日，卜遠於三原，禮也。公有五子：長子前左監門」衛中郎將，次子前安北都護，三子前左金吾衛中候，四子前左司禦」率府長史，五子前殿中省進馬。並淳孝濟義，攀號永慕。爰因先遠之」期，式記不刊之則。其銘曰：

將軍大樹，特立功勳。貞操殊烈，耿介」不群。東征遼海，西振烏孫。千秋万古，可得名存」。

按

誌主臧懷亮，兩《唐書》無載。但臧氏家族成員墓誌有多方可見，如臧懷恪神道碑、臧希晏神道碑等，據此可知臧氏一族隋唐時爲將軍世家。本誌及相關墓誌、神道碑是研究臧氏家族的重要材料。

268.732　馬文靜墓誌

馬君
之誌

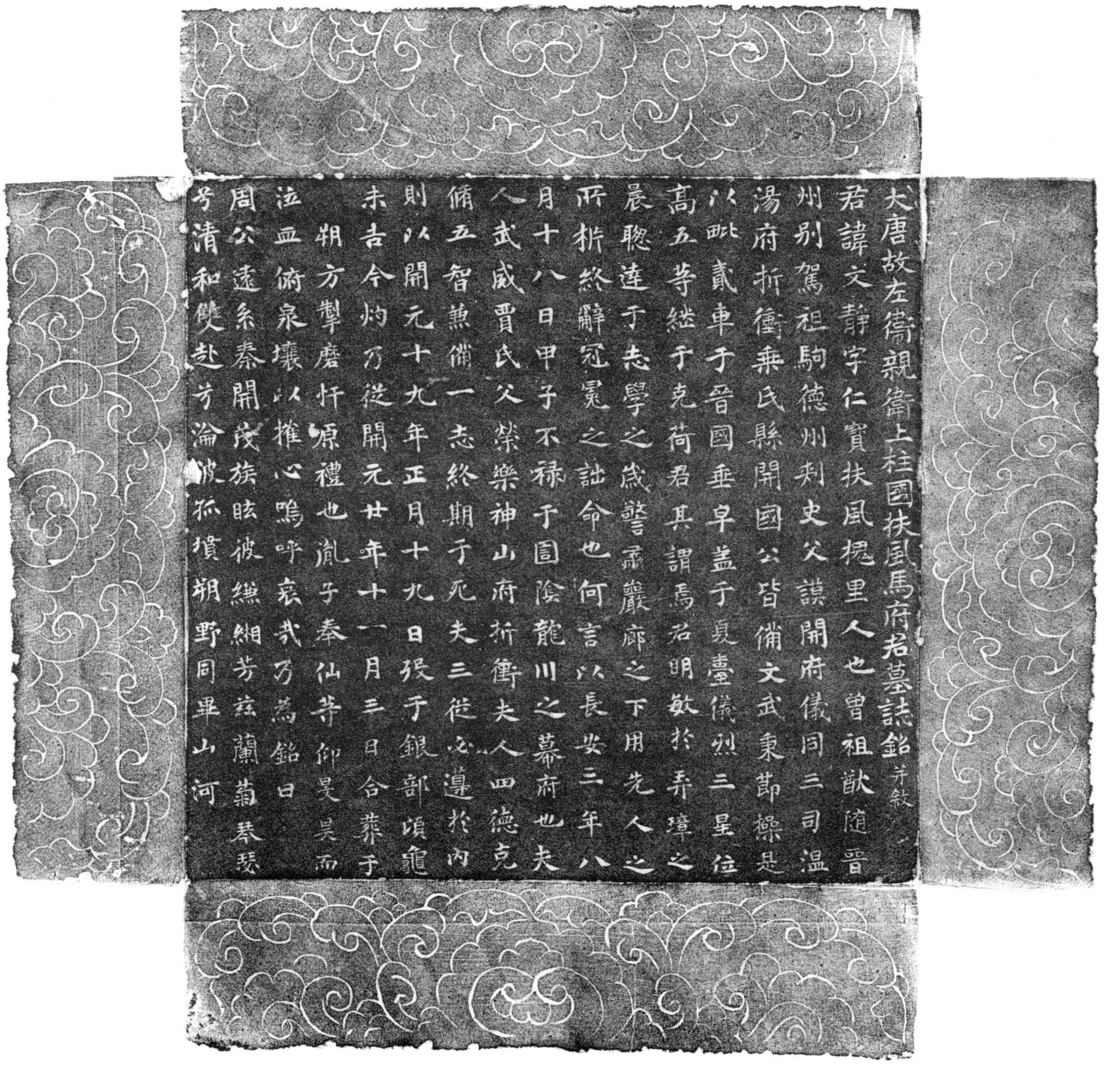
大唐故左衛親衛上柱國扶風馬府君墓誌銘并敘
君諱文静字仁實扶風槐里人也曾祖歆隨晉
州别駕祖駒德州刺史父謨開府儀同三司温
湯府折衝乘氏縣開國公皆備文武秉節操是
以毗貳東于晉國垂阜蓋于臭臺儀刑三星位
高五等綵于克荷君其謂焉君明敏於弄璋之
晨聰達于志學之歲警肅巖廊之下用先人之
府折終辭冠冕之詋命也何言以長安三年八
月十八日甲子不禄于圖陰龍川之幕府也夫
人武威賈氏父榮樂神山府折衝夫人四德克
脩五智兼備一志終期于死夫三從必遵於内
則以開元十九年正月十九日殁于銀部頃龜
未吉今灼乃從開元廿年十一月三日合葬于
朔方擊磨忏原禮也胤子奉仙等仰昊昊而
泣血俯泉壤以摧心嗚呼哀哉乃為銘曰
周公遠系秦開茂族眩彼纁緗芳兹蘭菊琴瑟
兮清和雙赴芳淪波孤墳朔野同畢山河

説明

唐開元二十年（732）十一月刻。誌砂石質。蓋盝形，誌正方形。誌、蓋尺寸相同，邊長均52厘米。蓋文2行，滿行2字，篆書“馬君」之誌」”。誌文楷書17行，滿行18字。蓋四周飾十二生肖圖案，四殺飾寶相花紋；誌四側飾寶相花紋。榆林靖邊縣紅墩界鄉圪坨河村出土，具體時間不詳。現存榆林市文物保護研究所。《全唐文補遺》《陝西碑石精華》《榆林碑石》《新中國出土墓誌（陝西叁）》著録。

釋文

大唐故左衛親衛上柱國扶風馬府君墓誌銘并敘」

君諱文静，字仁寶，扶風槐里人也。曾祖猷，随晉」州别駕。祖騊，德州刺史。父謨，開府儀同三司、温」湯府折衝衛、乘氏縣開國公。皆備文武，秉節操。是」以毗貳車于晉國，垂皂盖于夏臺。儀烈三星，位」高五等。繼于克荷，君其謂焉。君明敏於弄璋之」晨，聰達于志學之歲。警肅巖廊之下，用先人之」所析，終辭冠冕之詘，命也何言。以長安三年八」月十八日甲子不禄于固陰龍川之幕府也。夫」人武威賈氏，父榮樂神山府折衝。夫人四德克」脩，五智兼備。一志終期于死夫，三從必遵於内」則。以開元十九年正月十九日歿于銀部。頊龜」未吉，今灼乃從。開元廿年十一月三日，合葬于」朔方掔磨忏原，禮也。胤子奉仙等，仰旻昊而」泣血，俯泉壤以摧心。嗚呼哀哉！乃爲銘曰」：

周公遠系，秦開茂族。眩彼縑緗，芳兹蘭菊。琴瑟」兮清和，雙赴兮淪波。孤墳朔野，同畢山河」。

269.734　嗣道王李微墓誌

大唐故銀青光祿大夫守太子詹事贈幽州大都督上柱國嗣道王墓誌銘并序
著作佐郎司馬利賓奉　勅撰
王諱微字逸少隴西狄道人也昔者　玄元皇帝降生於周指樹為姓其来尚
矣將軍之休武衛蕭都尉之飛鳧贈篇文武之道於斯不墜　玄元有明德而不
當代故　我皇家膺歷受終言念維城大封同姓若木十日咸池五星葭莩為漢
帝之親茅蔣為周公之胤王即
高祖神堯皇帝之曾孫
今上之冊從父也祖元慶以　帝子封道國王歷趙豫鄭滑沁徐衛七州刺史贈
司徒益州大都督謚曰孝父詢東安郡公鄆壽二州刺史贈唐州刺史司徒主人明
其七教判史監郡察以六條論道應乎星台宣風光於露冕王天生才傑地籍膏腴
綺紈之年初為公子四歲封成紀縣開國男食邑三百户　高宗晏駕
天后臨朝大泯宗枝以草　皇運流竄我子弟夷我父兄洎神龍初
孝皇踐祚不失舊物隨例徵還授朝散大夫守尚食奉御仍襲舊封食實賦四百户
既叶苴茅之命載歌棠棣之詩二年拜光祿少卿兼潤州別駕景龍四年加銀青光
祿大夫唐元年檢校右金吾將軍供其王饌必委名卿執以金吾是稱真將譙王重
福作逆洛師以王為東都留守　和帝山陵抗表請赴事畢判宗正卿俄而即
真以薛王業為宗正卿王為員外置同正尋復舊太極元年拜左衛大將軍劉德為
宗正楚元王交孫曹真為將軍魏武帝從弟以親九族以整五戎先天二年以公事
貶為衡州別駕歷安州金州滑州別駕賈誼長沙之數王祥沂海之謠四州題典十
載展驥開元十一年入為太子少詹事仍還銀青光祿大夫除右衛將軍十七年遷
太子詹事言從朱邸入侍青宮以老成正人嚮少陽　儲后未窮樂善忽此悲
年酒見懸蛇床聞鬭蟻太歲作噩十二月十五日薨于京義寧里之正寢春秋五十
有一凶訃聞　天輟朝三日　勅壯年徂謝未階致遠中朝聲實其在飾終再從
叔銀青光祿大夫守太子詹事員外置同正員上柱國嗣道王微名教之先見推宗
邸風塵之外自負王林久獻形侵且兼羸恙奄從化往追用憮然春禁陪臣空餘令
範幽都節使以寵忠魂可贈幽州大都督賻物壹伯段米粟壹伯碩緣葬所須量事
官供仍令京官四品一人檢校以開元廿二年四月廿九日窆于長安縣之高陽原
禮也天遙京兆應狀北斗之魂地迩咸陽詎靡東平之樹詞臣恭命援翰題銘銘曰
淮南王兮好仙謂雞犬兮昇天何金丹之爽術而木葉之摧年高臺兮泣朝露曲池
兮悲逝川繐車羅兮朱邸白日閒兮黃泉望西陵兮松栢錮南山兮無隙貴賤愚智
兮同盡紀遺芳於貞石

説 明

唐開元二十二年（734）四月刻。誌正方形。邊長74厘米。誌文楷書31行，滿行32字。司馬利賓撰文。出土具體時、地不詳。現存西安市長安博物館。《長安碑刻》著録。

釋 文

大唐故銀青光禄大夫守太子詹事贈幽州大都督上柱國嗣道王墓誌銘并序」

著作佐郎司馬利賓奉敕撰」

王諱微，字逸少，隴西狄道人也。昔者玄元皇帝降生於周，指樹爲姓，其来尚」矣。將軍之伏武銜箭，都尉之飛凫贈篇，文武之道，於斯不墜。玄元有明德而不」當代，故我皇家膺曆受終，言念維城，大封同姓。若木十日，咸池五星，葭莩爲漢」帝之親，茅蔣爲周公之胤。王即」高祖神堯皇帝之曾孫」，今上之再從叔父也。祖元慶，以帝子封道國王，歷趙、豫、鄭、滑、沁、徐、衛七州刺史，贈」司徒、益州大都督，謚曰孝。父詢，東安郡公、鄆壽二州刺史，贈唐州刺史。司徒主人，明」其七教；刺史監郡，察以六條。論道應乎星台，宣風光於露冕。王天生才傑，地籍膏腴」。綺紈之年，初爲公子。四歲，封成紀縣開國男，食邑三百户。高宗晏駕」，天后臨朝，大泯宗枝，以革皇運。流竄我子弟，芟夷我父兄。洎神龍初」，孝皇踐祚，不失舊物，随例徵還，授朝散大夫，守尚食奉御，仍襲舊封，食實賦四百户」。既叶苴茅之命，載歌棠棣之詩。二年，拜光禄少卿，兼潤州別駕。景龍四年，加銀青光」禄大夫。唐〔隆〕元年，檢校右金吾將軍。供其玉饌，必委名卿；執以金吾，是稱真將。譙王重」福作逆洛師，以王爲東都留守。和帝山陵抗表請赴，事畢，判宗正卿。俄而即」真，以薛王業爲宗正卿，王爲員外置同正，尋復舊。太極元年，拜左衛大將軍劉德爲」宗正。楚元王支孫曹真爲將軍，魏武帝從弟以親九族，以整五戎。先天二年，以公事」貶爲衡州別駕，歷安州、金州、滑州別駕。賈誼長沙之歎，王祥沂海之謡，四州題輿，十」載展驥。開元十一年，入爲太子少詹事，仍還銀青光禄大夫，除右衛將軍。十七年，遷」太子詹事。言從朱邸，入侍青宫。以老成正人，弼少陽儲后。未窮樂善，忽此悲」年。酒見懸虵，床聞鬬蟻。太歲作咢（噩）十二月十五日，薨于京義寧里之正寢，春秋五十」有一。凶訊聞天，輟朝三日。敕：壯年徂謝，未階致遠；中朝聲實，其在飾終。再從」叔銀青光禄大夫、守太子詹事、員外置同正員、上國柱、嗣道王微，名教之先，見推朱」邸；風塵之外，自負玉林。久厭形役，且兼羸恙。奄從化往，追用憮然。春禁陪臣，空餘令」範。幽都節使，以寵忠魂。可贈幽州大都督，賻物壹佰段，米粟壹佰碩。緣葬所須，量事」官供。仍令京官四品一人檢校。以開元廿二年四月廿九日窆于長安縣之高陽原」，禮也。天遥京兆，應收北斗之魂；地迩咸陽，詎靡東平之樹。詞臣恭命，援翰題銘。銘曰」：

淮南王兮好仙，謂雞犬兮昇天。何金丹之爽術，而木葉之摧年。高臺兮泣朝露，曲池」兮悲夜川。緑車罷兮朱邸，白日閉兮黄泉。望西陵兮松栢，錮南山兮無隙。貴賤愚智」兮同盡，紀遺芳於貞石」。

按

嗣道王李微，兩《唐書》無傳。誌所載其世系，可補充唐皇室之族系。又載武則天臨朝稱制、唐中宗李顯復辟及譙王李重福作亂等事，均可與正史互補互證。此誌出土地域不詳，據墓誌“窆于長安縣之高陽原”，當出土于今西安市長安區郭杜鎮一帶。

270.736　韋濟夫人劉茂墓誌

君劉氏
墓誌銘

説明

唐開元二十四年（736）四月刻。蓋盝形，誌正方形。誌、蓋尺寸相同，邊長均60厘米。蓋文3行，滿行3字，楷書“彭城縣」君劉氏」墓誌銘」”。誌文楷書29行，滿行29字。蓋四殺飾纏枝花紋，四周飾牡丹花紋；誌四側飾纏枝花紋。韋濟撰文。西安市出土。現存西安博物院。《隋唐五代墓誌滙編》《全唐文補遺》著録。

釋文

唐故彭城縣君劉氏墓誌銘并序」

朝散大夫守京兆少尹韋濟撰」

彭城縣君劉氏者，諱茂，京兆少尹韋濟之妻，開府儀同三司贈太傅之孫，贈」衛府少卿之女也。太傅誕生」肅明太后，作合于」睿宗，門姻帝家，代尊王國。濟皇考曰逍遥孝公，伯父曰扶陽温」公，皇祖曰侍中府君。四代宰司，父子相繼。皇祖妣瑯琊王氏」，皇妣彭城劉氏。西京帝系，南渡衣冠。人物禮樂，雅論推美。濟壯室之歳也，蒙」敬慎之教曰：夫合二姓之好者，上以事宗廟，而下以繼後代。姻不失舊，爾」其宗乎。是以後五載，夫人歸于我。問名納采，所承自昔；執笲饋栗，無逮終」天。夫人即先妣之猶子也。慈覆下流，孝恭旁極。恩加一等，寵無二」焉。是以娣姒懷和，公妹輯穆。懽晤樂易，讌私嘉淑。閫無外言，房無私畜。以潔」蘋藻醖羞之品，以成絲麻布帛之事。而后婦功當矣，婦順備矣。若乃觴稱萬」壽，頌獻三元。内姻盈堂，庶姜如堵。服被金翠，聲節珩璜。若游龍之步漪瀾，如」韶光之照廊廡。故以儀範五服，瞻遅二門者焉。夫人夙遭閔凶，終鮮兄弟。雖」雲虹表於天質，琬琰成其日新。而親鞠育之勤，致劬勞之訓者，聖善之慈也」。夫人母太原王氏，中年嬰疾，早歳嫠居。夫人痛提嬰之無能，感曾參之闕養」。衣不解帶，藥必親嘗。葷血誓心，飲食乖節。累足惕息，綿歷寒暑。結憂生疾，積」疢傷年。開元廿有一年，濟忝國命，起佐幽朔，比翼南洛，和鳴北徂。陟屺」長謡，肥泉永歎。疾感霜露，悲斷燕秦。夏四月庚戌，忽焉大漸。手未告判，目猶」答視。詞意精了，晷漏而終。春秋卅有四。長號朔垂，追痛脩夜。藐藐童乳，呱呱」瘖巨。無母何怙，無室何依。彼蒼者天，胡寧忍予。秋七月，余自幽府司馬剖符」于常山。三歳，徵京兆少尹。夫人歷殯所住，後克同歸。以廿四年夏四月壬申」陪葬于先君塋之後兆。明靈嘉慰，永安兹室。操筆氣索，同穴爲期。銘曰」：

娟娟翠蛾，赫赫朱户。乃聖乃淑，乃今乃古。帝后曰姑，帝堯曰祖。玉笄二」八，金波三五。亦既覯止，宜尔家人。移孝致極，推義而親。虚懷婉嫕，廣覆温仁」。蕙德風偃，蘭言日新。嗟余閔凶，遭家不造。榮禄何暮，風枝何早。唯尔好仇，莫」我偕老。霜雹華秀，縞麻襁褓。鳳凰原兮銅人野，舊鄉園兮先枌檟。玄靈慰」安兮即宫其下，百歳之後兮誰爲前者」。

按

誌主爲唐睿宗肅明皇后之姪，其夫韋濟之家亦“四代宰司，父子相繼”，是唐代士族聯姻的珍貴資料。

271.736 熾俟弘福墓誌

説 明

唐開元二十四年（736）五月刻。誌正方形。邊長73厘米。誌文楷書29行，滿行29字。裴士淹撰文，陸莅書丹。誌四側飾卷雲蔓草紋。西安市出土，具體時、地不詳。現存西安博物院。《隋唐五代墓誌滙編》《全唐文補遺》《陝西碑石精華》著録。

釋 文

□唐故雲麾將軍左威衛將軍上柱國天兵□副大使兼招慰三姓葛邏禄」使熾俟府君墓誌銘并序」

朝散郎行長安縣尉裴士淹撰

吴郡陸莅書」

公諱弘福，字延慶，陰山人也。其先夏后氏之苗裔。粤若垂象著明，天有髦頭」之分；封疆等列，地開窮髮之鄉。襲廣大而居尊，務遷移以成俗。和親通使，冒」頓於是興邦；保塞入朝，呼韓以之定國。則有大臣貴種，當户都尉，必及世官」，作爲君長，其或處者，我稱盛門。曾祖娑匐頡利發，大漠州都督。鎮沙朔而用」武，保公忠而竭誠。祖步失，右驍衛大將軍兼大漠州都督、天山郡開國公。統」林胡而莫犯，司禁旅而逾肅。父力，本郡太守。紹前烈而有光，翼後昆而可大」。公幼而聰敏，長而豪傑。於孝友則天資，以功勳爲己任。常謂先人大業，克清」邊塞之塵；壯士長懷，願赴邦家之難。忽焉投筆，即事戎旜。屬十姓背恩，三軍」是討。雜類多詐，潛圖暗襲。公察其目動，識其言甘。馳輕騎而來犇，戒王師而」設備。爲覆以待，夾攻于衷，因執馘以獻俘，迺議功而行賞。超等特授游擊將」軍。朝廷復念兹良圖，未足允答。明年，拜桃林府長上果毅都尉，又除左驍衛」郎將。既輟歸牛之地，仍加冠鶡之榮。萬歲登封元年，進雲麾將軍、左威衛將」軍、上柱國。忠謹日彰，勳庸歲積。詔充天兵行軍副大使兼招慰三姓」葛邏禄使。於是臨之以敬，董之以威。士馬之富如雲，戈鋋之明似雪。時突騎」施懷貳，烏質勒不誠。公密探其旨，且獻其狀。餘孽朋扇，熒惑上聞。以斯剛毅」之心，不免讒邪之口。遂貶蘄州蘄川府折衝，仍爲黎州和集鎮副。東海之冤」未察，南溟之羽已摧。天實爲之，命可長也。神龍二年十二月廿九日，行路遘」疾，終于劍州劍門縣之逆旅，春秋五十有三。嗚呼哀哉！公雄材邁俗，宏略冠」時。獻馬以助軍，執兵以報國。伊秩訾之入侍，佩印稱榮；金日磾之登朝，封侯」藉寵。静言於此，千載同風。夫人沙陁氏，封燕郡夫人，從夫之貴也。塞淵其德」，淑慎其儀。即以開元廿四年五月十七日祔葬于長安高陽原，禮也。嗣子迦」，左驍衛中郎將。次子璟，寧遠將軍、守右領軍衛翊府右郎將、上柱國，賞紫金」魚袋。次子温，常樂縣開國男。次子璡，右威衛果毅都尉，借緋魚袋。次子震，明」威府别將等。高名出群，至性加等。咨墨客之幽思，揚先君之耿光。其詞曰」：

陰山之下地氣良，賢王之昆宗枝强。生我名將護朔方，簡于聖主曜帝鄉」。忠謀必罄業大昌，讒言罔極黜遐荒。開塋反葬卜云臧，刻石紀德永不忘」。

按

誌主熾俟弘福，史無載。誌所載其家世、生平、歷官、夫人子嗣、封賜等，均可補史載之闕。特别是關于熾俟族源之記載，爲研究唐代少數民族歷史提供了珍貴的資料。

272.736　金仙長公主墓誌

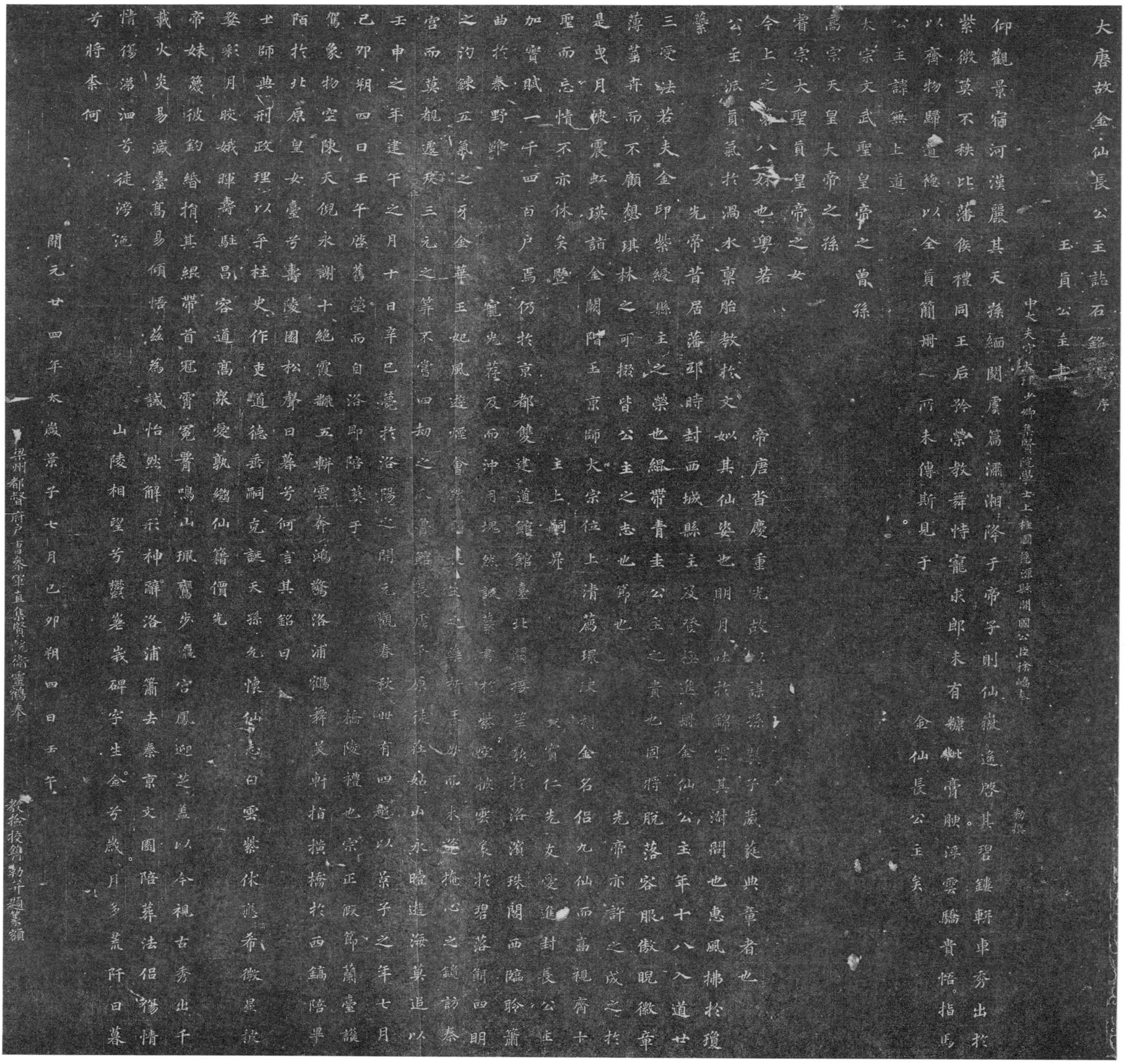

説明

唐開元二十四年（736）七月刻。蓋盝形，誌正方形。誌、蓋尺寸相同，邊長均100厘米。蓋文4行，滿行3字，篆書“大唐古」金僊長」公主誌」石之銘」”。誌文楷書33行，滿行33字。徐嶠撰文，玉真公主書丹。蓋四殺飾四神圖案及纏枝花紋，誌四側飾如意雲紋。蓋斷爲數塊。1974年蒲城縣三合鄉武家村出土。現存蒲城縣博物館。《新中國出土墓誌（陜西壹）》《全唐文補遺》《陜西碑石精華》著録。

釋文

大唐故金仙長公主誌石銘并序」

玉真公主書」

中大夫守大理少卿集賢院學士上柱國慈源縣開國公臣徐嶠奉敕撰」

仰觀景宿，河漢麗其天孫；緬閱虞篇，瀟湘降于帝子。則仙嶽遥啟其碧鏤，軿車秀出於」紫微。莫不秩比藩侯，禮同王后。矜榮教舞，恃寵求郎。未有糠秕膏腴，浮雲驕貴。悟指馬」以齊物，歸道德以全真。簡册之所未傳，斯見于金仙長公主矣」。公主諱無上道」，太宗文武聖皇帝之曾孫」，高宗天皇大帝之孫」，睿宗大聖真皇帝之女」，今上之第八妹也。粤若帝唐，沓慶重光，故以謀孫翼子，葳蕤典章者也」。公主派真氣於渦水，稟胎教於文姒。其仙姿也，明月吐於錦雲；其淑問也，惠風拂於瓊」蘂。先帝昔居藩邸時，封西城縣主，及登極，進册金仙公主。年十八入道，廿」三受法。若夫金印紫綬，縣主之榮也；緄帶青圭，公主之貴也。固將脱落容服，傲睨徽章」，薄蓄卉而不顧，想琪林之可掇，皆公主之志也、節也，先帝亦許之、成之。於」是曳月帔，震虹瑛，詣金闕，階玉京，師大宗，位上清，薦環玦，刻金名。侶九仙而高視，齊十」聖而忘情，不亦休矣。暨主上嗣昇大寶，仁先友愛，進封長公主」，加實賦一千四百户焉。仍於京都，雙建道館。館臺北闕，接笙歌於洛濱；珠閣西臨，聆簫」曲於秦野。雖寵光荐及，而沖用塊然。諷蘂書於紫空，披雲篆於碧落。餌四明」之汋，煉五氣之牙。金華王妃，風遊煙會。然則長生之藥，析王母而未逢；掩心之鏡，訪秦」宫而莫覩。遽夭三元之筭，不嘗四劫之瓜。魯館長虚，平原徒在。姑山永瞳，遊海莫追。以」壬申之年建午之月十日辛巳薨於洛陽之開元觀，春秋卌有四。越以景子之年七月」己卯朔四日壬午，啟舊塋而自洛，即陪葬于橋陵，禮也。宗正假節，蘭臺護」駕。象物空陳，天倪永謝。十絶霞翻，五軿雲奔。鴻驚洛浦，鶴舞吴軒。指横橋於西鎬，陪畢」陌於北原。皇女臺兮壽陵園，松聲日暮兮何言。其銘曰」：

士師典刑，政理以平。柱史作吏，道德垂嗣。克誕天孫，允懷仙志。白雲紫，休應希微。星披」婺彩，月皎娥暉。壽駐昌容，道高衆愛。孰繼仙籍，僨先」帝妹。篋彼釣緡，捐其緄帶。首冠霄冕，腰鳴山佩。鸞步瀛宫，鳳迎芝盖。以今視古，秀出千」載。火炎易滅，臺高易傾。悟兹爲誡，怡然解形。神辭洛浦，簫去秦京。文園陪葬，法侶傷情」。情傷涕泗兮徒滂沲，山陵相望兮鬱嵯峨。碑字生金兮歲月多，荒阡日暮」兮將奈何」。

開元廿四年太歲景子七月己卯朔四日壬午」

梁州都督府户曹參軍直集賢院衛靈鶴奉教檢校鐫勒并題篆額」

按

誌主金仙長公主，《新唐書》有傳。誌與正史記載有異，可互補互證。誌所載公主諱無上道，年十八入道，二十三受法，薨于洛陽開元觀，爲研究唐代皇室道教信仰提供了重要資料。該誌書體法度嚴謹，結體緊湊，點畫力透，典雅秀麗，爲盛唐楷書之佳作。

撰者徐嶠，字巨山，《初學記》撰者徐堅之子。歷集賢院直學士、中書舍人、河南尹。

書者玉真公主，金仙公主同母妹，亦信奉道教，道號無上真。

273.736　大智禪師碑

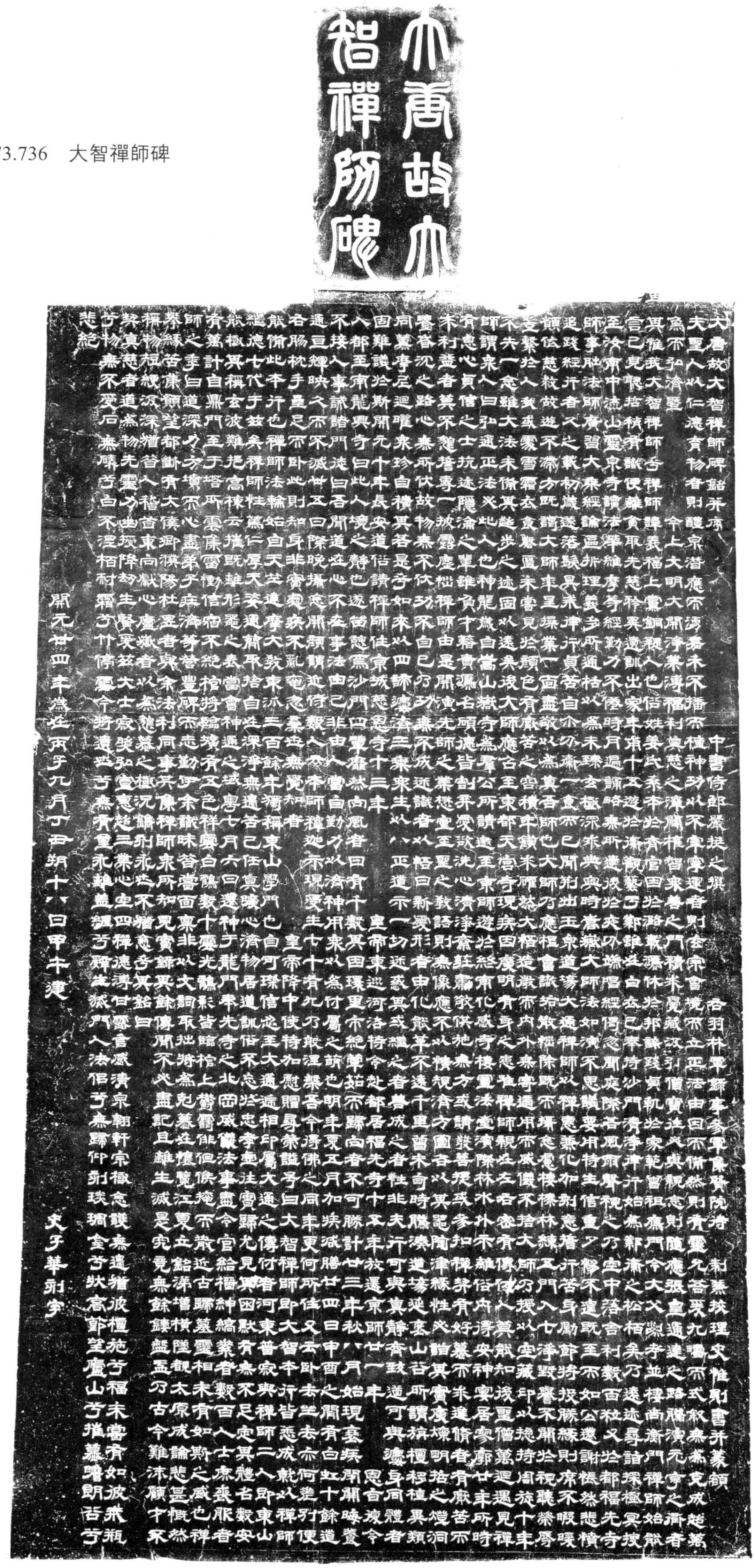
大唐故大智禪師碑
大唐故大智禪師碑銘并序
開元廿四年歲次丙子九月丁酉朔十八日甲午建
史子華刻字

説明

唐開元二十四年（736）九月刻。碑螭首龜座。通高345厘米，寬114厘米。額文2行，滿行4字，篆書“大唐故大」智禪師碑」”。正文隸書32行，滿行61字。嚴挺之撰文，史惟則書丹。碑側飾寶相纏枝花紋，其間飾有菩薩、仙童、迦陵頻伽等圖案。宋代入藏西安碑林。現存西安碑林博物館。《金石萃編》《全唐文》《陝西碑石精華》《西安碑林全集》等著録。

釋文

大唐故大智禪師碑銘并序

中書侍郎嚴挺之撰

右羽林軍録事參軍集賢院待制兼校理史惟則書并篆額」

夫聖人以仁德育物者，則醴泉潛應而湧，嘉禾不播而植；神功以不宰寧運者，則玄宗會境而立，正法由因而備。然則有靈允答，爰九疇而式敘；無爲克成，超萬」象而弘濟。暨今上文明，大開淨業。溥福利真慈之澤，闢權智衆善之門。精求覺藏，汲引僧寶。往必與親，念則隨應。張皇通達之路，騰演元亨之衢者」，其惟我大智禪師乎！禪師諱義福，上黨銅鞮人也，俗姓姜氏。系本於齊，官因於潞。載鴻休於邦諜，踐貞軌於家範。曾祖鴈門令。大父、烈考，並棲尚衡門。禪師始能」言已見聰哲，稍有識便離貪取，先慈矜異，遺訓出家。年甫十五，遊於衛，觀藝于鄴。雖在白衣，已奉持沙門清淨律行，始爲鄴、衛之松栢矣。乃遠迹尋詣，探極冥搜」。至汝南中流山靈泉寺，讀法華、維摩等經，勤力不倦。時月遍誦，略無所遺。後於夜分，端唱經偈。忽聞庭際若風雨聲，視之，乃空中落舍利數百粒。又於都福先寺」師事朏法師，廣習大乘經論。區析理義，多所通括。以爲未臻玄極，深求典奧。時嵩嶽大師法如，演不思議要用，特生信重，夕惕不遑。既至而如公遷謝，悵然悲憤」，追踐經行者久之。載初歲，遂落髮，具戒律，行貞苦，自尔分衛，一食而已。聞荊州玉泉道場大通禪師以禪惠兼化，加刻意誓行，苦身勵節。將投勝緣，則席不暇暖」；願依慈救，故遊不滯方。既謁大師，率呈操業，一面盡敬，以爲真吾師也。大師乃應根會識，垢散惱除。既而攝念慮，棲榛林，練五門，入七淨。毁譽不關於視聽，榮辱」豈繫於人我？或處雪霜，衣食罄匱，未嘗見於顔色有厭苦之容。積年鑽求，確然大悟。造微而内外無寄，適用而威儀不捨。大師乃授以空藏，印以總持。周旋十年」，不失一念。雖大法未備，其超步之迹，固以遠矣。後大師應召至東都天宫寺現疾，因廣明有身之患，唯禪師親在左右。密有傳付，人莫能知。後聖僧萬迴遇見禪」師，謂衆人曰：弘通正法，必此人也。神龍歲，自嵩山嶽寺爲群公所請，邀至京師，遊於終南化感寺。棲置法堂，濱際林水。外示離俗，内得安神。宴居寥廓廿年所。時」有息心貞信之士，抗迹隱淪之輩。雖負才藉貴，鴻名碩德。皆割弃愛欲，洗心清淨。齋莊肅敬，供施無方。或請發菩提，或參扣禪契。有好慕而求進脩者，有厭苦而」求利益者。莫不懇誓專一，披露塵惱。禪師由是開演先師之業，懋宣至聖之教。語則無像，應不以情；規濟方圓，各以其器。陶津緣性，必詣其實，廣燎明哲之燈，洞」鑒昏沉之路。心無所伏，故物無不伏；功不自已，乃功無不成。迷識者以悟日新，愛形者由化能革。不遠千里，曾未旬時，騰湊道場，延袤山谷。所謂旃檀移植，異類」同薰。摩尼迴曜，衆珍自積，其若是乎。如來以四諦法濟三乘衆生，以八正道示一切迷惑。其或繼之者善，成之者性。非夫行可與真靜齊致，道可與法身同體者」，固難議於斯。開元十年，長安道俗請禪師住京城慈恩寺。十三年，皇帝東巡河洛，特令赴都，居福先寺。十五年，放還京師。廿一年，恩旨復令」入都，至南龍興寺，曰：此人境之靜也。遂留憩焉。沙門四輩，靡然向風者，日有千數。其因環里市絶葷茹而歸向者，不可勝計。廿三年秋八月，始現衰疾，閉關晦養」，不接人事。誡諸門徒曰：吾聞道在心不在事，法由己非由人。當自勤力，以濟神用。衆以爲付屬之萌也。明年夏五月，加疾減膳。廿四日申酉之間，有白虹十餘道」，通亘輝映，久而不滅。廿五日際晚，攝念開顔，謂近侍數人云：本師釋迦，示現受生。七十有九，乃般涅槃。吾今得佛之同年，更何所住？又云：卧去坐去，亦何差别？便」右脇枕手，壘足而卧。此則知身非實，處疾不亂。奄忽棄世，無覺知者。皇帝降中使特加慰賵，尋策謚号曰大智禪師。即大智本行，皆悉成就，以禪師」能備此本行也。禪師法輪，始自天竺達摩。大教東派，三百餘年，獨稱東山學門也。自可璨、信忍至大通，遞相印屬。大通之傳付者，河東普寂與禪師二人，即東山」繼德，七代于兹矣。禪師性篤仁厚，天姿通簡。取捨自在，深淨無邊。苦己任真，曠心濟物。居道訓俗，不忘於忠孝；虚往實歸，尤見其淵默。有無不足定其體，名數安」能極其稱？玄波難挹，高棟云摧。既離形器之表，當會神通之域。粤七月六日遷神于龍門奉先寺之北岡。威儀法事，盡令官給。搢紳縞素者數百人，士庶喪服者」有萬計。自鼎門至于塔所，雲集雷慟，信宿不絶。棺將臨壙，有五色祥雲，白鶴數十。雲光鶴影，皆臨棺上。鬱靄徘徊，候掩而

大唐故大智禪師碑銘并序
中書侍郎嚴挺之撰
開元廿四年歲在丙子九月丁酉朔十八日甲午建
史子華刻字

局部

散。近古歸墓靈相，未有如斯之盛也。禪」師之季曰道深，力方墳而心盡；弟子莊濟等，營豐碑而志勤。伊余識昧，昔嘗面稟。非以文詞取拙，將爲剋慕在懷。覽江夏立銘，涕增横墜；覩太原成論，悲甚慨然」。攀緣苦集，願望都斷。有太僕卿濮陽杜昱者，與余法利同事，共集禪師衆所知見實録。其餘傳聞，不必盡記。且離生滅是究竟無餘，鏤盤盂乃古今難沫。顧才不」稱物，短綆汲深。猶昔人稽首東向，獻心廬嶽者，以爲想慕之極。況鐫刻永世，不猶愈乎！其銘曰」：

契真慈者，道爲物先。靈力幽授，降劫生賢。爰兹大士，寂照弘宣。惠超三業，心空四禪。德溥甘露，言感清泉。翱軒宗極，念護無邊。猶彼檀施兮，福未嘗有；如彼戒瓶」兮，物無不受。石無磷兮白不涅，栢耐霜兮竹停雪。今將遺世兮無有量，永離盖纏兮辭生滅。門人法侶兮無歸仰，刻琰琱金兮狀高節。望廬山兮摧慕，瞻朗谷兮」悲絶」。

開元廿四年歲在丙子九月丁丑朔十八日甲午建

史子華刻字」

按

大智禪師，佛教禪宗北宗代表人物之一。《宋高僧傳》有傳。禪師武周載初始受具，後又至玉泉寺神秀處參學，神秀圓寂時，“密有傳付，人莫能知”。該碑爲唐書法名家史惟則所書，隸法純熟，綫條豐滿，筆畫圓潤，勁健莊嚴，爲唐隸名篇。

274.737　拓拔寂墓誌

唐故拓
拔府君
墓誌銘

説 明

唐開元二十五年（737）八月刻。蓋盝形，誌正方形。誌、蓋尺寸相同，邊長均90厘米。蓋文3行，滿行3字，篆書“唐故拓」拔府君」墓誌銘」”。誌文楷書、行書相間，35行，滿行36字。另蓋陰楷書增刻誌文13行，滿行13字。鄭宏之撰文，鄭愕書丹。蓋四周飾寶相花紋，四殺飾四神及流雲紋；誌四側飾十二生肖圖案及寶相花紋。1965年榆林横山縣韓岔鄉元岔洼村出土。現存榆林市文物保護研究所。《全唐文補遺》《榆林碑石》《新中國出土墓誌（陝西叁）》著録。

釋 文

大唐故特進右監門衛大將軍兼静邊州都督贈靈州都督西平郡開國公拓拔公墓誌文并序」

朝散大夫使持節都督夏州諸軍事守夏州刺史上柱國鄭宏之撰」

公諱寂，字守寂。出自三苗，盖姜姓之别。以字爲氏，因地紀号，世雄西平，遂爲郡人也。國連要服」，氣藴金行，俗尚酋豪，力恃剛悍，載炳前史，詳於有随。名王弥府君，洎附授大將軍寧府君矣。時」逢季代，政亂中原，王教不宣，方貢殆絶。天降寶命，允歸聖唐。迨儀鳳年，公之」高祖立伽府君，委質爲臣，率衆内属。國家納其即敘，待以殊榮。刦魏绛之協和，美由余之入侍。拜大將軍、兼十八州部落使。徙居圁陰之地，則今之静邊府也。曾祖羅胃府君，不殞」其名，昭乎前烈，亢宗守業，保族勤邦。拜右監门衛將軍，押十八州部落使，仍充防河軍大使」。祖後那府君，信以出言，功高由志。莫非嘉績，哀德備洽於朝恩；撫有餘人，建牧以崇其都」府。拜静邊州都督，押淳恤等一十八州部落使，兼防河軍大使，贈銀州刺史。考思泰府君，文」武通才，帥師爲任，光有啟土，莫之與京。拜左金吾衛大將軍、兼静邊州都督防禦使、西平郡開」國公。會朔方不開，皇赫斯怒。周處則以身徇節，畢萬乃其後克昌。贈特進、左羽林軍大將」軍。公即西平公之元子也。丕承遺訓，嗣有令緒。造次必形於孝悌，成功不倦於詩書。起家襲」西平郡開國公，拜右監門衛大將軍、使持節淳恤等一十八州諸軍事兼静邊州都督，仍充防」禦部落使。尋加特進，幹父蠱也。性無伐善，樂在交賢，果於用兵，敏於從政，立禮成樂，殫見洽聞」。固不學而生知，豈師逸而功倍。方將藩屏王室，緝熙帝載，此志不就，彼蒼謂何？春秋卅，以開元」廿四年十二月廿一日寢疾薨于銀州。敕賜之第，詔贈使持節都督靈州諸軍」事、靈州刺史。賻物一百五十段，米粟一百五十石，應緣喪葬，所在官供，遵朝典也。粤明年八月」十八日，護葬於銀州儒林縣新興鄉招賢里歡樂平之原，安吉兆也。親太原郡太夫人王氏」，居婦則智，在母能賢。秉義申黄鵠之詩，均養布鳲鳩之德。禮存暮哭，表敬姜以無私；痛結夜臺」，知元伯之有待。弟游騎將軍、守右武衛翊府右郎將、員外置宿衛、賜紫金魚袋、助知檢校部落」使守禮，爲子以孝，爲弟以恭，稟教義而脩身，踐忠信而爲寶。岳輿列侍，鴻鴈斷聯翩之行；肱被」不同，鶺鴒絶急難之望。嗣子朝散大夫、守殿中省尚輦奉御、員外置同正員、使持節淳恤等一」十八州諸軍事、兼静邊州都督、防禦部落使、賜紫金魚袋、西平郡開國公曰澄瀾，年在童丱，藐」是諸孤，匪莪伊蒿，銜恤何怙。有異母女弟，未行他族，貞心如玉，秀色方春。臨兄之喪，過制成毁」。前凶諒只，後禍仍臻。一夕之間，二旐齊舉。友愛天至，感傷人倫。叔父朔方軍節度副使、兼防」河使、右領軍衛大將軍、兼將作大匠興宗，材略縱横，器宇瓌碩，强學由其待問，制勝所以綏邊」。入總工徒，出司戎旅，位將時並，名與功偕。及公之病告馳聞，而叔以星言戾止，窺其闃户，氣」盡良圖。撫柩長號，庾衮切成人之念；披林罷嘯，阮咸謝賢士之儔。悲夫！兄之云亡，或徵蘭夢；妹」也何酷，凋兹蕣華。雖古之一似重憂，曷加於此。宏之以義則長，爲邦且鄰，他日推懷，相期有素」。東道爲主，嘗接二踈之遊；西候聆音，遽軫九原之歎。孰傳不朽，是託斯文。銘曰」：

三苗之胤，惟姜有光。五代返本，復昌于唐。高門長戟，列土封疆。引續不替，嘉謨孔彰。其一。世篤忠」良，施于孫子。玉質豪族，金章貴仕。允武乃文，藏暉通理。如何不淑，宛其死矣。其二。親哀子夭，弟痛」兄亡。妹也滅性，叔兮增傷。連枝淪盡，異史齊芳。有美不頌，其名孰揚。其三」。

洛陽縣尉鄭愕爲之書」

門下故特進兼右監門衛大將軍
員外置同正員持節溥恤等十八
州諸軍事兼靜邊州都督防禦部
落使贈使持節都督靈州諸軍事
靈州刺史上柱國西平郡開國公
拓拔守寂業繼英豪志懷忠烈綏
其種落扞我邊垂氣序滋深勳庸
益著生而懋賞既洽於榮章没有追
崇更優於寵數宜增上卿之位以
飾重泉之禮可贈鴻臚卿仍令夏州
刺史鄭宏之充使監護主者施行
開元廿五年八月一日
[illegible]石刊[illegible]加贈鴻臚[illegible]鐫之於蓋

（蓋陰文）

門下故特進、兼右監門衛大將軍」、員外置同正員、持節淳恤等十八」州諸軍事、兼靜邊州都督、防禦部」落使、贈使持節都督靈州諸軍事」、靈州刺史、上柱國、西平郡開國公」拓拔守寂，業繼英豪，志懷忠烈，綏」其種落，扞我邊垂，歲序滋深，勳庸」益著。生而懋賞，既洽於榮章；没有追」崇，更優於寵數。宜增上卿之位，以」飾重泉之禮。可贈鴻臚卿，仍令夏州」刺史鄭宏之充使監護，主者施行」。

開元廿五年八月一日」

誌石刊了，加贈鴻臚，故鎸之於盖」。

按

誌主拓拔寂，兩《唐書》無傳。本誌不僅記述拓拔寂事蹟甚詳，並有關于拓跋氏族源之記載，更詳述其家族六代之世系，是西夏史研究的重要參考。另，誌石刊刻後，皇室特贈拓拔寂鴻臚卿，故于蓋陰刊刻，亦是該墓誌奇特之處。

275.737　武令珪墓誌

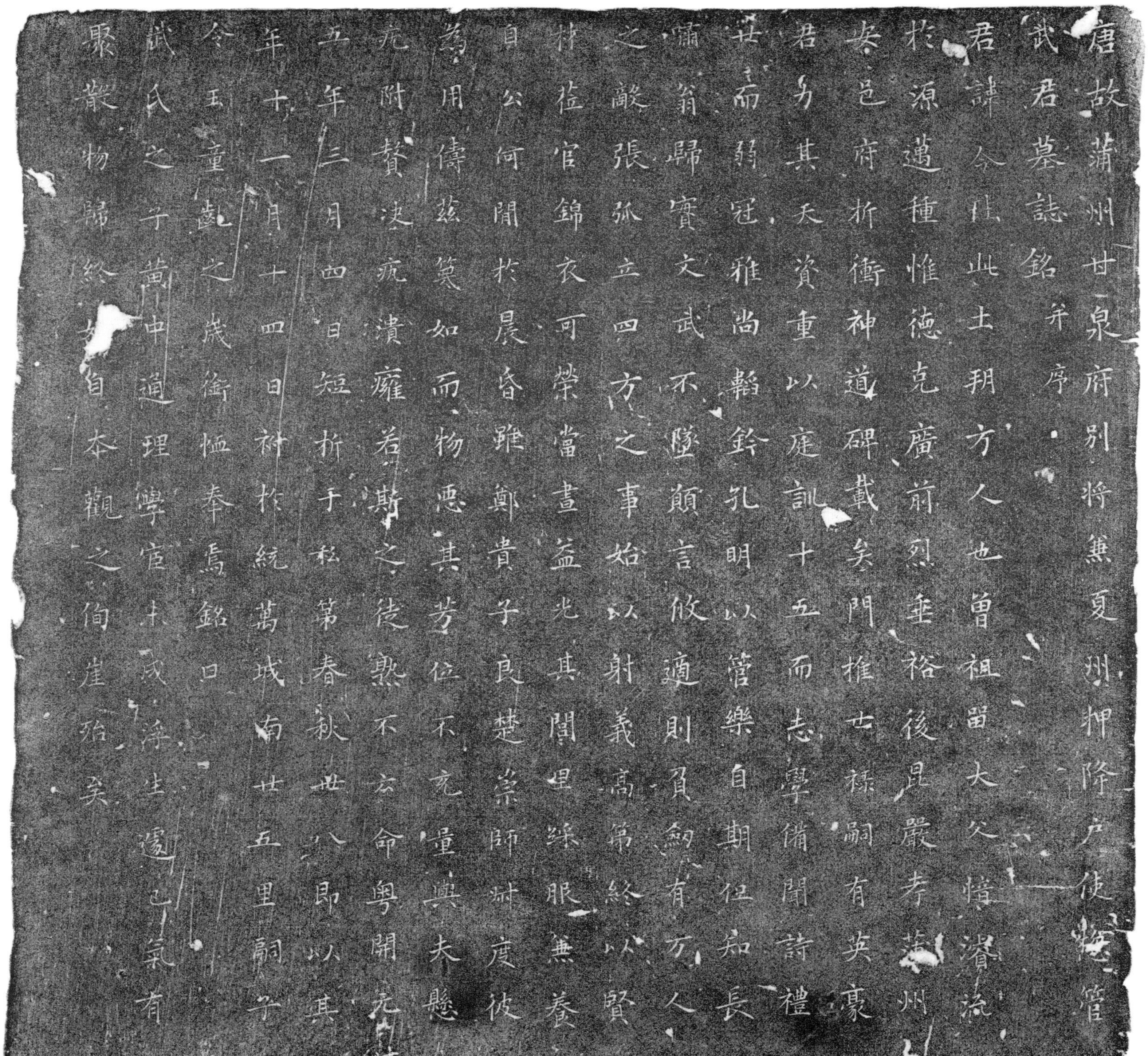
唐故蒲州廿泉府別將兼夏州押降戶使總管
武君墓誌銘并序
君諱令珪此土朔方人也曾祖留大父憬濬流
於源邁種惟德克廣前烈垂裕後昆嚴考藥州
安邑府折衝神道碑載矣門推世祿嗣有英豪
君幼其天資重以庭訓十五而志學備聞詩禮
廿而弱冠雅尚韜鈐孔明以管樂自期仕知長
孺翁歸實文武不墜顏言攸適則負劍有方人
之敵張弧立四方之事始以射義高第終以賢
材莅官錦衣可榮當晝益光其閭里緑眼無養
自公何聞於晨昏雖鄭貴子良楚崇師葑度彼
爲用倚茲箕如而物惡其芳位不充量與太懸
亢附贅決疣潰癰若澌之徒熟不云命粵開元廿
五年三月四日短折于私第春秋卌八即以其
年十一月十四日祔於統萬城南廿五里嗣子
令玉童亂之歲銜恤奉焉銘曰
武氏之子蔓中適理學宦未成浮生遽已氣有
聚散物歸終始自本觀之倘崖殆矣

説 明

唐開元二十五年（737）十一月刻。誌長57厘米，寬56厘米。誌文楷書18行，滿行18字。20世紀90年代後靖邊縣紅墩界鄉出土。現存榆林市文物保護研究所。《榆林碑石》《新中國出土墓誌（陝西叁）》著録。

釋 文

唐故蒲州甘泉府别將兼夏州押降户使總管」武君墓誌銘并序」

君諱令珪，此土朔方人也。曾祖留，大父愔，濬流」於源，邁種惟德，克廣前烈，垂裕後昆。嚴考蒲州」安邑府折衝，神道碑載矣。門推世禄，嗣有英豪」。君力其天資，重以庭訓。十五而志學，備聞詩禮」；廿而弱冠，雅尚韜鈐。孔明以管樂自期，但知長」嘯；翁歸實文武不墜，願言攸適。則負劒有万人」之敵，張弧立四方之事。始以射義高第，終以賢」材莅官。錦衣可榮，當晝益光其閭里；綵服兼養」，自公何閒於晨昏。雖鄭貴子良，楚崇師叔，度彼」爲用，儔兹蔑如。而物惡其芳，位不充量。與夫懸」疣附贅，决疣潰癰。若斯之徒，熟不云命。粤開元廿」五年三月四日，短折于私第，春秋卅八。即以其」年十一月十四日，祔於統萬城南廿五里。嗣子」令玉，童齔之歲，銜恤奉焉。銘曰」：

武氏之子，黄中通理。學宦未成，浮生遽已。氣有」聚散，物歸終始。自本觀之，侚崖殆矣」。

276.737　韋最墓誌

大唐故
韋府君
墓誌銘

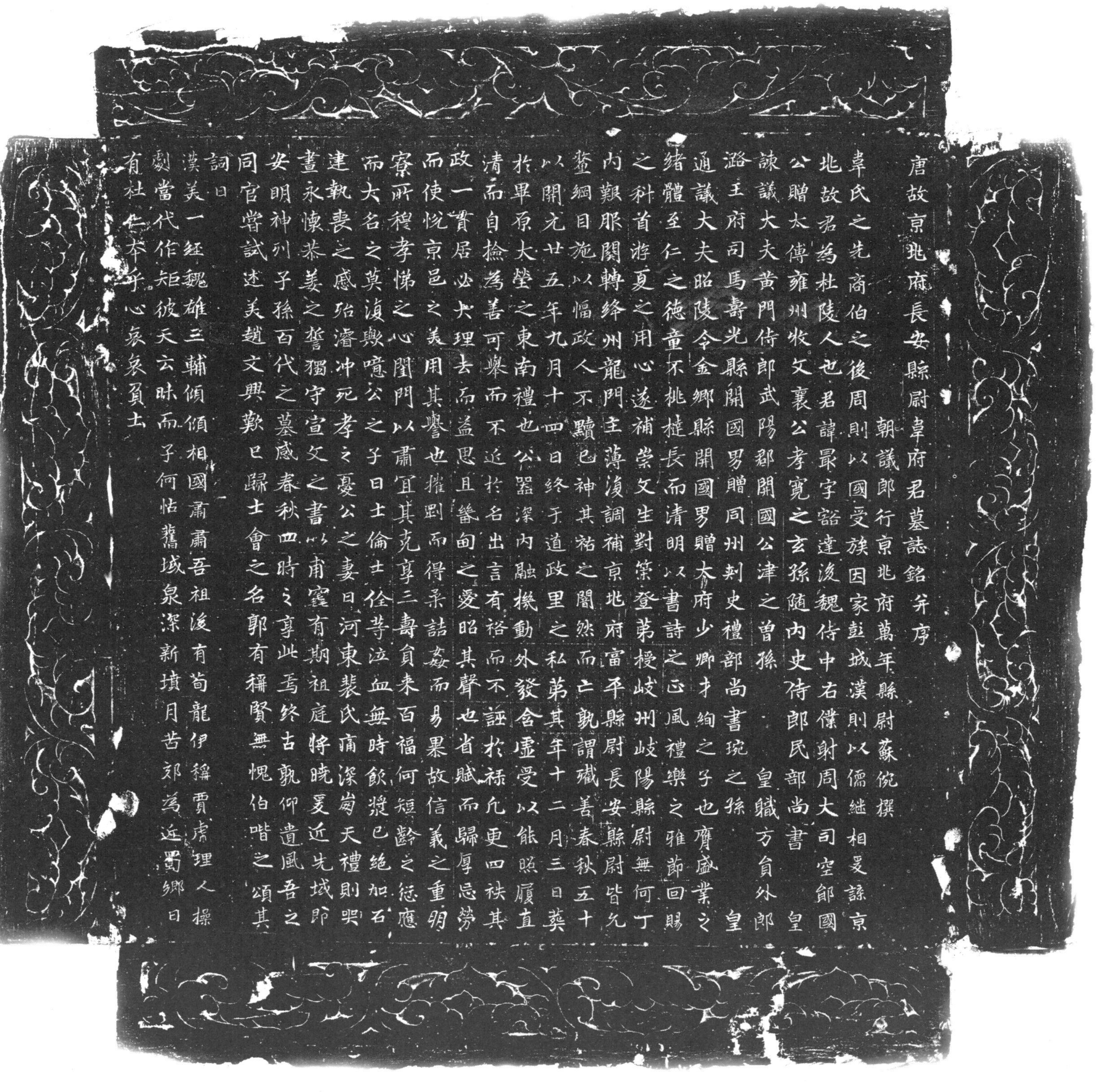

唐故京兆府長安縣尉韋府君墓誌銘并序
朝議郎行京兆府萬年縣尉蘇俛撰
韋氏之先商伯之後周則以國受族因家彭城漢則以儒繼相旻諒京
兆故君為杜陵人也君諱冣字谿達後魏侍中右僕射周大司空鄖國
公贈太傅雍州牧文襄公孝寬之玄孫隨內史侍郎民部尚書　皇
諫議大夫黃門侍郎武陽郡開國公津之曾孫　皇職方員外郎
潞王府司馬壽光縣開國男贈同州刺史禮部尚書琬之孫　皇
通議大夫昭陵令金鄉縣開國男贈太府少卿才絢之子也齊盛業之
緒體至仁之德童不挑撻長而清明以書詩之正風禮樂之雅節回賜
之科首游夏之用心遂補崇文生對策登第授岐州岐陽縣尉無何丁
內艱服闋轉絳州龍門主簿復調補京兆府富平縣尉長安縣尉皆允
蚤綱目施以恤政人不黷已神其祐之闇然而亡孰謂殲善春秋五十
以開元廿五年九月十四日終于道政里之私第其年十二月三日葬
於畢原大塋之東南禮也公器深內融機動外發含虛受以能照履直
清而自撿為善可舉而不近於名出言有裕而不誣於祿允更四秩其
政一貫居必大理去而益思且畿甸之愛昭其聲也省賦而歸厚忌勞
而使悅京邑之美用其譽也推劉而得柔詰姦而易果故信義之重明
察所稽孝悌之心閨門以肅宜其克享三壽負來百福何短齡之遽應
而大名之莫復輿噫公之子曰士倫士佺等泣血無時飲漿已絕加石
建執喪之感殆濬冲死孝之憂公之妻曰河東裴氏痛深崩天禮則哭
晝永懷恭姜之誓獨守宣文之書以甫窆有期祖庭將曉爰近先域郎
安明神列子孫百代之墓感春秋四時之享此焉終古孰仰遺風吾之
同官嘗試述美趙文興歎已歸士會之名郭有稱賢無愧伯喈之頌其
詞曰
漢美一經魏雄三輔傾傾相國肅肅吾祖後有荀龍伊稱賈虎理人操
劇當代作矩彼天云昧而子何怙舊域泉深新墳月苦郊為近蜀鄉曰
有杜仁本乎心哀哀負土

説 明

唐開元二十五年（737）十二月刻。蓋盝形，誌長方形。蓋長56厘米，寬59厘米；誌長57厘米，寬56厘米。蓋文3行，滿行3字，篆書“大唐故」韋府君」墓誌銘」”。誌文楷書27行，滿行27字。蘇俛撰文。蓋四殺及誌四側均飾蔓草紋。西安市郊區出土，具體時、地不詳。現存陝西省考古研究院。《隋唐五代墓誌滙編》《全唐文補遺》《陝西碑石精華》著録。

釋 文

唐故京兆府長安縣尉韋府君墓誌銘并序」

朝議郎行京兆府萬年縣尉蘇俛撰」

韋氏之先，商伯之後。周則以國受族，因家彭城；漢則以儒繼相，爰謀京」兆，故君爲杜陵人也。君諱最，字豁達，後魏侍中、右僕射，周大司空、鄖國」公、贈太傅、雍州牧、文襄公孝寬之玄孫。随内史侍郎、民部尚書，皇」諫議大夫、黄門侍郎、武陽郡開國公津之曾孫。皇職方員外郎」、潞王府司馬、壽光縣開國男、贈同州刺史、禮部尚書琬之孫。皇」通議大夫、昭陵令、金鄉縣開國男、贈太府少卿才絢之子也。膺盛業之」緒，體至仁之德。童不挑撻，長而清明。以書詩之正風，禮樂之雅節，回賜」之科首，游夏之用心，遂補崇文生。對策登第，授岐州岐陽縣尉。無何，丁」内艱。服闋，轉絳州龍門主簿，復調補京兆府富平縣尉、長安縣尉。皆允」釐綱目，施以愊政。人不黷已，神其祐之。闇然而亡，孰謂殲善。春秋五十」，以開元廿五年九月十四日終于道政里之私第。其年十二月三日，葬」於畢原大塋之東南，禮也。公器深内融，機動外發。含虚受以能照，履直」清而自檢。爲善可舉而不近於名，出言有裕而不誣於禄。凡更四秩，其」政一貫。居必大理，去而益思。且畿甸之愛，昭其聲也。省賦而歸厚，忘勞」而使悦。京邑之美，用其譽也。摧剛而得柔，詰姦而易暴。故信義之重，朋」寮所穆；孝悌之心，閨門以肅。宜其克享三壽，員来百福。何短齡之愆應」，而大名之莫復歟。噫！公之子曰士倫、士佺等，泣血無時，飲漿已絶。加石」建執喪之感，殆濬沖死孝之憂。公之妻曰河東裴氏，痛深崩天，禮則哭」晝。永懷恭姜之誓，獨守宣文之書。以甫窆有期，祖庭將曉，爰近先域，即」安明神。列子孫百代之墓，感春秋四時之享。此焉終古，孰仰遺風。吾之」同官，嘗試述美。趙文興歎，已歸士會之名；郭有稱賢，無愧伯喈之頌。其」詞曰」：

漢美一經，魏雄三輔。傾傾相國，肅肅吾祖。後有荀龍，伊稱賈虎。理人操」劇，當代作矩。彼天云昧，而子何怙。舊域泉深，新墳月苦。郊爲近蜀，鄉曰」有杜。仁本乎心，哀哀負土」。

按

誌主韋最，兩《唐書》無載。其高祖韋孝寬見于正史，本誌所載韋最前代世系，與《新唐書·宰相世系表》所記相合，本誌可與219.698《韋愔墓誌》等韋氏家族墓誌參看。

唐故恒
山愍王
墓誌銘

277.738　李承乾墓誌

大唐故恒山愍王荊州諸軍事荊
州大都督墓誌銘
王諱承乾字高明
太宗文武聖皇帝長子貞觀十七
年十月一日薨開元廿五年十二
月八日奉
勅官供陪葬
昭陵栢城內京兆府醴泉縣安樂
鄉普濟里東趙村西北去
陵一十八里　妃蘇氏招魂合祔
開元廿六年歲次戊寅五月戊辰
朔廿九日景申禮也

説 明

唐開元二十六年（738）五月刻。蓋盝形，誌正方形。誌、蓋尺寸相同，邊長均51厘米。蓋文3行，滿行3字，篆書“唐故恒」山愍王」墓誌銘」”。誌文楷書12行，滿行13字。蓋四殺飾四神圖案，四側飾寶相花紋；誌四側飾壺門内十二生肖圖案。1972年禮泉縣煙霞鎮東周村出土。現存昭陵博物館。《全唐文補遺》《陝西碑石精華》《新中國出土墓誌（陝西壹）》《昭陵碑石》等著録。

釋 文

大唐故恒山愍王荊州諸軍事荊」州大都督墓誌銘」

王諱承乾，字高明」，太宗文武聖皇帝長子。貞觀十七」年十月一日薨，開元廿五年十二」月八日奉」敕官供，陪葬」昭陵栢城内京兆府醴泉縣安樂」鄉普濟里東趙村，西北去」陵一十八里。妃蘇氏，招魂合祔」。

開元廿六年歲次戊寅五月戊辰」朔廿九日景申，禮也」。

按

誌主李承乾爲唐太宗長子、廢太子，故其墓誌簡略，亦説明政治鬥爭之殘酷。兩《唐書》有傳。

278.739　張令暉夫人王仁淑墓誌

夫人太原王氏墓誌銘并序
寧遠將軍守右司禦率上柱國張令暉文
吏部常選唐萬頃書
吾室人字仁淑王子賓天之後得姓於太原門慶
家聲昭著譜錄祖訓府君衣冠之秀也父德府君
禮樂之英也室人韶姿婉順靖態繁華昔在童顏
天縱歌舞已諭鄭衛之曲兼蔡秦齊之聲皆能練
其節奏賞其音律年符二八名入宮闈綵
袖香袷頻昇桂殿清歌妙舞常踏花筵及夫
恩命許歸禮嬪吾室剛柔殆洽琴瑟方調謂偕老
之齊歡何獨淪於長夜開元廿七年六月廿六日
遘疾終於京兆府萬年縣道政里別業春秋廿有
六嗚呼哀哉泣望瓊田唯念延齡之草悲瞻玉塞
空想返魂之香天乎天乎興善何曠即以其年七
月十一日還殯於咸陽縣西北平原禮也吾以伉
儷情重具物送終死而有靈知吾誌矣其詞曰
咸京之隈佳人夜臺山河舊國松栢新栽昔年歌
舞人所羨今時埋沒人所哀吾唯哭送兮悲迴

説明

唐開元二十七年（739）七月刻。蓋盝形，誌正方形。蓋邊長48厘米，誌邊長47厘米。蓋文3行，滿行3字，篆書“大唐故」王夫人」墓誌銘」”。蓋四殺、四周及誌四側均飾忍冬紋。誌文行楷18行，滿行19字。張令暉撰文，唐萬頃書丹。1974年咸陽渭城區出土。現存咸陽市博物館。《隋唐五代墓誌滙編》《全唐文補遺》著録。

釋文

室人太原王氏墓誌銘并序」

寧遠將軍守右司禦率上柱國張令暉文」

吏部常選唐萬頃書」

吾室人字仁淑，王子賓天之後，得姓於太原。門慶」家聲，昭彰譜録。祖訓府君，衣冠之秀也。父德府君」，禮樂之英也。室人韶姿婉順，靖態繁華。昔在童顔」，天縱歌舞。巴渝鄭衛之曲，□蔡秦齊之聲，皆能練」其節奏，賞其音律。年符二八，召入宫闈。綵」袖香裾，頻昇桂殿。清歌妙舞，常踏花筵。及夫」恩命許歸，禮嬪吾室。剛柔殆洽，琴瑟方調。謂偕老」之齊歡，何獨淪於長夜。開元廿七年六月廿六日」，遘疾終於京兆府萬年縣道政里别業，春秋廿有」六。嗚呼哀哉！泣望瓊田，唯念延齡之草；悲瞻玉塞」，空想返魂之香。天乎天乎，與善何曠。即以其年七」月十一日遷殯於咸陽縣西北平原，禮也。吾以伉」儷情重，具物送終。死而有靈，知吾誌矣。其詞曰」：

咸京之隈，佳人夜臺。山河舊國，松栢新栽。昔年歌」舞人所羡，今時埋没人所哀，吾唯哭送兮悲迴」。

按

關于唐代宫廷歌舞伎者之墓誌出土極少，此誌對于瞭解唐代宫廷歌舞伎者及其相關問題有一定的價值。

279.739　空寂師墓誌

唐故空寂師墓誌

説 明

唐開元二十七年（739）八月刻。蓋盝形，誌正方形。誌、蓋尺寸相同，邊長均30厘米。蓋文3行，滿行3字，篆書“大唐故」空寂師」墓誌銘」”。誌文楷書9行，滿行11字。蓋四殺及誌四側均飾蔓草紋。咸陽市乾縣出土。現存乾陵博物館。《隋唐五代墓誌滙編》《全唐文補遺》著録。

釋 文

唐故空寂師墓誌」

師俗姓龐，名六兒，法号空寂」，右千牛將軍同本之弟六女」也。生長貴門，棲心禪寂。年十」五，自割髪，帔法服，將軍莫能」遏。年五十二，以開元六年六」月終于家。以開元廿七年八月」廿四日葬于奉天縣秦川下原」，祔先君之塋側也」。

按

誌主空寂師，其父龐同本，武則天時期的忠武將軍、守左千牛衛將軍、檢校太子右衛率、上柱國、開化縣開國男。誌主即龐同本之第六女。可謂生長貴門，卻虔心向佛，最終又終于家，並葬于祖塋。此對研究唐代女性佛教信仰及其相關問題有一定的價值。

280.741　慶山寺上方舍利塔記

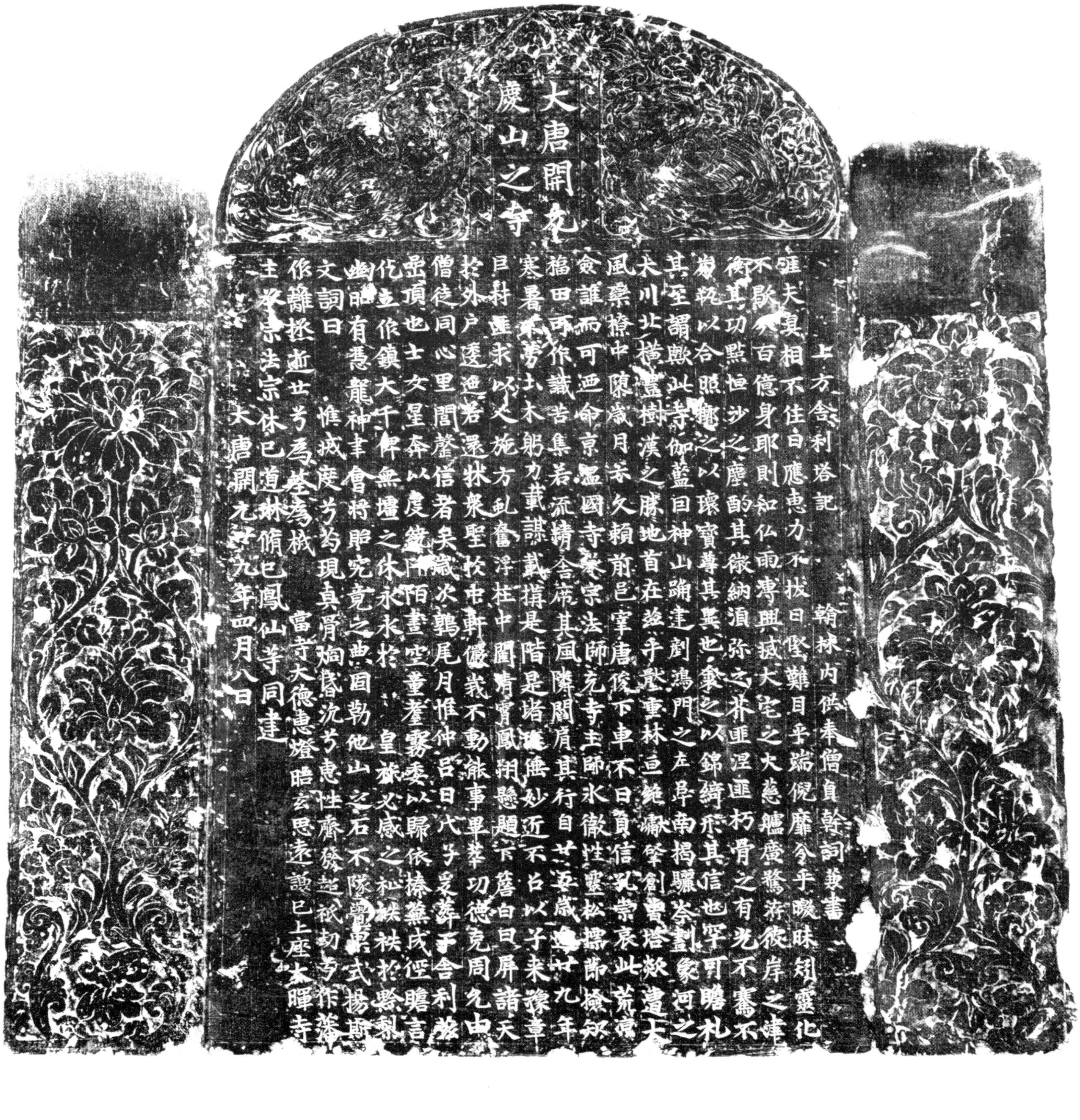

説明

唐開元二十九年（741）四月刻。碑圓首。通高83厘米，寬54厘米。額文2行，滿行4字，楷書“大唐開元」慶山之寺」”。正文楷書21行，滿行27字。僧貞幹撰文並書丹。額飾迦陵頻伽海石榴紋，碑兩側飾纏枝牡丹紋。1985年臨潼新豐鎮慶山寺塔基地宫出土。現存臨潼博物館。《全唐文補遺》《臨潼碑石》著録。

釋文

上方舍利塔記

翰林内供奉僧貞幹詞兼書」

涯夫真相不住曰應，惠力不拔曰堅。難目乎端倪，靡分乎曒昧。矧靈化」不歇，分百億身耶！則知佛雨溥興，滅大宅之火；慈艫廣鶩，洊彼岸之津」。衡其功，點恒沙之塵；酌其微，納須弥之芥。匪涅匪朽，骨之有光；不騫不」崩，瓶以合照。栫之以瓌寶，尊其異也；衾之以錦綺，形其信也。罕可瞻礼」，其至謂歟。此寺伽藍，因神山踊建。剷鴻門之左阜，南揭驪岑；劃象河之」大川，北横豐樹。漢之勝地，首在兹乎。壓重林，亘絶巘。肇創曾塔，欻遭大」風。欒橑中隳，歲月亦久。賴前邑宰唐俊，下車不日，貞信孔崇。哀此荒涼」，僉誰而可。迺命京温國寺承宗法師充寺主。師冰徹性靈，松標節檢。知」福田可作，識苦集若流。精舍席其風，鄰閭肩其行。自廿五歲迨廿九年」，寒暑不勞，土木躬力。載謀載構，是階是堵。□倕妙近，不召以子来；豫章」巨材，匪求以人施。方虬奮浮柱，中閣清霄；鳳翔懸題，下簷白日。屏諸天」於外户，透迤若還；牀衆聖於中軒，儼戕不動。能事畢萃，功德克周，允由」僧徒同心，里閭罄信者矣。歲次鶉尾月惟仲吕日戊子，爰葬于舍利兹」嵒頂也。士女星奔以虔繞，阡陌晝空；童耋霧委以歸依，榛蕪成徑。瞻言」仡立，作鎮大千。俾無疆之休，永永於皇禄；必感之祉，祑祑於黔黎」。幽昭有憑，龍神聿會。將貽究竟之典，固勒他山之石。不墜覺果，式揚斯」文。詞曰：

惟滅度兮苟現真骨，炯昏沉兮惠性齊發。超祇劫兮作藩」作籬，拯逝世兮爲筌爲栰。

當寺大德惠燈、晤玄、思遠、謙己，上座太暉寺」主承宗、法宗、休己、道琳、脩己、鳳仙等同建」

大唐開元廿九年四月八日」

按

碑文所記“邑宰唐俊，下車不日，貞信孔崇”“□倕妙近，不召以子來；豫章巨材，匪求以人施”“僧徒同心，里閭罄信”“士女星奔以虔繞，阡陌晝空；童耋霧委以歸依，榛蕪成徑”，雖有所夸大，但亦説明了唐時朝野信佛成風、虔誠之至的空前盛況，爲研究唐代佛教提供了珍貴資料。

281.742　玄元靈應頌

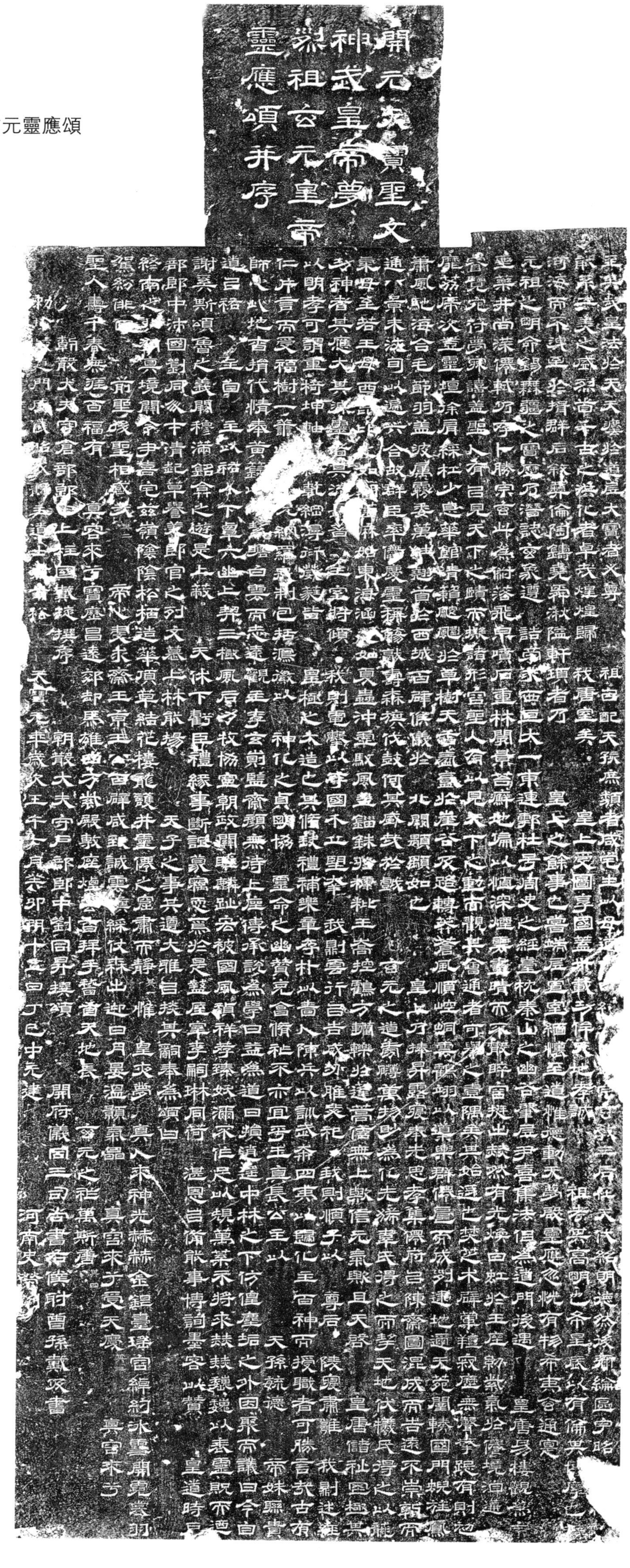
開元天寶聖文神武皇帝夢烈祖玄元皇帝靈應頌并序

説 明

唐天寶元年（742）七月刻。碑螭首龜座。通高375厘米，寬93厘米。額文4行，滿行6字，隸書“開元天寶聖文」神武皇帝夢」烈祖玄元皇帝」靈應頌并序」”。正文隸書22行，滿行62字。戴琁撰序，劉同昇撰頌，戴伋書丹。刻于《大唐宗聖觀記》碑陰。個别地方泐蝕，有損文字。現存周至樓觀臺説經臺。《石墨鐫華》《金石萃編》《樓觀臺道教碑石》《陝西碑石精華》等著録。

釋 文

至矣哉，皇法於天，天法於道。居大寶者，必尊祖以配天；孩庶類者，咸宅生以母道。故四維張國，遠[①]宗玄教，三后在天，代紹明德。然後彌綸區宇，昭格神祇。其」能系二美之盛烈，首千古之洪化者，卓哉煌煌，歸我唐室矣。皇上受圖享國蓋卅載，功侔天地，孝誠祖考。其高明也，布星辰以有倫；其博厚也，振」河海而不洩。至於揖群后，敘彝倫，陶鑄堯舜，湫隘軒頊者，乃皇上之餘事也。嘗端居宣室，緬懷至道，惟德動天，夢啓靈應，忽恍有物，希夷玄通，寔」元祖之明命，錫無疆之寶曆。乃潛誌玄象，遵詣旁求。西亘太一，東連鄠杜。号周史之經臺，枕秦山之幽谷。肇居尹喜，集法侣爲道門；後遇皇唐，易樓觀爲宗」聖。藥井尚渫，僊軾仍存。卜勝宗玄，此爲俶落。飛泉噴石，重林閟景。苔蘚地偏以恒深，煙雲晝晴而不散。睟容挺出，赫然有光。焕白虹於玉座，紉紫氣於僊境。洎遘」睿覽，宛符夢寐。譆，盖聖人有以見天下之賾而擬諸形容，聖人有以見天下之動而觀其會通者，可舉之壹隅矣。其始迓也，焚芝术，辟葷羶，寂歷無聲，擎跽有則。初」靡荔席，次登靈壇，徐肩綵杠，少息華館。清籟颼飂於草樹，天香氛氲於崖谷。及路轉莽蒼，風順崆峒，雲鶴翊以導輿，群僊扈而成列。逮地邇天苑，闉帹國門，蜺旌鳳」簫，風馳海合，毛節羽盖，波属霧委。萬姓翹首於西城，百辟候儀於北闕，顒顒如也。皇上乃捧昇露寢，奉先思孝，集僊府以陳齋，圖混成而告遠。不崇朝而」通八景，未浹旬以遍六合。故群臣率舞慶靈，稱觴獻壽，森旗伐鼓，何其盛哉。於戲！玄元之道，旁礴萬物，眇爲化先，狶韋氏得之而挈天地，伏犠氏得之以襲」氣母。至若王母西昆，比之如朝菌；麻姑東海，涵之如夏蟲。沖虚馭風，盖錙銖於糠粃；王喬控鶴，方轠轢於蓬蒿。信無上歟，信元氣歟。且天啓皇唐，儲祉罔極，其」功神者其應大，其源靈者其流長。昔王室將傾，我則電擊以存國；介丘望幸，我則雲行以告成。汾脽毖祀，我則順子以尊后；陵寢肅雝，我則述經」以明孝。可謂重椅坤軸，再紐乾綱，漫衍葳蕤，皆皇極之大造也。其修缺禮，補樂章，存朴以嗇人，陳兵以訓武，奔四夷以歸化，主百神而授職者，可勝言哉。古有」仁片言而受福，樹一善而獲應。況網羅衆制，包括鴻徽，以神化之貞明，協靈命之幽贊，克享脩祉，不亦宜乎。玉真長公主以天孫毓德，帝妹聯貴」，師心此地，杳捐代情，奉黄籙以法絜，瞻白雲而志遠。觀主李玄崱，監齋顔無待，上座傅承説，爲學日益，爲道日損，逍遥中林之下，彷徨塵垢之外。因聚而議曰：今自」道以祐主，自主以祐人。下覃六幽，上契三極。風后力牧，協宣朝政。關睢麟趾，宏被國風。禎祥荐臻，妖灊不作，足以規萬葉，示將來，赫赫巍巍，以表靈貺。而迺」謝奚斯頌魯之義，闕穆滿銘弇之遊，是上蔽天休，下虧臣禮，緣事斷誼，蒙竊恧焉。於是盩厔宰李嗣琳，同荷湛恩，以備能事，博詢墨客，以贊皇道。時户」部郎中沛國劉同升，才清起草，譽美郎官之列；文慕上林，能揚天子之事。共遵大雅，以掞其辭，奉爲頌曰」：

終南之北洞真境，闢令尹喜宅兹嶺，陰陰松柏造華頂，草結花樓龍護井，靈僊之窟肅而静。其一。惟皇夜夢真人來，神光赫赫金銀臺，瑶容綽約冰雪開，霓裳羽」駕紛徘徊，前聖後聖相感哉。其二。帝心虔求齋玉京，王公百辟咸致誠，雲旗綵仗森出迎，日月晏温顥氣晶，真容來兮受天慶。其三。真容來兮」聖人壽，千春無涯百福有。真容來兮寶歷昌，遠郊却馬雄四方。紫殿敷座煙雲香，拜手稽首天地長，玄元之祚萬斯唐。其四」。

局部

朝散大夫守倉部郎中上柱國戴琁撰序

朝散大夫守户部郎中劉同昇撰頌

開府儀同三司尚書右僕射曾孫戴伋書」

敕檢校道門威儀昭成觀主道士蕭□裕

天寶元年歲次壬午七月癸卯朔十五日丁巳中元建

河南史榮刻」

校勘記

① “故四維張國遠” 數字原石泐, 據《中華道藏》補入, 下同。

按

碑記唐玄宗夜夢真人顯靈, 詔命旁求, 易樓觀爲宗聖, 祈國泰民安之事。該碑書法仿效《曹全碑》漢隸特點, 筆法方整勁挺, 斬截爽利, 又含蓄秀逸, 柔中有剛, 爲唐隸之佳品。

282.742　韋君夫人胡氏墓誌

説 明

唐天寶元年（742）十一月刻。蓋盝形，誌正方形。蓋邊長44厘米，誌邊長40厘米。蓋文3行，滿行3字，篆書"大唐故」夫人胡」氏墓誌」"。誌文楷書24行，滿行24字。蓋四殺及誌四側均飾纏枝花紋。蓋泐蝕較爲嚴重。出土具體時、地不詳。現存陝西省考古研究院。《隋唐五代墓誌滙編》《全唐文補遺》著録。

釋 文

大唐故韋君夫人胡氏墓誌銘并序」

夫人諱□，字□，安定人也。宗其元亨，員来自遠。比夫沿祀，赫奕」弥昌。廣則漢代尚書，中庸於天下；質乃荆州刺史，清畏於人知」。家諜國經，可酌言矣。祖善，外軍校尉。父玄智，江王府隊正。並立」德□□，涅而不緇，秉誠端肅，行有餘力。風格則笙簧典誥，標準」乃黼藻朋僚。高名置仇，遠概不測。夫人禀柔植性，體順居閑。既」笄有行，歸我韋氏。從夫敬於饁野，教子賢於擇隣。織紝酬家，□」饋尊祭。然而□英遽落，蕣綵俄凋。以開元廿八年九月七日遘」疾，終於韋曲里之私第，春秋七十九。其韋氏祖羲，夏州都督府」司馬。韋氏父□，五品孫。夫人夫先以開元十三年八月十六日」終，春秋七十九。即以其年九月廿一日，葬於洪固鄉畢原矣。粤」以今天寶元年十一月十九日，以夫人陪祔於夫之舊塋，禮也」。惟夫人氣淑芳茗，質華穠李，規戒成節，名茂聿聞。中外挹其儀」，上下循其則。西巖之藥，莫效生前；東岱之遊，深悲没後。有子三」人：伯曰上騎都尉慈惠，仲曰昭武校尉、行左威衛鄜州銀方府」别將、上柱國悉達，季曰上柱國慈門等，並孝友因心，識會誠著」，荒羸欒皃，崩疚棘心。懼川谷推移，聲名歇滅，彷徨哀訴，託余誌」之。感平常兮故里，爰造次於其詞」：

茂族承華，勳庸代謝。孔明儒墨，伯始名價。幕府英靈，梁園緼藉」。問望矜莊，于□方化。其一。聿生懿淑，態必如神。婉順閑雅，諧和吉」人。閨閫立節，娣姒□馴。何其一旦，影没窮塵。其二。合祔同穴，古先」自有。容衛由儀，家設車軜。出于里閈，登彼原阜。永此埋魂，畢壤」枯朽。其三。充窮□嗣，哀訴寧止。鑿室黄壚，分塋樹梓。帝城却背」，□巖前峙。獲良田於九原，記貞石於千祀。其四」。

按

此誌出土地域不詳，據墓誌其夫"葬於洪固鄉畢原"，"夫人陪祔於夫之舊塋"，則當出土于今西安市長安區鳳棲原南里王村。

283.743　王泰墓誌

大唐故
王府君
墓誌銘

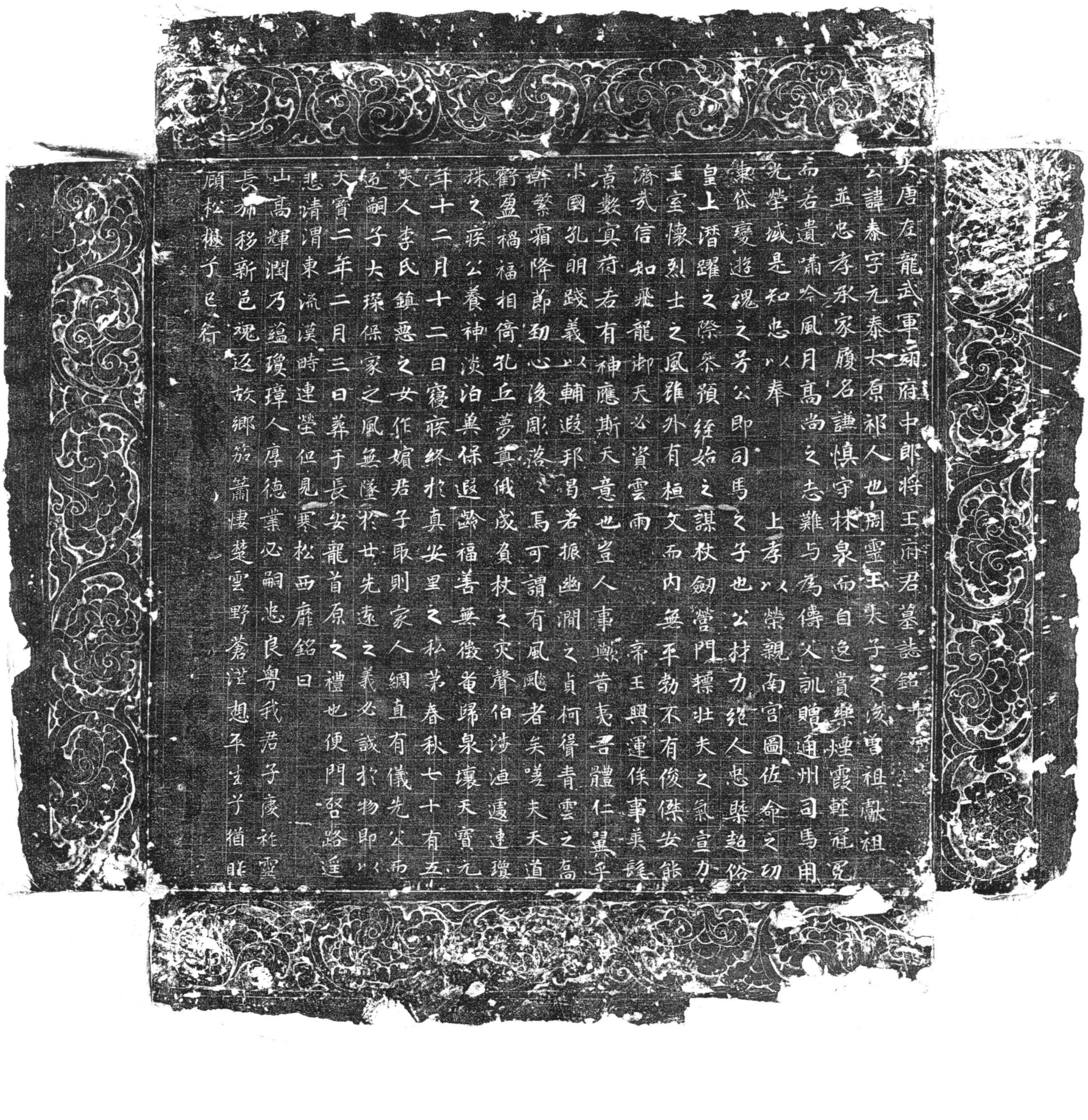
大唐左龍武軍翊府中郎將王府君墓誌銘并序
公諱泰字元泰太原祁人也周靈王太子之後曾祖獻祖
並忠孝承家履名謹慎守林泉而自逸賞樂煙霞輕冠冕
而若遺嘯吟風月高尚之志難与爲儔父訓贈通州司馬用
光塋域是知忠以奉　上孝以榮親南宮圖佐命之功
秉岱變遊魂之號公即司馬之子也公材力絶人忠槩超俗
皇上潛躍之際參預經始之謀杖劔營門標壯夫之氣宣力
王室懷烈士之風雖外有桓文而內無平勃不有俊傑安能
濟武信知飛龍御天必資雲雨帝王興運佚事英髦
景數寔符若有神應斯天意也豈人事歟昔夷吾體仁翼乎
北國孔明踐義以輔蜀邦若振幽澗之貞柯得青雲之高
幹繁霜降節勁心後彫落落焉可謂有風飈者矣嗟夫天道
欝盈禍福相倚孔丘夢奠俄成負杖之灾聲伯涉洹遽連瓊
珠之疾公養神淡泊冀保遐齡福善無徵奄歸泉壤天寶元
年十二月十二日寢疾終於真安里之私第春秋七十有五
夫人李氏鎮惡之女作嬪君子取則家人綢直有儀先公而
逝嗣子大琛保家之風無墜於廿先遠之義必誠於物即以
天寶二年二月三日葬于長安龍首原之禮也便門啓路遙
悲清渭東流漢時連塋但見寒松西靡銘曰
山高輝潤乃蘊瓊璋人厚德業必嗣忠良粤我君子慶祚靈
長移新邑魂返故鄉笳簫悽楚雲野蒼茫想平生兮猶昨
顧松楸兮已行

説明

唐天寶二年（743）二月刻。蓋盝形，誌正方形。蓋邊長52厘米，誌邊長51厘米。蓋文3行，滿行3字，篆書“大唐故」王府君」墓誌銘」”。誌文楷書22行，滿行23字。界以方格。蓋四殺及四側均飾纏枝花紋，誌四側飾忍冬紋。西安市出土，具體時、地不詳。現存西安博物院。《陝西碑石精華》著録。

釋文

大唐左龍武軍翊府中郎將王府君墓誌銘并序」

公諱泰，字元泰，太原祁人也，周靈王太子之後。曾祖獻，祖□」□，並忠孝承家，履名謙慎。守林泉而自逸，賞樂煙霞；輕冠冕」而若遺，嘯吟風月。高尚之志，難与爲儔。父訓，贈通州司馬，用」光塋域。是知忠以奉上，孝以榮親。南宮圖佐命之功」，東岱變遊魂之号。公即司馬之子也。公材力絶人，忠概超俗」。皇上潛躍之際，参預經始之謀。杖劍營門，摽壯夫之氣；宣力」王室，懷烈士之風。雖外有桓文而内無平勃，不有俊傑，安能」濟哉。信知龍飛御天，必資雲雨；帝王興運，俟事美髦」。景數冥符，若有神應。斯天意也，豈人事歟！昔夷吾體仁，翼乎」小國；孔明踐義，以輔遐邦。曷若振幽澗之貞柯，聳青雲之喬」幹。繁霜降節，勁心後彫，落落焉可謂有風飈者矣！嗟夫！天道」虧盈，禍福相倚。孔丘夢奠，俄成負杖之灾；聲伯涉洹，遽速瓊」珠之疾。公養神淡泊，冀保遐齡。福善無徵，奄歸泉壤。天寶元」年十二月十二日寢疾，終於真安里之私第，春秋七十有五」。夫人李氏，鎮惡之女。作嬪君子，取則家人。綢直有儀，先公而」逝。嗣子大琛，保家之風，無墜於世；先遠之義，必誠於物。即以」天寶二年二月三日，葬于長安龍首原之禮也。便門啓路，遥」悲清渭東流；漢時連塋，但見寒松西靡。銘曰」：

山高輝潤，乃藴瓊璋。人厚德業，必嗣忠良。粤我君子，慶祚靈」長。斾移新邑，魂返故鄉。笳簫悽楚，雲野蒼茫。想平生兮猶昨」，顧松楸兮已行」。

按

誌主王泰，《唐書》無傳。誌所載“皇上潛躍之際，參預經始之謀”之政治風暴，可與史載互證。

284.743　比丘尼堅固勝神道咒石

京萬善寺故大德比丘尼堅固勝神道呪石
佛頂尊勝陁羅尼呪
那謨薄伽跋帝啼隸路迦鉢羅底毗失瑟吒耶勃
陁耶薄伽跋帝怛姪他唵毗輸馱耶娑摩三漫多
皤婆娑破羅拏揭底伽訶那娑婆皤輸地阿毗
詵者蘇揭多伐折那阿蜜利多毗曬雞阿訶羅阿
訶羅阿喻散陁羅尼輸馱耶輸馱耶伽伽那毗輸
提烏瑟尼沙毗逝耶輸提娑訶娑羅喝羅濕弭珊
珠地帝薩婆怛他揭多地瑟吒耶頞地瑟耻帝慕
姪䫂拔折羅迦耶僧訶多耶輸提薩婆伐羅拏毗
輸提鉢羅底你伐怛耶阿瑜輸提薩末耶頞地瑟
耻帝末你末你怛闥多部多俱胝鉢利輸提社耶
社耶毗社耶毗社耶薩末羅薩末羅勃陁頞地瑟
耻多輸提拔折梨跋折羅揭鞞跋折藍婆伐都麼
麼薩婆薩埵那迦耶毗輸提薩婆揭底鉢利輸提
薩婆怛他揭多三摩濕婆娑頞地瑟耻帝勃陁勃
陁蒲馱耶蒲馱耶三漫多鉢利輸提薩婆怛他揭
多地瑟吒耶頞地瑟耻帝娑婆訶
弟子辯才摩檜衣鉢奉爲故
和尚敬崇靈塔虔勅呪文用明
遠載
天寶二年十月廿四日清勒紀

説 明

唐天寶二年（743）十月刻。青石質，横長方形。長40厘米，寬31厘米。正文楷書22行，滿行19字。釋辯才撰文。1983年高陵縣建材廠出土。現存西安市高陵區文化館。《高陵碑石》《全唐文補遺》《陝西碑石精華》著録。

釋 文

京萬善寺故大德比丘尼堅固勝神道咒石」

佛頂尊勝陁羅尼咒」

那謨薄伽跋帝，啼隸路迦鉢羅底毗失瑟咤耶勃」陁耶，薄伽跋帝，怛姪他，唵，毗輸馱耶娑摩三漫多」皤婆娑，娑破羅拏揭底伽訶那，娑婆皤輸地阿毗」詵者蘇揭多伐折那，阿蜜利多毗曬雞，阿訶羅阿」訶羅，阿喻散陁羅尼，輸馱耶輸馱耶，伽伽那毗輸」提，烏瑟尼沙毗逝邪輸提，娑訶娑羅喝羅濕弭珊」珠地帝，薩婆怛他揭多地瑟咤那頞地瑟耻帝慕」姪隸，拔折羅迦耶僧訶多那輸提，薩婆伐羅拏毗」輸提，鉢羅底你伐怛耶阿瑜輸提，薩末那頞地瑟」耻帝，末你末你，怛闥多部多俱胝鉢利輸提，社邪」社邪，毗社邪毗社邪，薩末羅薩末羅勃陁頞地瑟」耻多輸提，拔折犁跋折羅揭鞞，跋折藍婆伐都，麼」麼薩婆薩埵那迦邪毗輸提，薩婆揭底鉢利輸提」，薩婆怛他揭多三摩濕婆娑頞地瑟耻帝，勃跮勃」跮蒱馱邪蒱馱邪三漫多鉢利輸提，薩婆怛他揭」多地瑟咤那頞地瑟耻帝，娑婆訶」。

弟子辯才罄捨衣鉢，奉爲故」和尚敬崇靈塔，虔勒咒文，用明」遠載」。

天寶二年十月廿四日清勒紀」

按

呼林貴先生曾撰文指出，此神道咒石不同于塔銘，無塔主生平，有《陀羅尼經》咒文，却非經幢，極爲少見，對于佛教研究具有特殊的價值（見《碑林集刊》第六輯）。此碑書法亦頗具特色，横竪點畫撇捺勾折，剛柔相濟，舒展大方，有魏晉隸楷之遺風。

285.743　馬元瑒墓誌

説明

唐天寶二年（743）十一月刻。誌正方形。邊長46厘米。誌文楷書25行，滿行25字。安逖撰文並書丹。西安市長安縣出土，具體時、地不詳。現存西安市長安博物館。《全唐文補遺》《長安碑刻》著録。

釋文

大唐故左武衛中候馬府君墓誌銘并序

武威安逖撰并書」

公諱元瑒，字元瑒，扶風人也。昔趙將趙奢有嘉謀嘉績，錫以徽号」，爲馬服君。爰洎子孫，因而命氏。昌厥後胤，英賢間生。總戎旅而南」征，崇勳表援；校墳素於東觀，雅譽歸融。文武不墜於一門，衣冠遂」傳於百代。緊我世族，莫之與京。大王父開，隋政平府鷹揚郎將、泗」州刺史。賈余之勇，棄筆成名；分帝之憂，褰帷闡化。伊國之扞也。王」父文舉，唐右驍衛大將軍、使持節廿七州諸軍事、松州刺史、絳郡開」國公，食邑二千户。王師妙略，授鉞專征；連率雄才，苴茅懋賞。我朝之望也」。考大福，皇明威將軍、宣化府折衝都尉、赤水道子總管。樽俎運籌，戈□死」節。纂我前緒，垂裕後昆。公即都尉府君之次子也。象賢奇特，稟訓莊敬。言」必主信，蹈不違仁。率禮而澡身，居易以繕性。弱冠，資門蔭補左衛」翊衛。嘗謂雕蟲小伎，弈葉不爲；正鵠大侯，省栝期中。又應平射舉」擢第，解褐拜右衛左執戟。秩滿，遷左衛右司戈。未幾，换左武衛中」候。典歷凡三任，考績共一紀。備周廬於徼道，禦暴客於重闈。勤」勞盡匪懈之誠，夙夜竭在公之節。不失色於寮寀，無擇言於否臧」。見善而服膺拳拳，事上而執心翼翼。方將明以鑒物，利以剸犀，張」皇六軍，駢衍千騎。豈圖長策未振，短運俄侵而已哉。嗚呼！以天寶」叶洽歲夷則月乙卯日遘疾，云亡於長安城西之別舍，享年五十」有五。夫積德累行之謂道，守正俟時之謂忠。公以忠從宦而位卑」，以道脩身而壽促。天且不憖，謂之何哉。報應之徵，奚其曖昧。命矣」夫！而有斯命矣。以其載冬十一月十一日，遷窆于細柳原，禮也。嗣」子吏部常選興，純孝居喪，至隱寧感。思存盛烈，必誌幽冥。託詞菲」才，刊勒貞石。銘曰」：

白日三千兮一開，于嗟我公歸夜臺，生時榮樂已矣哉。執紼牽旒」歌薤露，寒野蕭條苦松霧，衣衣孝子何如慕」。

按

誌主馬元瑒，正史無載。誌文“昔趙將趙奢有嘉謀嘉績，錫以徽号，爲馬服君。爰洎子孫，因而命氏”，即云馬元瑒爲趙奢之後代。元瑒及其祖輩，世代爲武將，誌云“大王父開，隋政平府鷹揚郎將”，“政平府”之名不見于《新唐書》，或即絳州之“正平府”。

286.743　隆闡法師碑

説 明

唐天寶二年（743）十二月刻。首殘。龜座。碑身高167厘米，寬93厘米。正文行書34行，滿行65字。原立于長安香積寺，清代移西安府學，現存西安碑林博物館。《石墨鐫華》《金石萃編》《西安碑林全集》《長安碑刻》等著録。

釋 文

大唐實際寺故寺主懷惲奉敕贈隆闡大法師碑銘并序

懷惲及書」[①]

昔吾師因地求真，衆魔紛嬈；果到成佛，龍天捧圍。自作鎮靈山，法躬靡易。告滅雙樹，示跡倫凡。微言不傳，慧燭潛照。届夫歲邁千秋，時淹五濁，欲海騰沸，邪山紛糺。於是釋」防東逝，爰稱兆應；漢夢西通，方崇像法。或青眸接軫，競扇玄風；或白足相趨，争開佛日。至欲繼前賢之令軌，爲後進之康衢。照燭重昏，慈舟苦派，人能弘道，斯之謂歟。法師」諱懷惲，俗張姓，南陽人也，遠祖因宦播遷京兆。廿一代祖安，晉丞相，襲爵鴻臚公。高祖融，字黄門郎，遷太子庶子。祖英，唐解褐太常太祝，襲爵天平公，尋轉吴王祭酒。握蘭」奏位，清陪雅列。法師聰敏爲其性相，慈善資其風骨。母常山夫人，樂姓。降胎之月，不味羶腥；載誕之辰，情欣禁戒。暨年登丱歲，特異諸童。或焚葉爲香，或聚沙爲塔。雖飛軒」繡轂，未嘗留步；月宇香樓，怡然忘返」。高宗天皇大帝乘乾撫運，出震披圖，虚己求賢，明敭待士。總章元載，夢睹法師，倏降綸言，遠令虔辟。於是臨丹檻，迩青蒲，廣獻真誠，特蒙褒讚」。帝乃親授朱紱，令處鳳池之榮；師乃固請緇衣，願託鶖林之地。奉」敕於西明剃落，善來忽唱，惡業疑銷。既挂三衣，俄陪四衆。翹勤遷積，思五分而非遥；精苦逾深，想三祇而未遠。時有親證三昧大德善導闍梨，慈樹森疏，悲花照灼。情袪□」漏，擁藤井於蓮臺；叡化無涯，驅鐵圍於寶國。既聞盛烈，雅締師資。祈解脱規，發菩提願。一承妙旨，十有餘齡。秘偈真乘，親蒙付囑。自惟薄祐，師資早喪。想遺烈而崩心，顧餘」恩而雨面。爰思宅兆，式建墳塋，遂於鳳城南神和原崇靈塔也。其地前終峰之南鎮，後帝城之北里。哥鍾沸出，移上界於陰門；泉流激灑，北連河於陽面。仍於塔側」廣構伽藍，莫不堂殿峥嶸，遠模忉利；樓臺岌嶪，直寫祇園。神木靈草，凌歲寒而獨秀；葉暗花明，逾嚴霜而靡萃。豈直風高氣爽，聲聞進道之場；故亦臨水面山，菩薩全真之」地。又於寺院造大窣堵波塔，周迴二百步，直上一十三級。或瞻星揆務，或候日裁規。得天帝芳蹤，有龍王之秘跡。重重佛事，窮鷲嶺之分身；種種莊嚴，盡崑丘之異寶。但以」至誠多感，能事冥資；故能遠降宸衷，令賚舍利。計千餘粒，加以七珍函笥，隨此勝緣，百寶幡花，令興供養」。則天大聖皇后承九玄之眷命，躡三聖之休期，猶尚志想金園，情欣勝躅。或頻臨浄刹，傾海國之名珍；或屢訪炎涼，捨河宫之秘寶。法師誠盈而散，並入檀那。法師業行高」□，利益繁多。故得名振九重，芳盈四部。奉永昌元年敕，徵法師爲寺主。於是綱紀僧徒，規模釋族。緇門濟濟，戒德峻而弥堅；紺宇詵詵，常住豐而更實。猶是」才稱物寶，道爲時尊。知与不知，仰醍醐於句偈；識与不識，詢法乳於波瀾。法師以慈誘内懷，敷揚外積，冀傳聖旨，用酬來望。每講《觀經》《賢護》《弥陀》等經各數十遍。夫我域者」，扇激風火，嬰抱結漏。系諸生，止無常之短期；研乎事真，攀不亟之虚朕。若不乘佛願力，託質浄方，則恐淪溺長往，清昇永隔。於是言論之際，懇勸時衆，四儀之中，一心專念」阿弥陀佛。願乘此勝因，得生浄域。又以般若神咒，能令速證菩提；弥陀佛名，亦望横超惡趣。諸餘妙典，雖並積心臺，於此勝緣，頗偏遊智府。嘗誦大般若咒而盈卅万，又誦」弥陀真偈十万餘遍。理復使精真厭想，念雖微而必就；二三于行，功唐捐而靡得。豈直諸佛現前，神人捧錫而已矣。師爲諸重擔，攝尔群生。舉洪灼於耶山，掉寶航於見海」。悲夫！娑婆國中，人多弊惡。雖復珍臺寶界，因勝侣而歸心；至欲逸翥遐征，藉良緣而克進。敢憑此義，爰發誠心。於是廣勸有緣，奉爲九重萬乘四生六趣，造浄土」堂一所。莫不虬棟凌虚，虹梁架迥，丹楹絶日，青璅延風。無春而反井舒花，不暝而重簷積霧。於是神螭戾趾，遠鎮瓊階；寶鳳來儀，還陪桂户。雕甍畫拱之異，窮造化之規模」；圓璫方鏡之奇，極人天之巧妙。又於堂内造阿弥陀佛及觀音、勢至，又造織成像并餘功德，並相好奇特，顔容湛粹。山豪演妙，若照三千；海目摛華，如觀百億。或因繒命采」，有慈氏之全身；或散扎馳芳，得憂填之逸思。何獨如來自在，疑降上界之魔；故亦菩薩熙怡，似救下方之苦。夫以宅生者心，心勞則生喪；栖神者志，志擾則神亡。然菩薩以」濟物捐軀，上善以遺形徇節。法師情存拯救，式奉殷繁，汲引雖曰忘懷，形質焉能靡累。於是忽嬰風瘵，病与時侵，靈藥弗痊，胚器俄逝。豈夫八林齊白，我佛稱於寂滅；梁木」其壞，吾師等於死生。以大足元年十月廿二日神遷，春秋六十有二。臨終之際，正念無虧，顔色怡悦，似有瞻矚，北首面西，奄然而化。悲夫！烈烈歲陰，蒼蒼天色。乾兮何負，殲」我惟良；業也何孤，喪兹賢哲。豈直悲盈四部，嗟鹿苑之荒涼；抑

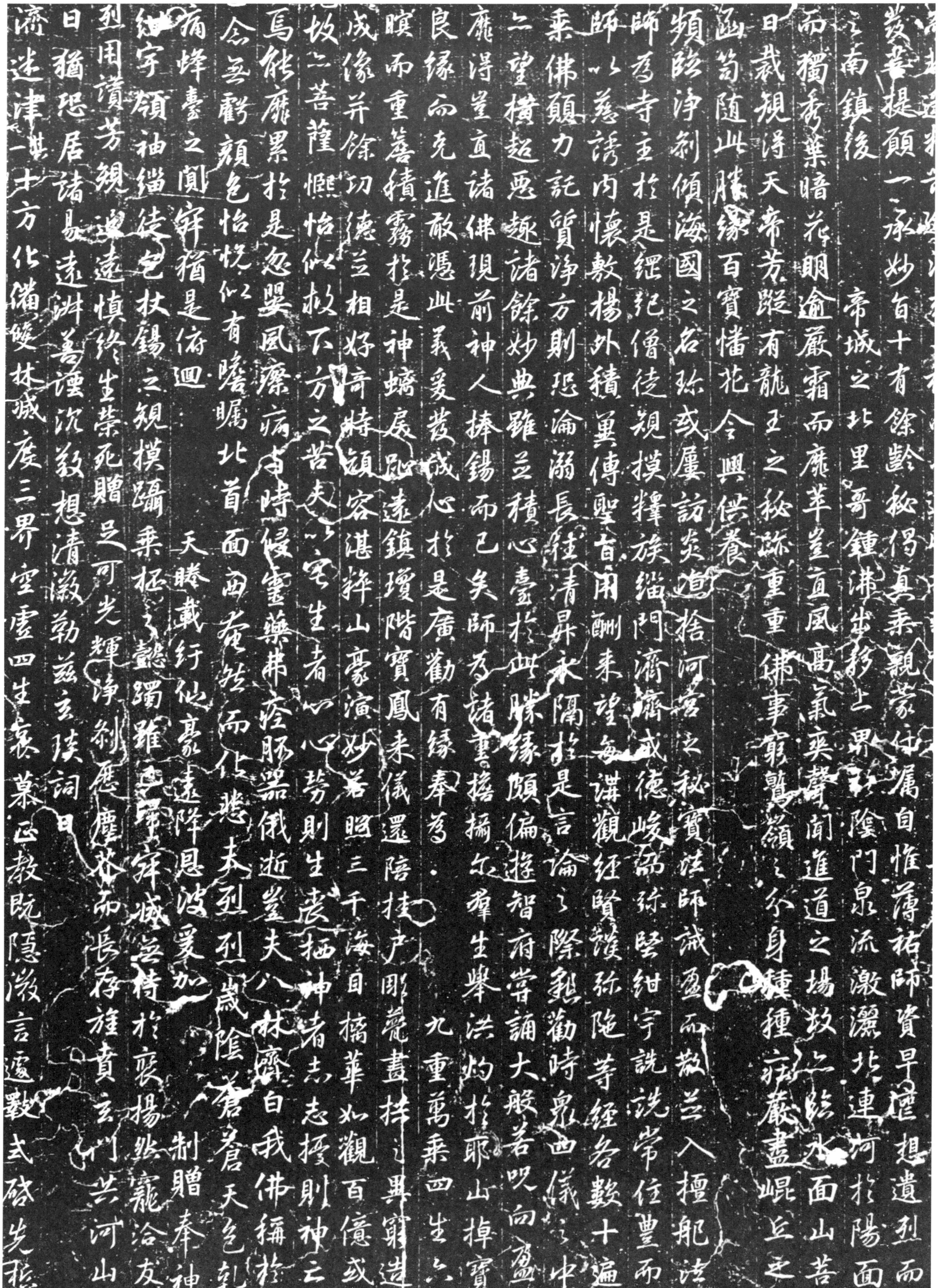

局部

亦哀悼兩宫，痛蜂臺之闃寂。猶是俯迴天眷，載紓仙豪，遠降恩波，爰加制贈。奉神龍元年」敕，實際寺主懷惲，示居三界，遠離六塵。等心境於虚空，混榮枯於物我。棟梁紺宇，領袖緇徒。包杖錫之規模，躡乘杯之懿躅。雖已歸寂滅，無待於褒揚；然寵洽友于，無忘於」縟禮。可贈隆闡大法師。主者施行。上人以至德聿修，良因累著。故得天降成烈，用讃芳規。追遠慎終，生榮死贈。足可光輝浄刹，歷塵芥而長存；旌賁玄門，共河山而永久。弟」子大温國寺主思莊等，並攀號積慮，哀慕居懷。嗟覆護而無時，仰音顔而靡日。猶恐居諸易遠，淑善湮沉，敬想清徽，勒兹玄琰。詞曰」：

娑婆種覺，賢劫能人。三祇殄妄，五分祈真。即相離相，非身是身。猶施慧柢，廣濟迷津。其一。十方化備，雙林滅度。三界空虚，四生哀慕。正教既隱，微言遽斁。式啓先哲，用資後悟」。其二。芳猷廣被，至烈弥殷。青眸演聖，白足呈真。遠導蒻芥，遐宣墨塵。玄門不絶，代有其人。其三。猗歟令德，遠嗣前英。聲高四部，譽重三明。慈周有識，智契無生。法雲葉落，道樹滋」榮。其四。豈圖宿殃，師資遽亡。乾兮何負，殲我惟良。徒嗟授几，空念傳香。非夫勝緣，孰答恩光。其五。邈矣坰野，慈顔壙側。敬發誠心，爰憑浄域。真容湛粹，樓臺巋嶷。希此善根，遠酬」明德。其六。

天寶二年歲次癸未十二月景寅朔十一日景子建」

校勘記

①懷惲及書，此四字疑爲後人添刻。碑文云懷惲“大足元年十月廿二日神遷，春秋六十有二”，大足元年即701年。而此碑末署天寶二年，即743年，其時距懷惲逝去已四十餘年矣，顯誤。

按

據碑文，此碑爲懷惲暨隆闡法師弟子思莊爲追憶其師所作。碑所載法師之俗家世系及先祖爲官播遷等，均可補史載之闕。特别是唐代香積寺的由來及崇靈塔之創建，是研究唐代佛教尤其是浄土宗的珍貴資料。此碑書法清勁流暢，飄逸俊美，深得王羲之之筆法，爲唐代行書之珍品，歷來爲書界所重。

287.744　温江石墓誌

説明

唐天寶三年(744)三月刻。蓋盝形,誌長方形。誌、蓋尺寸相同,均長71厘米、寬60厘米。蓋文3行,滿行3字,篆書"大唐故」温府君」之墓誌」"。誌文楷書32行,滿行25字。蓋四殺飾忍冬紋,誌四側飾雲紋。誌右上角及左邊略有殘缺。1999年寶雞千陽縣糧食局院内出土。現存千陽縣文化館。《新中國出土墓誌(陝西叁)》著録。

釋文

大唐故陪戎副尉温公墓誌并序」

□□江石,本太原祁人,今汧陽人也。曰若稽古,眇覿祖宗,克揚盛」□,備載史傳。公承晉大夫郄至之後,至仕于晉,受封於温,因此命」氏。承家系統,奇爲漢丞相,莊爲燕將軍,嶠乃露冕尋陽,雄則褰帷」上黨。搢紳不絶,門絫相望。其莊自燕伐曹,有功可録,銘勳鐘鼎,封」栒國侯。其嗣子何,家于太原祁縣,子孫今日猶爲郡人。公遠祖恢」,魏涼州刺史,因官河右,来處關中。故公之一宗,今居汧陽矣。曁乎」高曾之際,門緒已微,然孝乎維孝,是亦爲政也。曾祖松,恒德之固」,謙尊而光。如珪如璋,可久可大。禮樂既蔵,威儀孔昭,君子人歟,曲」士咸歎。祖亮,唐版授成州司馬。不顧名利,肥遁居貞。行標上達,載」逾中壽。名需乎庶老,頻賴乎粟帛。制命所及,榮肅是加。父」義,上騎都尉。或志懷忠勇,遠守邊陲;或能執干戈,以衛社稷。功既」溥矣,勳亦酬焉。公陪戎副尉、兵部常選,雖莅之以武,韞彼六奇;每」敦之以文,崇其四術。忽嬰微瘵,不踐周行。退而閑居,于彼汧涘。郄」林折桂,陸海披砂。吟詠情性,怡然自樂。金聲玉振,以文會友而得」時;日居月諸,歲不我與而催暮。天寶二載六月六日寢疾,終于招」賢之第,春秋六十有六。以其載六月十六日,殯于白鶴之原。夫人」南陽張氏,漢朝衡之苗裔,晉代華之子孫。風家尚存,閫訓猶著。作」配君子,宜其家人。鍾温夭夫之喪,習敬姜之哭。未及周載,俄遘厥」疾。天寶三載二月廿九日終于家,春秋六十有六。即以其載三月」六日,遷祔于汧陽之東原,禮也。嗚呼!其死也哀,匍匐而救,悲停里」社,相絶鄰舂。嗣子伯陽,次子伯良、伯玘,孫嶧等,號天叩地,泣血絶」漿。敦哀感而禮無容,雖毁瘠而喪不替。懷其遺烈,琢磨以紀。訪僕」操翰,陳其誌焉。其詞曰」:

緬稽上祖,式覿先賢。晉居仕職,温封邑田。丞相輔漢,將軍保燕。篆」素所紀,盛德昭然。其一。栒侯之子,太原攸止。州牧惟良,武威獲理。因」来隴左,卜居汧涘。時載雖深,嘉猷未已。其二。乃曾乃祖,惟謙惟貞。考」彰武用,公禀文成。毫揮露泫,詞振金聲。幽閑踈放,嘯傲怡情。其三。南」陽芳胤,公之令匹。契叶絲蘿,宜其家室。良夫先殞,賢妻後卒。並趣」夜臺,俱辭白日。其四。子孫哀慕,□□□□。□□宅兆,舉□衣衾。泉門」既闢,懸室將臨。□藏貞誌(下闕)」

維大唐天(下闕)」

按

誌主温江石,《唐書》無載。誌所載其家族世系極詳,對于研究温氏家族世系特別是山西祁縣温氏和陝西千陽縣温氏家族歷史,有極重要的資料價值。

288.745　騫晏墓誌

唐故
騫府君
墓誌銘

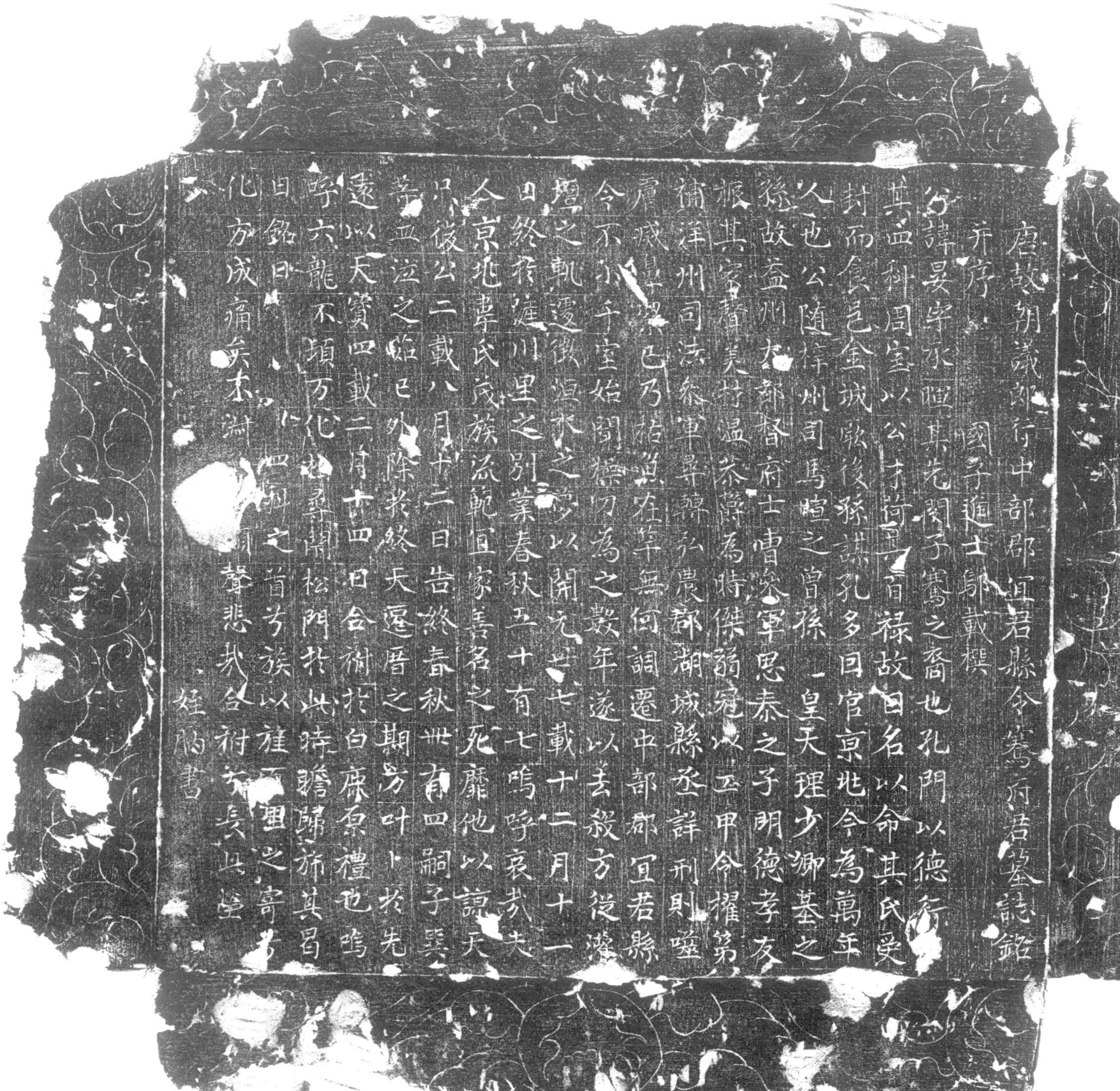
唐故朝議郎行中部郡宜君縣令騫府君墓誌銘
并序　國子進士歸載撰
公諱晏字承暉其先閔子騫之裔也孔門以德行
其品科周室以公才符宜爵祿故因名以命其氏受
封而食邑金城厥後孫謀孔多因官京兆今為萬年
人也公隋梓州司馬暄之曾孫 皇天理少卿基之
孫故益州大都督府士曹參軍思泰之子明德孝友
根其家聲奕世温恭爵為時傑弱冠以正甲令擢第
補洋州司法參軍尋轉弘農郡湖城縣丞詳刑則噬
膚滅鼻[illegible]己乃枯魚在莘無何調選中部郡宜君縣
令不小千室始聞標仞為之數年遂以去殺方從
壇之軌遷徵追未之[illegible]以開元廿七載十二月十一
日終於雍川里之別業春秋五十有七嗚呼哀哉夫
人京兆韋氏茂族流範宜家善名之死靡他以諒天
[illegible]從公二載八月十二日告終春秋卌有四嗣子巽
等互泣之茹已外除老終天遷厝之期方叶卜於先
遠以天寶四載二月十四日合祔於白鹿原禮也嗚
呼六龍不頓万化[illegible]尋閣松門於此特贈歸旆其邑
因銘曰[illegible]四[illegible]之首兮族以旌[illegible]里之壽兮
化方成痛矣未[illegible]聲悲哉合祔兮長此塋
姪[illegible]書

説明

唐天寶四年(745)二月刻。蓋盝形,誌正方形。誌、蓋尺寸相同,邊長均34厘米。蓋文3行,滿行3字,篆書"大唐故」騫府君」墓誌銘」"。誌文楷書21行,滿行20字。鄔載撰文,騫朒書丹。蓋四殺及誌四側均飾蓮花紋。出土具體時、地不詳。現存西安博物院。《隋唐五代墓誌滙編》《全唐文補遺》著録。

釋文

唐故朝議郎行中部郡宜君縣令騫府君墓誌銘」并序

國子進士鄔載撰」

公諱晏,字承暉。其先閔子騫之裔也。孔門以德行□」其四科,周室以公才荷其百禄。故因名以命其氏,受」封而食邑金城。厥後孫謀孔多,因官京兆,今爲萬年」人也。公隨梓州司馬暄之曾孫,皇大理少卿基之」孫,故益州大都督府士曹參軍思泰之子。明德孝友」,振其家聲。美材温恭,鬱爲時傑。弱冠,以工甲令擢第」,補洋州司法參軍,尋轉弘農郡湖城縣丞。詳刑則噬」膚滅鼻,潔己乃枯魚在竿。無何,調遷中部郡宜君縣」令。不小千室,始聞操刀。爲之數年,遂以去殺。方從灌」壇之軌,遽徵洹水之夢。以開元廿七載十二月十一」日終於滻川里之别業,春秋五十有七。嗚呼哀哉!夫」人京兆韋氏,茂族流範,宜家善名,之死靡他,以諒天」只。後公二載八月十二日告終,春秋卌有四。嗣子巽」等,血泣之茹,已外除於終天;遷厝之期,方叶卜於先」遠。以天寶四載二月十四日,合祔於白鹿原,禮也。嗚」呼!六龍不頓,万化相尋。閉松門於此時,瞻歸旆其曷」日。銘曰:

四科之首兮族以旌,百里之寄兮」化方成。痛矣不淑兮□□聲,悲哉合祔兮長此塋」。

姪朒書」

289.745　盧之翰妻韋氏墓誌

唐魏郡臨黄縣尉盧之翰妻京兆韋氏墓誌銘　翰撰文并書
夫人姓韋氏京兆人也曾祖餘　皇朝贈坊州刺史祖岳子
皇朝殿中監贈睢陽郡太守若　長源茂柢拖緌鏘金昭吏圖耀
邦邑門傳通德朝不乏賢周武之肖九人皆為才傑高韋氏唯八
子時稱元凱蕃衍盛於代莫能京父漸見任京兆府金城縣令量
稟英猷器弘經濟仁能馴翟政比開由夫人即宰公之長子也公
稚有一女一男幼克生知襲乎胎教長承鍾愛異於人倫秀穠李
之芳儀累蘋蘩以主饋謙和植性禮讓由衷明哲保其身温恵資
其德柔而能立寵而不驕年十五卜妻于我夫其聰朗純粹貞良
心顏色奉上孝敬之謂仁省己誠盈與物廉隅之曰義豈
雪凝辯對表裏遵于固以風雅齊規英賢叶智夫如是婦德之
宜家之道備矣　衆訓通乎墳典博藝優於絲桐經目而與
理必精歷耳而巧音無隱纖緗尺素風煙變態於毫端綵繡丹青
花　自成於意匠績姻五稔生子一人于歸始從相視靡乏方期
執手偕老結髮齊年孰謂龍劍忽飛鳳琴羅偶飄零於朝露遽
芸落於方春天寶之四載三月癸彼魏邑次于　陽遘疾彌留徵
不愈以其月廿四日終於永豐里第春秋一十有九嗚呼不幸
命也天其喪予撫膺長號銷形殞魄秀而不實往獨歎於顏回文
明悼亡今更傷於潘子以其載八月五日遷𡐨于萬年縣洪固鄉
之畢原禮也鞠幼子而奚訴慟泰山而可　銜哀申詞紀石
銘曰　茂緒誕靈高門育慶挺生良淑聰明孝敬閨禮修身執
柔成性體韻韶暢姿神月映作嬪為女德備家　樹摧芳中夏
降霜馨烈不昧幽穸何長骨肉　夫內傷終南前　畢原後
倚北啓新封是隣故里明月秋兮　變白露濕兮松風起聖賢
短兮皆復然今節清徽兮無極已

説明

唐天寶四年（745）八月刻。誌正方形。邊長59厘米。誌文楷書25行，滿行25字。盧之翰撰文並書丹。四側飾四神圖案。1992年西安市長安區韋曲鎮北原風雷儀錶廠基建工地出土。現存西安市長安博物館。《長安碑刻》《新中國出土墓誌（陝西叁）》著録。

釋文

唐魏郡臨黄縣尉盧之翰妻京兆韋氏墓誌銘并序

翰撰文并書」

夫人姓韋氏，京兆人也。曾祖餘慶，皇朝贈坊州刺史。祖岳子」，皇朝殿中監，贈睢陽郡太守。若□長源茂柢，拖紱鏘金，昭史圖，耀」邦邑，門傳通德，朝不乏賢。周武之有九人，皆爲才傑；高辛氏唯八」子，時稱元凱。蕃衍盛族，代莫能京。父漸，見任京兆府金城縣令。量」禀英猷，器弘經濟。仁能馴翟，政比閑田。夫人即宰公之長子也。公」唯有一女一男。幼克生知，襲乎胎教；長承鍾愛，異於人倫。秀桃李」之芳儀，潔蘋蘩以主饋。謙和植性，禮讓由衷。明哲保其身，温惠資」其德。柔而能立，寵而不驕。年十五，卜妻于我。夫其聰朗純粹，貞良」淑懿。因心順色，奉上孝敬之謂仁；省己誠盈，與物廉隅之曰義。豈」唯雪庭辯對，表裏遵才；固以風雅齊規，英賢叶智。夫如是，婦德之」譽彰，宜家之道備矣。況承訓通乎墳典，博藝擅於絲桐。經目而奥」理必精，歷耳而巧音無隱。縑緗尺素，風煙變態於毫端；綵繡丹青」，花蕊自成於意匠。結姻五稔，生子一人。于歸始從，相視靡足。方期」執手偕老，結髮齊年。孰謂龍劍忽孤，鳳琴罷偶，□飄零於朝露，遽」芸落於方春。天寶之四載三月，發彼魏邑，次于洛陽。遘疾弥留，徵」醫不愈。以其月廿四日終於永豐里第，春秋一十有九。嗚呼！不幸」命也，天其喪予。撫膺長號，銷形殞魄。秀而不實，往獨歎於顔回；文」則悼亡，今更傷於潘子。以其載八月五日，遷葬于萬年縣洪固鄉」之畢原，禮也。鞠幼子而奚訴，慟秦山而可崩。攙涕銜哀，申詞紀石」。銘曰：

茂緒誕靈，高門育慶。挺生良淑，聰明孝敬。閲禮修身，執」柔成性。體韻韶暢，姿神月映。作嬪爲女，德備家□。瑶樹摧芳，中夏」降霜。馨烈不昧，幽穸何長。骨肉悲絶，鰥夫内傷。終南前竦，畢原後」倚。兆啓新封，是鄰故里。明月秋兮隴草變，白露溼兮松風起。聖」賢」脩短兮皆復然，令節清徽兮無極已」。

按

誌主韋氏，夫盧之翰，子盧綸，爲中唐著名詩人。韋氏“曾祖餘慶，皇朝贈坊州刺史。祖岳子，皇朝殿中監，贈睢陽郡太守”，兩《唐書》亦有相關記載。誌云：“年十五，卜妻于我。……結姻五稔，生子一人。……天寶之四載三月，發彼魏邑，次于洛陽。……以其月廿四日終於永豐里第，春秋一十有九”，據此可推知盧綸之生年。本誌與《盧之翰玄堂誌》等新出墓誌，爲研究盧氏家族提供了第一手材料。

290.745　蘇思勗墓誌

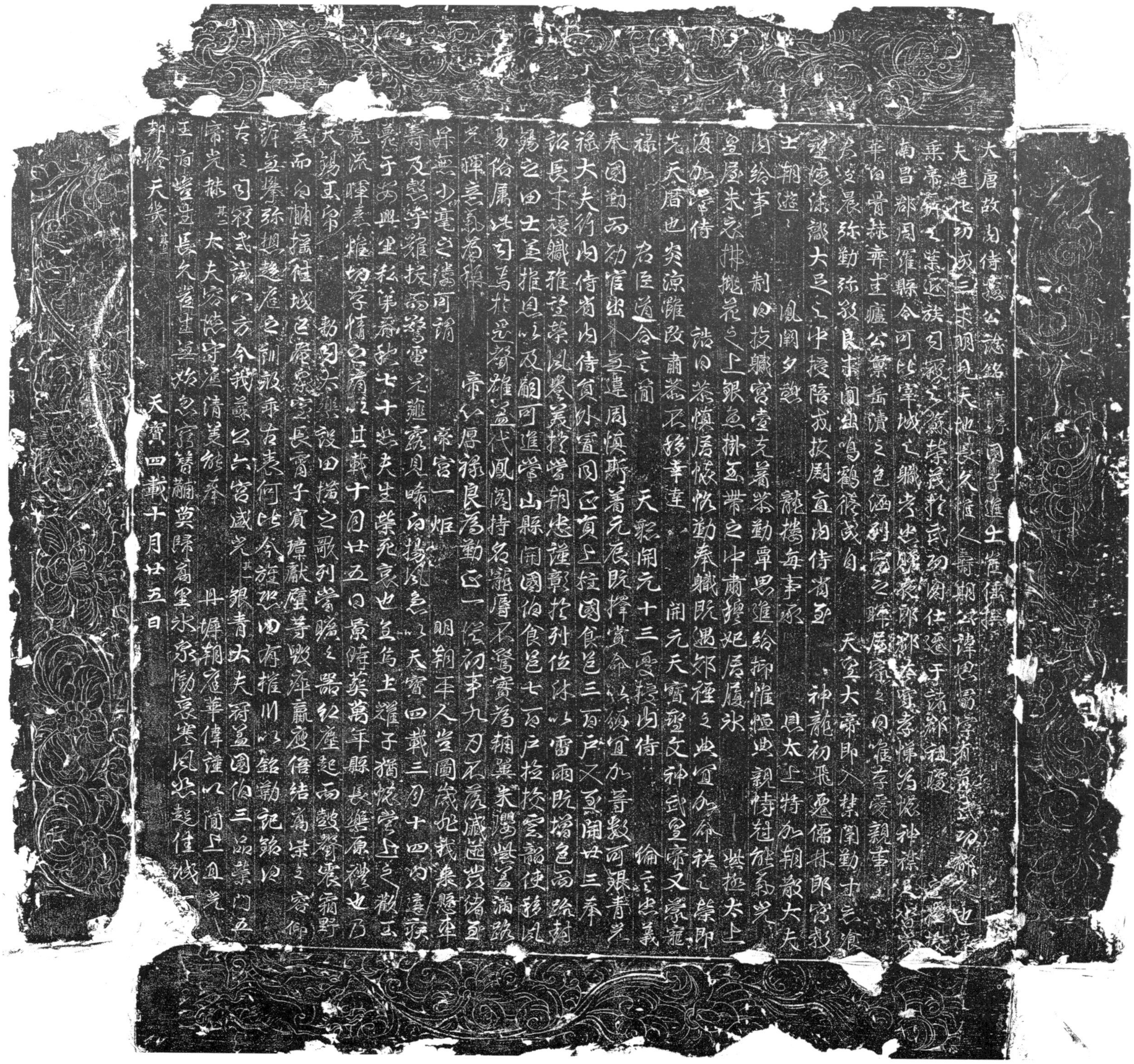

説 明

唐天寶四年（745）十月刻。誌正方形。邊長73厘米。誌文行楷30行，滿行30字。崔倕撰文。誌四側飾忍冬紋。西安市郊區出土，具體時、地不詳。現存中國社會科學院考古研究所西安研究室。《隋唐五代墓誌滙編》《全唐文補遺》《陝西碑石精華》著録。

釋 文

大唐故内侍蘇公誌銘并序

國子進士崔倕撰」

夫造化功成，三才明見，天地長久，惟人壽期。公諱思勗，字有直，武功郡人也。遠」乘帝舜之葉，近族司寇之蘇。榮茂於武功，因仕遷于諸郡。祖璩，皇檢校」南昌郡周羅縣令，可比宰城之職。考忠，贈夜郎郡太守，孝悌爲懷，神襟之沓，芳」華白骨，赫弈圭廬。公稟岳瀆之色，涵列宿之暉。居家之日，唯孝愛親；事」君之晨，弥勤弥敬。良才间出，鳴鶴修成。自天皇大帝即入禁闈，勤才忘飡」，望德深識。大足之中，授陪戎校尉，直内侍省。至神龍初，飛遷儒林郎、宫教」士。朝遊鳳闕，夕憇龍樓。每事承恩，太上特加朝散大夫」、内給事。制曰：投職宫壼，克著恭勤。覃思進給，抑惟恒典。親恃剋能，氣光」皇屋。朱衣拂桃花之上，銀魚掛玉帶之中。肅穆妃居，履冰紫極。太上」復加常侍，誥曰：恭慎居懷，恪勤奉職。既遇郊禋之典，宜加命秩之榮，即」先天曆也。炎涼雖改，肅恭不移，幸逹開元天寶聖文神武皇帝，又蒙寵」禄，君臣道合，言簡天聰。開元十三夏授内侍，倫言忠義」奉國，勤而效官，出入無違，周慎斯著。元辰既擇，賞命以頒，宜加等数，可銀青光」禄大夫、行内侍省内侍員外置同正員、上柱國，食邑三百户。又至開廿三，奉」詔：長才授職，雅望榮。風譽美於當朝，忠謹彰於列位。沐以雷雨，既增色而疏封」；錫之田土，兼推恩以及嗣。可進常山縣開國伯，食邑七百户，檢校雲韶使。移風」易俗，屬此司焉。於是聲雄蓋代，鳳閣持名。寵辱不驚，實爲輔翼。朱瓔紫蓋，滿路」光暉。意氣爲稱帝心，厚禄良爲勤正。一從初事，九刃不落。纖筐發緒至」昇，無少毫之縷，可謂帝宫一炬，明朝平人。豈圖歲非我来，懸車」籌及。慤乎難拔，而驚雹光。薤露見晞，白楊風急。以天寶四載三月十四日遘疾」，薨于安興里私第，春秋七十。悲夫！生榮死哀也。金烏土耀，子猶懷堂上之歡；玉」兔流暉，素帷切存情之痛。以其載十月廿五日景時，葬萬年縣長樂原，禮也。乃」天錫玉帛，敕司太樂。設田横之歌，列當曠之器。紅塵起而鼓聲震，霜野」素而白黼摇。佳城已奄，泉室長宵。子賓璋、獻璧等，毁瘁羸瘦，倍結高柴之容；仰」訴無攀，弥想趨庭之訓。敢乖古表，何比今旌。恐田有摧川，以銘勒記。銘曰」：

古之司寇，式誡八方。今我蘇公，六宫盛光。其一。銀青大夫，冠蓋國伯。三品榮門，五」帝光赫。其二。大夫容德，守廉清美。能奉丹墀，朝庭華偉。謹以簡上，且光」王旨。豈生長久，豈生無始。忽窮簪黼，莫歸蒿里。冰泉慟哀，寒風悲起。佳城一□」，刦終天畿。其三」。

天寶四載十月廿五日」

按

誌主蘇思勗，字有直，武功郡人，官至内侍省内侍。《唐書》無載。此誌對于研究唐代特别是中唐内侍機構設置及職能等，具有一定的價值。此誌書體行楷中帶草，在唐墓誌書體中頗具特色。

撰者崔倕，時爲國子進士，後任御史中丞，《新唐書·宰相世系表》有載。

大唐故
張公墓
誌之銘

291.745　張亮墓誌

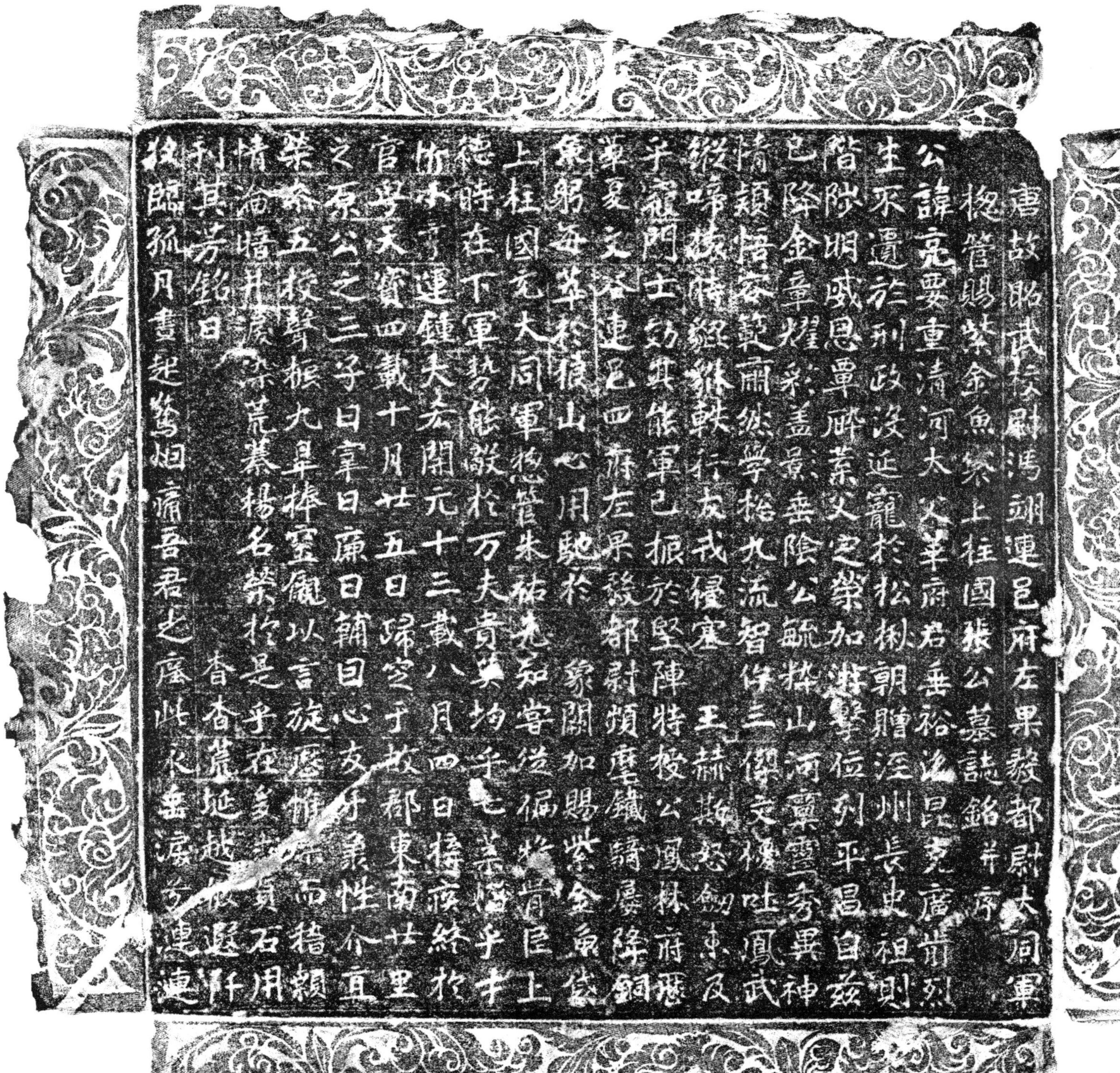

説 明

唐天寶四年（745）十月刻。誌、蓋均爲砂石質。蓋盝形，誌正方形。誌、蓋尺寸相同，邊長均52厘米。蓋文3行，滿行3字，篆書“大唐故」張公墓」誌之銘」”。誌文楷书20行，滿行20字。蓋四殺與誌四側均飾忍冬紋。20世紀90年代榆林靖邊縣紅墩界鄉圪坨河大隊出土。現存榆林市文物保護研究所。《全唐文補遺》《榆林碑石》《新中國出土墓誌（陝西叁）》著録。

釋 文

唐故昭武校尉馮翊連邑府左果毅都尉大同軍」總管賜紫金魚袋上柱國張公墓誌銘并序」

公諱亮，要重清河。太父華府君，垂裕後昆，克廣前烈」。生不匱於刑政，没延寵於松楸，朝贈涇州長史。祖則」，階陟明威，恩覃碎葉。父定，榮加游擊，位列平昌。自兹」已降，金章耀彩，盖影垂陰。公毓粹山河，稟靈秀異，神」情穎悟，容範肅然。學總九流，智侔三傑。文優吐鳳，武」縱啼猿。時貔貅軼行，犬戎侵塞。王赫斯怒，劍未及」乎寢門；士效其能，軍已振於堅陣。特授公鳳林府，歷」華夏、文谷、連邑四府左果毅都尉。頻麾鐵騎，屢降銅」魚。躬每萃於狼山，心用馳於象闕。加賜紫金魚袋」、上柱國，充大同軍總管。朱祐先知，嘗從偏將；胥臣上」德，時在下軍。勢能敵於万夫，貴莫均乎七葉。惜乎！才」忻小亨，運鍾大吝。開元十三載八月四日構疾，終於」官。粤天寶四載十月廿五日，歸窆于故郡東南廿里」之原。公之三子曰宰、曰廉、曰輔，因心友于，秉性介直」，榮参五校，聲振九臯。捧靈䡬以言旋，歷惟桑而稽顙」。情淪暗井，淚染荒蓁。揚名榮，於是乎在。爰求貞石，用」刊其芳。銘曰：

杳杳荒埏，越彼遐阡」。夜臨孤月，晝起驚烟。痛吾君之瘞此，永垂淚兮漣漣」。

按

誌主張亮，《唐書》無載。誌所載“時貔貅軼行，犬戎侵塞”之北方邊塞之風煙，以及鳳林府、華夏府、文谷、連邑府等，爲研究唐代北方邊塞與少數民族之武裝衝突及軍事建制等，提供了重要的史料。

292.745　唐睿宗賢妃王芳媚墓誌

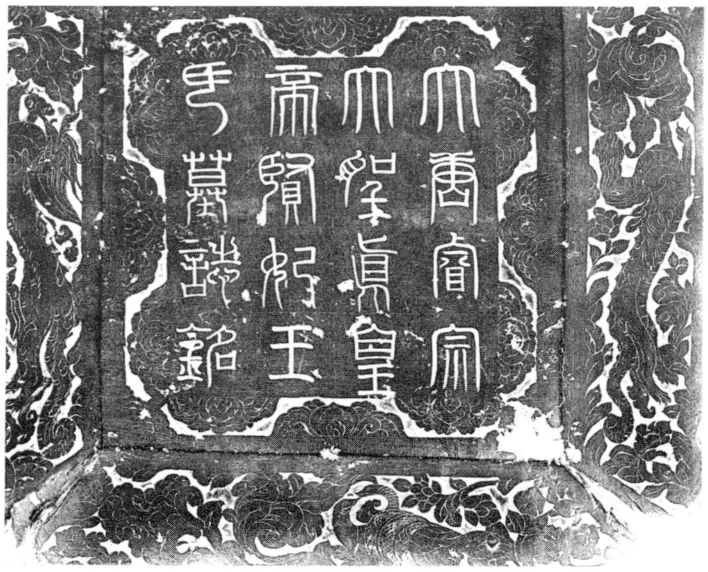
大唐睿宗
大聖真皇
帝賢妃王
氏墓誌銘

大唐睿宗大聖真皇帝賢妃王氏墓誌銘并序　諫議大夫[illegible]
賢妃諱芳媚，太原祁人也。梁司徒太尉大司馬永寧公諱僧辯之來孫，皇朝[illegible]
君諱珌之曾孫，國子司業鄭州刺史諱思泰之孫，司封郎中潤州刺史贈益州大都
督薛國公諱美暢之中女也。汾河南注，降蜃蒙於靈源；恒鎮東臨，積公侯之閒氣。人
物百代，忠貞一門，此之謂不朽。賢妃生於上善，育於中和，幼而聰明，長而仁柔。六歲
能誦詩，十二通女則，門風姆訓，中外宗焉。初，妃伯姊以才淑選爲安國相王孺[illegible]
妃，生薛王。光宅三載中，賢妃復有詔徵入。周先令德，已聞玄鳥之祥；漢闕良[illegible]
家，更承金印之寵。睿宗大聖真皇帝讓德儲闈，潛龍舊國，[illegible]
納之重，天下爲難。及妃之娉命，禮寶加等。妃絅直如鼓，塞泉其心，恭下堂之儀，動由
環珮，奉東階之訓，結在衿褵，雖虞嬪夏姚，無以尚也。唐隆元年，睿宗正位，
六月廿八日，冊爲賢妃。勞謙克己，常若不及，顧見珎飾，並却而不御，以昭示儉約焉。
開元四年，睿宗山陵事畢，薛王頻表懇請侍養，主上重違友愛，優
詔許焉。乾坤再闢，初入增城之舍；日月其除，復下中山之邸。凡而器用財幣，盡
歸王家。仍詔賜實封二百戶，以供湯沐。每苑藥珎鮮，遠近獻貢，中使遣路
相望不絕。至於朝之大禮，國之行慶，必特加寵錫，以過尊厚意焉。開元廿
二年，薛王薨，詔贈惠宣太子。賢妃晝夜號哭，感慟人神。王門之內，一以咨稟。曰
識其孫曰：夫脩身莫若孝，理家莫若敬，孝敬之道，不可不深識。勉之哉！勉之哉！故子
婦諸孫，能遵守法度，恭儉親愛，不褰不忘，朝野稱之，以爲得禮。自非入大家之室，者
華氏之堂，則罕能窺其閫奧。天寶四載秋八月，疾亟，闔門求醫，顧謂之曰：吾年過耳
順，侍終可也，何藥之爲！回攝心諦觀，歸於顛力。洎旬有八日而薨，春秋七十三。嗚呼
哀哉！皇上哀輟朝三日，申命京兆尹蕭炅監護，仍以惠宣第十五男尚舍
奉御琇主喪祭，以寵終也。至其載十二月七日，陪葬於橋陵，禮也。寔庀之典，皆
取給於縣官，存榮歿哀，近處無比。初，惠宣之生也，數歲而德妃薨，睿宗憐之，
以賢妃慈愛，又其娣也，乃命母養。於是勤身苦體，盡心鞠育，惠宣亦至性過人，敬愛
如子。始自藩國，洎乎沒齒，復孝資忠，將世餘祀，而無纖介之失，蓋亦賢妃之慈訓助
焉。妃性畏慎，進止有則，雖寒暑寢興，櫛沐盥漱，必舒惟擁蔽，待成而後出，其矜莊肅
雍如此之至。於戚其在家也，有舅覃煩辱之勞；其在國也，有眷耳憂勤之志。至
於思窈窕，進賢才，柔色以納規，和聲以逮下，貽彤管載之詳矣，故無得而稱之。銘曰：
夏二姚兮虞二嬪，邦之媛兮國之姻。降馨香兮騰紛綸，彼蒼蒼兮胡不仁。團扇
掩兮次星淪，空階菭兮虛殿塵。歲將晏兮龜告辰，橋山是兮樂池濱。寒笳愁兮
楚挽章，哀哀淑德兮悲路人。

説 明

唐天寶四年（745）十二月刻。蓋盝形，誌正方形。誌、蓋尺寸相同，邊長均73厘米。蓋文4行，滿行4字，篆書“大唐睿宗」大聖真皇」帝賢妃王」氏墓誌銘」”。誌文楷書31行，滿行32字。王燾撰文。蓋四殺飾四神圖案，四側飾蓮花紋。1974年渭南蒲城縣橋陵出土。現存蒲城縣博物館。《隋唐五代墓誌滙編》《全唐文補遺》《陝西碑石精華》著録。

釋 文

大唐睿宗大聖真皇帝賢妃王氏墓誌銘并序

諫議大夫王燾撰」

賢妃諱芳媚，太原祁人也。梁司徒、太尉、大司馬永寧公諱僧辯之来孫，皇朝徵」君諱珌之曾孫，國子司業、鄭州刺史諱思泰之孫，司封郎中、潤州刺史、贈益州大都」督薛國公諱美暢之中女也。汾河南注，降辰象於靈源；恒鎮東臨，積公侯之間氣。人」物百代，忠貞一門，此之謂不朽。賢妃生於上善，育於中和。幼而聰明，長而仁柔。六歲」能誦詩，十二通女則。門風姆訓，中外宗焉。初，妃伯姊以才淑選爲安國相王德」妃，生薛王。光宅三載中，賢妃復有詔徵入。周先令德，已聞玄鳥之祥；漢閱良」家，更承金印之寵。睿宗大聖真皇帝讓德儲闈，潛龍舊國。選」納之重，天下爲難。及妃之娉命，禮實加等。妃綢直如髪，塞泉其心。恭下堂之儀，動由」環珮；奉東階之訓，結在衿褵。雖虞嬪夏姚，無以尚也。唐隆元年，睿宗正位」，六月廿八日，册爲賢妃。勞謙克己，常若不及。顧見珍飾，並却而不御，以昭示儉約焉」。開元四年，睿宗山陵事畢，薛王頻表，懇請侍養，主上重違友愛，優」詔許焉。乾坤再闢，初入增城之舍；日月其除，復下中山之邸。凡而器用財幣，盡」歸王家。仍詔賜實封二百户，以供湯沐。每苑蘌珍鮮，遠近獻貢，中使遺賂」，相望不絶。至於朝之大禮，國之行慶，必特加寵錫，以追尊厚意焉。開元廿」二年，薛王薨，詔贈惠宣太子。賢妃晝夜號哭，感慟人神。王門之内，一以咨稟。因」誡其孫曰：夫脩身莫若孝，理家莫若敬。孝敬之道，不可不深識，勉之哉！勉之哉！故子」婦諸孫能遵守法度，恭儉親愛，不褰不忘，朝野稱之，以爲得禮。自非入大家之室，升」華氏之堂，則罕能窺其閫奥。天寶四載秋八月疾亟，闔門求醫，顧謂之曰：吾年過耳」順，待終可也，何藥之爲？因攝心諦觀，歸於願力。洎旬有八日而薨，春秋七十三。嗚呼」哀哉！皇上哀軫，輟朝三日，申命京兆尹蕭炅監護，仍以惠宣第十五男尚舍」奉御琇主喪祭，以寵終也。至其載十二月七日，陪葬於橋陵，禮也。宰庀之典，皆」取給於縣官。存榮歿哀，近戚無比。初，惠宣之生也數歲，而德妃薨，睿宗憐之」，以賢妃慈愛，又其姨也，乃命母養。於是勤身苦體，盡心鞠育。惠宣亦至性過人，敬愛」如子。始自藩國，洎乎没齒，履孝資忠，將卅餘祀，而無纖介之失，盖亦賢妃之慈訓助」焉。妃性畏慎，進止有則，雖寒暑寢興，櫛沐盥漱，必舒帷擁蔽，待成而後出，其矜莊肅」雍如此之至。於戲！其在家也，有葛覃煩辱之勞；其在國也，有卷耳憂勤之志。至」於思窈窕，進賢才，柔色以納規，和聲以逮下，則彤管載之詳矣，故無得而稱之。銘曰」：

夏二姚兮虞二嬪，邦之媛兮國之姻。降馨香兮騰紛綸，彼蒼蒼兮胡不仁。團扇」掩兮次星淪，空階苔兮虚殿塵。歲將晏兮龜告辰，橋山足兮樂池濱。寒笳愁兮」楚挽辛，哀哀淑德兮悲路人」。

按

誌主王芳媚，太原祁人。睿宗唐隆元年六月廿八日，册爲賢妃。《唐書》無傳，本誌記載賢妃祖輩名字官職甚詳，又詳述其入宫原委經過，可資證史。特别是誌所記睿宗皇帝“讓德儲闈”、“唐隆元年，睿宗正位”、“開元廿二年薛王薨，詔贈惠宣太子”等史實，均可與史載互證。

撰者王燾，時任諫議大夫，《新唐書》有載。

293.746　施寶墓誌

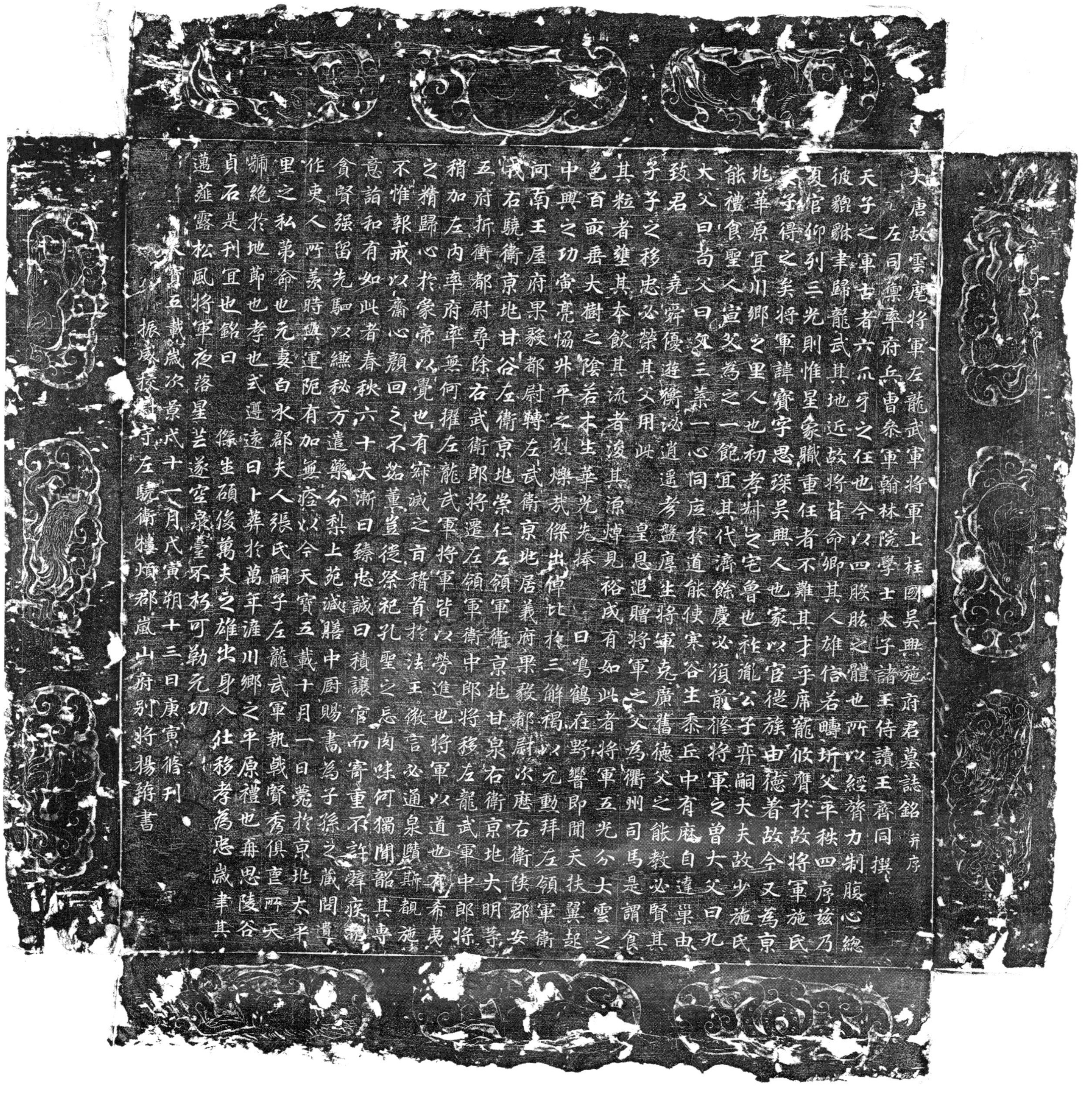

説 明

唐天寶五年（746）十一月刻。蓋盝形，誌方形。蓋長75厘米，寬73厘米；誌長73厘米，寬71厘米。蓋文6行，滿行6字，篆書“大唐故雲麾將」軍左龍武軍將」軍贈使持節都」督天水郡諸軍」事天水郡太守」施府君墓誌銘」”。誌文楷書29行，滿行29字。王齊同撰文，楊蒒書丹。蓋四殺飾四神圖案，四側飾蓮花紋；誌四側飾壼門内十二生肖圖案。西安市出土，具體時、地不詳。現存西安博物院。《全唐文補遺》《陝西碑石精華》著録。

釋 文

大唐故雲麾將軍左龍武軍將軍上柱國吴興施府君墓誌銘并序」

左司禦率府兵曹參軍翰林院學士太子諸王侍讀王齊同撰」

天子之軍，古者六，爪牙之任也。今以四，股肱之體也。所以經膂力，制腹心，總」彼貔貅，聿歸龍武。其地近，故將皆命卿；其人雄，信若疇圻父。平秩四序，兹乃」夏官；仰列三光，則惟星象。職重任者，不難其才乎。席寵攸膺，於故將軍施氏」之子得之矣。將軍諱寶，字思琛，吴興人也。家以宦徙，族由德著，故今又爲京」兆華原宜川鄉之里人也。初，孝叔之宅魯也，祚胤公子，弈嗣大夫。故少施氏」能禮食聖人，宣父爲之一飽。宜其代濟餘慶，必復前修。將軍之曾大父曰九」，大父曰荀，父曰文。三葉一心，同底於道。能使寒谷生黍，丘中有麻。自達巢由」，致君堯舜。優遊衡泌，逍遥考盤。厚生將軍，克廣舊德。父之能教，必賢其」子；子之移忠，必榮其父。用此，皇恩追贈將軍之父爲衢州司馬。是謂食」其粒者壅其本，飲其流者浚其源，焯見裕成，有如此者。將軍五光分大雲之」色，百畝垂大樹之陰。若木生華，光先捧日；鳴鶴在野，響即聞天。扶翼起」中興之功，夤亮協升平之烈。爍哉傑出，倬比於三。解褐，以元勳拜左領軍衛」河南王屋府果毅都尉，轉左武衛京兆居義府果毅都尉。次歷右衛陝郡安」戎右驍衛、京兆甘谷左衛、京兆崇仁左領軍衛、京兆甘泉右衛、京兆大明等」五府折衝都尉。尋除右武衛郎將，遷左領軍衛中郎將，移左龍武軍中郎將」。稍加左内率府率。無何，擢左龍武軍將軍。皆以勞進也。將軍以道也，有希夷」之精，歸心於象帝；以覺也，有寂滅之旨，稽首於法王。微言必通，泉賾斯睹。施」不惟報，戒以齋心。顔回之不茹葷，豈徒祭祀；孔聖之忘肉味，何獨聞韶。其專」意詣和，有如此者。春秋六十，大漸日臻，忠誠日積，讓官而寄重不許，辭疾而」貪賢强留。先馹以縑，秘方遺藥。分梨上苑，減膳中厨。賜書爲子孫之藏，問遺」作吏人所羨。時與運阨，有加無瘳。以今天寶五載十月一日薨於京兆太平」里之私第，命也。元妻白水郡夫人張氏，嗣子左龍武軍執戟賢秀，俱喪所天」，號絶於地，節也，孝也。式遵遠日，卜葬於萬年滻川鄉之平原，禮也。再思陵谷」，貞石是刊，宜也。銘曰：

傑生碩俊，萬夫之雄。出身入仕，移孝爲忠。歲聿其」邁，薤露松風。將軍夜落，星芒遂空。泉臺不朽，可勒元功」。

天寶五載歲次景戌十一月戊寅朔十三日庚寅修刊」

振威校尉守左驍衛樓煩郡嵐山府别將楊蒒書」

按

誌主施寶，《唐書》無載。誌所載其生平、事迹及行官等，均可補史載之闕。特别是誌所涉多所折衝府名，對于研究唐代軍事制度有一定的參考價值。此誌書法楷體中夾雜有行書，故剛中有柔，勁中有媚，是自成一體的楷書佳品。另，此誌出土具體地址不詳，據墓誌“卜葬於萬年滻川鄉之平原”，當出土于今西安市東十里鋪一帶。

大唐故
尹尊師
墓誌銘

294.747　尹尊師墓誌

説 明

唐天寶六年(747)六月刻。蓋盝形，誌正方形。誌、蓋尺寸相同，邊長均63厘米。蓋文3行，滿行3字，篆書“大唐故」尹尊師」墓誌銘」”。誌文隸書26行，滿行29字。蓋四刹飾四神圖案，四周飾波浪紋。邊角及上部二行泐蝕嚴重。咸陽地區出土，具體時、地不詳。現存咸陽市秦都區平陵鄉下帝王村。《咸陽碑刻》著録。

釋 文

(上闕)尹尊師墓誌銘并序」

□□□□□□□先周之世卿也，厥有成績，垂於册書。且文武二事也，□□」□□□之詩；公潔兩名也，翁歸光世表之譽。數百千載，而英達相望矣。曾□」□□德，仕隋官至餘杭郡紫溪長。絃琴于堂，人罔不化，令政也。大父諱秦客」，皇朝散大夫、昌化郡别駕。軿星在户，朱紱承家，榮名也。皇考諱守一，心有天」□，堂生虚白。不軒車而貴，無江海而閑，達人也。尊師體中和而生，資上善而」□。其於至教，匪學而知。嬉戲之中，垂髫之際，非道不動，非道不言。猶后稷爲」□，□荏菽是藝；文宣未冠，以俎豆爲業也。年甫十二，是謂一終，一星終也。會」□有開度，尊師承命，儼然執經而進。有司睹其揖讓之禮也，則曰君」□；聞其洛誦之聲也，則曰僊才。明不器之偉人者耳。遂配居昊天觀，因塞其」□，閉其門，寂然心養，徐以氣聽。乃習五和之音，吟洞章之曲，是難能也」。□□聞而嘉之，召入明庭，俾揚真奏。乃焚香稽首，泠然有作。清浮金殿，虚激」□□，聽之者若松風入懷，六塵飛盡，玉磬在耳，七竅通鬱。雖侍晨朗嘯，育馥」□□，人天則殊，其妙一也。有詔留供奉，出入庭闕，頻煩錫命。自後三」□□直之齋，金籙河圖之會，必預之矣。又以美選移景龍觀中，下明旨」□任興唐，取近宫闕也。尋授本觀威儀。無何，復遷上座，從人望也。天寶六載」□月廿九日日中，因召門弟子告之曰：夫生者，假借也，塵垢也；死者，如晝之」□夜，春秋冬夏之時行也。吾先真人，雲舉函谷，眇然在上，與玄元皇」□俱集蘂珠之宫，吾將上朝，與尔曹訣矣。遂脩然形解於興唐觀齋院，時年」□十有四。帝聞之恤然，令内品官陳崇明贈絹五十匹，以厚終也。即」□其載六月廿二日葬於京城南高陽原，示從禮也。尊師骨清道肥，鳴謙秉」□。不爲義疚，不爲利回，故不言而教行矣。至若一紀金門，三錫紫服，可」□□之以道，聿濬厥聲。屬天奪哲人，泉沉法鏡，行路隕涕，況親親者歟！孤侄」□□等，鞠然在疚，喪過乎哀，思樹不朽之事，乃銘介如之石。其詞曰」：

□□虚生，道與時行。適去則順，冥然大運。留玉舄兮挂霓衣，風有淒兮□□」□。□□者歎其形化，體幽者知其骨飛，洞寂寥兮不歸」。

按

誌主尹尊師，唐道士，興唐觀上座。“大父諱秦客，……皇考諱守一”，皆不見于正史。唐朝推崇道教，據此誌唐玄宗在尊師死後，“聞之恤然，令内品官陳崇明贈絹五十匹，以厚終也”，可見一斑。誌文提及的昊天觀、興唐觀，今皆不存。此誌用隸書書寫，渾厚有質感，大氣不媚俗，正與誌主尊師之身份相符。

295.747　臧一墓誌

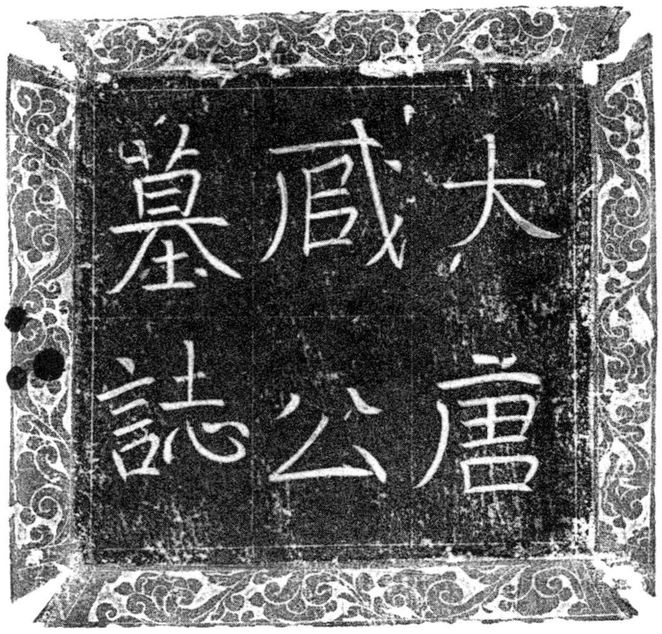
大唐
臧公
墓誌

唐故勳衛臧公墓誌銘并序

説明

唐天寶六年（747）七月刻。誌、蓋均爲砂石質。蓋盝形，誌正方形。誌、蓋尺寸相同，邊長均53厘米。蓋文3行，滿行2字，楷書“大唐｣臧公｣墓誌｣”，界以方格。誌文楷書21行，滿行20字，亦有界格。蓋四殺飾忍冬紋。誌風蝕嚴重。20世紀90年代榆林靖邊縣紅墩界鄉圪坨河大隊出土。現存榆林市文物保護研究所。《榆林碑石》《新中國出土墓誌（陝西叁）》著録。

釋文

唐故勳衛臧公墓誌銘并序｣

傳曰：夫甲子屢遷，天之常道；日月盈昃，卯酉循環。盛｣衰者，□之常期；存亡者，人淪之大分。春榮秋落，古之｣恒性。曾滿，東莞郡海邑人，隨任銀川郡刺史。唐祖故｣長上折衝君奉之孫，父唐任西河郡寧固府左果毅｣善寶之子。並三代榮名，衣冠積襲，文武之用，忠國垂｣勳。隨上因官，朔方郡人也。公諱一，五品子，字懷一。忠｣義正直，博識多聞。道德居尊，宏詞掞藻。孝友篤行，禮｣樂天成。外讚揚名，内柔温義。貞固幹事，郡縣無雙。獨｣最楷模，死而不朽。早承餘敘，步武丹墀。五十杖於家｣，退辭廊衛。不謂嗟烏曦而景促，無待百齡，策藜而長｣噓，不知老之將至。粤以天寶五載七月十五日寢疾｣不痊，終於家，春秋五十有五。服期軫悼，緦麻哀傷。行｣路莫不欽嗟，鄰舂悽而不相。禮未遷厝，權殯故里。即｣以擇用天寶六載歲次丁亥八月乙亥朔廿八日壬｣寅，窆於統萬城朔水之南廿五里原，禮也。嗣子希莫｣等，號天扣地，憒裂心髓，攀柏三周，毀不滅性。嗚呼哀｣哉！痛感行李。事父孝盡矣，死葬之禮終矣。式表德音｣，乃爲銘曰：

偃松千古，長無桂鶴之悲；文梓百｣尋，還見鴛鴦之集。蕭索丘壠，荒梁封域。樹樹秋聲｣，山山溟色。路絶平生，途車長息。一閉千秋，孤墳永植｣。

296.747　武夫人墓誌

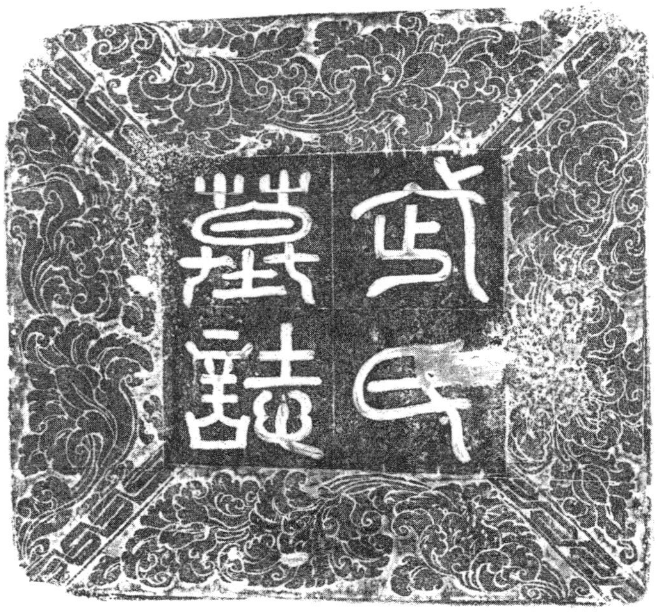
武氏墓誌

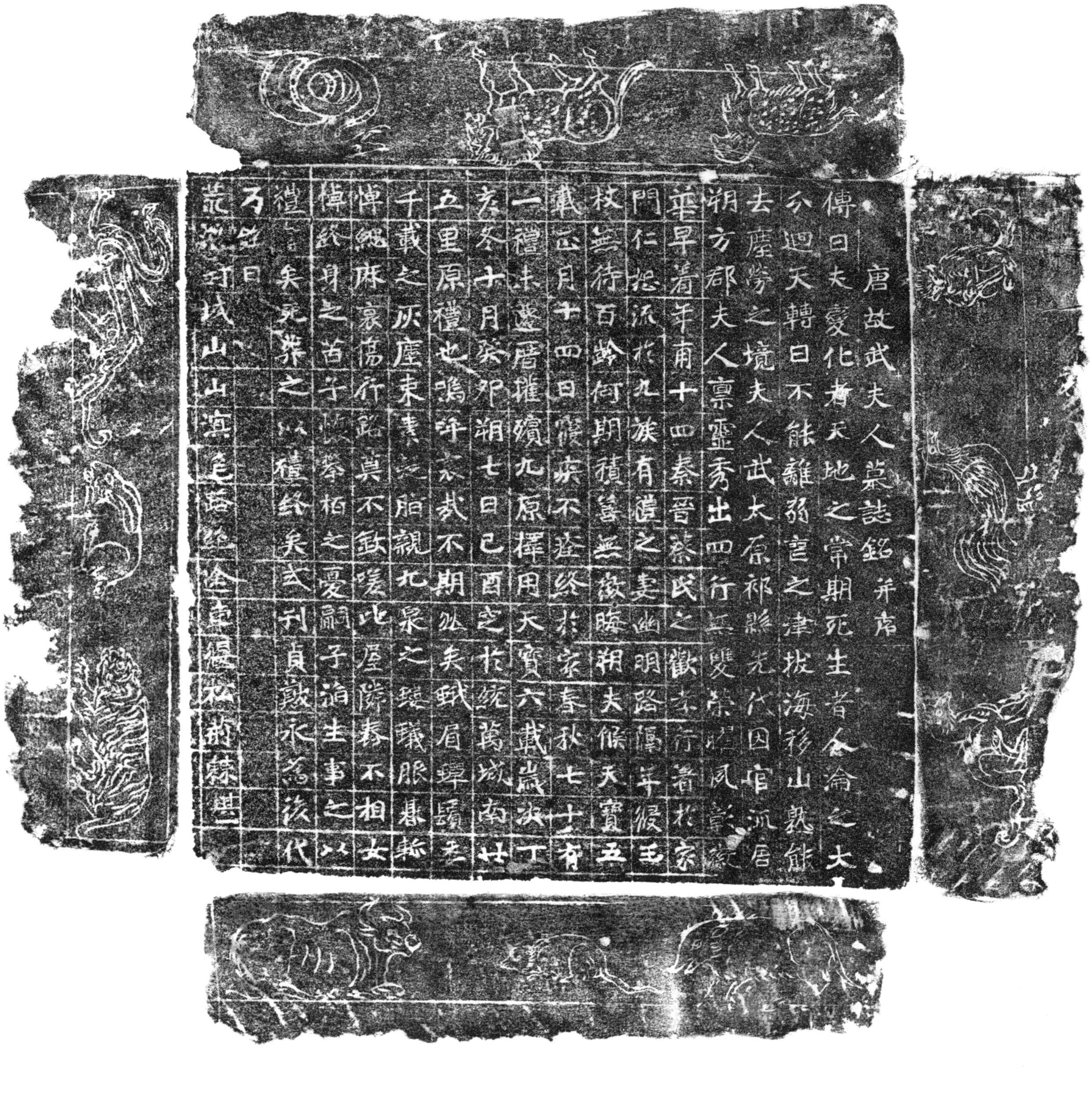
唐故武夫人墓誌銘并序
傳曰夫變化者天地之常期死生者命之大
分迴天轉日不能離弱喪之津拔海移山孰能
去塵勞之境夫人武太原祁縣先代因官流居
朔方郡夫人稟靈秀出四行兼雙榮曜鳳彰
華早着年甫十四秦晉蔡氏之歡孝行著於家
門仁惣流於九族有禮之妻幽明路隔年纔壬
杖無待百齡何期積善無徵睦祖夫係天寶五
載正月十四日寢疾不瘳終於家春秋七十有
一禮未遂曆權殯九原擇用天寶六載歲次丁
亥冬十月癸卯朔七日己酉定於統萬城南廿
五里原禮也嗚呼哀哉不期然矣戢眉嬋鬟老
千載之灰塵東素之胎親九泉之瑤瓊服慕慚
悼絕麻衰傷行路莫不欲嘆比屋鄰春不相女
傳終身之苦子攀栢之憂嗣子洎生事之以
禮葬之以禮終矣式刊貞懿永為後代
乃銘曰
荒涼封域山山濵邑落絕塗東偃松荊蘇茔

說明

唐天寶六年（747）十月刻。誌、蓋均爲砂石質。蓋盝形，誌正方形。誌、蓋尺寸相同，邊長均52厘米。蓋文2行，滿行2字，篆書“武氏」墓誌」”，有界格。誌文楷書18行，滿行18字，有界格。蓋四殺飾纏枝海石榴紋，誌四側飾十二生肖圖案。20世紀90年代靖邊縣紅墩界鄉圪坨河大隊出土。現存榆林市文物保護研究所。《全唐文補遺》《榆林碑石》《新中國出土墓誌（陝西叁）》著録。

釋文

唐故武夫人墓誌銘并序」

傳曰：夫變化者，天地之常期；死生者，人淪之大」分。迴天轉日，不能離弱喪之津；拔海移山，孰能」去塵勞之境。夫人武，太原祁縣。先代因官派居」朔方郡。夫人禀靈秀出，四行無雙，榮曜夙彰，徽」華早著。年甫十四，秦晉蔡氏之歡。孝行著於家」門，仁恕流於九族。有禮之妻，幽明路隔。年侵玉」杖，無待百齡。何期積善無徵，晦朔失候。天寶五」載正月十四日寢疾不痊，終於家，春秋七十有」一。禮未遷厝，權殯九原。擇用天寶六載歲次丁」亥冬十月癸卯朔七日己酉，窆於統萬城南廿」五里原，禮也。嗚呼哀哉！不期然矣！蛾眉蟬鬢，委」千載之灰塵；束素凝脂，親九泉之螻蟻。服期軫」悼，緦麻哀傷。行路莫不欽嗟，比屋鄰舂不相。女」悼終身之苦，子懷攀柏之憂。嗣子滔，生事之以」禮盡矣，死葬之以禮終矣。式刊貞猷，永爲後代」。乃銘曰」：

荒梁封域，山山溟色。路絶途車，偃松荊棘。其一」。

按

此誌與臧一墓誌及藥元墓誌之行文格式基本相似，且同一地點出土，其相互之間關係待考。

297.747　藥元墓誌

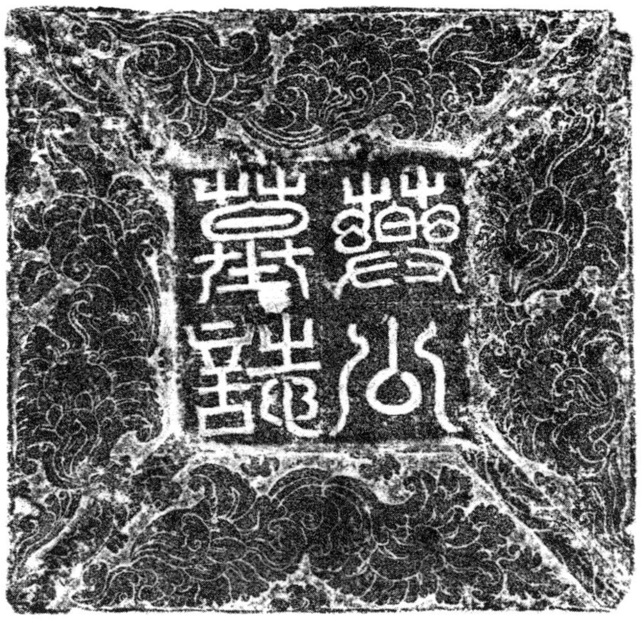
藥公
墓誌

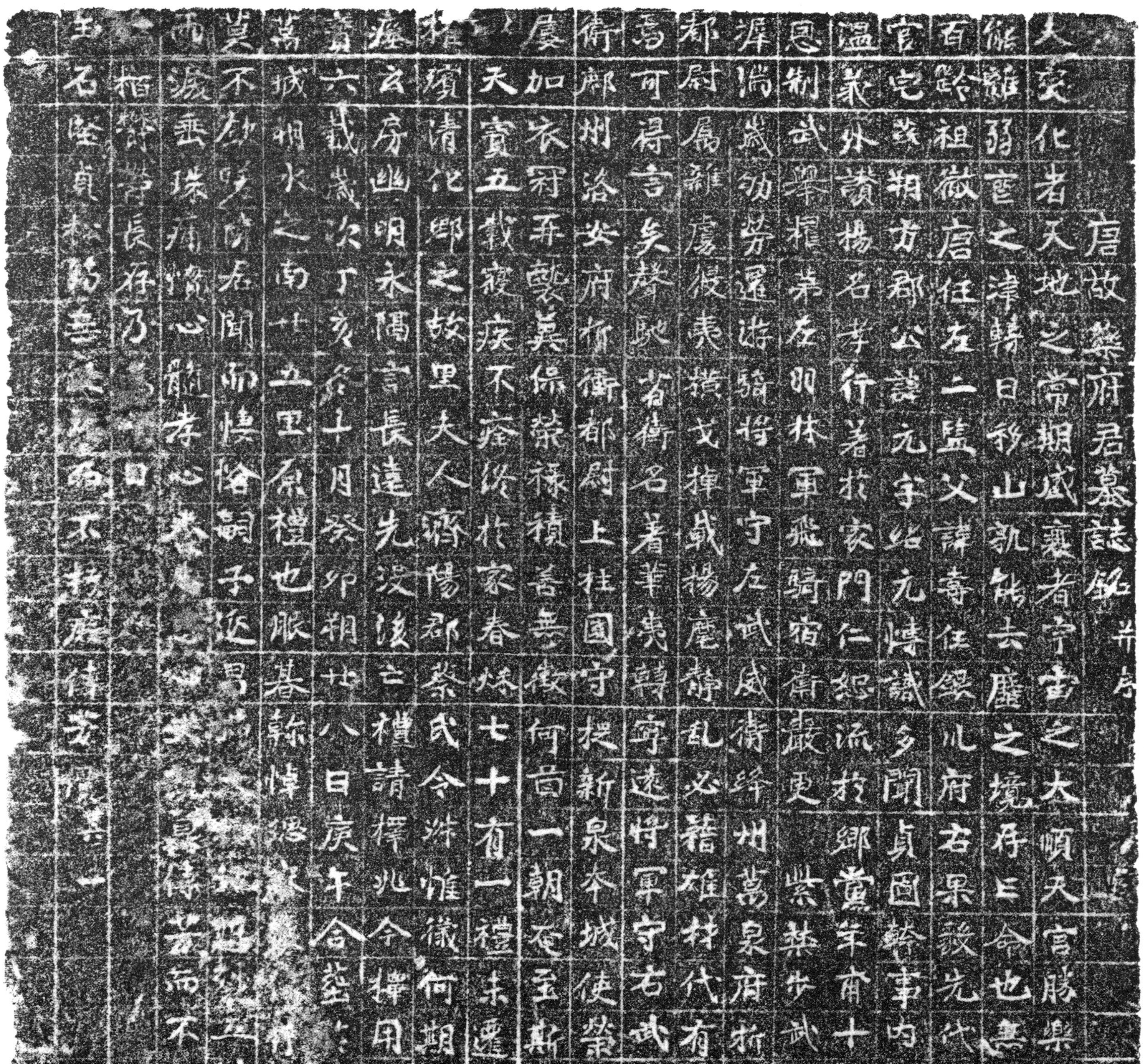

説明

唐天寶六年（747）十月葬。誌、蓋均爲砂石質。蓋盝形，誌正方形。誌、蓋尺寸相同，邊長均55厘米。蓋文2行，滿行2字，篆書“藥公」墓誌」”，有界格。誌文楷書21行，滿行22字，有界格。蓋四殺飾纏枝海石榴紋。誌左下角剥蝕較重，部分誌文漫漶不清。20世紀90年代靖邊縣紅墩界鄉圪坨河大隊出土。現存榆林市文物保護研究所。《全唐文補遺》《榆林碑石》《新中國出土墓誌（陝西叁）》著録。

釋文

唐故藥府君墓誌銘并序」

夫變化者，天地之常期；盛衰者，宇宙之大順。天宫勝樂，不」能離弱喪之津；轉日移山，孰能去塵之境。存亡命也，無待」百齡。祖徹，唐任左二監。父諱壽，任銀川府右果毅。先代因」官宅玆朔方郡。公諱元，字紹元。博識多聞，貞固幹事。内柔」温義，外讃揚名。孝行著於家門，仁恕流於鄉黨。年甫十八」，恩制武舉擢第，左羽林軍飛騎宿衛。嚴更紫禁，步武丹」墀。滿歲劬勞，遷游騎將軍，守左武威衛、絳州萬泉府折衝」都尉。屬雜虜侵夷，横戈掉戟。揚麾静乱，必藉雄材。代有人」焉，可得言矣。聲馳省衛，名著華夷。轉寧遠將軍、守右武威」衛鄜州洛安府折衝都尉、上柱國、守捉新泉本城使。榮秩」屢加，衣冠再襲。冀保榮禄，積善無徵，何圖一朝，奄至斯禍」。以天寶五載寢疾不痊，終於家，春秋七十有一。禮未遷厝」，權殯清化鄉之故里。夫人濟陽郡蔡氏，令淑惟儀，何期早」瘞玄房，幽明永隔，言長違，先没後亡。禮請擇兆。今擇用天」寶六載歲次丁亥冬十月癸卯朔廿八日庚午，合葬於統」萬城朔水之南廿五里原，禮也。服期軫悼，緦麻哀傷。行路」莫不欽嗟，鄰居聞而悽愴。嗣子延昌，號天扣地，悲裂五情」，雨淚垂珠，痛慣心髓。孝心養志，慈心安顔。冀傳芳而不朽」，松柏鬱鬱長存。乃爲頌曰」：

玉石堅貞，松筠無比。死而不朽，庶傳芳儷。其一」。

298.748　諾思計墓誌

故投降首領諾思計

説明

唐天寶七年（748）五月刻。誌正方形。邊長44厘米。誌文楷書19行，滿行21字。四側飾纏枝花紋。誌左半邊間有泐蝕，個别字有損。出土具體時、地不詳。現存西安博物院。《隋唐五代墓誌滙編》《全唐文補遺》著録。

釋文

故投降首領諾思計」

公敕賜盧性，名庭賓，望范陽郡。扶餘府大首領、游擊將」軍、守右領軍衛京兆府文學府果毅、守左武衛潞州臨」璋府左果毅同正，餘如故。跳盪功子將、游擊將軍、守右」衛蒲州陶城府折衝員外同正、寧遠將軍、守左威衛鄯」州龍文府折衝、賜紫金魚袋、守右驍衛翊府郎將員外」同正、明威將軍，餘如故。攝物管宣威將軍、守驍衛翊府」中郎員外同正、賞紫金魚袋、上柱國、壯武將軍、守左領」軍衛將軍員外同正、忠武將軍，餘如故。守右羽林軍將」軍員外同正、守右羽林軍雲麾將軍員外同正、杖内射」生供奉、上柱國、冠軍大將軍、行左羽林軍將軍，仍与一」官同隴右節度使、經略□□、上柱國。□庭賓望稱□□」，仰志南勳。唯岳之秀，自天謹身。名利絶群，挺□□」國。英名聞於海外，雄職詮於杖内。辯無望空，矢不單」煞。鳥則驚透，獸則波散。迄迄勇夫，心神□引。將作百齡」偕老，豈其一夕纏疴。積善無徵，祈禱無校。形神異滅，風」燭難留。森森景川，罕停東逝。何其永□金鼎，長瘞玉泉」。自古及今，皆歸於□。謹以銘鋕，勒鎸爲記。天寶七載五」月日，終於京兆府萬年縣平康坊之里。嗣子卅二」。

按

誌主諾思計，本“扶餘府大首領”，當是歸唐之少數民族首領。歸唐後賜姓盧，名庭賓。誌云：“扶餘府大首領、游擊將軍、守右領軍衛京兆府文學府果毅、守左武衛潞州臨璋府左果毅同正，餘如故。”“文學府”不見于《新唐書·地理志》。

299.748　萬行墓誌

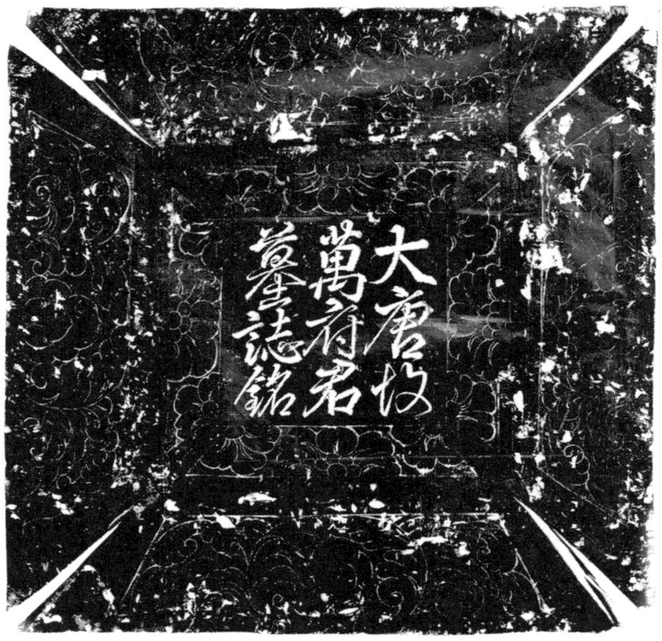
大唐故
萬府君
墓誌銘

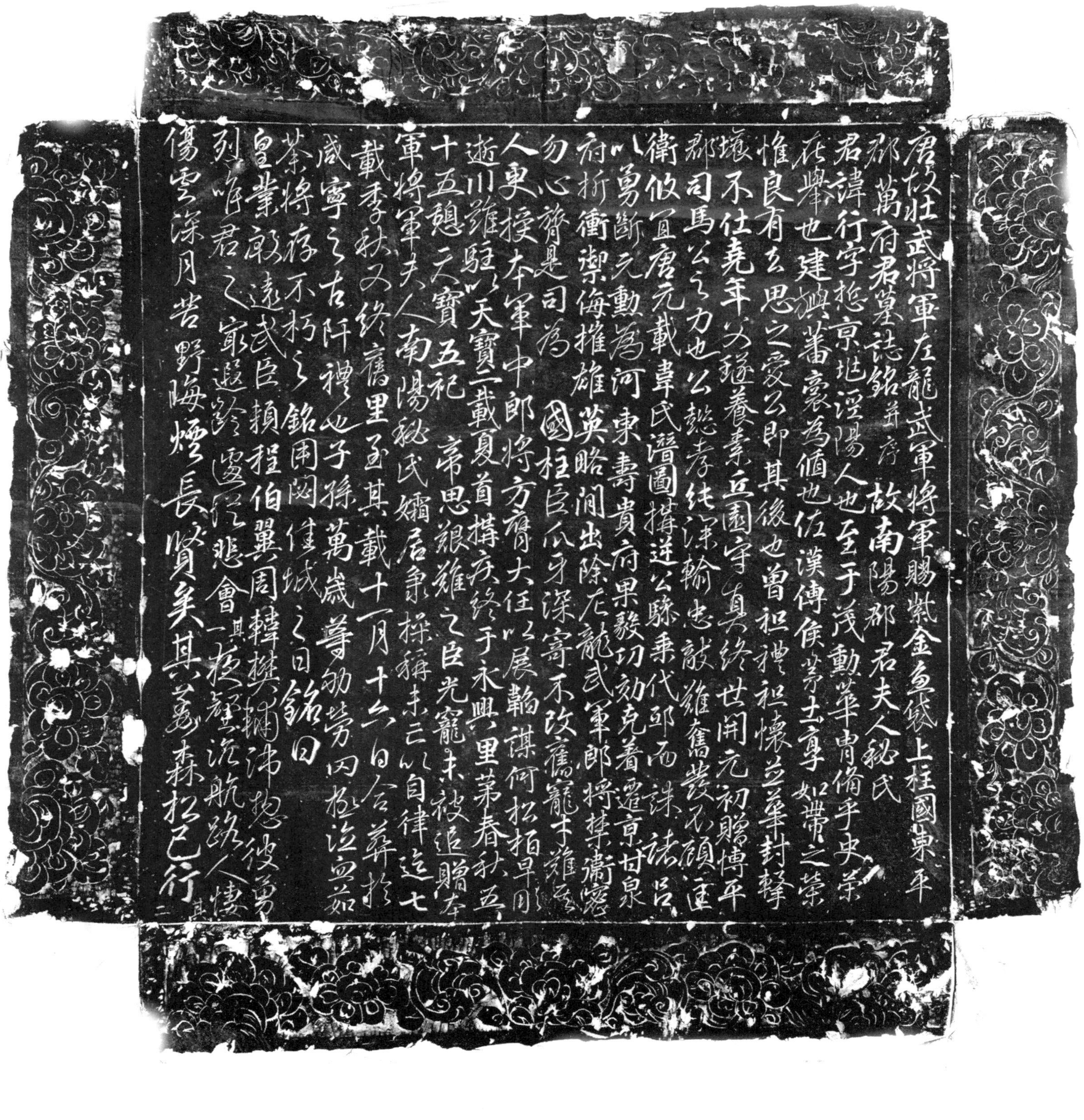

説 明

唐天寶七年（748）十一月刻。蓋盝形，誌正方形。蓋邊長60厘米，誌邊長56厘米。蓋文3行，滿行3字，行書"大唐故」萬府君」墓誌銘」"。誌文行書21行，行字不等。蓋四殺飾寶相花紋，四側飾纏枝花紋；誌四側飾寶相纏枝花紋。西安市出土，具體時、地不詳。現存中國社會科學院考古研究所西安研究室。《隋唐五代墓誌滙編》《全唐文補遺》《陝西碑石精華》著録。

釋 文

唐故壯武將軍左龍武軍將軍賜紫金魚袋上柱國東平」郡萬府君墓誌銘并序

故南陽郡君夫人秘氏」

君諱行，字悊，京兆涇陽人也。至于茂勳華胄，備乎史策」。在舉也建旟蕃裔，爲循也佐漢傅侯。茅土享如帶之榮」，惟良有玄思之愛。公即其後也。曾祖禮，祖懷，並華封擊」壤，不仕堯年。父璲，養素丘園，守真終世。開元初，贈博平」郡司馬，公之力也。公懿孝純深，輸忠敵難，奮發不顧，匡」衛攸宜。唐元載，韋氏潛圖構逆。公驂乘代邸而誅諸吕」，以勇斷元勳，爲河東壽貴府果毅。功效克著，遷京甘泉」府折衝。禦侮摧雄，英略間出。除左龍武軍郎將。禁衛密」勿，心膂是司。爲國柱臣，爪牙深寄。不改舊寵，才難其」人。更授本軍中郎將。方膺大任，以展韜謀。何松柏早彫」，逝川難駐。以天寶二載夏首構疾，終于永興里第，春秋五」十五憩。天寶五祀，帝思艱難之臣，光寵未被，追贈本」軍將軍。夫人南陽秘氏，孀居秉操，稱未亡以自律。迄七」載季秋，又終舊里。至其載十一月十六日，合葬於」咸寧之古阡，禮也。子孫萬歲等，劬勞罔極，泣血茹」荼。將存不朽之銘，用閟佳城之日。銘曰」：

皇業殷遠，武臣賴。程伯翼周，韓樊輔沛。總彼勇」烈，唯君之最。遐齡，遽從悲會。其一。夜壑沉航，路人悽」傷。雲深月苦，野晦煙長。賢矣其萋，森松已行。其二」。

按

誌主萬行，《唐書》無載。誌載其曾于"唐元載，韋氏潛圖構逆。公驂乘代邸而誅諸吕"的宫庭政變，滅韋氏家族，廢韋皇后，以功"爲河東壽貴府果毅"，可補史載之闕。該誌筆力勁健，自然流暢，爲唐代行書之佳品。

300.749　獨孤公夫人張氏墓誌

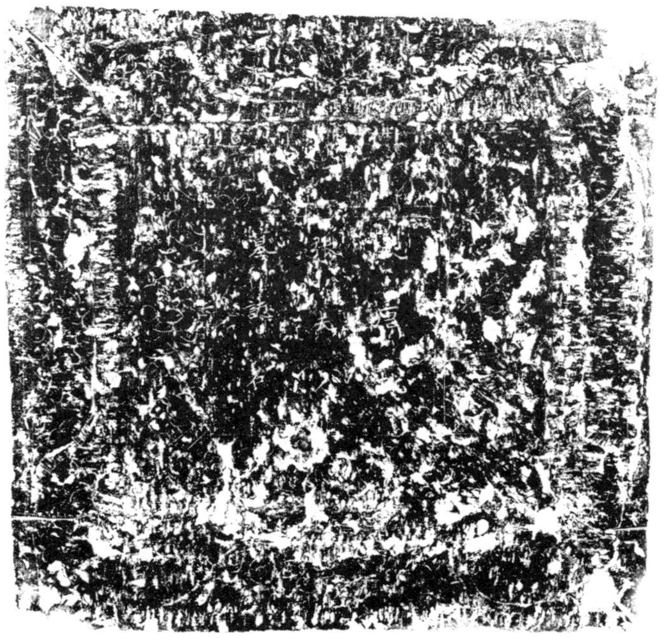

唐故左驍衛將軍兼羽林將軍獨孤公夫人清河張氏墓誌銘并序
夫人諱　字　清河人也昔軒轅立極弧矢作威三百年而累其神四族而
分其胤厥有張氏列為世家子孫衆多公侯踵武在韓則五　台鼎　漢則七
葉貂蟬自後至今廿濟其美父蘭　唐廣州南海令未紹　世　銅墨太
丘陳寔素有三台之望清河龐統非唯百里之才夫人生則　　而淵慎
婉婉之教循法度於采蘋勖寵之姿照容華於穠李笄年而歸于　左驍衛將
軍兼羽林將軍隴西獨孤府君府君諱禕之本李氏隋以后族賜姓今以
王室歸宗累世勳庸　中朝貴寵高門甲第賓客滿堂旨酒初筵琴瑟在御而
夫人克勤中饋不入外言禮以自防敬而相待嗚呼將軍早世禍發蕭牆之
釁少婦嫠居痛感栢舟之誓室家淪沒茹毒偷生孤幼抱持衛衰寄命及乎昭
雪殆不勝任有子尚稚無父何怙夫人鞠育之下曾是劬勞嬉戲之間用能
率導終從學官之舍載成慈母之家故其二子雅嗣前修能讀舊史兄弟至穆
吏職尤精長子日興春秋鼎盛而官至朝散大夫高平郡長史季子日森閏望
雲委頌椒雎陽郡穀熟縣主簿祿以致養表毛生之孝心仕而階榮知芒氏之
明訓方讓樹花作頌見壽考之喜豈爲本榮懷悲有羸老之疾而二子冠帶不
解湯藥親嘗曾靡効於脫然亦其如於命也上天不惠下壽仍欺春秋六十七
以天寶七載七月七日卒於高平郡之官舍嗚呼哀哉夫人從順執心稟柔
成性有鳲鳩之德有蘋蘩之顏女工煩辱之事躬之無斁毋氏聖善之詩取則
不遠和於姊妹以奉大家之誡接娣姒而生小功之親穆如清風誠貫白日卓立
婦道無得而踰矣茲高堂奄彼長夜孤子興等崩心泣血柴毀欒欒哀結偃師
之郊思返營丘之葬太行發引京兆開阡至八載十一月十八日歸葬于高陵
奉政原去　羽林府君之塋四里蓋以遠日非便近祔從宜新墳崔嵬若月同
照古樹蕭颼悲風自來魂氣冥無不之也丘陵遷徙有以志焉銘曰
軒轅帝系窈窕女儀作配君子琴瑟友之其一共伯早逝敬姜書哭忠勤國憂淪
喪家族其二弱子提挈將焉保藏先夫昭洗殆不勝喪其三哀以鞠育觀其嬉戲亦
既劬勞終然教義其四二子學古祿養蒸蒸訓導有成羸疾相仍其五彼蒼者天殲
我貞賢莪引太行之路歸魂京兆之阡其六合葬非古近塋而祔月照孤墳風悲
拱樹將龍泉之劍冥自得於雄雌況馬鬣之封緬相望於新故稟稟二子崩心
隨慕其七

説　明

唐天寶八年（749）十一月刻。蓋盝形，誌正方形。誌、蓋尺寸相同，邊長均64厘米。蓋文3行，滿行3字，楷書“大唐故」張夫人」墓誌名”。誌文楷書29行，滿行30字。蓋四殺飾纏枝花紋，四側飾蓮花紋。蓋泐蝕嚴重，誌右下角一小塊斷裂。1990年高陵縣崇皇鄉船張村出土。現存西安市高陵區文化館。《全唐文補遺》《新中國出土墓誌（陜西壹）》《高陵碑石》著録。

釋　文

唐故左驍衛將軍兼羽林將軍獨孤公夫人清河張氏墓誌銘并序」

夫人諱□，字□，清河人也。昔軒轅立極，弧矢作威。三百年而畏其神，十四族而」分其胤。厥有張氏，列爲世家。子孫衆多，公侯踵武。在韓則五□台鼎，居漢則七」葉貂蟬。自後至今，世濟其美。父蘭，唐廣州南海令。未縮□□，坐行銅墨。太」丘陳寔，素有三台之望；清河龐統，非唯百里之才。夫人生則惠和，長而淑慎」。婉娩之教，循法度於采蘋；窈窕之姿，照容華於穠李。笄年而歸于左驍衛將」軍兼羽林將軍隴西獨孤府君。府君諱禕之，本李氏。隋以后族賜姓，今以」王室歸宗。累世勳庸，中朝貴寵。高門甲第，賓客滿堂。旨酒初筵，琴瑟在御。而」夫人克勤中饋，不入外言。禮以自防，敬而相待。嗚呼！將軍早世，禍發蕭牆之」憂；少婦嫠居，痛感柏舟之誓。室家淪没，茹毒偷生。孤幼抱持，銜哀寄命。及乎昭」雪，殆不勝任。有子尚种，無父何怙。夫人鞠育之下，曾是劬勞；嬉戲之間，用能」率導。終徙學官之舍，載成慈母之家。故其二子雅嗣前修，能讀舊史。兄弟至穆」，吏職尤精。長子曰興，春秋鼎盛，而官至朝散大夫、高平郡長史。季子曰森，問望」雲委，頃授睢陽郡穀熟縣主簿。禄以致養，表毛生之孝心；仕而階榮，知芒氏之」明訓。方冀椒花作頌，見壽考之喜；豈圖木葉懷悲，有羸老之疾。而二子冠帶不」解，湯藥親嘗。曾靡效於脱然，亦其如於命也。上天不惠，下壽仍欺。春秋六十七」，以天寶七載七月七日卒於高平郡之官舍。嗚呼哀哉！夫人從順執心，稟柔」成性，有鳲鳩之德，有蕣華之顔。女工煩辱之事，服之無斁；母氏聖善之詩，取則」不遠。和叔妹以奉大家之誡，接娣姒而生小功之親。穆如清風，誠貫白日。卓立」婦道，無得而逾。棄玆高堂，奄彼長夜。孤子興等，崩心泣血，柴毁欒欒。哀結偃師」之郊，思返營丘之葬。太行發引，京兆開阡。至八載十一月十八日，歸葬于高陵」奉政原，去羽林府君之塋四里。蓋以遠日非便，近祔從宜。新墳嶕嶢，苦月同」照；古樹蕭颼，悲風自来。魂氣窅冥，無不之也。丘陵遷徙，有以志焉。銘曰」：

軒轅帝系，窈窕女儀。作配君子，琴瑟友之。其一。共伯早逝，敬姜晝哭。忠勤國憂，淪」喪家族。其二。弱子提挈，將焉保藏。先夫昭洗，殆不勝喪。其三。哀以鞠育，觀其嬉戲。亦」既劬勞，終然教義。其四。二子學古，禄養蒸蒸。訓導有成，羸疾相仍。其五。彼蒼者天，殲」我貞賢。發引太行之路，歸魂京兆之阡。其六。合葬非古，近塋而祔。月照孤墳，風悲」拱樹。將龍泉之劍，冥自得於雄雌；况馬鬣之封，緬相望於新故。欒欒二子，崩心」孺慕。其七」。

按

誌主清河張氏，名不載。父張蘭，唐廣州南海令。張氏爲獨孤禕之妻，獨孤禕之，《唐書》無傳，但其參與節愍太子謀反事，見于正史。誌云“將軍早世，禍發蕭牆之憂”，即暗指謀反事。誌又云“室家淪没”“及乎昭雪”“長子曰興，春秋鼎盛，而官至朝散大夫、高平郡長史”“季子曰森，問望雲委，頃授睢陽郡穀熟縣主簿”等史實，則史無載，可補其闕。又，“禕之”，《唐書》有作“禕之”者，據墓誌可知，當以“禕之”爲是。

301.750　陳禕墓誌

唐故承議郎行臨海郡寧海縣令陳府君墓誌銘并序
公諱禕字爭南潁川人有虞命氏受姓公族太丘增美不出
於也孝勳烈□不絕賢襲衣冠而德垂後裔朝散大夫安西都
護府司馬諱賞公之大父也謹身從政狀義不朋佐理多方遐□
端路宣德□行杭州中部縣尉諱禕公之烈考也□任把梓德
冠珪璋執□而紀業廣平奉公以貞幹用舉公即中部公長子
也高門華胄世能賢駟百行而有孚佩五常以知訓務□以齋
郎擢第解褐□睦州參軍事丁大夫憂處中以執玉在疾而絕漿
毀不滅身杖而後起服闋授靈州都督府參軍轉慶州都督府長
曹參軍事徵諸政理布在人謠循隙以屆於微班從事無經於天
府秩滿轉臨海郡寧海縣令公於是綰墨授字黔黎感表三能威
行百里於昭令望是稱德義之門□情達宏林荷屈子號□位嗟秉
庇旦靡常春秋大謝川中閱水流逝未亭草上栖塵輕飛不之亭
載六十一遘疾以天寶七載六月廿一日終於寧海縣之公館公
居家以孝蒞職以忠强學則筆之泉海塵身乃行有被業謂君□
之碩大期壽之靈長何昊天之不傭殲哲人之永逝夫人趙郡
李氏夫人武威□氏奉斯門之論禮閨家之道毋訓是對室人以
和不幸公之早世居日近於拘養諸幼逕乎成人以段氏夫人
以去開元廿□年十二月四日終于京平康坊私第李氏夫人以
天寶八載□月四日遘疾終于西京咸寧縣宣平坊之私舍即以
天寶九載正月六日合祔于少陵之原從周禮也嗣子僧有嚴
翼起敬趣孝感推人泣克大家贊見託謏才論譔其德銘曰
有斐君子芳如玉之明於昭婦芳如松之貞天不慭兮奪其□
閑泉戶兮絕貞石蕭蕭寒風兮悲松楸
河南府鄉貢進士魏陵文

説明

唐天寶九年（750）正月刻。誌正方形。邊長59厘米。誌文楷書25行，滿行25字。魏凌撰文。誌面有擦傷痕，個別字略有漫漶。原長安縣出土，具體時、地不詳。現存西安市長安博物館。《全唐文補遺》《長安碑刻》著録。

釋文

唐故承議郎行臨海郡寧海縣令陳府君墓誌銘并序」

公諱禕，字争，南朝潁川人也。有虞命氏，爰稱令族；太丘增美，不出」於他。考勳烈則代不絶賢，襲衣冠而德垂後裔。朝散大夫、安西都」護府司馬諱質，公之大父也。謹身從政，狀義不朋。佐理多方，謳歌」滿路。宣德郎、行坊州中部縣尉諱禕，公之烈考也。才侔杞梓，德」冠珪璋。執法而糾舉廉平，奉公以貞幹用舉。公即中部公之長子」也。高門華胄，奕世能賢。馴百行而有孚，佩五常以知訓。弱冠以齋」郎擢第，解褐任睦州參軍事。丁大夫憂，虚中以執玉，在疚而絶漿」，毁不滅身，杖而後起。服闋，授靈州都督府參軍，轉慶州都督府兵」曹參軍事。徵諸政理，布在人謠。隨牒久屈於微班，從事再經於大」府。秩滿，轉臨海郡寧海縣令。公於是綰墨授，字黔黎，政表三能，威」行百里。於昭令望，是稱德義之門；特達宏材，何屈子男之位。嗟乎」！夜旦靡常，春秋大謝。川中閲水，流逝未寧；草上栖塵，輕飛不定。享」載六十一，遘疾，以天寶七載六月廿一日終於寧海縣之公館。公」居家以孝，莅職以忠。强學則筆之泉海，塵身乃行有枝葉。謂衣冠」之碩大，期壽考之靈長。何昊天之不傭，殲哲人之永逝。夫人趙郡」李氏、夫人武威段氏，奉閫門之誨，禮閑家之道。母訓是則，室人以」和。不幸公之早亡，孀居日近矣。均養諸幼，逮乎成人。以段氏夫人」以去開元廿四年十二月四日，終于京平康坊私舍。李氏夫人以」天寶八載八月四日遘疾，終于西京咸寧縣宣平坊之私舍。即以」天寶九載正月六日，合祔于少陵之原，從周禮也。嗣子倨，有嚴□」翼，起敬起孝。咸推人望，克大家聲。見託謏才，論撰其德。銘曰」：

有斐君子兮，如玉之明。於昭哲婦兮，如松之貞。天不憖兮奪其魄」，閉泉户兮紀貞石，蕭蕭寒風兮起松柏」。

河南府鄉貢進士魏凌文」

按

誌主陳禕及其祖陳質、父陳禕，《唐書》均無記載。則誌所載其生平族系、任官爲職等，均可補史闕。該誌出土具體地點不詳，據墓誌載其葬于“少陵之原”，當出土于今西安市東南長安區杜陵鄉一帶。

302.751　焦禮墓誌

説明

唐天寶十年（751）三月刻。誌正方形。邊長43厘米。誌文行書21行，滿行22至24字不等。四側飾壼門内十二生肖圖案。誌左下角殘。具體出土時、地不詳。現存西安博物院。《隋唐五代墓誌滙編》《全唐文補遺》著録。

釋文

大唐故昭武校尉行安定郡四門府别將焦府君墓誌銘」

府君諱禮，本廣平郡人也，元夫后稷之苗裔焉。祖曇，隋□□」大夫、行縉雲郡别駕。父金，皇壯武將軍、左領軍衛中郎將」。府君即公之第三子也。幼而聰敏，長而嚴明。負天縱之才，懷不□」之氣。文武之道不墜，箕裘之業無遺。遂藴以鈐謀，陳乎廟略」。輕一夫之勇，宗萬勝之方。府君有其才而無其遇，載五十」□授安定郡四門府别將。雖才高宦卑，嘗無歎恨。君子以」□君爲知命達道者矣。以開元十五載寢疾，終于長安」之私第也，春秋六十。夫人譙郡曹氏，族傳軒盖，家茂清猷」，志尚謙柔，躬工雅素。自府君之喪，霜操弥潔，嚴撫孤」幼，訓以詩書，三徙求賢，六經潤德。府君二子：長曰庭暉」，性好真宗，不趨名宦；次男英秀，早善銀鈎，爲隸篆之宗模，作」翰林之綵飾。開元廿八載，擢拜清化郡參軍事，即夫人徙子之道」遂矣。嗚呼！積善之家，何殃遄及。夫人以天寶九載春初遘疾」，藥物無徵，至秋七月十二日，終于長安之私第也。孤子庭暉、英」秀，泣血終日，絶漿累辰。擗地無容，號天靡訴。以天寶十載」歲次辛卯三月甲申朔一日甲申，遂遷厝葬于京兆長安」縣龍首之原也。恐歲月推移，山河變易，用刊豐石，以爲銘」焉。其詞曰：

有天地兮有剛柔，旋冬夏兮与春」秋。殗朱顔兮□後，終此會兮衾幬。其一。河如帶兮海作田，日往」月來兮悲逝川。知人世兮將變，冀豐石兮斯全。其二」。

按

唐人對于碑版墓誌從書丹到摹勒、從校對到鐫刻都非常重視，碑文所載“次男英秀，早善銀鈎，爲隸篆之宗模，作翰林之綵飾。開元廿八載，擢拜清化郡參軍事，即夫人徙子之道遂矣”，是唐代重視書法、不拘一格、超階任官的佐證。

303.751　臧懷亮合葬墓誌

説　明

唐天寶十年（751）四月刻。蓋盝形，誌正方形。誌、蓋尺寸相同，邊長均78厘米。蓋文3行，滿行3字，篆書“大唐故」臧府君」墓誌銘」”。誌文楷書37行，滿行37字。顔真卿撰文。蓋四殺飾四神及卷雲紋，四側飾蓮花紋；誌四側飾忍冬紋。1985年三原縣陵前鄉三合村出土。現存三原縣博物館。《隋唐五代墓誌滙編》《新中國出土墓誌（陝西壹）》著録。

釋　文

大唐故冠軍將軍左羽林軍大將軍東莞郡開國公上柱國臧府君墓誌銘并序」

朝議郎行侍御史顔真卿撰」

君諱懷亮，字懷亮，東海東莞人。其先寓居朔方，今遂爲之人也。僉謂大賢之後，有必復其始焉。所」以二仲僖哀之胄，蔑彰厥紹者，意以總休鍾慶，而生君之王祖父，隨驃騎大將軍寵焉。弈誕君之」王父，銀川郡太守善德焉。惟祖惟父，沿英派懿，而生君於聖朝焉。君即銀川府君之少子也。君」神与弘器，骨植挺材。居种而人殊其姿，逮立而衆邈其度。擅雄沙漠，騰聲朔維。顧獯醜蚊飛，怒驕」猾鼠竄。叛乃皇貸，蠹乎邊虞。君乃深其鈎以圖艱，鋭其武以禦敵，遂慣習弦矢，厲逾蹶張，控六」鈞而當選，徹七札而標特，遂授始官焉。由是而四爲軍使，三入將軍，再統都護之雄，六綰總管之」寄，五權併督之重，一昇分閫之崇，莫不智与事周，力隨用盡。執金循徼，警肅八屯；授鉞廟堂，籌算」九術。委鎮險右，伏謀陷蕃。夷寇而勒成，肆庸以效職。畫軍計而卒乘肥具，圖方略而考度否臧。書」勳青史，致美洪緒。是知天子非私君而屢託以重恤，然荷此休衮而不得不私也。卒領冠軍」大將軍、左羽林軍大將軍、東莞郡開國公、上柱國。既而充國已老，衛青休家，以竭智傷神，而乘衰」恙激。年凶鄭夢，天失將星。以開元十六年八月廿一日，薨于西京平康里之私第，享壽七十六。嗚」呼！武經中絶，國禦無虞。皇寮兢嗟，聖上銜悼。薤曲歌露，佳城見日。開元十八年十月廿四日，禮」厝于三原縣之長坳，禮也。夫人樂安郡太夫人任氏，思可久之義，力家鞠孤。永訣齊眉之敬，不復」如賓之禮。心歸圓寂，口閉薰羞。遂得青蓮之味，仍堅彤管之度。勤乎三徙之道，啓以萬石之榮。豈」期与善無徵，輔德斯爽。以天寶二載八月廿七日薨于君之正寢。嗚呼！國喪素師，邦亡淑媛。魚軒」息駕，象服徒尊。才表雪詩，德旌石窌。夫人皇祖旻，汧陽郡汧源縣令。皇考善經，靈武郡司馬。皆克」孝於家，藏用於物。道不苟進，器難苟容。故名隱於俗，仕微於世。吁哉夫人，顯乃祖考。以禮自絢，有」行于君。舅姑之喪也，而僅不自立。淚血眦裂，痛深身屠。節高抱棺，孝嗤瘞子。則知非夫人之德，孰」能配於君；非君之德，孰能御於夫人。福履所綏，終踐崇貴。誕君之嗣，有五子焉。訓以嚴慈，導以禮」則。克被茂業，允膺詒謀。列據班榮，盛花萼之暐曄；式瞻門慶，見朱紫之焜煌。或寄重剖符，或聲雄」入幕。因知臧氏来葉之盛者，必府君之胄也。嗣子正議大夫、榆林郡都督、上柱國、東莞郡開國公」貶永陽郡别駕敬廉，第三子游擊將軍、郏鄏府折衝都尉仍充范陽經略副使、上柱國、賜紫金魚」袋敬之，皆享年不永，榮禄早世。第二子正議大夫、銀川郡都督仍押吐蕃党項使、上柱國、賜紫金」魚袋希莊，第四子游擊將軍、右威衛翊府中郎將、右羽林上下、上柱國、賜紫金魚袋奉忠，第五子」昭武校尉、守黄石府折衝都尉、上柱國、賜紫金魚袋敬洮等，顧而相謂曰：爾我不造，夙鍾憫凶。今」大事縈慮者，祔禮未經也。酷訴罔極，稱毒重孤，毀躬忘生，擗地殆殞，感甚摶棘，苦弥茹荼。卜乎令」期，將告合祔。歲月會吉，龜蓍協從。以天寶十載四月廿一日，祔窆于三原之故塋，鹵部鉦鼓如儀」，禮也。痛哀送届辰，恐先烈遂掩。考載殷誌，刻休壤石。於戲！府君之志業，畢勒於故北海郡太守江」夏李邕之碑述也。故揚榷而爲之銘，銘曰」：

富貴之葆，凡百難之。猗歟將軍，晏然安之。權度之用，凡百張之。猗歟將軍，淵然藏之。重鎮險寄，凡」百患之。猗歟將軍，一以貫之。排寇攖厲，凡百撓之。猗歟將軍，功斯效之。三入鷹揚，一參龍節。警衛」八屯，長驅四驥。天庭效獲，勳府書烈。臧孫有後，斯言不蔑。樂安夫人，德協邦媛。傅媪而成，笄珈有」粲。如蕣增儀，采蘋潔薦。慶輔宜家，昌貽洪蔓。允和允懿，克孝克恭。光昭宗室，範睦公宫。感鯉給養」，抱櫬忘躬。雖承薛侯之胤，終沐大任之風。嗚呼！流歲汩余，逝川閲水。祔窆將臨，徵冥奉旨。夜穴九」原，松門千祀。威容負慘，簫鼓增悲。笳哀楚挽，翣翳靈轜。重泉莫測，營魄何之。寂寂松檟，哀哀孝思」。

大唐故
臧府君
墓誌銘

按

此誌爲臧懷亮逝後22年與妻任氏合葬墓誌銘，與唐開元十八年刊刻的臧懷亮墓誌多有不同之處。如此誌云“君諱懷亮，字懷亮”，開元誌云“公諱懷亮，字時明”；此誌云“以開元十六年八月廿一日薨于西京平康里之私第”，開元誌云“以開元十七年八月廿二日薨於京師平康私第”；此誌云“享壽七十六”，開元誌云“春秋六十有八”；此誌云“開元十八年十月廿四日禮厝于三原縣之長坳”，開元誌云“明年（開元十八年）冬十月廿一日卜遠於三原”等。該誌雖不署書者名，但其楷體一絲不苟，端莊穩健，亦爲唐楷之佳品。

撰者顏真卿，唐朝名臣、書法家。字清臣，别號應方，長安人。開元二十二年（734）登進士第，歷任監察御史、殿中侍御史，官至吏部尚書，封魯郡公，人稱“顏魯公”。其書法師褚遂良及張旭，尤精楷書，人稱“顏體”。

304.751　鍾恭容墓誌

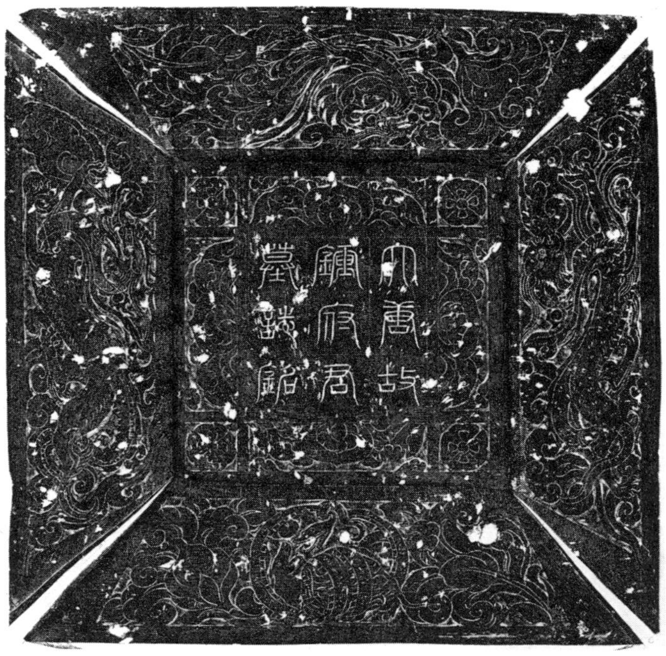
大唐故
鍾府君
墓誌銘

大唐故左武衛中郎将鍾君墓誌銘并序
君字恭容潁川人也曾祖琮随衢州刺史祖寶随金紫光禄大
夫台衢二州刺史父習唐左驍衛郎将左衛率皆象賢継美代
不乏嗣或衣冠漢魏或榮顯梁陳族茂累朝家傳餘慶盛
德不殞弈世生君爰初二聖主龍飛六宫曠職君之女
弟名曰禮進明德舉也師訓嬪御楷模中禁帝用嘉
之特錫明命解褐授左威衛中候天旅皇葉降誕濟王門
承主榮舅曰甥貴除左威司階棣王府典軍執心謙冲庇
身直道特遷右武衛郎将無何加左武衛中郎将賜緋魚袋衣
襲綵百段旌有德也上蒼不吊降此禍殃以天寶九載十月
十日春秋六十四遘疾終于大寧里勅賜之第君特禀仁
厚幼而敦直有禁也之行不賜於人有由也之義未嘗忤物禮
讓聞於鄉黨聲名重於友朋至於歲時伏臘未常不奉倫言受
恩賜皆置酒高會分給六姻家無擔石之資坐有金張之客頗
重恩舊尤敦信義周急不儀屢空晏如從諸古人不与讓也臨
終之日家無餘財所司聞奏詔贈将軍賜物三百疋衣被
等一百床氈事官供禮也張氏謹奉遺訓慈誘幼孫有子
四人長曰玄明次曰玄俊季曰玄英幼曰玄登或詩書從事或
武藝立身忠孝出於一門芳猷傳於千古述德無愧臨有慙以
十載五月二日葬于龍首原禮也銘曰
種德千祀纂賢百代降靈哲人稟和初載行既敦直心惟節槩
彼蒼何積善無貸黄泉長往白日永背松栢風悲川原雲晦
長夜有一短晨無再幽石徒鐫空留泰塞
昭武校尉行左武衛安定郡四門府別将上柱國傅庭珍書

説 明

唐天寶十年（751）五月刻。蓋盝形，誌正方形。蓋邊長55厘米，誌邊長54厘米。蓋文3行，滿行3字，篆書“大唐故」鍾府君」墓誌銘」”。誌文楷書24行，滿行24字。傅庭玢書丹。蓋四殺飾四神圖案，四周飾寶相蓮花紋；誌四側飾壼門内十二生肖圖案。誌左下角殘。具體出土時、地不詳。現存西安博物院。《隋唐五代墓誌滙編》《全唐文補遺》著録。

釋 文

大唐故左武衛中郎將鍾君墓誌銘並序」

君字恭容，潁川人也。曾祖琮，隨衢州刺史。祖寶，隨金紫光禄大」夫、台衡二州刺史。父晉，唐左驍衛郎將、左衛率。皆象賢繼美，代」不乏嗣。或衣冠漢魏，或榮顯梁陳。族茂累朝，家傳餘慶。盛」德不殞，弈世生君。開元初，聖主龍飛，六宫曠職。君之女」第名因禮進，明德舉也。師訓嬪御，楷模中禁，帝用嘉」之，特錫明命。解褐授左威衛中候。天祚皇業，降誕濟王。門」承主榮，舅因甥貴。除左威司階、棣王府典軍。執心謙冲，庇」身直道。特遷右武衛郎將。無何，加左武衛中郎將，賜緋魚袋，衣」一襲，綵百段，旌有德也。上蒼不吊，降此禍殃。以天寶九載十月」二日，春秋六十四，遘疾終于大寧里敕賜之第。君特稟仁」厚，幼而敦直。有参也之行，不慢於人；有由也之義，未嘗忤物。禮」讓聞於鄉黨，聲名重於友朋。至於歲時伏臘，未常不奉綸言，受」恩賜。皆置酒高會，分給六姻。家無擔石之資，坐有金張之客。頗」重恩舊，尤敦信義。周急不倦，屢空晏如。徵諸古人，不与讓也。臨」終之日，家無餘財。所司聞奏，詔贈將軍，賜物三百匹，衣被」等一百床，喪事官供，禮也。夫人張氏，謹奉遺訓，慈誘幼孤。有子」四人：長曰玄明，次曰玄俊，季曰玄英，幼曰玄晉。或詩書從事，或」武藝立身。忠孝出於一門，芳猷傳於千古。述德無愧，臨有慙。以」十載五月二日，葬于龍首原，禮也。銘曰」：

種德千祀，纂賢百代。降靈哲人，稟和初載。行既敦直，心惟節概」。彼蒼如何，積善無貸。黄泉長往，白日永背。松柏風悲，川原雲晦」。長夜有一，短晨無再。幽石徒鐫，空留秦塞」。

昭武校尉行左武衛安定郡四門府別將上柱國傅庭玢書」

按

誌主鍾恭容，《唐書》無載。誌所載“開元初，聖主龍飛，六宫曠職。君之女第名因禮進，明德舉也。師訓嬪御，楷模中禁，帝用嘉之”之事，則此誌所載唐玄宗之妃鍾氏及其兄鍾恭容之生平任官等，均可補史載之闕。

305.752　多寶塔感應碑

大唐多寶塔感應碑

説 明

唐天寶十一年（752）四月刻。碑螭首龜座。通高395厘米，寬104厘米。額文2行，滿行4字，隸書“大唐多寶」塔感應碑」”。正文楷書34行，滿行66字。岑勛撰文，顔真卿書丹，徐浩題額。原在長安千福寺，宋時移至西安文廟。現存西安碑林博物館。《石墨鐫華》《金石萃編》《西安碑林全集》《陜西碑石精華》等著録。

釋 文

大唐西京千福寺多寶佛塔感應碑文」

南陽岑勛撰

朝議郎判尚書武部員外郎琅邪顔真卿書

朝散大夫檢校尚書都官郎中東海徐浩題額」

粤《妙法蓮華》，諸佛之秘藏也。多寶佛塔，證經之踴現也。發明資乎十力，弘建在於四依。有禪師法号楚金，姓程，廣平人也。祖、父並信著釋門，慶歸法胤。母高氏，久而無姙，夜夢」諸佛，覺而有娠，是生龍象之徵，無取熊羆之兆。誕弥厥月，炳然殊相。岐嶷絶於葷茹，髫齔不爲童遊。道樹萌牙，聳豫章之楨幹；禪池畎澮，涵巨海之波濤。年甫七歲，居然厭俗」，自誓出家。禮藏探經，《法華》在手。宿命潛悟，如識金環；總持不遺，若注瓶水。九歲落髪，住西京龍興寺，從僧籙也。進具之年，昇座講法。頓收珍藏，異窮子之疾走；直詣寶山，無化」城而可息。尔後因静夜持誦，至《多寶塔品》，身心泊然，如入禪定。忽見寶塔，宛在目前，釋迦分身，遍滿室界。行勤聖現，業浄感深，悲生悟中，淚下如雨。遂布衣一食，不出户庭，期」滿六年，誓建兹塔。既而許王瓘及居士趙崇、信女普意，善来稽首，咸捨珍財。禪師以爲輯莊嚴之因，資爽塏之地，利見千福，默議於心。時千福有懷忍禪師，忽於中夜，見有一」水，發源龍興，流注千福，清澄泛灔，中有方舟。又見寶塔自空而下，久之乃滅，即今建塔處也。寺内浄人名法相，先於其地復見燈光，遠望則明，近尋即滅。竊以水流開於法性」，舟泛表於慈航，塔現兆於有成，燈明示於無盡，非至德精感，其孰能與於此。及禪師建言，雜然歡愜，負畚荷插，于橐于囊，登登憑憑，是板是築。灑以香水，隱以金鎚，我能竭誠」，工乃用壯。禪師每夜於築階所懇志誦經，勵精行道，衆聞天樂，咸嗅異香，喜歎之音，聖凡相半。至天寶元載，創構材木，肇安相輪。禪師理會佛心，感通」帝夢。七月十三日，敕内侍趙思偘求諸寶坊，驗以所夢。入寺見塔，禮問禪師，聖夢有孚，法名惟肖。其日賜錢五十萬，絹千匹，助建修也。則知精一之行，雖先」天而不違；純如之心，當後佛之授記。昔漢明永平之日，大化初流；我皇天寶之年，寶塔斯建。同符千古，昭有烈光。於時道俗景附，檀施山積，庀徒度財，功百其倍矣。至」二載，勅中使楊順景宣旨，令禪師於花蕚樓下迎多寶塔額。遂總僧事，備法儀，宸眷俯臨，額書下降，又賜絹百匹。聖札飛毫，動雲龍之氣象」；天文挂塔，駐日月之光輝。至四載，塔事將就，表請慶齋，歸功帝力。時僧道四部，會逾萬人。有五色雲團輔塔頂，衆盡瞻睹，莫不崩悦。大哉觀佛之光，利用賓于法王。禪」師謂同學曰：鵬運滄溟，非雲羅之可頓；心遊寂滅，豈愛網之能加。精進法門，菩薩以自强不息。本期同行，復遂宿心。鑿井見泥，去水不遠；鑽木未熱，得火何階。凡我七僧，聿懷」一志，晝夜塔下誦持《法華》。香煙不斷，經聲遞續，炯以爲常，没身不替。自三載，每春秋二時，集同行大德四十九人，行法華三昧。尋奉恩旨，許爲恒式。前後道場，所感舍利」凡三千七十粒。至六載，欲葬舍利，預嚴道場，又降一百八粒。畫普賢變，於筆鋒上聯得一十九粒，莫不圓體自動，浮光瑩然。禪師無我觀身，了空求法，先刺血寫《法華經》一部」，《菩薩戒》一卷，《觀普賢行經》一卷，乃取舍利三千粒，盛以石函，兼造自身石影，跪而戴之，同置塔下，表至敬也。使夫舟遷夜壑，無變度門。劫算墨塵，永垂貞範。又奉爲」主上及蒼生寫《妙法蓮華經》一千部，金字三十六部，用鎮寶塔。又寫一千部，散施受持。靈應既多，具如本傳。其載，敕内侍吴懷實賜金銅香爐，高一丈五尺，奉表陳謝」。手詔批云：師弘濟之願，感達人天，莊嚴之心，義成因果。則法施財施，信所宜先也。主上握至道之靈符，受如来之法印，非禪師大慧超悟，無以感於宸衷；非」主上至聖文明，無以鑒於誠願。倬彼寶塔，爲章梵宫。經始之功，真僧是葺。克成之業，聖主斯崇。尔其爲狀也，則岳聳蓮披，雲垂盖偃，下欻崛以踴地，上亭盈而媚空，中」晻晻其静深，旁赫赫以弘敞。礝磩承陛，琅玕綷檻，玉瑱居楹，銀黄拂户。重簷疊於畫栱，反宇環其壁璫。坤靈贔屭以負砌，天祇儼雅而翊户。或復肩挐摯鳥，肘擐修蛇，冠盤巨」龍，帽抱猛獸。勃如戰色，有奭其容。窮繪事之筆精，選朝英之偈贊。若乃開扃鐍，窺奥秘，二尊分座，疑對鷲山，千帙發題，若觀龍藏，金碧炅晃，環珮葳蕤。至於列三乘，分八部，聖」徒翕習，佛事森羅。方寸千名，盈尺萬象。大身現小，廣座能卑。須弥之容，欻入芥子。寶盖之

師每夜於築階所懇志誦經勵精行道眾聞天樂咸嗅異香喜歎之音聖凡相半至天
三日 勅內侍趙思偘求諸寶坊驗以所夢入寺見塔禮問禪師 聖夢有
如之心當後佛之授記昔漢明永平之日大化初流 我皇天寶之年寶塔斯建
勅中使楊順景宣 旨令禪師於花蕚樓下迎多寶塔額遂摠僧事備法儀
日月之光輝至四載塔事將就表請慶齋歸功 帝力時僧道四部會逾萬人有
鶖運滄溟非雲羅之可頓心遊寂滅豈愛網之能加精進法門菩薩以自强不息本期
下誦持法華香煙不斷經聲遞續炯以為常沒身不替自三載每春秋二時集同行大
粒至六載欲葬舍利預嚴道場又降一百八粒畫普賢變於筆鋒上聯得一十九粒莫
觀普賢行經一卷乃取舍利三千粒盛以石函兼造自身石影跪而戴之同置塔下表
寫妙法蓮華經一千部金字三十六部用鎮寶塔又寫一千部散施受持靈應既多具
弘濟之願感達人天莊嚴之心義成因果則法施財施信所宜先也 主上握至
明無以鑒於誠願倬彼寶塔為章梵宮經始之功真僧是葺克成之業 聖主斯
旁赫赫以弘敞礝磩承陛琅玕綷檻玉瑱居楹銀黃拂戶重簷疊於畫栱反宇環其壁
勃如戰色有奭其容窮繪事之筆精選朝英之偈讚若乃開扃鐍窺奧祕二尊分座疑
森羅方寸千名盈尺萬象大身現小廣座能卑須彌之容欻入芥子寶蓋之狀頓覆三
生我禪師克嗣其業繼明二祖相望百年夫其法華之教也開玄關於一念照圓鏡於
一八萬法藏我為最雄譬猶滿月麗天螢光列宿山王映海蟻垤羣峯嗟乎三界之沉
蓮日月面望之厲即之溫覩相未言而降伏之心已過半矣同行禪師抱玉飛錫襲衡
之理門人苾蒭如巖靈悟淨真真空法濟等以定慧為文質以戒忍為剛柔含朴玉之
通解脫於文字舉事徵理含毫强名偈曰
象蓮華圓頓深入真淨無瑕慧通法界福利恒沙直至寶所俱乘大車其一於戲上士發
斯崇為章淨域真僧草創 聖主增飾中座眈眈飛簷翼翼薦臻靈感

局部

狀，頓覆三千。昔衡岳思大禪師，以法華三昧，傳悟天台智者，尔来寂寥，罕契真要。法」不可以久廢，生我禪師，克嗣其業，繼明二祖，相望百年。夫其法華之教也，開玄關於一念，照圓鏡於十方。指陰界爲妙門，驅塵勞爲法侶。聚沙能成佛道，合掌已入聖流。三乘」教門，總而歸一；八萬法藏，我爲最雄。譬猶滿月麗天，螢光列宿；山王映海，蟻垤群峰。嗟乎！三界之沉寐久矣。佛以《法華》爲木鐸，惟我禪師，超然深悟。其貌也，岳瀆之秀，冰雪之」姿，果脣貝齒，蓮目月面。望之厲，即之温，睹相未言，而降伏之心已過半矣。同行禪師，抱玉飛錫，襲衡台之秘躅，傳止觀之精義。或名高帝選，或行密衆師，共弘開示之」宗，盡契圓常之理。門人苾蒭如巖、靈悟、浄真、真空、法濟等，以定慧爲文質，以戒忍爲剛柔，含樸玉之光輝，等旃檀之圍繞。夫發行者因，因圓則福廣；起因者相，相遣則慧深。求」無爲於有爲，通解脱於文字。舉事徵理，含毫强名。偈曰」：

佛有妙法，比象蓮華。圓頓深入，真浄無瑕。慧通法界，福利恒沙。直至寶所，俱乘大車。其一。於戲上士，發行正勤。緬想寶塔，思弘勝因。圓階已就，層覆初陳。乃昭帝夢，福應」天人。其二。輪奂斯崇，爲章浄域。真僧草創，聖主增飾。中座耽耽，飛簷翼翼。荐臻靈感，歸我帝力。其三。念彼後學，心滯迷封。昏衢未曉，中道難逢。常驚夜枕，還懼真龍」。不有禪伯，誰明大宗。其四。大海吞流，崇山納壤。教門稱頓，慈力能廣。功起聚沙，德成合掌。□□□□，□□無上。其五。情塵雖雜，性海無漏。定養聖胎，染生迷鷇。斷常起縛，空色同謬」。薝蔔現前，餘香何嗅。其六。彤彤法宇，繄我四依。事該理暢，玉粹金輝。慧鏡無垢，慈燈照微。□□□□，□□□歸。其七」。

天寶十一載歲次壬辰四月乙丑朔廿二日戊戌建

敕檢校塔使正議□□□□□□□□傴、判官内府丞車沖、檢校僧義方、河南史華（下闕）」

按

多寶塔感應碑，記述楚金禪師事迹，及創建多寶塔之經過。據碑文，唐玄宗曾“賜錢五十萬，絹千匹，助建修也”，又賜塔額，可見此塔建立乃當時盛事。又碑文記“漢明永平之日，大化初流”，則唐人認爲漢明帝永平年間佛教始傳入中國。這爲研究佛教傳入中國提供了珍貴的資料。碑文乃岑勛所撰，顔真卿書，字體厚重豐腴，剛健有力，又平穩匀稱，秀媚多姿，爲顔真卿壯年手筆，向爲後世學書者所重。

306.753　王守節墓誌

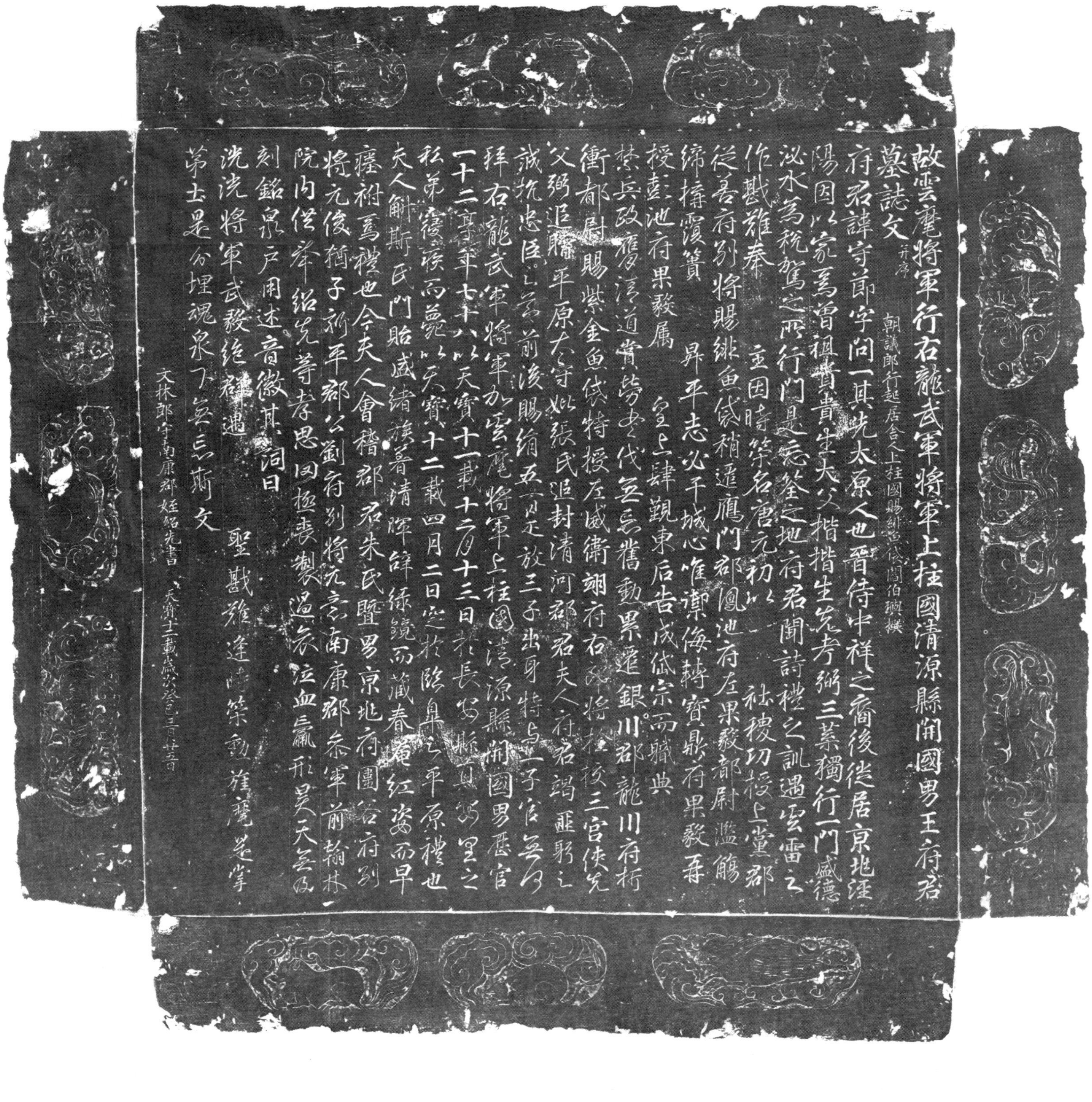
故雲麾將軍行右龍武軍將軍上柱國清源縣開國男王府君墓誌文 并序

説明

唐天寶十二年（753）四月葬。蓋盝形，誌正方形。蓋邊長76厘米，誌邊長74厘米。蓋文3行，滿行3字，篆書“大唐故」王府君」墓誌銘」”。誌文行書24行，行字不等。閻伯璵撰文，王紹先書丹。蓋四殺飾四神圖案，四側飾寶相花紋；誌四側飾壼門内十二生肖圖案。出土具體時、地不詳。現存西安博物院。《隋唐五代墓誌滙編》《全唐文補遺》著録。

釋文

故雲麾將軍行右龍武將軍上柱國清源縣開國男王府君」墓誌文并序

朝議郎行起居舍人上柱國賜緋魚袋閻伯璵撰」

府君諱守節，字問一，其先太原人也。晉侍中祥之裔，後徙居京兆涇」陽，因以家焉。曾祖貴，貴生大父楷，楷生先考弼，三葉獨行，一門盛德」。泌水爲税駕之所，行門是忘筌之地。府君聞詩禮之訓，遇雲雷之」作，戡難奉主，因時策名。唐元初，以社稷功授上黨郡」從善府別將，賜緋魚袋。稍遷雁門郡鳳池府左果毅都尉。濫觴」締構，覆簣昇平。志必干城，心唯禦侮。轉寶鼎府果毅，再」授彭池府果毅。屬皇上肆覲東后，告成岱宗，而職典」禁兵，政膺清道，賞勞盡伐，無忘舊勳。累遷銀川郡龍川府折」衝都尉，賜紫金魚袋，特授左威衛翊府右郎將、檢校三宫使。先」父弼追贈平原太守，妣張氏追封清河郡君夫人。府君竭匪躬之」誠，抗忠臣之節，前後賜絹五百匹，放三子出身，特与一子官。無何」，拜右龍武軍將軍，加雲麾將軍、上柱國、清源縣開國男。歷官」一十二，享年七十八，以天寶十一載十二月十三日，於長安縣真安里之」私弟寢疾而薨。以天寶十二載四月二日，窆於臨皋之平原，禮也」。夫人斛斯氏門貽盛緒，族著清暉。辭緑鏡而藏春，奄紅姿而早」瘞。祔焉，禮也。今夫人會稽郡君朱氏，暨男京兆府圍谷府別」將元俊，猶子新平郡公劉府別將元意、南康郡參軍前翰林」院内供奉紹先等，孝思罔極，喪製過哀，泣血羸形，昊天無及」。刻銘泉户，用述音徽。其詞曰」：

洸洸將軍，武毅絶群。遇聖戡難，逢時策勳。旌麾是掌」，茅土是分。埋魂泉下，無忘斯文」。

文林郎守南康郡姪紹先書

天寶十二載歲次癸巳三月廿五日」

按

誌文云“以天寶十二載四月二日，窆於臨皋之平原”，而誌末又以小字署“天寶十二載歲次癸巳三月廿五日”，則似此墓誌爲王守節葬前所撰刻，擬于四月二日葬。又誌云“窆於臨皋之平原”，待考。此墓誌在字體上不拘一格，行、楷、草相雜，用筆與結字受時風影響明顯。由王紹先行書，從《懷仁集王書聖教序》中來，受王書影響很深，却更恣肆率意，與李邕的行書更接近，只是骨力稍弱，是反映開元、天寶之際書風的一面鏡子。

307.753　張仲暉墓誌

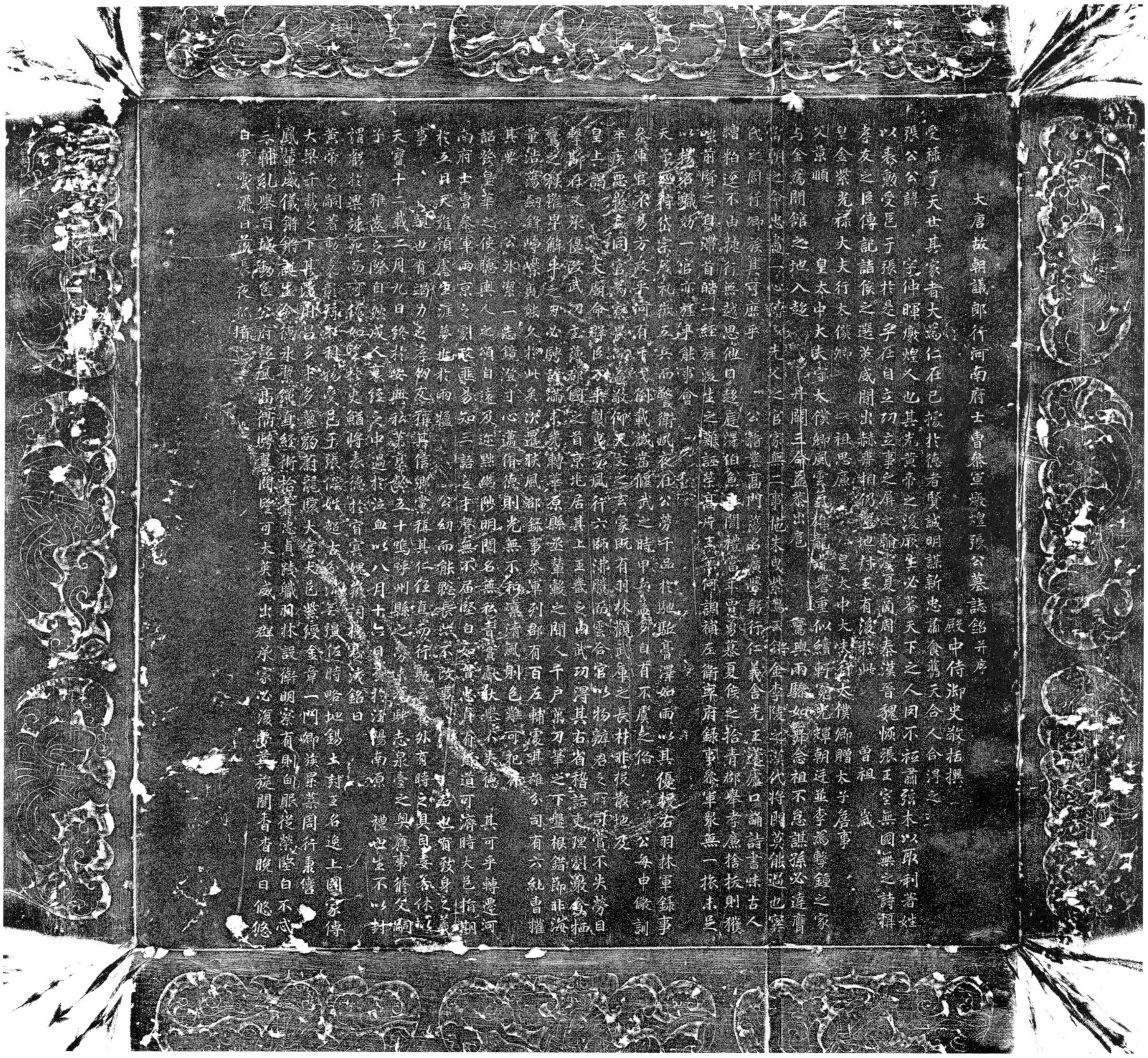
大唐故朝議郎行河南府士曹參軍張公墓誌銘并序
殿中侍御史敬括撰

説 明

唐天寶十二年（753）八月刻。誌正方形。邊長75厘米。誌文楷書34行，滿行38字。敬括撰文。四側飾壼門内十二生肖圖案。涇陽縣出土，具體時、地不詳。現存涇陽縣博物館。《隋唐五代墓誌滙編》《全唐文補遺》《咸陽碑刻》著録。

釋 文

大唐故朝議郎行河南府士曹參軍燉煌張公墓誌銘并序」

殿中侍御史敬括撰」

受禄于天，世其家者大；爲仁在己，據於德者賢。誠明謀新，忠肅食舊，天合人合，得之」張公。公諱□□，字仲暉，燉煌人也。其先黄帝之後，厥生必蕃。天下之人，罔不祗肅。弦木以取利，著姓」以表勳。受邑于張，於是乎在。自立功立事，之屏之翰，虞夏商周，秦漢晉魏，恢張王室，無國無之。詩稱」孝友之臣，傳記諸侯之選。英威間出，赫奕相仍。略地封王，有後於此。曾祖歲」，皇金紫光禄大夫，行太僕卿。祖思廉，皇太中大夫，行太僕卿，贈太子詹事」。父景順，皇太中大夫，守太僕卿。風雲氣雄，龍虎譽重。似續軒冕，光輝朝廷。並李爲擊鍾之家」，与金爲開館之地。入趨丹闕，三命益恭；出扈鑾輿，兩驂如舞。念祖不怠，謀孫必達。膺」當朝之命，忠盡一心；傳先父之官，家無二事。拖朱曳紫，鳴玉鏘金。李陵之漢代將門，莫能過也；寗」氏之周行卿族，其可庶乎。公籍業高門，蕩名廣學。躬行仁義，舍先王蘧廬；口誦詩書，味古人」糟粕。逕不由捷，行無越思。他日趨庭，得伯魚之聞禮；當年賈勇，慕夏侯之拾青。郡舉孝廉，捨拔則獲」。嗤前賢之自滯，首皓一經；旌後生之難誣，策高片玉。無何，調補左衛率府録事參軍。衆無一旅，未足」以揚名；職效一官，亦旌乎能事。會」天子巡狩，岱宗展礼。徵五兵而警衛，夙夜在公；勞千品於馳驅，膏澤如雨。以其優，授右羽林軍録事」參軍。官不易方，政乎何有。干戈倒載，誠當偃武之時；甲兵益多，自有不虞之備。公每申儆訓」卒，疾惡懲奸。同官爲寮，畏而益敬。仰天文之玄象，既有羽林；觀武庫之長材，非投散地。及」皇上謁太廟，命群臣，万乘製曳而風行，六師沸騰而雲合。官以物辦，君之所司。賞不失勞，目」擊斯在。又承優改武功主簿。郡國之首，京兆居其上；王畿之内，武功得其右。省稽詰吏，理劇激貪。栖」鸞之秩雖卑，解牛之刃必騁。辭滿未幾，轉華原縣丞。輦轂之間，人千户萬；刀筆之下，盤根錯節。非海」量浩蕩，劍鋒峥嶸，孰能久於此矣。次遷扶風郡録事參軍。列郡有百，左輔處其雄；分司有六，糾曹權」其要。公冰潔一志，鏡澄寸心。邁修德則光無不和，凜清風則色難可犯。有」詔發皇華之使，聽輿人之頌。自遠及迩，黜幽陟明。閲名無私，責實獻狀，舉不失德，□其可乎。轉遷河」南府士曹參軍。兩京之劇，政匪易知；三語之才，聲無不屆。堅白如貫，忠貞有餘。道可濟時，大邑指期」於五日；天難預慮，生涯夢兆於兩楹。公幼而能聰，長亦不改。事君也有致身之義」，事親也有竭力之孝。朋友稱其信，鄉黨稱其仁。任直而行，孰云養外；有時之具，自委若休。以」天寶十二載二月九日終於安興私第，享齡五十。嗚呼！州縣之勞，未爲騁志；泉臺之奧，應事修文。嗣」子稚齒之際，自然成人；衰絰之中，過於泣血。以八月十六日葬於涇陽南原，禮也。生不以封」，謂虧於梁竦；死而可作，如望於史鰌。將表德於窅冥，愧微詞於蹇淺。銘曰」：

黄帝之嗣，著勳克彰。弱木利物，受邑于張。保姓超古，分流無疆。佐時略地，錫土封王。名逸上國，家傳」大梁。千載之下，其後用昌。多才多藝，豹蔚龍驤。大官大邑，紫綬金章。一門卿族，累葉周行。秉轡」鳳輦，威儀鏘鏘。誕生令德，冰潔繩直。經術拾青，忠貞踐職。羽林設衛，明察有則。甸服從榮，堅白不忒」。三輔糾舉，百城動色。公府趨風，高衢騁翼。問望可大，英威出群。承家必復，夢奠旋聞。杳杳晚日，悠悠」白雲。雲飛日落，長夜孤墳」。

按

誌主張仲暉，名諱墓誌無載，字仲暉，史載不詳。其祖張思廉，武則天時爲太僕卿；其父張景順，唐玄宗時爲太僕卿，均可補郁賢皓、胡可先所著《唐九卿考》。

308.754　郭英奇墓誌

大唐故
郭府君
墓誌銘

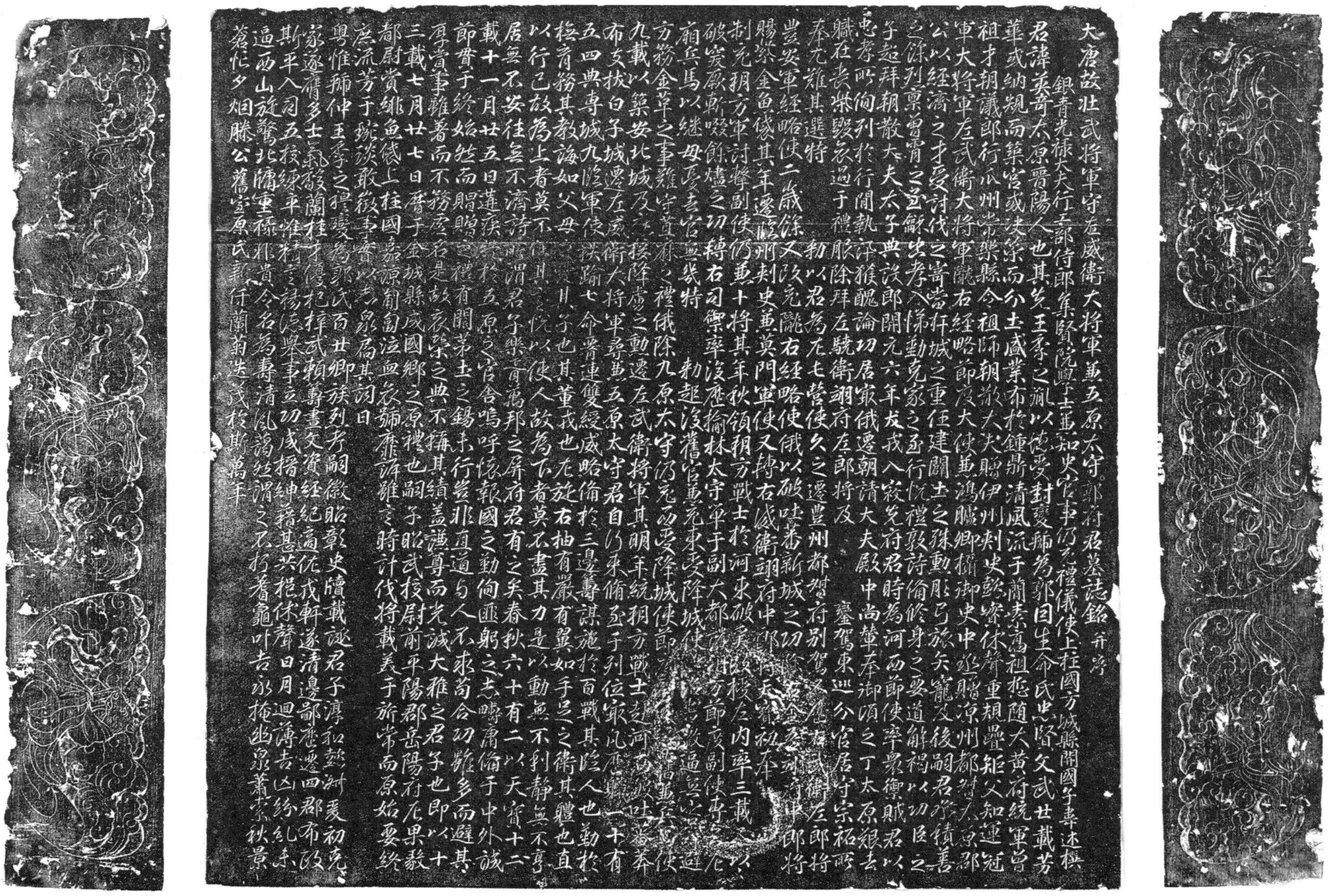
大唐故壯武將軍守左威衛大將軍兼五原太守郭府君墓誌銘并序

説 明

唐天寶十三年（754）七月刻。蓋盝形，誌正方形。蓋邊長93厘米，誌邊長83厘米。蓋文3行，滿行3字，行書“大唐故」郭府君」墓誌銘」”。誌文行書35行，滿行35字。韋述撰文。蓋四殺飾四神圖案，四側飾波浪紋；誌四側飾壼門内十二生肖圖案。1993年興平市西吴鎮北吴村出土。現存興平市博物館。《全唐文補遺》《咸陽碑刻》著録。

釋 文

大唐故壯武將軍守左威衛大將軍兼五原太守郭府君墓誌銘并序」

銀青光禄大夫行工部侍郎集賢院學士兼知史官事仍充禮儀使上柱國方城縣開國子韋述撰」

君諱英奇，太原晉陽人也。其先王季之胤，以德受封，變號爲郭，因生命氏。忠賢文武，世載芳」華。或納規而築宫，或決策而分土。盛業布於鐘鼎，清風流于簡素。高祖悊，隨大黄府統軍。曾」祖才，朝議郎，行瓜州常樂縣令。祖師，朝散大夫，贈伊州刺史。懿實休聲，重規疊矩。父知運，冠」軍大將軍、左武衛大將軍、隴右經略節度大使、兼鴻臚卿，攝御史中丞，贈涼州都督、太原郡」公。以經濟之才，受討伐之寄。當扞城之重任，建闢土之殊勳。彤弓旅矢，寵及後嗣。君承積善」之餘烈，禀曾霄之至龢。出孝入悌，勤克家之至行；悦禮敦詩，備修身之要道。解褐，以功臣之」子超拜朝散大夫、太子典設郎。開元六年，犬戎入寇，先府君時爲河西節使，率衆禦賊。君以」忠孝所徇，列於行間。執訊獲醜，論功居最。俄遷朝請大夫、殿中尚輦奉御。頃之，丁太原艱去」職。在喪柴毁，哀過于禮。服除，拜左驍衛翊府左郎將。及鑾駕東巡，分官居守。宗祏所」奉，尤難其選。特敕以君爲左屯營使。久之，遷豐州都督府别駕。又歷右武衛左郎將」、豐安軍經略使。二歲餘，又改充隴右經略使。俄以破吐蕃新城之功，除右金吾翊府中郎將」，賜紫金魚袋。其年，遷臨州刺史，兼莫門軍使。又轉右威衛翊府中郎將。天寶初，奉」制充朔方軍討擊副使，仍兼十將。其年秋，領朔方戰士於河東破奚，改授左内率。三載，又以」破突厥斬啜餘燼之功，轉右司禦率。復歷榆林太守、單于副大都護、朔方節度副使，專□左」廂兵馬。以繼母憂去官。無幾，特敕起復舊官，兼充東受降城使。詔書敦逼，無容辭避」。方務金革之事，難守苴麻之禮。俄除九原太守，仍充西受降城使節度副使，□舊兼兵馬使」。九載，以築安北城及應接降虜之勳，遷左武衛將軍。其明年，統朔方戰士赴河西，破吐蕃莽」布支，拔白子城，遷左威衛大將軍。尋兼五原太守。君自行束脩，至于列位，最凡歷職一十有」五，四典專城，九臨軍使，秩逾七命，腰連雙綬，威略備於三邊，籌謀施於百戰。其臨人也，勤於」撫育，務其教誨，如父母之愛其子也。其董戎也，左旋右抽，有嚴有翼，如手足之衛其體也。直」以行己，故爲上者莫不任其言；悦以使人，故爲下者莫不盡其力。是以動無不利，静無不亨」，居無不安，往無不濟。《詩》所謂“君子樂胥，萬邦之屏”，府君有之矣。春秋六十有二，以天寶十二」載十一月廿五日遘疾，終於五原之官舍。嗚呼！懷報國之勤，徇匪躬之志。疇庸備于中外，誠」節貫于終始。然而賵贈之禮有闕，茅土之錫未行。豈非直道与人，不求苟合。功雖多而避其」厚賞，事雖著而不務虚名，是故哀榮之典，不稱其績。蓋謙尊而光，誠大雅之君子也。即以十」三載七月廿七日，厝于金城縣成國鄉之原，禮也。嗣子昭武校尉、前平陽郡岳陽府左果毅」都尉、賞緋魚袋、上柱國嘉諒，匍匐泣血，哀號靡訴。雖定時計伐，將載美于旂常；而原始要終」，庶流芳于琬琰。敢徵事實，以志泉扃。其詞曰」：

粤惟虢仲，王季之穆。變爲郭氏，百世卿族。烈考嗣徽，昭彰史牘。載誕君子，淳和懿淑。爰初克」家，遂膺多士。氣馥蘭桂，才優杞梓。武賴籌書，文資經紀。適佐戎軒，遂清邊鄙。歷遷四郡，布政」斯平。入司五校，練卒惟精。言揚德舉，事立功成。搢紳藉甚，共挹休聲。日月迴薄，吉凶紛糺。未」逼西山，旋驚北牖。重禄非貴，令名爲壽。清風藹然，謂之不朽。蓍龜叶吉，永掩幽泉。蕭索秋景」，蒼忙夕烟。滕公舊室，原氏新阡。蘭菊迭茂，於斯萬年」。

按

誌主郭英奇，兩《唐書》無載。其父郭知運及其兄郭英杰，兩《唐書》有傳，但止載郭知運“子英杰、英乂”，而不載英奇。則此誌所載郭英奇之生平事迹、任官爲職及其後嗣之封賜賞勳等，均可補史載之闕。

撰者韋述，唐代著名史學家。京兆萬年（今陝西西安）人。開元五年（717）進士，歷官櫟陽縣尉、右補闕、吏部職方郎中、國子監司業、兼集賢殿學士、工部侍郎等。著有《國史》一百三十卷。兩《唐書》有傳。

大唐故
孟公墓
誌之銘

309.754　孟賓墓誌

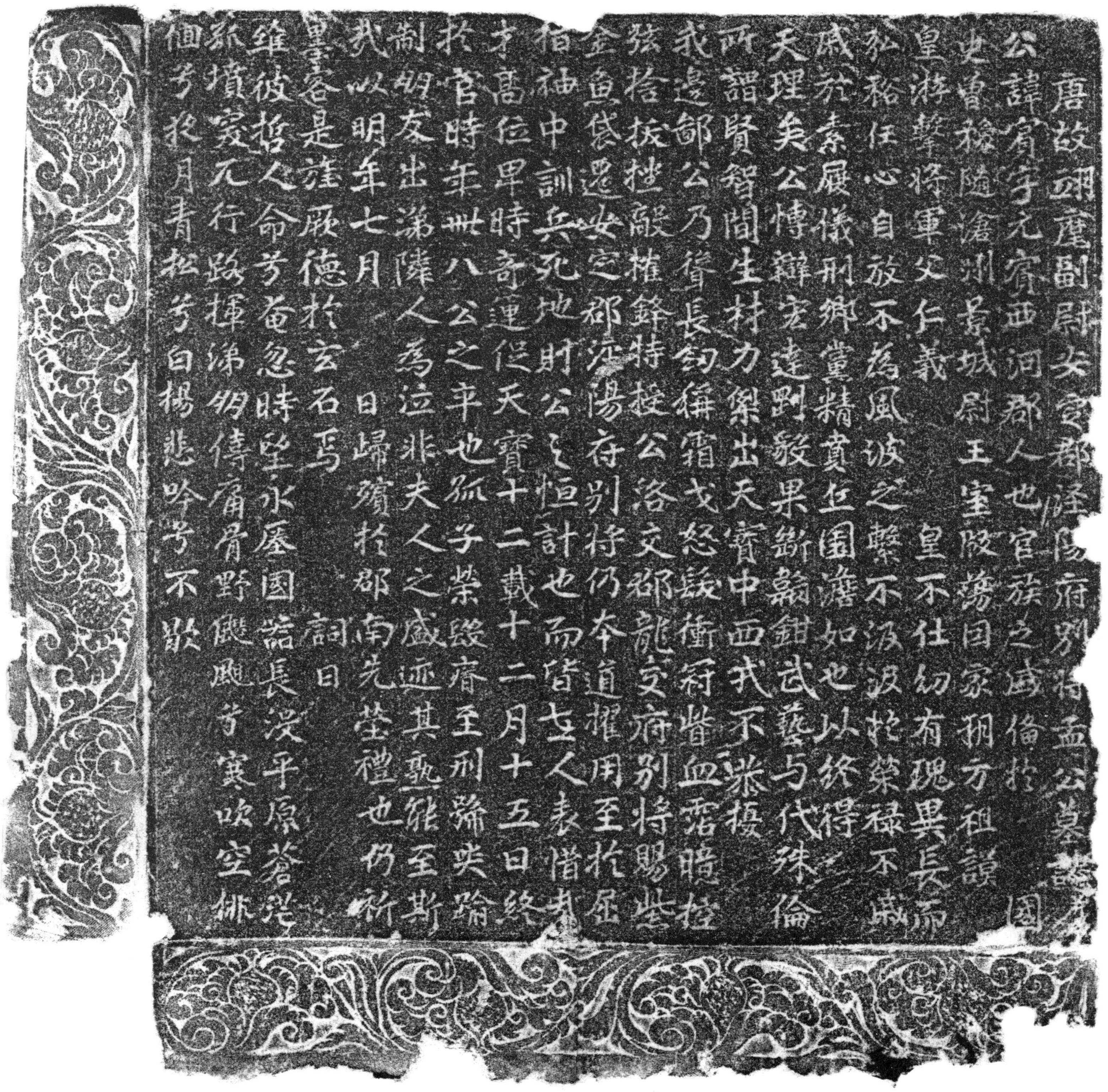

説明

唐天寶十三年（754）七月刻。誌、蓋均爲砂石質。蓋盝形，誌正方形。誌、蓋尺寸相同，邊長均58厘米。蓋文3行，滿行3字，篆書“大唐故」孟公墓」誌之銘」”，有界格。誌文楷書20行，滿行20字，有界格。蓋四殺及誌四側均飾忍冬紋。1995年靖邊縣紅墩界鄉圪坨河村出土。現存榆林市文物保護研究所。《隋唐五代墓誌滙編》《全唐文補遺》《榆林碑石》《新中國出土墓誌（陝西叁）》著録。

釋文

唐故翊麾副尉安定郡涇陽府别將孟公墓誌并序」

公諱賓，字元賓，西河郡人也。官族之盛，備於國」史。曾豫，随滄州景城尉。王室版蕩，因家朔方。祖謨」，皇游擊將軍。父仁義，皇不仕。幼有瑰異，長而」弘裕，任心自放，不爲風波之繫。不汲汲於榮禄，不戚」戚於素履。儀刑鄉黨，精賁丘園，澹如也，以終得」天理矣。公博辯宏達，剛毅果斷，韜鉗武藝，与代殊倫」。所謂賢智間生，材力傑出。天寶中，西戎不恭，擾」我邊鄙。公乃聳長劍，稱霜戈，怒髪衝冠，眦血霑臆。控」弦捨拔，挫敵摧鋒。特授公洛交郡龍交府别將，賜紫」金魚袋。遷安定郡涇陽府别將，仍本道擢用。至於屈」指衻中，訓兵死地，則公之恒計也，而皆世人表。惜哉」！才高位卑，時奇運促。天寶十二載十二月十五日終」於官，時年卌八。公之卒也，孤子榮，毁瘠至刑，號哭逾」制。朋友出涕，鄰人爲泣，非夫人之盛迹，其熟能至斯」哉！以明年七月□□日，歸殯於郡南先塋，禮也。仍祈」墨客，是旌厥德於玄石焉。詞曰」：

維彼哲人，命兮奄忽。時望永瘞，國器長没。平原蒼茫」，孤墳突兀。行路揮涕，朋儔痛骨。野飃颵兮寒吹，空徘」徊兮夜月。青松兮白楊，悲吟兮不歇」。

310.754　韋濟墓誌

説 明

唐天寶十三年（754）閏十一月刻。誌正方形。邊長73厘米。誌文楷書37行，滿行36字。韋述撰文，裴叔猷書丹。誌四側飾十二生肖圖案。出土具體時、地不詳。現存西安博物院。《隋唐五代墓誌滙編》《全唐文補遺》著録。

釋 文

大唐故正議大夫行儀王傅上柱國奉明縣開國子賜紫金魚袋京兆韋府君墓誌銘并序」

族叔銀青光禄大夫行工部侍郎述撰

外甥扶風郡參軍裴叔猷書」

君諱濟，字濟，京兆杜陵人。納言博昌公之孫，中書令逍遥孝公第三子也。垂拱之初，博昌以直」道忠謀入參近密。長安之末，孝公与長兄黄門府君以公才雅望，遞處台衡。十數年間，一門三」相。衣冠之美，振古難儔。君膺積善之餘徽，承累仁之茂緒。殊姿發於童孺，利器形於自然。少与」次兄恒皆爲先府君之所愛異，常稱曰："恒也忠信謹敬，和氣積於内；濟也敏達文明，英華發於」外。昔者叔慈内潤，慈明外朗。吾之二子，庶無愧焉。"初以弘文明經，拜太常寺奉禮郎，遷鄠縣尉」。秩滿，調補鄄城令。入謝之日，有恩詔，新授令長者，一切親加策試。君文理」清麗，特簡上心。褎然高標，獨爲稱首。超授醴泉令，以家艱去職。服除，歷太子司議、屯」田兵部二員外、庫部郎中。時國相宇文公，君之外兄也。舉不失親，屢有聞薦。尋而宇文失位，君」亦以此不遷。歲餘，出爲棣州刺史。未及之任，又以内憂免官。禮闋，除幽州大都督府司馬，遷恒」州刺史，入爲京兆少尹。未幾，又遷户部侍郎。版圖之副，朝選所難。君詳練舊章，備聞前載。毫芒」必析，黍累無差。五教在寬，九賦惟簡。視事六載，遷太原尹，仍充北京留守。考唐風之故事，徵夏」政之遺俗。布以慈惠，人知向方。上聞其能，特降中使，賜金章紫綬，并束錦雜綵等」。尋而本道黜陟使復以善政表聞，又降璽書勞勉，仍与一子出身。天寶七載，轉河南尹」，兼水陸運使。事弥殷而政弥簡，保清静而人自化。九載，遷尚書左丞。累加正議大夫，封奉明縣」子。十一載，出爲馮翊太守。在郡無幾，又除儀王傅。既至京師，以風緩不任拜伏，抗表辭職」，優詔不許。頃之，京畿採訪使奏以違假日深，随例停官養疾。君夙尚夷簡，雅重林泉。迹雖在於」寰中，心不忘於物外。霸陵驪阜之東谷，成皋巖邑之西原，二墅在焉，皆先大夫之所創也。既閑」曠而出俗，亦疏敞而寡仇。初則迴萬乘而揚暉光，末乃通三徑以示節儉。君恭守舊業，世增」其勤。築場開圃，育蔬蒔藥。雜樹近於万株，流水周於舍下。每至歲時伏臘，美景芳辰，良朋密親」，第如其所。常謂"出處之道，人世何常。將俟懸車，有以税駕"。大隱之趣，於斯得矣。及其奉恩」還第，解印歸閑，晦明所侵，寒暑增疾。醫巫假於朝夕，藥餌求於里肆。且不安於寢興，亦何遑於」遊矚。東山之志，不復存矣。嗚呼！事与願違，有如此者。春秋六十七，以十三載十月十一日，終于」京城之興化里第。君風韻高朗，方軌前賢，觴詠言談，超然出衆。其所遊者，若吴郡陸景融、范陽」張均、彭城劉昇、隴西李昇期、京兆田賓庭、隴西李道邃、邃之族子峴、河東裴僑卿、范陽盧僎等」，皆一時之彦也。或得意於登臨之際，或忘言於姻婭之間。風期一交，歲寒無改。加以疏財重義」，至行過人。同氾毓之撫孤，類文泉之事嫂。甥侄雖衆，俾婚冠之及時；姊妹既嫠，贍資粮而無乏」。僉以爲次登相府，踵美扶陽。繼西漢之金張，比東周之桓武。末路不騁，其如命何。即以其年閏」十一月十一日，安厝于銅人之原，從先塋也。夫人彭城劉氏，唐贈衛尉少卿琛之女也。主饋未」幾，早年無禄。卜筮既從，用遵合祔。嗣子前京兆府法曹逢等，柴毁逾禮，哀號僅存。沉石幽扃，以」永徽烈。其銘曰」：

黼衣朱紱，商伯之裔。洎漢扶陽，台華奕世。令名不隕，盛德相繼。我祖我考，咸昇鼎司。式陳忠讜」，叶贊邕熙。公侯必復，諒在于兹。於昭奉明，寔纂其美。仁孝友睦，以守先祀。静如珪璋，芬若蘭芷」。學優而仕，式踐周行。超居甸服，政号循良。遂登會府，弥綸有光。乃司版職，常伯之亞。鎮彼北門」，尹兹東夏。導德齊禮，所居則化。爰登左轄，綱紀群寮。作牧三輔，明施六條。慈惠之政，布在人謡」。日月有既，惟德爲壽。琢彼金石，庶憑不朽。悠悠九原，於斯永久」。

之美振古難儔君履積善之餘徽承累仁之茂緒殊姿發於童穉利器形於自然少与
皆為先府君之所愛異常稱曰恒也忠信謹敬和氣積於內濟也敏達文明英華發於
外慈內潤慈明外朗吾之二子庶無愧焉初以弘文明經拜太常寺奉禮郎遷鄠縣尉
補鄠城令入謝之日有 恩詔新授令長者一切 親加策試君荅理
簡 上心褒然高標獨為稱首超授醴泉令以家艱去職服除歷太子司議七
二貟外庫部郎中時國相宇文公君之外兄也舉不失親屢有聞薦尋而宇文失位君
示遷歲餘出為棣州刺史未及之任又以內憂免官禮闋除幽州大都督府司馬遷惜
入為京兆少尹未幾又遷戶部侍郎版圖之副朝選所難君詳練舊章備聞前載冀其
祭無差五教在寬九賦惟簡視事六載遷太原尹仍充北京留守孝唐風之故事徵
俗有以慈惠人知向方 上聞其能特降中使賜金章紫綬并錦綵等
道黜陟使復以善政表聞又降璽書勞勉仍与一子出身天寶七載轉河南尹
運使事殊殷而頌所簡保清靜節之自化九載遷尚書左丞累加正議大夫封奉明縣
載出為馮翊太守在郡無幾又除儀王傅既至京師以風緩不任辭伏抗表辭職
許頃之京畿採訪使奏充遣假回深隨例停官養疾君夙尚夷簡雅重林泉蹤雖在於
不急於物外霸陵驪阜之東谷成阜嚴邑之西原二墅在焉皆先大夫之所創也既閑
俗亦踈㪍而賓仇初則通 萬乘而揚暉光末乃通三徑以示節儉君恭守舊業世增
場闈迥脊藹蒔藥雜樹近於万株流水周於舍下每至歲時伏臘美景芳辰良朋盍 親
所常謂出處之道人世何常將俟懸車有以稅駕大隱之趣於斯得矣及其奉 恩
印歸閑晦明所侵寒暑增疾醫巫假於朝夕藥餌求於里肆且不安於寢興亦何違於
山之志不復存矣嗚呼事与願違有如此者春秋六十七以十三載十月十一日終于
興化里第君風韻高朗方軌前賢觴詠言談超然出衆其所遊者若吳郡陸景融范陽
城劉昇隴西李昇期京兆田賓庭隴西李道邃〻之族子峴河東裴儆鄉范陽盧僎等
之彥也或得志於登臨之際或忘言於絪縕之間風期一交歲寒無改加以疏財重義
人同汜毓之撫孫類文泉之事嫂甥姪雖衆俾婚冠之及時姊妹既嫠贍資粮而無乏

局部

按

誌主韋濟及其祖父、伯父、父親的生平，兩《唐書》均有記載。韋濟的歷任官職，《舊唐書》中所載較爲簡略，誌文中有詳細的記載，可作補充。韋濟的生卒年月，史無記載，誌文稱“春秋六十七，以十三載十月十一日，終于京城之興化里第”，可知其生年爲垂拱三年（687）。特別值得注意的是，韋濟與杜甫有很深的交往，杜甫曾作《奉寄河南韋尹丈人》《贈韋左丞丈濟》《奉贈韋左丞丈二十二韻》三詩獻給韋濟，因此誌文的記載爲梳理杜甫在天寶年間的行止以及爲杜詩的編年提供了新的重要依據。

另，此誌出土具體地點不詳，但據誌所述其葬于“銅人之原”，銅人原即今西安市東南灞河東之黃土臺塬，墓誌當出土于此方位。

311.754　陳添墓誌

大唐故
陳府君
墓誌銘

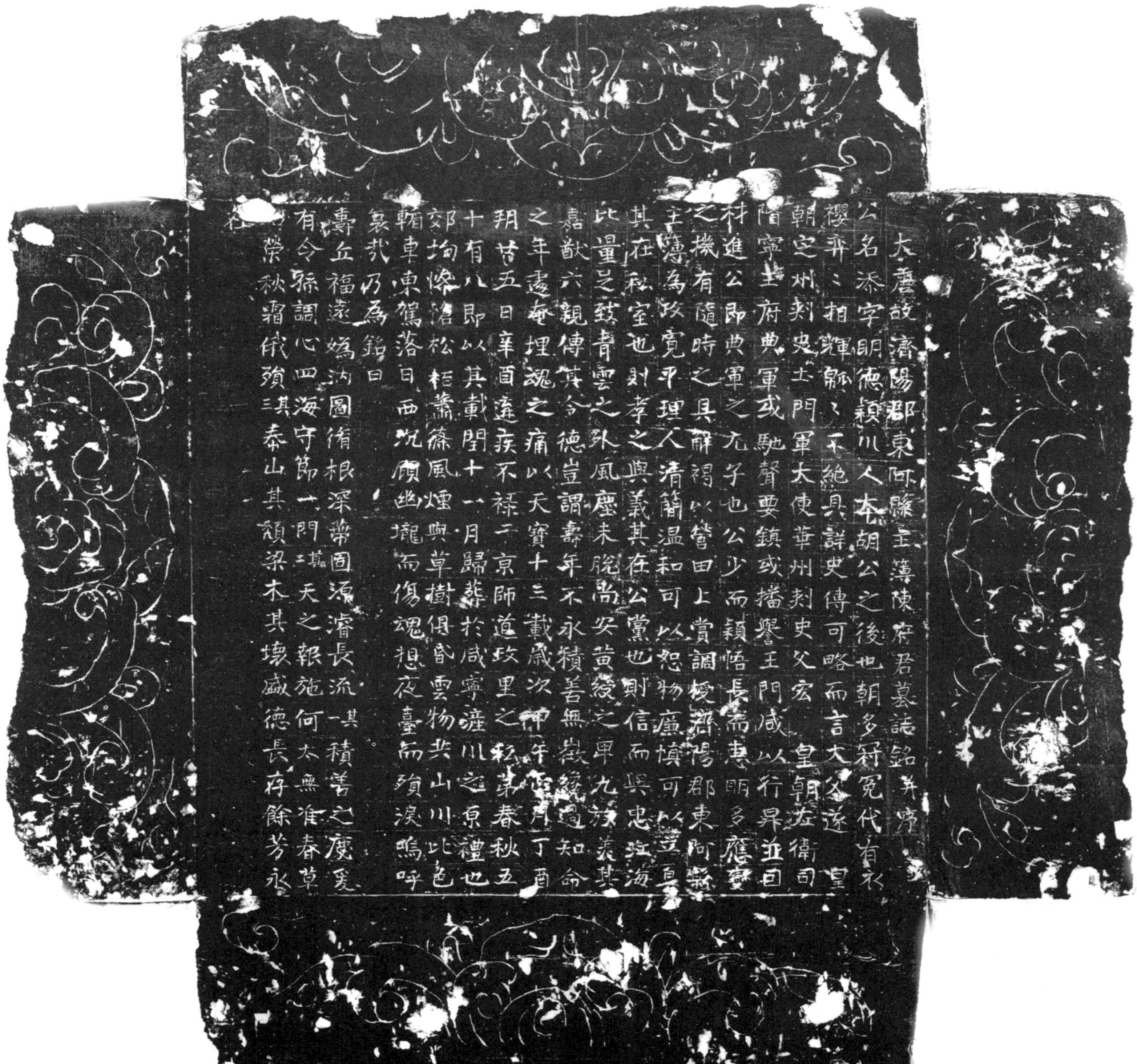
大唐故濟陽郡東阿縣主簿陳府君墓誌銘并序
公名添字明德潁川人本胡公之後也朝多冠冕代有衣
纓弈弈相輝綿綿不絶具詳史傳可略而言大父逵皇
朝定州刺史千牛門軍大使華州刺史父宏皇朝左衛司
階率王府典軍或馳聲要鎮或播譽王門咸以行昇並因
材進公即典軍之元子也公少而穎悟長而惠明多應變
之機有隨時之具解褐以營田上賞調授濟陽郡東阿縣
主簿為政寬平理人清簡溫和可以恕物廉慎可以立身
其在私室也則孝之與義其在公黨也則信而與忠
比量之致青雲之外風塵未脫尚安黃綬之卑九族悲其
嘉猷六親傳其令德豈謂壽年不永積善無徵緣遇知命
之年遠奄埋魂之痛以天寶十三載歲次甲午正月丁酉
朔廿五日辛酉遘疾不祿于京師道政里之私第春秋五
十有八即以其載閏十一月歸葬於咸寧滻川之原禮也
郊埛慘澹松柏蕭森風煙與草樹俱昏雲物共山川比色
輔東東駕落日西沉顧幽壠而傷魂想夜臺而殞淚嗚呼
哀哉乃為銘曰
壽丘福遠嬀汭圖脩根深帶固源濬長流其積善之慶爰
有令孫謂心四海守節一門其天之報施何太無准春草
榮秋霜俄殞其泰山其頹梁木其壞盛德長存餘芳永
在

説 明

唐天寶十三年（754）閏十一月刻。蓋盝形，誌正方形。蓋邊長41厘米，誌邊長38厘米。蓋文3行，滿行3字，隸書“大唐故」陳府君」墓誌銘」”。誌文楷書21行，滿行22字。蓋四殺及誌四側均飾牡丹花紋。西安市郊區出土，具體時、地不詳。現存中國社會科學院考古研究所西安研究室。《隋唐五代墓誌滙編》《全唐文補遺》著録。

釋 文

大唐故濟陽郡東阿縣主簿陳府君墓誌銘并序」

公名添，字明德，穎川人，本胡公之後也。朝多冠冕，代有衣」襮。奕奕相輝，緜緜不絶。具詳史傳，可略而言。大父遂，皇」朝定州刺史、土門軍大使、華州刺史。父宏，皇朝左衛司」階、寧王府典軍。或馳聲要鎮，或播譽王門。咸以行昇，並因」材進。公即典軍之元子也。公少而穎悟，長而惠明。多應變」之機，有隨時之具。解褐，以營田上賞，調授濟陽郡東阿縣」主簿。爲政寬平，理人清簡。温和可以恕物，廉慎可以立身」。其在私室也，則孝之與義；其在公黨也，則信而與忠。江海」比量，足致青雲之外；風塵未脱，尚安黄綬之卑。九族美其嘉猷，六親傳其令德。豈謂壽年不永，積善無徵，纔過知命」之年，遽奄埋魂之痛。以天寶十三載歲次甲午正月丁酉」朔廿五日辛酉遘疾，不禄于京師道政里之私第，春秋五」十有八。即以其載閏十一月歸葬於咸寧滻川之原，禮也」。郊坰慘愴，松柏蕭條。風煙與草樹俱昏，雲物共山川比色」。輤車東駕，落日西沉。顧幽壠而傷魂，想夜臺而殞淚。嗚呼」哀哉！乃爲銘曰」：

壽丘福遠，嬀汭圖修。根深蔕固，源濬長流。其一。積善之慶，爰」有令孫。調心四海，守節一門。其二。天之報施，何太無准。春草」□榮，秋霜俄殞。其三。泰山其頽，梁木其壞。盛德長存，餘芳永」在」。

312.754　閻力妻王紫虚墓誌

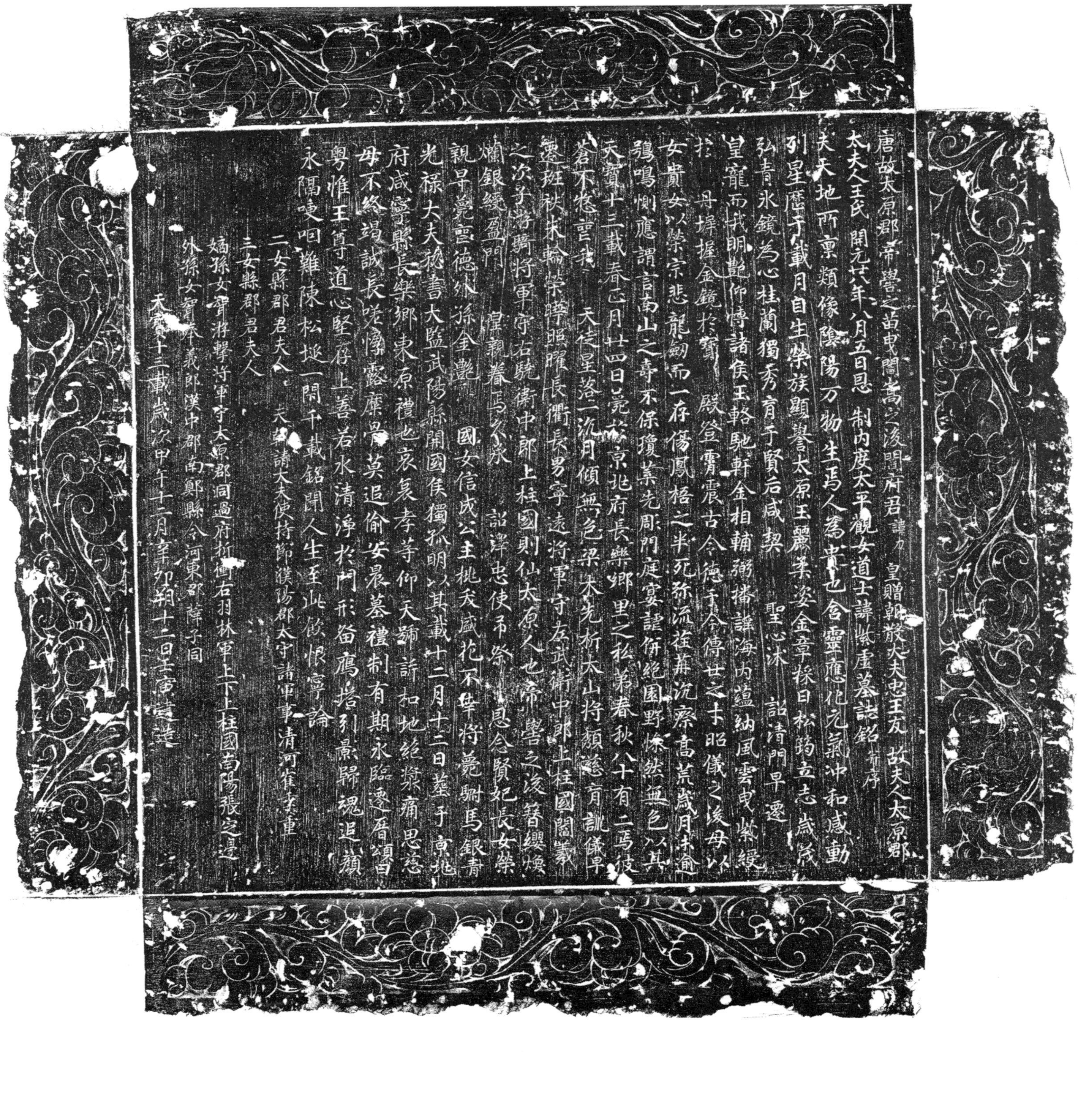

説明

唐天寳十三年（754）十二月刻。誌正方形。邊長55厘米。誌文楷書25行，行字不等。誌四側飾纏枝花紋。西安市出土，具體時、地不詳。現存西安博物院。《隋唐五代墓誌滙編》《全唐文補遺》《陜西碑石精華》著録。

釋文

唐故太原郡帝嚳之苗曳閻嵩之後閻府君諱力皇贈朝散大夫忠王友故夫人太原郡」太夫人王氏開元廿八年八月五日恩制内度太平觀女道士諱紫虚墓誌銘并序」

夫天地所禀，類像陰陽。万物生焉，人爲貴也。含靈應化，元氣沖和。感動」列星，歷于載月。自生榮族，顯譽太原。玉麗柔姿，金章採日。松筠立志，歲茂」弘青。冰鏡爲心，桂蘭獨秀。育于賢后，咸契聖心。沐詔清門，早遷」皇寵。而我明艷，仰博諸侯。玉輅馳軒，金相輔弼。播謡海内，藴納風雲。曳紫綬」於丹墀，握金鏡於寳殿。登霄震古，令德于今。傳世之才，昭儀之後。母以」女貴，女以榮宗。悲龍劍而一存，傷鳳梧之半死。弥流荏苒，沉瘵高荒。歲月未逾」，鴞鳴惻應。謂言南山之壽，不保瓊葉先彫。門庭宴謔併絶，園野慘然無色。以其」天寳十三載春正月廿四日，薨於京兆府長樂鄉里之私第，春秋八十有二焉。彼」蒼不慭，喪我天徒。星落一沉，月傾無色。梁木先折，太山將頽。慈育訓儀，早」遷班秩。朱輪榮曄，照曜長衢。長男，寧遠將軍、守左武衛中郎、上柱國閻羲」之。次子，游騎將軍、守右驍衛中郎、上柱國則仙。太原人也，帝嚳之後。簪纓焕」爛，銀綬盈門。皇親眷焉，久承詔澤。忠使吊祭，恩念賢妃。長女榮」親，早薨喪德。外孫金艷國女信成公主。桃夭盛花，不幸將薨。駙馬，銀青」光禄大夫、秘書大監、武陽縣開國侯獨孤明。以其載十二月十二日，葬于京兆」府咸寧縣長樂鄉東原，禮也。哀哀孝等，仰天號訴。扣地絶漿，痛思慈」母。不終竭誠，長嗟悴露。糜骨莫追，偷安晨墓。禮制有期，永臨還厝。頌曰」：

粤惟王尊，道心堅存。上善若水，清浄於門。形留雁塔，引影歸魂。追顔」永隔，哽咽難陳。松埏一閉，千載銘聞。人生至此，飲恨寧論」。

二女縣郡君夫人，夫朝請大夫、使持節濮陽郡太守諸軍事清河崔季重」。

三女縣郡君夫人」。

嫡孫女婿，游擊將軍、守太原郡洞過府折衝、右羽林軍上下、上柱國南陽張定邊」。

外孫女婿，奉義郎、漢中郡南鄭縣令河東郡薛子同」。

天寳十三載歲次甲午十二月辛卯朔十二日壬寅建造」

按

誌主王紫虚，《唐書》無載。誌所載其出身、家族譜系等，均可補史載之闕。特别是誌所載“恩制内度太平觀女道士”，對于研究唐代皇室道教信仰及宗教制度有一定的價值。另，此誌出土具體地點不詳，據墓誌“葬于京兆府咸寧縣長樂鄉東原”之記載，該墓誌當出土于今西安市東郊興慶路至紡織城一帶。

313.755　辯惠禪師神道誌銘

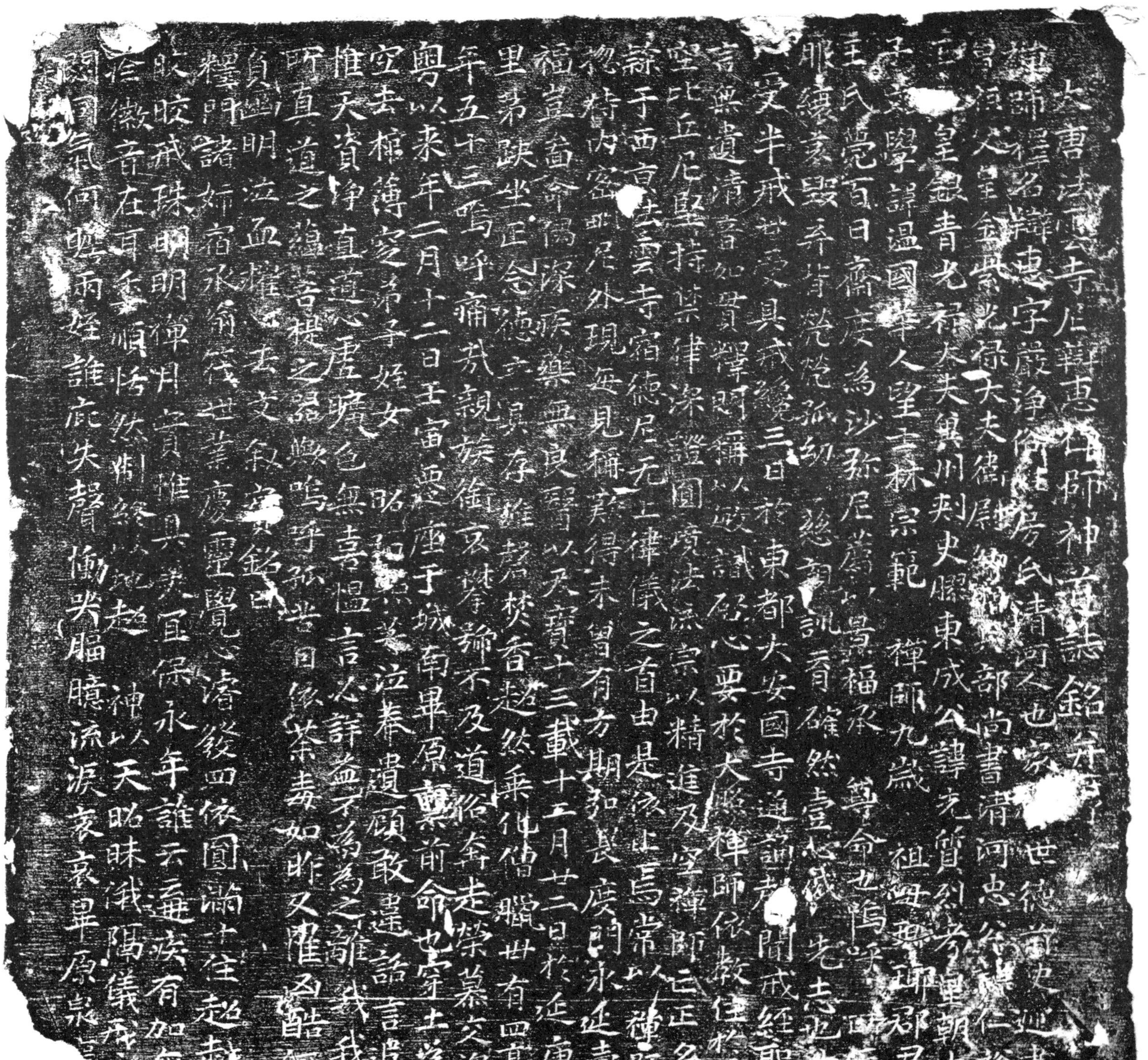

説 明

唐天寶十四年（755）二月刻。蓋盝形，誌正方形。誌、蓋尺寸相同，邊長均36厘米。蓋佚，蓋文3行，行3字，隸書“唐法雲」寺辯惠」禪師銘」”。誌文楷書25行，行字不等。蓋四殺及誌四側均飾寶相纏枝花紋。蓋右下部殘。1953年長安韋曲鎮東北出土，後藏縣文化館。現存西安市長安博物館。《隋唐五代墓誌滙編》《全唐文補遺》《长安碑刻》著録。

釋 文

大唐法雲寺尼辯惠禪師神道誌銘并序」

禪師釋名辯惠，字嚴浄，俗姓房氏，清河人也。家□世德，前史遞書」。曾祖父，皇金紫光禄大夫、衛尉卿，贈兵部尚書、清河忠公諱仁裕」。王父，皇銀青光禄大夫、冀州刺史、膠東成公諱先質。烈考，皇朝太」子文學諱温。國華人望，士林宗範。禪師九歲，祖母瑯琊郡君」王氏薨。百日，齋度爲沙弥尼，薦以景福，承尊命也。嗚呼！所天」服縗，哀毁弃背。煢煢孤幼，慈親訓育。確然壹心，成先志也。十」八受半戒，廿受具戒。纔三日，於東都大安國寺通誦，聲聞戒經，聖」言無遺，清音如貫，釋門稱以敏識。啓心要於大照禪師，依教任於悟」空比丘尼。堅持禁律，深證圓境，法流宗以精進。及空禪師亡，正名」隸于西京法雲寺宿德尼无上律儀之首，由是依止焉。常以禪師」總持内密，毗尼外現，每見稱歎，得未曾有。方期弘長度門，永延壽」福。豈圖命偶深疾，藥無良醫。以天寶十三載十二月廿二日，於延康」里第趺坐正念，德音具存，椎磬焚香，超然乘化。僧臘卅有四，享」年五十三。嗚呼痛哉！親族銜哀，攀號不及；道俗奔走，榮慕交深」。粤以来年二月十二日壬寅，遷座于城南畢原，禀前命也。穿土爲」空，去棺薄窆。弟子侄女昭、弘照等，泣奉遺顧，敢違話言。追」惟天資浄直，道心虚曠，色無喜愠，言必詳益。不爲爲之，離我我」所。真道之藴，菩提之器歟。嗚呼！孤苦因依，荼毒如昨。又罹凶酷，何」負幽明。泣血摧心，去文敘實。銘曰」：

釋門諸姊，宿承喻筏。世業慶靈，覺心濬發。四依圓滿，十住超越」。皎皎戒珠，明明禪月。實惟具美，宜保永年。誰云遘疾，有加無」痊。徽音在耳，委順恬然。制終以地，超神以天。昭昧俄隔，儀形永」閟。同氣何瞻，兩侄誰庇。失聲慟哭，腷臆流淚。哀哀畢原，泉壤」深邃」。

按

誌主辯惠禪師，史載不詳。此誌所載辯惠禪師之出家緣由、依止等，都可爲研究唐代佛教，特别是女尼制度提供參考資料。同時，誌載辯惠禪師之家族世系，也可補史載之闕。

314.755　裴君妻鄭氏墓誌

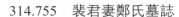

大唐故
鄭夫人
墓誌銘

説 明

唐天寶十四年（755）八月刻。蓋盝形，誌正方形。誌、蓋尺寸相同，邊長均60厘米。蓋文3行，滿行3字，隸書“大唐故」鄭夫人」墓誌銘」”。誌文楷書34行，滿行34字。裴儆撰文。蓋四殺飾卷草紋。出土具體時、地不詳。現存西安市長安博物館。

釋 文

大唐故尚書祠部員外郎裴公夫人滎陽鄭氏墓誌銘并序」

孤子前左衛倉曹參軍儆撰」

夫人姓鄭氏，其先滎陽開封人也。自桓公受封，平王遷邑，溱①洧之地，世爲邦君。緇衣則改」作司徒，彤矢則遞爲謀主。弘仕漢而開府，默在晉而俾侯。奕葉聯華，故時稱禁族；忠臣孝」子，實代有其人。曾祖餘慶，皇監察御史。祖訥言，皇吏部郎中。父希甫，皇尚乘奉御」，贈太常少卿。俱曰國華，繼爲邦傑。清明出於人表，輝焕存乎世家。夫人則太常府」君之長女也。聞之於故老，曰聰惠明達，幼而駭人，柔嘉秀朗，長而出伍。雅好絲枲，尤工組」紃。禮教殆乎飾情，詩書幸於餘力。調弦度曲，樂師辯其鏗鏘；落紙成文，諸兄慚其筆硯。年」十五，歸我職祠先府君焉。淑慎其儀，温恭在志。宜家宜室，類君子之鼓琴；于澗于濱」，掩詩人之采藻。至若勤於奉上，惠於逮下，以承宗廟，以睦閨門。肅肅焉，邕邕焉，何莫由斯」道也。景龍之際，屬應天皇帝有事于郊廟。夫人年未十歲，以恩澤戚屬選」爲皇后齋郎。能執豆籩，實佐祀事。禮畢恩詔，皆賜一官。其他或受其夫，或受其子」。夫人以爲家人之道，親親尊尊，非常之恩，請讓大父。故我郎中有華省之拜。闔門榮被」，中外稱多，而太常府君悦可知也。君子曰：孝乎惟孝，重莫重焉。自祇教公宫，誕弥子室」，婦道允備，母儀克敷。勵行豈唯於内訟，持操實加乎外物。常以爲雞子者形未成也，邪蒿」者名不正也。緊此二味，誓不嘗焉。義以斷其言賓，仁以深於含育。邁昔人惡名之志，叶先」王無卵之典。雖不食龜肉，不飲盗泉，著之話言，未足多也。頃者先大夫以寅亮」聖皇，黼藻宸化，故得烹鼎而食，擊鐘而歌。高門增輝，寒谷自暖。人臣之貴，世莫儔匹」。夫人執禮則舅，達誠益敦。凡諸有言，莫不惟允。中外所請者，或孤養數子，惸然一身，哀其」無依，是必盈願。其餘以貨進者，蔑不顧焉。由是居安慮危，在滿能損。視珠翠其如弃，唯浣」濯之是服。摛錦布繡，滿篋盈筐。終身之戒，悉以散盡。及夫日月逝矣，遭家不造。丞相」之高駕已税，廉公之賓館亦虚。池臺日傾，車輿歲變。唯夫人服御，不改其常。是以」知夫智以周身，儉以全德，古之君子者，其殆庶幾乎！夫人高晤玄微，深窮旨賾，常希」潛運之力，用乎胎教之功。每占熊有期，設弧及月，輒嚴室齋戒，手寫真經，竭力匱財，無非」佛事。故得身相畢具，灾害不生，鞠之育之，以至成長。雖古之矜莊坐立，諷誦詩書，方斯神」功，万不如一。溟海可竭，岱山可傾，高堂之恩，欲報無極。嗚呼！天降大戾，門罹百殃。俾」善無徵，俾予無恃。春秋五十二，天寶十四載三月二十九日，奄弃背于光德里之私第。哀」我弟兄，極人之酷。先府君以開元二十八載十二月十九日弃背，遷窆于神和之」原。議者以爲歲月未通，合祔非古。即用今載八月十五日，安厝于舊塋之傍。考古從宜」，蓋取諸禮也。孤子前秘書郎、嗣正平縣開國男倩，次左衛倉曹儆，次洛陽縣尉倚，次千牛」侑等，哀哀泣血，惸然在疚。俯從先王滅性之制，祇奉聖人卜宅之典。餘生幾日，終結恨於」寒泉；長夜千年，庶流芳於貞石。乃爲銘曰：

大方無象兮大圓無形，曰道曰神兮窈」窈冥冥。德不善兮仁不壽，丘何爲兮回何守。高原膴膴兮國門之陽，松檟森森兮舊域傍」。青燈兮何時滅，泉涓涓兮流復咽，玄堂一閉兮終天永訣」。

校勘記

①湊，當爲“溱”之譌。

按

誌主鄭氏，名不載。“曾祖餘慶，皇監察御史。祖訥言，皇吏部郎中。父希甫，皇尚乘奉御，贈太常少卿。俱曰國華，繼爲邦傑。”是鄭氏一族亦爲當時望族，唯不見載于正史。誌云“景龍之際，屬應天皇帝有事于郊廟。夫人年未十歲，以恩澤戚屬選爲皇后齋郎”，郊祀之事亦見于《新唐書·中宗本紀》：“（景龍三年）十一月乙丑，有事于南郊，以皇后爲亞獻。”鄭氏能夠選爲皇后齋郎，足以説明其“聰惠明達，幼而駭人”。另，該誌出土具體地點不詳，據誌載“遷窆于神和之原”，神和原即神禾原，位于今西安市長安區南古樊川與御宿川之間，該誌當出土此方位。

315.755　王楚玉墓誌

大唐故華
封觀主王
君墓誌銘

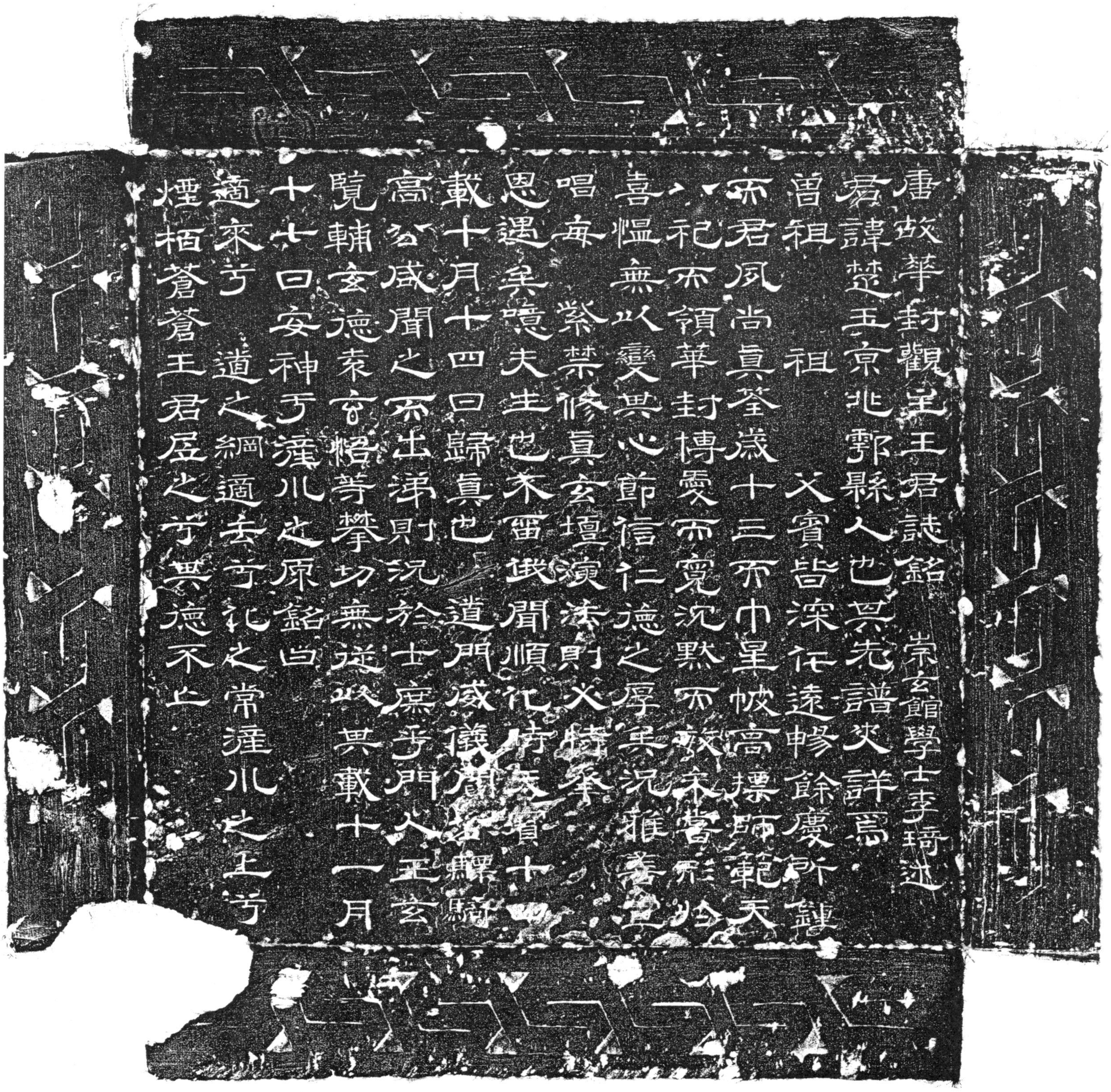
唐故華封觀主王君誌銘　崇玄館學士李琦述
君諱楚玉京兆鄠縣人也其先譜史詳焉
曾祖　祖　父實皆深仁遠暢餘慶所鍾
而君夙尚真筌歲十三而巾星帔高標師範天
祀而領華封博愛而寬沉默而敏未嘗形於
喜慍無以變其心節信仁德之厚矣況雅善
唱每縈禁修真玄壇演法則又
恩遇矣噫夫生也未留識間順化
載十月十四日歸真也道門感儀
高公咸聞之而出涕則況於士庶乎門人王玄
覽輔玄德等攀切無從以其載十一月
十七日安神于灞川之原銘曰
適來兮道之綱適去兮化之常灞川之上兮
煙栢蒼蒼王君居之兮其德不亡

説明

唐天寶十四年（755）十一月刻。蓋盝形，誌正方形。誌、蓋尺寸相同，邊長均36厘米。蓋文3行，滿行4字，隸書“大唐故華」封觀主王」君墓誌銘」”。誌文隸書14行，滿行18字。李琦撰文。蓋四殺飾忍冬紋，誌四側飾幾何圖案。出土具體時、地不詳。現存西安博物院。《全唐文補遺》《陝西碑石精華》著録。

釋文

唐故華封觀主王君誌銘

崇玄館學士李琦述」

君諱楚玉，京兆鄠縣人也。其先譜史詳焉」。曾祖□□，祖□□，父賓，皆深仁遠暢，餘慶所鍾」。而君夙尚真筌，歲十三而巾星帔；高標師範，天」八祀而領華封。博愛而寛，沉默而敏，未嘗形於」喜愠，無以變其心節，信仁德之厚矣。況雅善宣」唱，每紫禁修真，玄壇演法，則必特承」恩遇矣。噫夫！生也不留，俄聞順化。時天寶十四」載十月十四日歸真也。道門威儀閻公、驃騎」高公，咸聞之而出涕，則況於士庶乎？門人王玄」覽、輔玄德、袁玄悟等，攀切無從。以其載十一月」十七日，安神于滻川之原。銘曰」：

適來兮道之綱，適去兮化之常。滻川之上兮」，煙柏蒼蒼。王君居之兮，其德不亡」。

按

誌主王楚玉，史載不詳。誌載其“領華封”，史載華封觀爲唐天寶六年宦官高力士舍宅而建，極盡豪華。又載其逝後“道門威儀閻公、驃騎高公”等咸悲痛之，反映了唐時道教信仰之普遍性。此誌書法樸茂凝重，雄健有力，亦爲唐隸之佳品。

316.757　弥姐亮墓誌

大唐故
弥姐公
墓誌銘

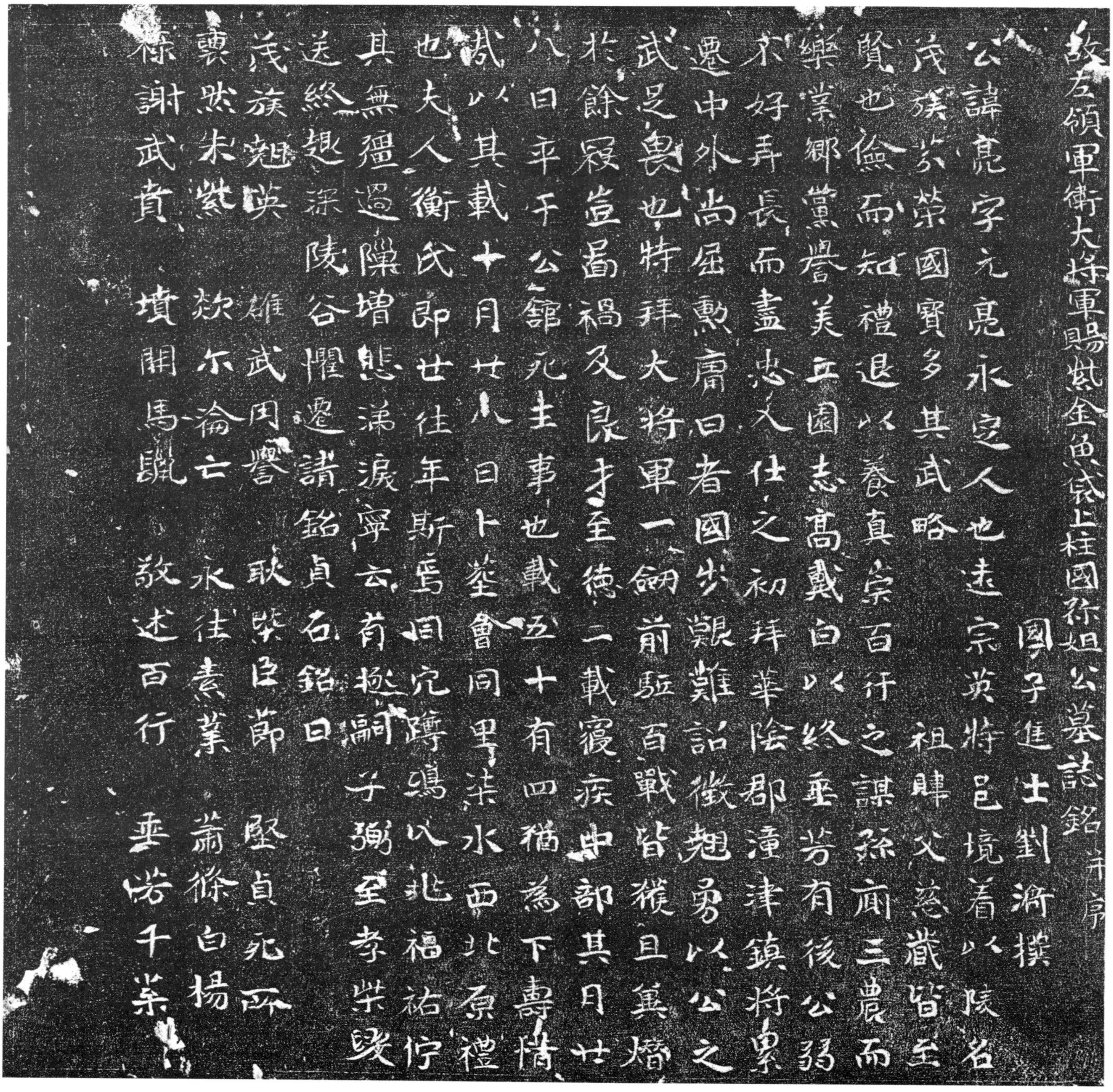
故左領軍衛大將軍賜紫金魚袋上柱國弥姐公墓誌銘并序
國子進士劉濟撰
公諱亮，字元亮，永定人也。遠宗英將，邑境着以陵名
茂族，芬榮國寶，多其武略。祖肆，父慈，咸皆至
賢也。儉而知禮，退以養真，崇百行之謀，孫甫三農而
樂業，鄉黨譽美，立園志高，戴白以終，垂芳有後。公弱
求好弄，長而盡忠。父仕之初，拜華陰郡潼津鎮將，累
遷中外，尚屈勲庸。曰者國步艱難，詔徵翹勇，以公之
武是畏也，特拜大將軍。一鋤前驅，百戰皆獲，且冀燔
於餘寇，豈圖禍及良才。至德二載，寢疾中部，其月廿
八日卒于公館，死王事也。載五十有四，禍為下壽，情
哉。以其載十月廿八日卜塋會同里渠水西北原，禮
也。夫人衛氏，即廿往年斯焉同究，蹲鳴以北，福祐佇
其無疆，遏隳增悲，涕淚寧云。荀撫嗣子，獨至孝榮踐，
送終趣深，陵谷懼遷，請銘貞石。銘曰：
茂族翹英，雄武用譽。耿榮臣節，堅貞死所。
哀然米紫，欽尔論亡。永往袁葉，蕭徐白楊。
祿謝武貴，墳開馬鬣。敬述百行，垂芳千葉。

説明

唐至德二年（757）十月刻。蓋盝形，誌正方形。誌、蓋尺寸相同，邊長均45厘米。蓋文3行，滿行3字，楷書“大唐故」弥姐公」墓誌銘」”。誌文楷書18行，滿行20字。劉漪撰文。蓋四殺飾團花紋。1990年蒲城縣罕井鎮出土。現存蒲城縣博物館。《全唐文補遺》《新中國出土墓誌（陝西壹）》著録。

釋文

故左領軍衛大將軍賜紫金魚袋上柱國弥姐公墓誌銘并序」

國子進士劉漪撰」

公諱亮，字元亮，永定人也。遠宗英特，邑境著以陵名」；茂族芬榮，國竇多其武略。祖暐，父慈藏，皆至」賢也。儉而知禮，退以養真。崇百行之謀孫，厠三農而」樂業。鄉黨譽美，丘園志高。戴白以終，垂芳有後。公弱」不好弄，長而盡忠。入仕之初，拜華陰郡潼津鎮將，累」遷中外，尚屈勳庸。日者國步艱難，詔徵翹勇。以公之」武足畏也，特拜大將軍。一劍前驅，百戰皆獲。且冀熸」於餘寇，豈圖禍及良才。至德二載寢疾中部，其月廿」八日卒于公館，死王事也。載五十有四，猶爲下壽。惜」哉！以其載十月廿八日，卜葬會同里桼水西北原，禮」也。夫人衡氏，即世往年，斯焉同穴。蹲鴟入兆，福祐佇」其無疆；過隙增悲，涕淚寧云有極。嗣子弼，至孝柴毀」，送終趣深。陵谷懼遷，請銘貞石。銘曰」：

茂族翹英，雄武用譽。耿概臣節，堅貞死所」。褎然朱紫，欻爾淪亡。永往素業，蕭條白楊」。禄謝武賁，墳開馬鬣。敬述百行，垂芳千葉」。

按

誌主弥姐亮，字元亮，永定人。弥姐氏爲西羌旺族，在流傳下來的南北朝及隋代造像題記中屢見，唯墓誌文獻比較少見，本誌可作爲重要的補充材料。

317.758　章令信墓誌

大唐故
章府君
墓誌銘

説明

唐乾元元年（758）十月刻。蓋盝形，誌正方形。誌、蓋尺寸相同，邊長均37厘米。蓋文3行，滿行3字，篆書“大唐故」章府君」墓誌銘」”。誌文楷書25行，滿行26字。楊重玄撰文。蓋四殺飾忍冬紋，誌四側飾蔓草紋。西安市出土，具體時、地不詳。現存中國社會科學院考古研究所西安研究室。《全唐文補遺》著録。

釋文

故武都侯右龍武軍大將軍章府君墓誌并序」

蘇州司功参軍楊重玄撰」

府君諱令信，字令信，武都人也。其先紀大夫裂繻食菜於章，因氏焉」。震以煉骨升天，茂標仙伯；邯則學劍從武，功致雍王。夫流長者泉深」，岳高者峰秀。勳華舄奕，世不乏賢。四代祖韓，陳開府儀同三司、五州」都督、兼鸞臺鳳閣平章事。曾祖慶，随右金吾大將。祖亮，皇朝睦州」太守。父謙，皇朝贈台州長史。即長第九子也①。幼挺奇表，長負高節」，直殿中省。屬韋氏投天隙，弄天兵，戡難尅復。府君著大功於國矣」。累拜大將軍，宿衛玉階五十餘年。潔己恭事，行不逾矩。太上」皇親而寵焉，敕書錫賚，因命稠疊。每有修營建造，輒咨謀爲大」使。蓋識略詳舉，規度敏當，廉財簡正矣。功封武都縣開國侯，食邑七」百户，賞德褒勤也。天不憖遺，殲我貞懿。遘疾終于滻川里私第，春秋」七十有五。乾元元年十月十日，窆於萬年縣白鹿原，禮也。公禀靈太」真，育德純嘏。其骨秀，其氣雄，和而能別，既雜不染。好施而不望其報」，重義而不吝其財。奉上必竭其誠，惠下能致其力。牆宇崇廣，難得」窺見。方將摶九万，運三千。神奪我福，中折天柱。有子五人：俊、豐、豫、震」、巽等，執喪過禮，悲纏欒棘。痛冥寞無徵，刊貞琰紀德。陵谷有徙，芳猷」不昧。銘曰」：

滔滔洪河，鬱鬱鄧林。横天沃日，滈漾蕭森。旁分九派，直上千尋。天骨」地靈，國英人傑。高冠長劍，蟬聯閥閲。藹藹勳華，雄雄武烈。逝川不駐」，鄰笛悲聞。飄飄素旐，沉沉暮雲。空瞻大樹，無復將軍。神皋夷爽，龜貞」筮久。南瞻豹巖，北眺龍首。氛氳秀氣，隱嶙塠阜。靈圖秘録，于何不有」。松檟蕭颼，壟隧蒼茫。山秋月苦，泉深夜長。吁乎冠軍，万古千霜。凴落」景以直視，莫不痛骨而斷腸」。

乾元元年十月二日書記之」

校勘記

①即長第九子也，據文式應爲“公即長史第九子也”。

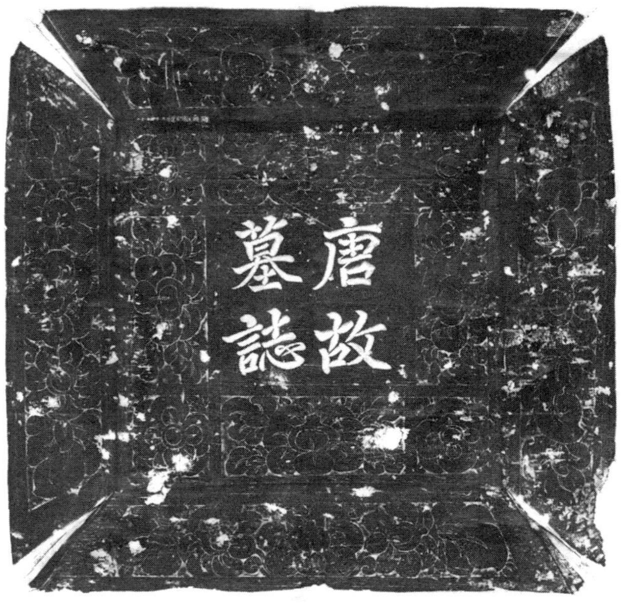
唐故
墓誌

318.759　韋光閏暨宋夫人墓誌

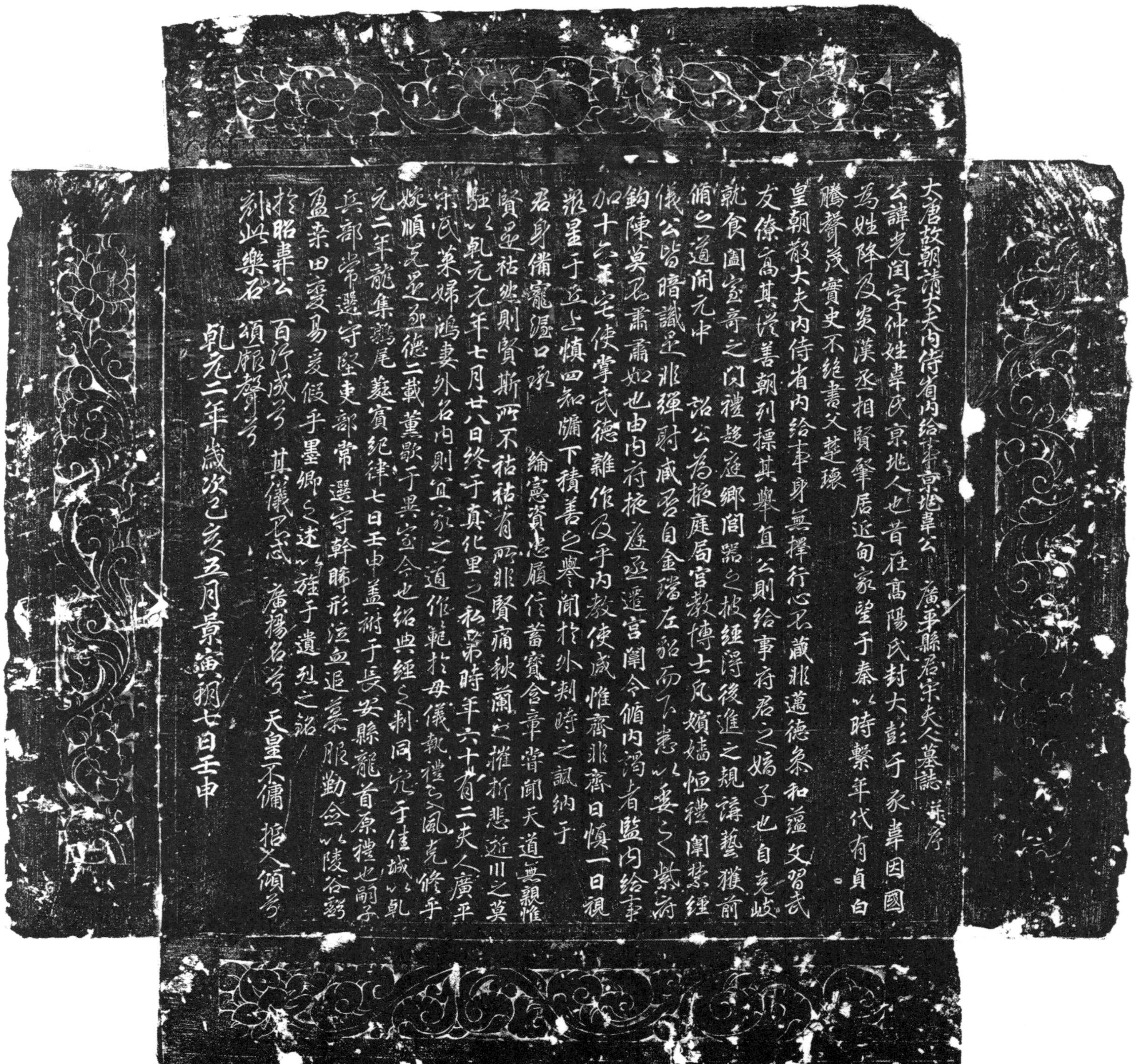

説 明

唐乾元二年（759）五月刻。蓋盝形，誌正方形。蓋邊長57厘米，誌邊長51厘米。蓋文2行，滿行2字，楷書“唐故｣墓誌｣”。誌文行楷23行，行字不等。蓋四殺及四側均飾寶相石榴花紋，誌四側飾纏枝花紋。出土具體時、地不詳。現存西安博物院。《隋唐五代墓誌滙編》《全唐文補遺》著録。

釋 文

大唐故朝請大夫内侍省内給事京兆韋公廣平縣君宋夫人墓誌并序｣

公諱光閏，字仲，姓韋氏，京兆人也。昔在高陽氏，封大彭于豕韋，因國｣爲姓。降及炎漢，丞相賢肇居近甸，家望于秦。以時繫年，代有貞白｣。騰聲茂實，史不絶書。父楚瓌｣，皇朝散大夫、内侍省内給事。身無擇行，心不藏非。邁德參和，藴文習武｣。友僚高其從善，朝列標其舉直。公則給事府君之嫡子也。自克岐｣就食，闔室奇之；問禮趨庭，鄉閭器之。披經得後進之規，講藝獲前｣脩之道。開元中，詔公爲掖庭局宫教博士。凡嬪嬙恒禮，闈禁經｣儀，公皆暗識是非，彈射臧否。自金璫左貂而下，悉以委之。紫府｣鈎陳，莫不肅肅如也。由内府掖庭丞遷宫闈令，循内謁者監、内給事｣，加十六王宅使，掌武德雜作，及乎内教使，咸惟齊非齊，日慎一日。視｣衆星于丘上，慎四知牖下。積善之譽聞於外，刺時之諷納于｣君。身備寵渥，口承綸憲。資忠履信，蓄寶含章。甞聞天道無親，惟｣賢是祐。然則賢斯所不祐，祐有所非賢。痛秋蘭之摧折，悲逝川之莫｣駐。以乾元元年七月廿八日終于真化里之私第，時年六十有二。夫人廣平｣宋氏，萊婦鴻妻，外名内則。宜家之道，作範於母儀；執禮之風，克修乎｣婉順。先是至德二載，薰歇于異室。今也紹典經之制，同穴于佳城。以乾｣元二年龍集鶉尾蕤賓紀律七日壬申，葢祔于長安縣龍首原，禮也。嗣子｣兵部常選守堅、吏部常選守幹，晞形泣血，追慕服勤。僉以陵谷虧｣盈，桑田變易。爰假乎墨卿之述，以旌于遺烈之銘｣。

於昭韋公，百行成兮。其儀不忒，廣揚名兮。天皇不傭，哲人傾兮｣。刻此樂石，頌厥聲兮｣。

乾元二年歲次己亥五月景寅朔七日壬申｣

按

韋光閏爲唐代宦官，“由内府掖庭丞遷宫闈令，循内謁者監、内給事，加十六王宅使，掌武德雜作，及乎内教使”，據此可知，宦官主掌武德機構，可上溯至唐肅宗乾元二年。又《文苑英華》卷九三一《内給事諫議大夫韋公神道碑》失載韋氏名字。韋光閏父之名，墓誌作“楚瓌”，神道碑單作“楚”，缺省一字。此外，韋光閏享齡，神道碑作“六十六”，墓誌作“六十二”，必有一誤。因此，韋光閏神道碑與墓誌可互爲補充，共同勾畫出韋光閏的仕宦歷程。

319.759　周曉墓誌

唐贈原州
刺史周府
君墓誌銘

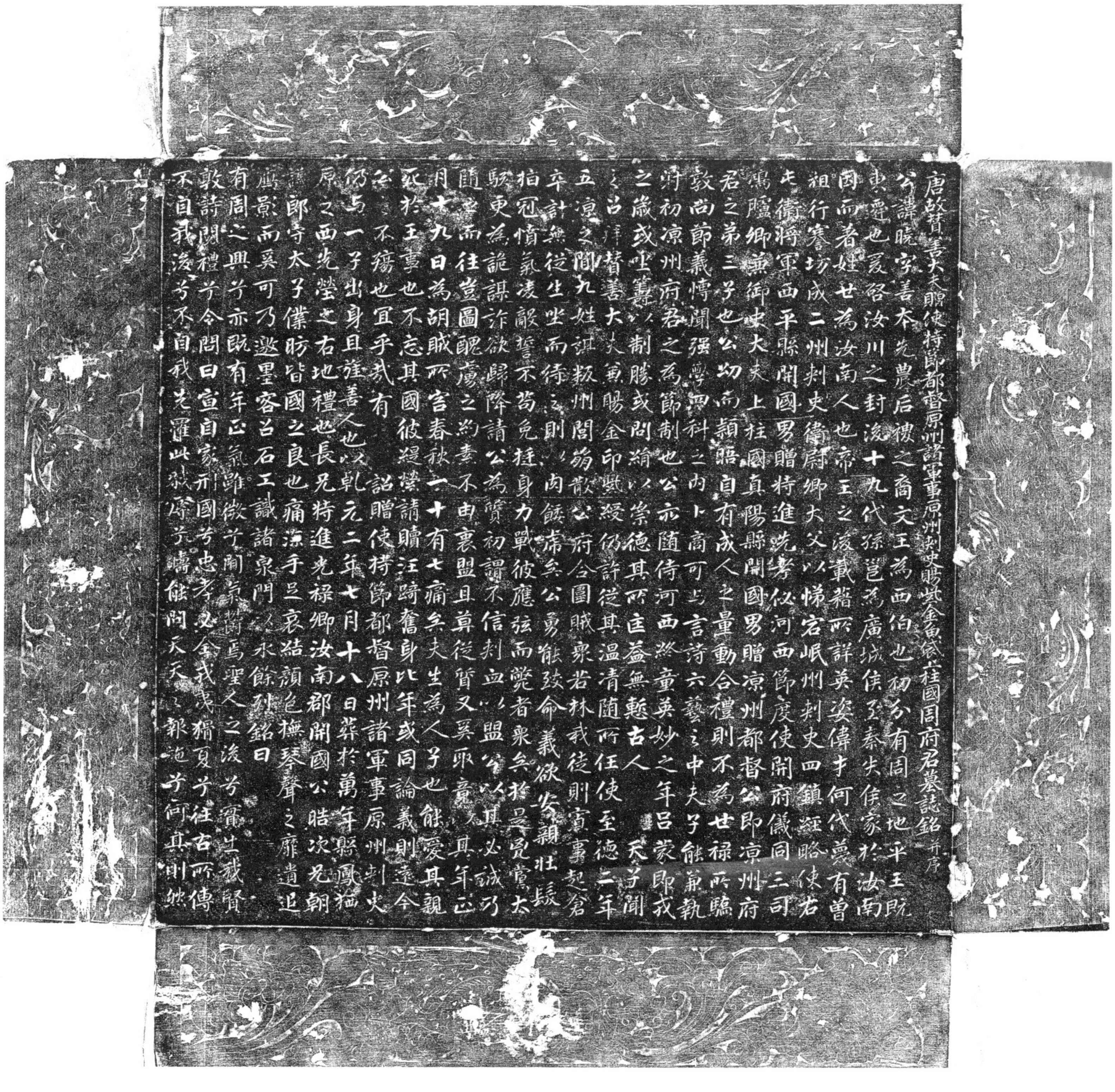

説 明

唐乾元二年（759）七月刻。蓋盝形，誌正方形。蓋邊長62厘米，誌邊長61厘米。蓋文3行，滿行4字，隸書“唐贈原州」刺史周府」君墓誌銘」”。誌文楷書27行，滿行27字。蓋四殺飾瑞獸海石榴紋，四周飾寶相纏枝花紋；誌四側飾瑞獸海石榴紋。西安市長安區出土，具體時、地不詳。現存西安市長安博物館。《隋唐五代墓誌滙編》《全唐文補遺》《陝西碑石精華》《長安碑刻》著録。

釋 文

唐故贊善大夫贈使持節都督原州諸軍事原州刺史賜紫金魚袋上柱國周府君墓誌銘并序」

公諱曉，字善本，先農后稷之裔。文王爲西伯也，初分有周之地；平王既」東遷也，爰啓汝川之封。後十九代孫邕爲廣城侯。至秦失侯，家於汝南」，因而著姓，世爲汝南人也。帝王之後，載籍所詳。英姿偉才，何代蔑有。曾」祖行謇，坊成二州刺史、衛尉卿。大父以悌，宕岷州刺史、四鎮經略使、右」屯衛將軍、西平縣開國男，贈特進。先考佖，河西節度使、開府儀同三司」、鴻臚卿兼御史大夫、上柱國、真陽縣開國男，贈凉州都督。公即凉州府」君之弟三子也。公幼而穎晤，自有成人之量；動合禮則，不爲世禄所驕」。敦尚節義，博聞强學。四科之内，卜商可与言詩；六藝之中，夫子能兼執」射。初，凉州府君之爲節制也，公亦随侍河西。終童英妙之年，吕蒙即戎」之歲，或坐籌以制勝，或問絹以崇德，其所匡益，無慚古人。天子聞」之，召拜贊善大夫，兼賜金印紫綬，仍許從其温凊，随所任使。至德二年」，五凉之間，九姓謀叛。州閭崩散，公府合圍。賊衆若林，我徒則寡。事起倉」卒，計無從生，坐而待之，則以肉餧虎矣。公勇能致命，義欲安親。壯髮」指冠，憤氣淩敵。誓不苟免，挺身力戰，彼應弦而斃者衆矣。於是，兇黨大」駭，更爲詭謀。詐欲歸降，請公爲質。初謂不信，刺血以盟。公以其必誠，乃」随之而往。豈圖醜虜之約，素不由衷，盟且莫從，質又奚取？竟以其年正」月十九日，爲胡賊所害，春秋一十有七。痛矣夫！生爲人子也，能愛其親」；死於王事也，不忘其國。彼緹縈請贖，汪踦奮身，比年或同，論義則遠。今」公之不殤也，宜乎哉！有詔贈使持節都督原州諸軍事、原州刺史」，仍与一子出身，且旌善人也。以乾元二年七月十八日，葬於萬年縣鳳栖」原之西先塋之右地，禮也。長兄特進、光禄卿、汝南郡開國公晧，次兄朝」議郎、守太子僕昉，皆國之良也。痛深手足，哀結顔色。撫琴聲之靡遺，追」雁影而奚可。乃邀墨客，召石工，識諸泉門，以永餘烈。銘曰」：

有周之興兮，亦既有年。正氣雖微兮，間氣鬱焉。聖人之後兮，實生我賢」。敦詩閲禮兮，令問曰宣。自家刑國兮，忠孝必全。戎夷猾夏兮，往古所傳」。不自我後兮，不自我先。罹此戮辱兮，疇能問天。天之報施兮，何其則然」。

按

誌主周曉，祖以悌，父佖，事迹兩《唐書》有載，惟散見各處，且極簡略。本誌所記“至德二年，五凉之間，九姓謀叛”事頗詳，周曉“爲胡賊所害”，據《舊唐書》之《肅宗本紀》及《北狄傳》相關記載，周曉祖以悌、父佖均于此時一同遇難。又此誌出土地點不詳，據墓誌記載“葬於萬年縣鳳栖原”，當出土于今西安市南郊鳳栖原一帶。

320.759　裴利物妻竇夫人墓誌

大唐故左金吾衛長史故妻竇夫人墓誌并序
夫生化之道大矣哉孰能駐如寄之魂永若住
之賓故左金吾衛長史裴利物妻竇夫人扶風
郡人也河南郡太守懷亮之孫駙馬都尉延祚
之女柔姿婉娩韶性幽閑不勢寵榮無驕勳戚
昔待年母氏則襲訓公宮洎嬪日夫家則憂勤
婦道六行光於素蹟四德被乎笄年謂將福善
有孚永綏良壽何其玄穹莫慭爰降鞠凶以乾
元二年九月九日遂寢疾弥留終于懷遠里春
秋五十有七其年十月十日歸祔於三橋龍尾
原皇姑還合于裴公禮也嗚呼懸棺斯窆若
斧其封像設既陳佩環寘合逮乎神物固當樂
於同穴女林靈龠非復悲於獨景若然者乃情
妄之謂耳豈真極之義哉故重為之銘以寄于
詞曰
异哉死生兮絲若紀纏緜忽不常兮變化何極
適來兮為是控摶適去兮又為歎息固出有而
入無豈見疵乎又識　刻字人張履信
原州都督府彭陽府左果毅子婿彦見書記

説明

唐乾元二年（759）十月刻。蓋盝形，誌正方形。蓋邊長45厘米，誌邊長44厘米。蓋文3行，滿行3字，篆書“大唐故」竇夫人」墓誌銘」”。誌文楷書19行，滿行18字。房見書撰文。蓋四周飾寶相花紋，四殺飾纏枝花紋；誌四側飾纏枝花紋。西安市西郊出土。現存陝西省考古研究院。《隋唐五代墓誌滙編》《全唐文補遺》著録。

釋文

大唐故左金吾衛長史故妻竇夫人墓誌并序」

夫生化之道大矣哉，熟能駐如寄之魂，永若休」之質！故左金吾衛長史裴利物妻竇夫人，扶風」郡人也。河南郡太守懷亮之孫，駙馬都尉延祚」之女。柔姿婉嫕，韶性幽閑。不勢寵榮，無驕勳戚」。昔待年母氏，則襲訓公宫；洎嬬日夫家，則憂勤」婦道。六行光於主饋，四德被乎笄年。謂將福善」有孚，永綏良壽，何其玄穹莫愸，爰降鞠凶。以乾」元二年九月九日，遂寢疾弥留，終于懷遠里，春」秋五十有七。其年十月十日，歸祔於三橋龍尾」原，皇姑遷合于裴公，禮也。嗚呼！懸棺斯窆，若」斧其封；像設既陳，伉儷冥合。建平神物，固當樂」於同波；女牀靈禽，非復悲於獨影。若然者，乃情」妄之謂耳，豈真極之義哉！故重爲之銘，以寄于」詞曰」：

异哉死生兮，紛若糺纆。倏忽不常兮，變化何極」。適来兮焉足控摶，適去兮又焉歎息。固出有而」入無，豈見疵乎反識。

刻字人張履信」

原州都督府彭陽府左果毅子婿房見書記」

按

誌主之夫裴利物，祖仲將，貝州刺史，父進，“紀國王之外孫，河南尹之元兄”。紀王慎之長女適仲將，河南尹即族叔裴迴。利物歷仕有鄜參軍、邠王府户曹、左羽林金吾衛長史，卒于耳順之年。其生平詳見《裴利物墓誌》。

撰者房見書，生卒年不詳。乾元二年爲原州都督府彭陽府左果毅。

321.763　高力士墓誌

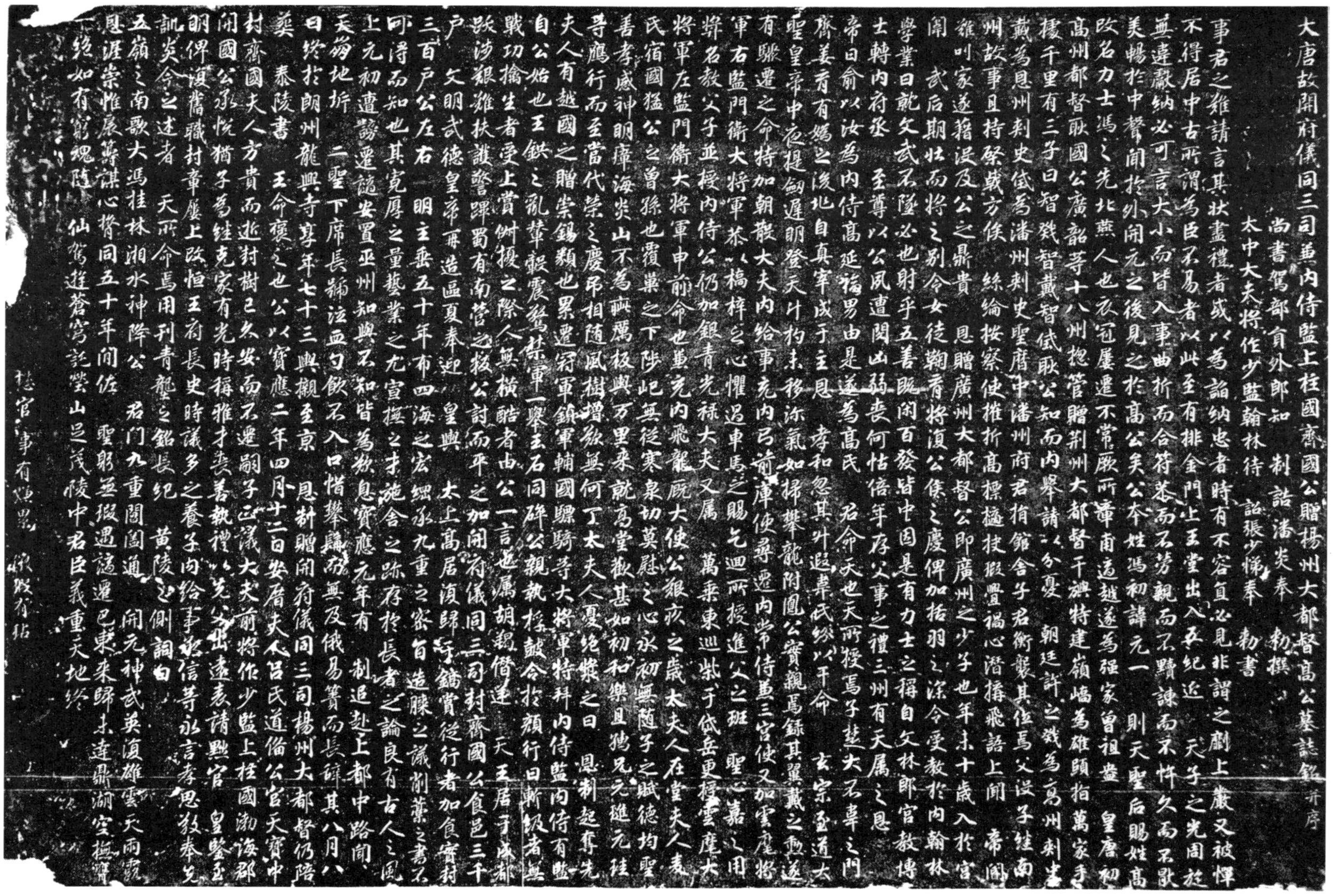

説 明

唐寶應二年（763）四月刻。誌長方形，長102厘米，寬78厘米。誌文行楷45行，滿行34字。潘炎撰文，張少悌書丹。1999年蒲城縣保南鄉高力士墓出土。現存蒲城縣博物館。《全唐文補遺》《陝西碑石精華》著録。

釋 文

大唐故開府儀同三司兼内侍監上柱國齊國公贈揚州大都督高公墓誌銘并序」

尚書駕部員外郎知制誥潘炎奉敕撰」

太中大夫將作少監翰林待詔張少悌奉敕書」

事君之難，請言其狀：盡禮者或以爲諂，納忠者時有不容。直必見非，謂之劘上；嚴又被憚」，不得居中。古所謂爲臣不易者，以此至有。排金門，上玉堂，出入五紀，近天子之光，周旋」無違，獻納必可，言大小而皆入，事曲折而合符。恭而不勞，親而不黷，諫而不忤，久而不厭」。美暢於中，聲聞於外。開元之後，見之於高公矣。公本姓馮，初諱元一。則天聖后賜姓高」，改名力士。馮之先，北燕人也。衣冠屢遷，不常厥所。章甫適越，遂爲强家。曾祖盎，皇唐初」高州都督、耿國公、廣韶等十八州總管，贈荆州大都督。干旟特建，嶺嶠爲雄。頤指萬家，手」據千里。有三子：曰智戣、智戴、智玳。耿公知而内舉，請以分憂，朝廷許之。戣爲高州刺史」，戴爲恩州刺史，玳爲潘州刺史。聖曆中，潘州府君捐館舍，子君衡襲其位焉。父没子繼，南」州故事。且持棨戟，方俟絲綸。按察使摧折高標，擿抉瑕釁，禍心潛構，飛語上聞。帝閽」難叫，家遂藉没。及公之鼎貴，恩贈廣州大都督。公即廣州之少子也。年未十歲，入於宫」闈。武后期壯而將之，别令女徒鞠育。將復公侯之慶，俾加括羽之深。令受教於内翰林」，學業日就，文武不墜，必也射乎，五善既閑，百發皆中，因是有力士之稱。自文林郎、宫教博」士轉内府丞。至尊以公夙遭閔凶，弱喪何怙，倍年存父事之禮，三州有天屬之恩」。帝曰：俞！以汝爲内侍高延福男。由是遂爲高氏。君命天也，天所授焉。子楚大不韋之門」，齊姜育有嬀之後。兆自真宰，成于主恩。孝和忽其升遐，韋氏紛以干命。玄宗至道大」聖皇帝中夜提劍，遲明登天。斗杓未移，沴氣如掃。攀龍附鳳，公實親焉。録其翼戴之勳，遂」有驟遷之命。特加朝散大夫、内給事，充内弓箭庫使，尋遷内常侍，兼三宫使，又加雲麾將」軍、右監門衛大將軍。恭以橋梓之心，懼過車馬之賜。乞迴所授，進父之班。聖心嘉之，用」獎名教。父子並授内侍，公仍加銀青光禄大夫。又屬萬乘東巡，柴于岱岳，更授雲麾大」將軍、左監門衛大將軍，申前命也，兼充内飛龍厩大使。公艱疚之歲，太夫人在堂。夫人麦」氏，宿國猛公之曾孫也。覆巢之下，陟屺無從。寒泉切莫慰之心，永初無隨子之賦。德均聖」善，孝感神明。瘴海炎山，不爲疵厲；板輿万里，来就高堂。歡甚如初，和樂且孺。兄元璡、元珪」等，雁行而至，當代榮之。慶吊相随，風樹增歎。無何，丁太夫人憂。絶漿之日，恩制起奪。先」夫人有越國之贈，崇錫類也。累遷冠軍、鎮軍、輔國、驃騎等大將軍，特拜内侍監。内侍有監」，自公始也。王鉷之亂，輦轂震驚；禁軍一舉，玉石同碎。公親執桴鼓，令於顔行曰：斬級者無」戰功，擒生者受上賞。俶擾之際，人無横酷者，由公一言也。屬胡羯僭逆，天王居于成都」。跋涉艱難，扶護警蹕。蜀有南營之叛，公討而平之。加開府儀同三司，封齊國公，食邑三千」户。文明武德皇帝再造區夏，奉迎皇輿，太上高居，復歸于鎬。賞從行者，加食實封」三百户。公左右明主，垂五十年。布四海之宏綱，承九重之密旨。造膝之議，削藁之書，不」可得而知也。其寬厚之量，藝業之尤，宣撫之才，施舍之迹，存於長者之論，良有古人之風」。上元初，遭謗遷謫，安置巫州。知與不知，皆爲歎息。寶應元年，有制追赴上都。中路聞」天崩地坼，二聖下席，長號泣血，勺飲不入口。惜攀髯而無及，俄易簀而長辭。其八月八」日，終於朗州龍興寺，享年七十三。輿櫬至京，恩制贈開府儀同三司、揚州大都督，仍陪」葬泰陵，書王命褒之也。公以寶應二年四月十二日安厝。夫人吕氏，道備公宫，天寶中」封齊國夫人，方貴而逝，封樹已久，安而不遷。嗣子正議大夫、前將作少監、上柱國、渤海郡」開國公承悦，猶子爲繼，克家有光，時稱雅才，喪善執禮。以先父出遠，表請黜官。皇鑒至」明，俾復舊職。封章屢上，改恒王府長史，時議多之。養子内給事承信等，永言孝思，敬奉先」訓。炎今之述者，天所命焉。用刊青壟之銘，長紀黄陵之側。詞曰」：

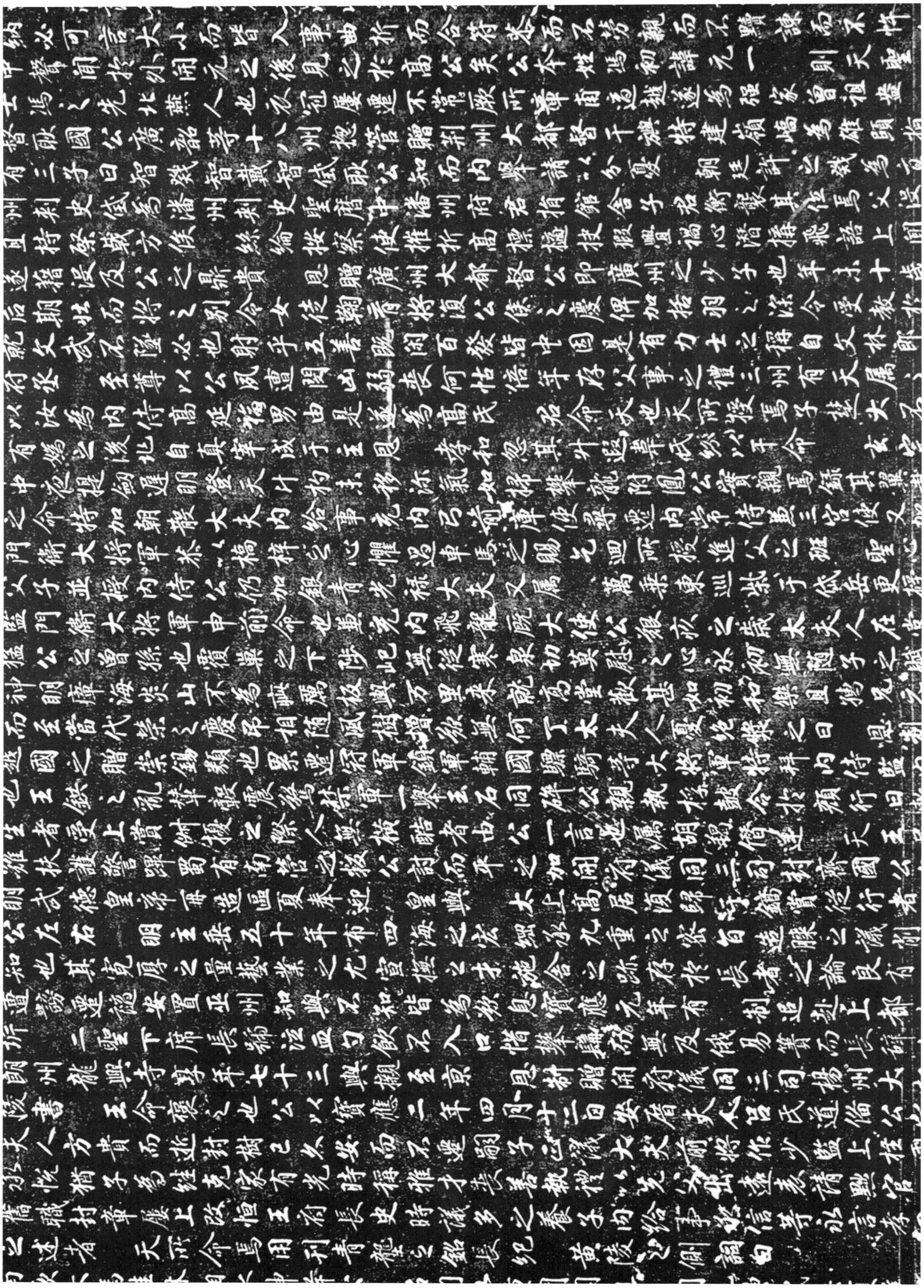

局部

五嶺之南歌大馮，桂林湘水神降公。君門九重閶闔通，開元神武英復雄。雲天雨露」恩渥崇，帷扆籌謀心膂同。五十年間佐聖躬，無瑕遇謫遷巴東。来歸未達鼎湖空，撫膺」一絶如有窮。魂随仙駕遊蒼穹，託塋山足茂陵中，君臣義重天地終」。

懋官事有嫌累，微瑕有玷」。

按

誌主高力士，本姓馮，名元一，武則天賜姓高，改名力士。歷職四朝，深受器重。兩《唐書》有傳。本誌記載高力士生平事迹豐富詳細，可與正史參看。

書者張少悌，唐著名書法家。本誌字體近右軍《聖教序》，秀麗圓潤，在書法上亦是名篇。

322.764　郭公廟碑銘

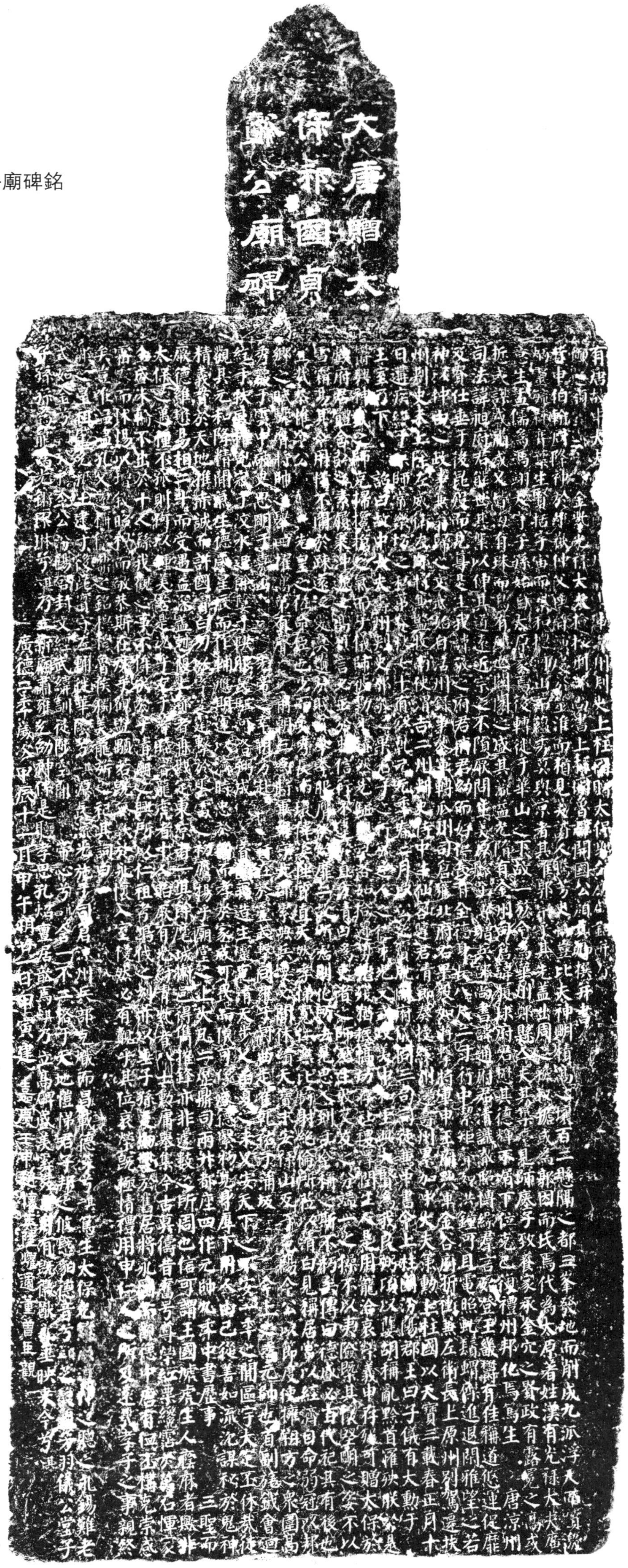
大唐贈太
保祁國貞
懿公廟碑

説明

唐廣德二年（764）十一月刻。碑螭首方座。通高371厘米，寬126厘米。額文3行，滿行4字，隸書“大唐贈太」保祁國貞」懿公廟碑」”。正文楷書30行，滿行58字。顔真卿撰文並書丹，李豫題額。碑面磨蝕較爲嚴重。原立于長安縣郭子儀家廟，1951年移藏西安碑林。現存西安碑林博物館。《石墨鐫華》《金石萃編》《西安碑林全集》等著録。

釋文

有唐故中大夫使持[①]節壽州諸軍事壽州刺史上柱國贈太保郭公廟碑銘并序」

御題額

金紫光禄大夫檢校刑部尚書上柱國魯郡開國公顔真卿撰并書」

昔申伯翰周，降神於維嶽；仲父匡晉，演慶於箎淮。而猶見美詩人，騰芳史册。豈比夫神明積高之壤，百二懸隔之都，三峰發地而削成，九派浮天而噴激」。炳靈毓粹，奕葉生賢。括宇宙而集和，總河山而藴秀。莫與京者，其唯郭宗乎！其先盖出周之虢叔，虢或爲郭，因而氏焉。代爲太原著姓。漢有光禄大夫廣」意，生孟儒，爲馮翊太守，子孫始自太原家焉。後轉徙于華山之下，故一族今爲華州鄭縣人。夫其築臺見師，瘗子致養，家承金穴之貴，政有露冕之高，或」哲或謀，或肅或乂，皆海有珠而鳥有鳳也。閥閱之盛，其流益光。隋有金州司倉諱履球府君，懋其德輝，不屑下位，克己復禮，州邦化焉。篤生唐涼州」司法諱昶府君，能世其業，以伸其道，遠近宗之，不隕厥問。生美原縣主簿、贈兵部尚書諱通府君，清識澈照，博綜群言，始登王畿，鬱有佳稱，道悠運促，靡」及貴仕，垂于後昆，歿而見尊。是生我諱敬之府君。府君幼而好仁，長有全德。身長八尺二寸，行中絜矩，聲如洪鐘，河目電照，虬鬚蝟磔。進退閑雅，望之若」神。以仲由之政事，兼翁歸之文武。始自涪州録事參軍，轉瓜州司倉、雍北府右果毅，加游擊將軍、申王府典軍、金谷府折衝，兼左衛長上、原州别駕，遷扶」州刺史。未上，除左威衛左郎將，兼監牧南使，渭、吉二州刺史。侍中牛仙客韙君清節，奏授綏州，遷壽州，累加中大夫，策勳上柱國。以天寶三載春正月十」日遘疾，終于京師常樂坊之私第，春秋七十有八。乾元元年春二月，以公之寳胤開府儀同三司、司徒兼中書令、上柱國、汾陽郡王曰子儀，有大勳于」王室，乃下詔曰：故中大夫、壽州刺史郭敬之，果君子之行，毓達人之德。才光文武，政美中和。生此大賢，爲我良弼。頃以孽胡稱亂，黔首罹殃。朕於是」鬱興神武之師，克掃欃槍之氣。而子儀帥彼勁卒，赫然先驅，□京洛如拾遺，剪兇殘猶振槁。功存社稷，澤潤生人。是用寵洽哀榮，義申存歿，可贈太保。於」戲！府君體含弘之素履，秉沖邈之高烈。言必主於忠信，行不違於直方。清白爲吏者之師，死生敦交友之分。端一之操，不以夷險概其懷；堅明之姿，不以」雪霜易其令。用情不間於疏遠，泛愛莫遺於賤貧。拳拳服膺，終始靡二。故所居則化，所去見思。人到于今稱之，斯不朽矣。傳曰：德盛必百代祀。其有後也」宜哉。恭惟令公，先皇之佐命臣也。少而美秀，長而瓌偉，姿性質直，天然孝悌。寬仁無比，騎射絶倫。所莅以清白見稱，居常以經濟自命。弱冠以邦」鄉之賦，驟膺將帥之舉。四擢高第，有聲前朝，三爲將軍，再守大郡。累典兵要，必聞休績。天寶末，安禄山反于范陽，令公以節度使擁朔方之衆，圍高」秀巖于雲中，破史思明于嘉山。先帝之幸朔方，赴行在於靈武，擊同羅于河曲，走崔乾祐于蒲坂。今上之爲元帥也，首副旄鉞，會迴」紇于扶風，摧兇寇于洨水，追餘孽于陝服。長驅河洛，弼成睿圖，再造生靈，克清天步。乂函夏之未乂，安天下之不安。一年之間，區宇大定。丕休哉！徒」觀其元和降精，間氣生德，感星辰而作輔，應期運以濟時。忠於國而孝於家，威可畏而儀可像。盛德繫物，寬身厚下，用人由己，從善如流。沉謀秘於鬼神」，精義貫於天地。推赤誠而許國，冒白刃以率先。霆擊於雲雷之初，鷹揚乎廟堂之上。大凡二歷鼎司，兩升都座，四作元帥，九年中書。歷事三聖，而」厥德維懋；易相二十，而受遇益深。盖剋復上都者再，戡定東京者一。其餘麾城撕邑，得儁摧鋒，亦非遽數之所周也。信可謂王國虓虎，生人癒痳者歟！非」太保之邁種不孤，則何以鍾美若是。况乎友于著睦，轡龍虎者十人；貽厥有光，紆青紫者八土。勳庸畢集，今古莫儔。昔奮号尊榮，紅粟纔霑於萬石；惲家」全盛，朱輪不出於十人。繇我觀之，事不侔矣。於乎！清廟之興，所以仁祖考；鴻伐之刻，亦以垂子孫。爰創製於舊居，將永圖而觀德。中唐有恤，丕構克崇。感」霜露而怵惕以增，敘昭穆而敬恭斯在。庶乎觀盥顒若，既無斁於永懷；入室僾然，必有覿乎其位。哀榮既極，情禮用申。仁人之所及遠哉，孝子之事親終」矣。豈唯温温孔父，遠稱傴鼎之銘；穆穆魯侯，獨美龍旂之祀。其詞曰」：

郭之皇祖，肇允虢土。逮于後昆，實守左輔。徙華陰兮。其一。源長流光，施于司倉。涼州兵部，克熾而昌。載德深兮。其二。篤生太保，允懋厥道。神之聽之，永錫難老」。式如金兮。其三。於穆令公，汾陽啓封。文經武緯，訓徒陟空。簡帝心兮。其四。含

局部

一不二，格于天地。愷悌君子，邦之攸塈。貊德音兮。其五。芝馥蘭芳，羽儀公堂。子」子孫孫，爲寵爲光。鏘璆琳兮。其六。乃立新廟，肅雍允劭。神保是聽，孝思孔炤。亶居歆焉。其七。乃立高碑，盛美奚敹。日月有既，徽猷永垂。映来今兮。其八」。

廣德二年歲次甲辰十一月甲午朔廿一日甲寅建」

校勘記

① "使持"二字原石泐，據《金石萃編》補。下凡磨泐不清者，俱據《金石萃編》補。

按

此碑是郭子儀爲其父郭敬之所立之家廟碑。郭敬之，歷任四州刺史，進階中大夫，勳上柱國。碑文所涉衆多歷史事件及歷史人物，以及本碑所記載之内容，與兩《唐書》所載多有牴牾之處，因此是研究郭子儀及郭氏家族的重要材料。此碑由時爲"金紫光禄大夫檢校刑部尚書上柱國魯郡開國公"的顔真卿撰、書，由時爲唐代宗的李豫題額，更顯其碑主及其子嗣之重要地位。該碑是顔真卿書法成熟老辣之階段所書，所以剛健穩重，著墨從容，是顔體中之佳品。末行署有"嘉慶壬申趙懷玉陸燿遹董曾臣觀"題記，爲清代嘉慶年間著名文學家趙懷玉、金石學家陸燿遹及鄉賢董曾臣所欣賞。

題額者李豫，即唐代宗，唐肅宗李亨長子。題此碑額時爲其即位之第二年。其隸書書法大氣穩健，剛柔並濟。

323.765　康暉墓誌

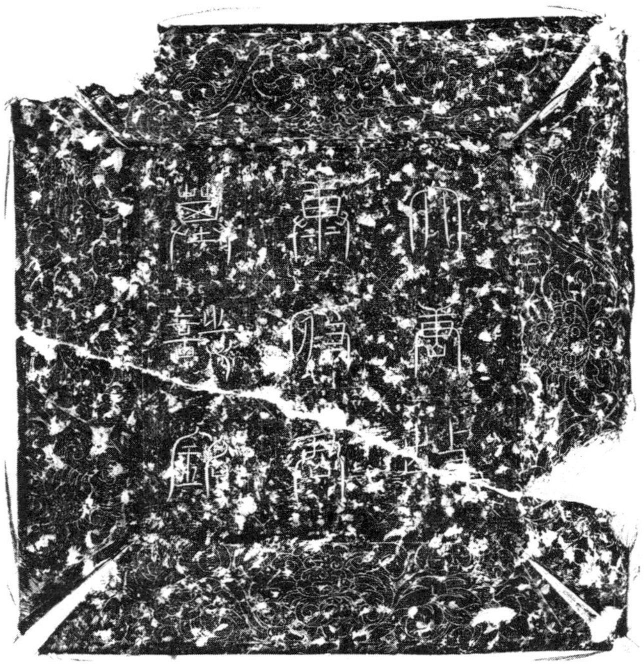

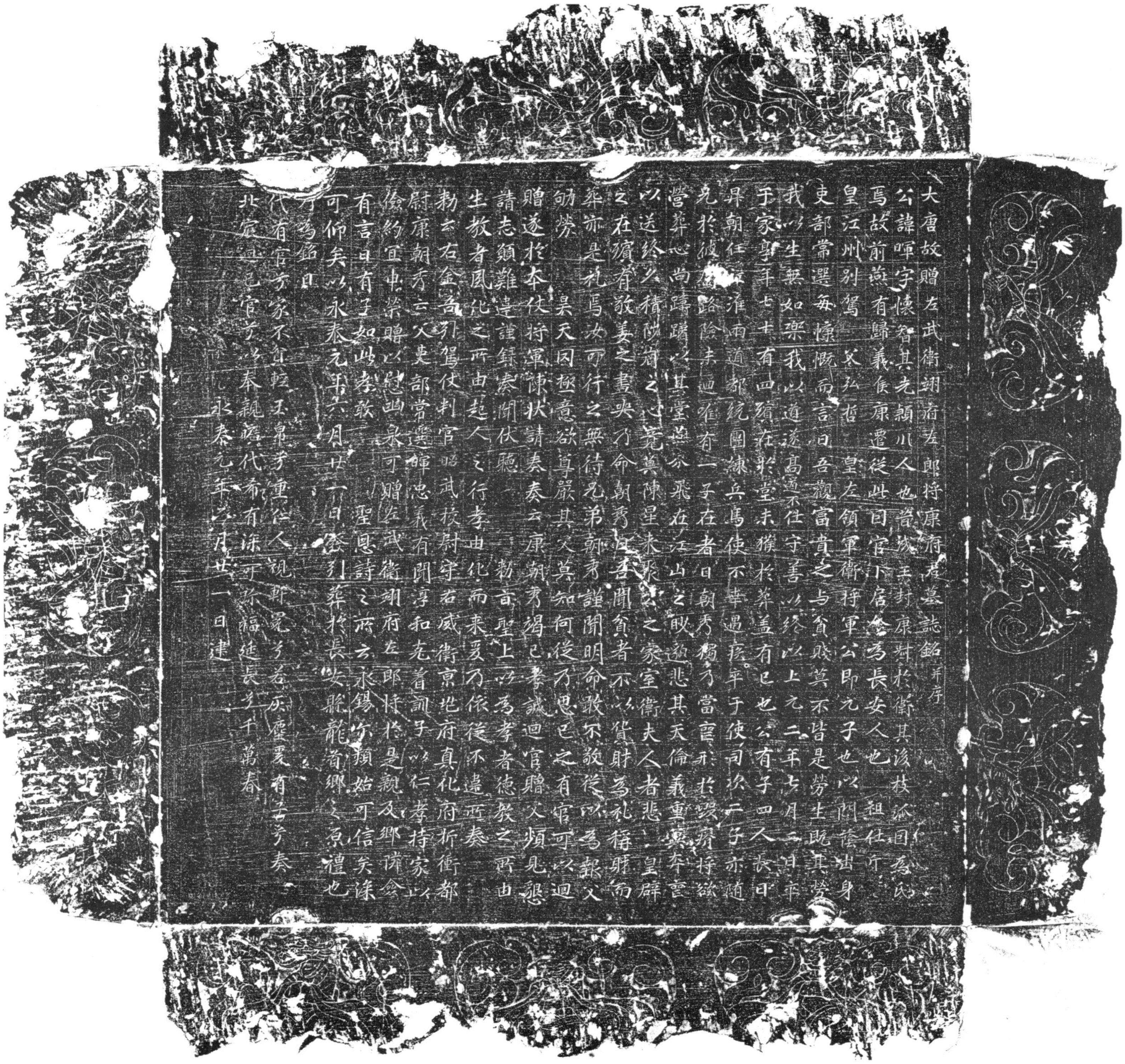

説明

唐永泰元年(765)六月刻。蓋盝形,誌正方形。蓋邊長53厘米,誌邊長51厘米。蓋文3行,滿行3字,篆書"大唐故」康府君」墓誌銘」"。誌文楷書26行,滿行27字。蓋四殺飾纏枝牡丹花紋,誌四側飾壼門内十二生肖圖案。出土具體時、地不詳。現存西安博物院。《隋唐五代墓誌滙編》《全唐文補遺》著録。

釋文

大唐故贈左武衛翊府左郎將康府君墓誌銘并序」

公諱暉,字懷智,其先潁川人也。昔成王封康叔於衛,其後枝派,因爲氏」焉。故前燕有歸義侯康遷,從此因官卜居,今爲長安人也。祖仕斤」,皇江州别駕。父弘哲,皇左領軍衛將軍。公即元子也。以門蔭出身」吏部常選。每慷慨而言曰:"吾觀富貴之与貧賤,莫不皆是勞生。既其勞」我以生,無如樂我以道。"遂高道不仕,守善以終。以上元二年七月二日卒」于家,享年七十有四。殯在於堂,未獲於葬,盖有已也。公有子四人:長曰」昇朝,任江淮兩道都統團練兵馬使,不幸遇疾,卒于使司。次二子亦随」兄於彼,屬路險未迴。唯有一子在者曰朝秀,獨乃當喪,形於毁瘠。將欲」營葬,心尚躊躇。以其堂燕分飛,在江山之眇邈;悲其天倫義重,冀奔喪」以送終。久積陟崗之心,竟莫陳星来聚。公之家室衛夫人者,悲皇辟」之在殯,有敬姜之晝哭。乃命朝秀曰:"吾聞貧者不以貨財爲礼,稱財而」葬,亦是礼焉。汝可行之,無待兄弟。"朝秀謹聞明命,敢不敬從。以爲報父」劬勞,昊天罔極。意欲尊嚴其父,莫知何從,乃思己之有官,可以迴」贈。遂於本仗將軍陳狀請奏。奏云:康朝秀竭己孝誠,迴官贈父。頻見懇」請,志願難違。謹録奏聞,伏聽敕旨。聖上以爲孝者德教之所由」生,教者風化之所由起。人之行孝,由化而来。爰乃依從,不違所奏」。敕云:右金吾引駕仗判官、昭武校尉、守右威衛京兆府真化府折衝都」尉康朝秀亡父吏部常選暉,忠義有聞,淳和克著。訓子以仁孝,持家以」儉約。宜申榮贈,以慰幽泉。可贈左武衛翊府左郎將。於是親及鄉鄰,僉」有言曰:有子如此,孝敢聖恩。《詩》之所云"永錫尔類",始可信矣,深」可仰矣。以永泰元年六月廿一日發引,葬於長安縣龍首鄉之原,禮也」。乃爲銘曰」:

代有官兮家不貧,輕玉帛兮重仁人,視軒冕兮若灰塵。爰有子兮奏」北宸,迴己官兮以奉親,曠代希有深可珍,福延長兮千萬春」。

永泰元年六月廿一日建」

按

大多數康姓粟特人應該是從河西遷到中原的,安史之亂前,本姓康氏的安禄山自稱常樂郡望,安史之亂後,與之同姓又同郡望的康姓人一定要有所掩蓋,于是一部分康氏改换了郡望,如康暉"其先潁川人也。昔成王封康叔于衛,其後枝派,因爲氏焉。故前燕有歸義侯康遷,從此因官卜居,今爲長安人也",將其遠祖上溯至衛康叔,是身爲粟特人意欲融入中原文化的表現。

大唐故
韓夫人
墓誌銘

324.765　吴賁夫人韓氏墓誌

大唐朝散大夫守楊州大都督府司馬吳賁故夫人潁川縣君韓氏墓誌銘并序
夫人潁川縣君潁川韓氏京兆人也隨侍中擒之曾孫
唐襄州刺史光祚之第五子也祖父皆齊大賢貂蟬
継世家傳禮樂門襲慈愛夫人少而偏孤長於嚴訓
弟恭兄友天倫敦睦迨乎立身皆産誕秩外族蘭陵蕭
氏皇京兆尹刑部尚書炅即夫人之季舅也夫人
以往韓之美令德淑姿以初笄之年歸於吳氏而允穆
咸臧歲規禮儀婉明婦德之餘兼範姆師之訓方期琴
瑟之契終於歲寒豈意神明不感遘疾彌留醫肯莫及
韞履無憑以廣德二年正月十一日終於光州官舍
春秋卅有八嗚呼皇天不愁殲我良悲風燭而難留
歎雲車以絕影時吳君朝典在職王事靡盬他鄉漂
泊誠非吾土宅穸匪安靈櫬隔故河山眇邈孤嫠望而
長號丹旐翩翩胤子已而謀卜即以永泰元年九月十
二日卜吉葬于信義里之銅人原也松柏雜之桑田有
移邪篆匪書於此時玄石將鐫於不朽銘曰
天地配德兮二儀合親死生莫測兮吉凶何因吳門無
祐韓氏窅彌木落非秋花殘正春骨歸泉壤魂掩銅人
蛾眉落月蟬鬢生塵魚軒與轍兔穴爲隣清暉兮永隔
長夜兮何晨
通直郎行京兆府雲陽縣丞吳通微述

説明

唐永泰元年（765）九月刻。蓋盝形，誌正方形。蓋邊長51厘米，誌邊長48厘米。蓋文3行，滿行3字，篆書“大唐故」韓夫人」墓誌銘」”。誌文楷書21行，滿行21字。吴通微撰文。蓋四殺及誌四側均飾纏枝花紋。出土具體時、地不詳。現存中國社會科學院考古研究所西安研究室。《隋唐五代墓誌滙編》《全唐文補遺》著録。

釋文

大唐朝散大夫守揚州大都府司馬吴賁故夫人潁川縣君韓氏墓誌銘并序」

夫人潁川縣君潁川韓氏，京兆人也。随侍中援之曽孫」，唐集州刺史光祚之第五子也。祖、父皆膺大賢，貂蟬」繼世。家傳禮樂，門襲慈愛。夫人少而偏孤，長於嚴訓」。弟恭兄友，天倫數人。迨乎立身，皆至班秩。外族蘭陵蕭」氏，皇京兆尹、刑部尚書炅，即夫人之季舅也。夫人」以珪璋之美，令德淑姿。以初笄之年，歸於吴氏，而允穆」戚屬，箴規禮儀。謨明婦德之餘，軌範母師之訓。方期琴」瑟之契，終於歲寒。豈爲神明不臧，遘疾大漸。膏肓莫及」，福履無憑。以廣德二年十一月十一日終於光州官舍」，春秋卅有八。嗚呼！皇天不憖，殲我才良。悲風燭而難留」，歎雲車以絶影。時吴君朝典在職，王事靡盬。他鄉漂」泊，諒非吾土。窀穸匪安，靈櫬歸故。河山眇邈，孤女望而」長號；丹旐翩翩，胤子亡而誰哭。即以永泰元年九月十」三日，卜吉葬于信義里之銅人原也。松柏難久，桑田有」移。彤管匪書於此時，玄石將鎸於不朽。銘曰」：

天地配德兮二儀合親，死生莫測兮吉凶何因。吴門無」祐，韓氏喪珍。木落非秋，花殘正春。骨歸泉壤，魂掩銅人」。蛾眉落月，蟬鬢生塵。魚軒異轍，兔穴爲鄰。清暉兮永隔」，長夜兮何晨」。

通直郎行京兆府雲陽縣丞吴通微述」

按

誌稱“葬于信義里之銅人原”。銅人原，即今西安市灞河以東臺塬地。此墓誌當出土于此方位。

撰者吴通微，海州（今江蘇東海）人。博學善文。曾官壽安縣令、翰林學士、大理評事、職方郎中知制誥。撰此誌時署“通直郎、行京兆府雲陽縣丞”。

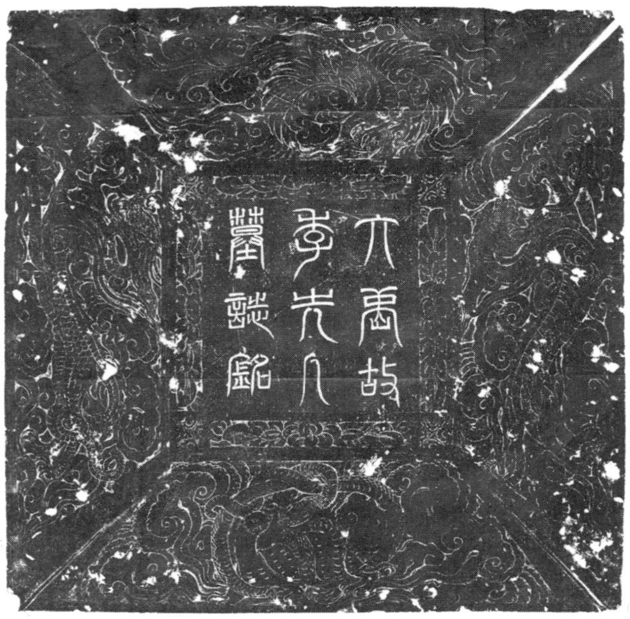

325.768　趙府君夫人李氏墓誌

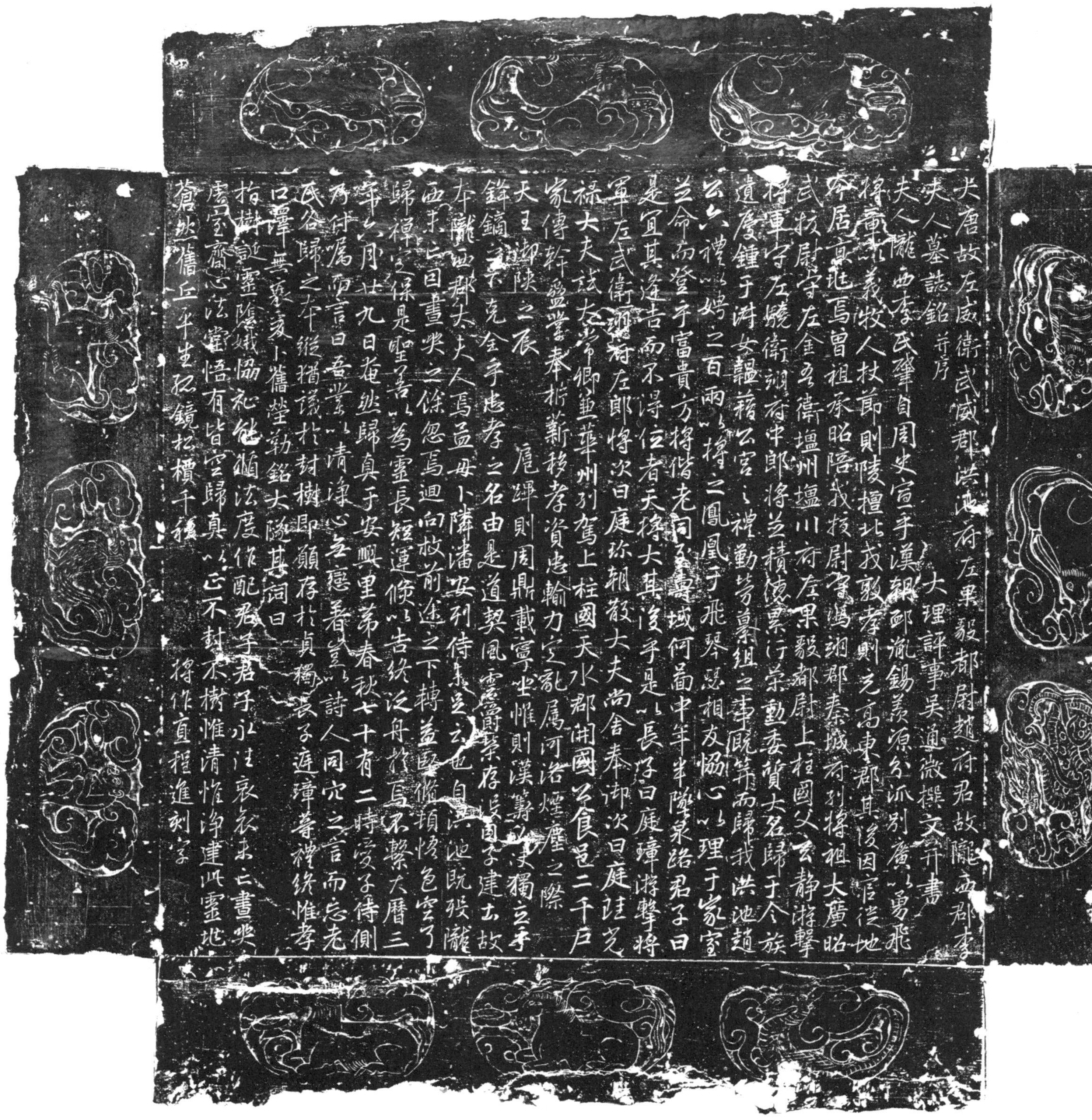

說明

唐大曆三年（768）六月刻。蓋盝形，誌正方形。誌、蓋尺寸相同，邊長均50厘米。蓋文3行，滿行3字，篆書“大唐故」李夫人」墓誌銘」”。誌文行楷26行，滿行26字。吴通微撰文並書丹。蓋四殺飾四神圖案，四周飾寶相花紋；誌四側飾壼門内十二生肖圖案。出土具體時、地不詳。現存西安博物院。《隋唐五代墓誌滙編》《全唐文補遺》著録。

釋文

大唐故左威衛武威郡洪池府左果毅都尉趙府君故隴西郡李」夫人墓誌銘并序

大理評事吴通微撰文并書」

夫人隴西李氏，肇自周史，宣乎漢朝。衈胤錫羡，源分派別。廣以勇飛」將，章以義牧人。杖節則陵擅北戎，敦孝則充高東郡。其後因官徙地」，今居京兆焉。曾祖承昭，陪戎校尉、守馮翊郡秦城府別將。祖大廣，昭」武校尉、守左金吾衛鹽州鹽川府左果毅都尉、上柱國。父玄静，游擊」將軍、守左驍衛翊府中郎將。並積德累行，榮勳委質。大名歸于令族」，遺慶鍾于淑女。韞藉公宫之禮，勤勞纂組之事。既笄而歸我洪池趙」公。六禮以聘之，百兩以將之。鳳凰于飛，琴瑟相友。協心以理于家室」，並命而登乎富貴。方將偕老，同至壽域。何圖中年，半墜泉路。君子曰」：是宜其逢吉而不得位者，天將大其後乎？是以長子曰庭璋，游擊將」軍、左武衛翊府左郎將。次曰庭珍，朝散大夫、尚舍奉御。次曰庭珪，光」禄大夫、試太常卿兼華州別駕、上柱國、天水郡開國公，食邑二千户」。家傳幹蠱，業奉析薪。移孝資忠，輸力定亂。屬河洛煙塵之際」，天王御陝之辰，扈蹕則周鼎載寧，坐帷則漢籌必決。獨立乎」鋒鏑之下，克全乎忠孝之名。由是道契風雲，爵榮存没。因子建土，故」本隴西郡太夫人焉。孟母卜鄰，潘安列侍，未足云也。自洪池既歿，隴」西未亡。因晝哭之餘，忽焉迴向。救前途之下，轉益堅脩。頓悟色空，了」歸禪定。保是聖善，以爲靈長。短運倏以告終，泛舟於焉不繫。大曆三」年六月廿九日，奄然歸真于安興里第，春秋七十有二。時愛子侍側」，乃付囑而言曰：“吾業以清浄，心無戀著，豈以詩人同穴之言，而忘老」氏各歸之本。縱猶議於封樹，即願存於貞獨。”長子庭璋等，禮終惟孝」，口澤無衰。爰卜舊塋，勒銘大隧。其詞曰」：

指樹誕靈，陰娥協祉。能循法度，作配君子。君子永往，哀哀未亡。晝哭」虛室，齋心法堂。悟有皆空，歸真以正。不封不樹，惟清惟浄。建此靈兆」，蒼然舊丘。平生孤鏡，松檟千秋。

將作直程進刻字」

326.771　臧懷恪神道碑

唐故東莞臧公神道碑
唐故右武衛將軍贈工部尚書上柱國上蔡縣開國侯臧公神道碑銘并序

説明

唐大曆四至六年（769—771）刻，碑螭首方座。通高466厘米，身高270厘米，寬127厘米。額文3行，滿行3字，篆書“唐故東」莞臧公」神道碑」”。正文楷書28行，行字不等。顔真卿撰文並書丹。原立于三原縣臧懷恪墓前，1980年移藏西安碑林。現存西安碑林博物館。《石墨鐫華》《金石萃編》《西安碑林全集》等著録。

釋文

唐故右武衛將軍贈工部尚書上柱國上蔡縣開國侯臧公神道碑銘并序」

金紫光禄大夫行撫州刺史上柱國魯郡開國公顔真卿撰并書

翰林待詔光禄卿李秀巖模勒」

公諱懷恪，字貞節，東莞人。其先出于魯孝公之子彄，字子臧。大夫不得祖諸侯，其孫以王父字爲氏。僖哀二伯，既納忠於魚鼎；文武兩仲，亦不朽於言哲。丈人」成功而遁迹，子原抗節而捨生。義和辭金飾之器，榮緒奮陽秋之筆。賢達繼軌，紛綸至今。曾祖滿，隋驃騎將軍。祖寵，皇通議大夫、靈州都督府長史。父」德，朝散大夫，贈銀州刺史。咸務遠圖，克開厥後。恤胤之慶，世祀宜哉！公即銀州之第三子也。身長六尺一寸，眉目雄朗，鬚髯灑秀。雅善騎射，尤工尺牘。沉静少言」，寬仁得衆。奇謀沖邈，英勇冠倫。友于弟兄，謹爾鄉黨。每敦詩而執禮，不茹柔以吐剛。莅事而剖判泉流，臨戎而智略鋒起。古所謂文武不墜，高明有融者焉。少」以勳勞，亟紆戎級。開元初，嘗遊平盧。屬奚室韋大下，公挺身與戰，所向摧靡，繇是發名。玄宗聞而嘉之，拜勝州都督府長史。鋭精佐理，絜矩當官。朔漠不空」，邊隅用乂。俄拜左衛率府左郎將，轉右領軍中郎將兼安北都護、中受降城使、朔方五城都知征馬使。戎事齊足，十萬維群。我伐用張，軍威以肅。由是深爲」節度使王晙所器，奏充都知兵馬使。嘗以百五十騎遇突厥斬啜八部落十萬餘衆於狼頭山，殺其數百人。引身據高，環馬禦外。虜矢如雨，公徒且殲，遽而紿之」曰：“我爲臧懷恪，敕令和汝，何得與我拒戰乎？”時僕固懷恩父設支適在其中，獨遮護之，諸部落持疑不肯。公刲羊以盟之，杖義以責之。衆皆感激，由此獲」免。遂与設支部落二千帳来歸。後充河西軍前將，盤禾安氏有馬千駟，怙富不虔，一族三人，立皆毆斃。軍州悚慄，疇敢不祗。俄爲節使相國蕭嵩所賞，後充」河源軍使兼隴右節度副大使、關西兵馬使，拜右武衛將軍。吐蕃不敢東向者累年。俄封上蔡縣開國侯。開元十二年歲次甲子春二月廿有六日，薨于鄯」城之官舍，享年五十六。其年八月廿三日，詔曰：“故具官公，頃以幹能，亟承任使。操行逾謹，勞效未酬。不幸遷殂，良增追悼。可贈右領軍衛大將軍。”即以其年」冬十月庚戌，遷窆于京兆府三原縣北原，禮也。嗚呼！公兄左羽林軍大將軍、平盧副持節懷亮，以方虎之材，膺爪牙之任。孔懷斯切，致美則深。七子：游擊將軍」崇仁府折衝希崇、豐州别駕贈宋州刺史希昶、左武衛將軍朔方節度副使贈太子賓客希忱、右衛左郎將劍南討擊副使贈汝州刺史希愔、右驍衛郎將」静邊軍使贈秘書監希景、寧州刺史左金吾衛將軍贈楊州大都督希晏、開府儀同三司行太子詹事兼御史大夫邠寧山南觀察使集賢待制工部尚書」渭北節度使魯國公希讓等，夙漸詩禮，恭承教義。芬潤挺蘭玉之姿，英威罾虓彍之質。而希讓識度弘遠，器謀沉邃。仁親以孝，殿國以忠。綽裕冠於人倫，勳勞」懋於王室。至德中，今上爲元帥東伐，肇允押牙。從收兩京，陟降左右。入侍帷幄，既崇翼戴之功；出擁麾幢，載叶澄清之寄。加以篤睦群從，糾綏宗族。吉凶」贍恤，終始無渝。行道之人，孰不嗟尚？肅宗以公有謀翼之勤，乾元三年春三月，贈魏州刺史。寶應元年冬十月，又贈太常卿。廣德元年冬十月，詔曰：“孝以立」身，可揚名於後代；忠能事主，故追榮而及親。開府儀同三司兼御史大夫元帥都虞候魯國公臧希讓亡父贈太常卿懷恪，業茂勳賢，地華簪紱。佩忠信」而行己，包禮樂以資身。守節安卑，幽貞自處。養蒙全正，聲利不營。雖與善無徵，促齡悲於逝晷；而積善垂裕，餘慶光於後昆。故得業濟艱難，功參締構。出有」藩條之寄，入多爪牙之任。位以德遷，禮宜加等；父由子貴，贈合超倫。宜登八座之榮，式慰九原之路。”又贈工部尚書。褒異之典，於斯爲盛。臧氏自驃騎而下，世以」材雄朔陲；尚書既還，特以功懋當代。兄弟子姓，勳賢間出。自天寶岠于開元，乘朱輪而拖珪組者數百人。迨于今兹，繁衍弥熾。綰軍州而握兵要者，相望國都」。有後之慶，固殊異於他族者矣。真卿早歲与公兄子謙爲田蘇之游，敦伯仲之契。晚從大夫之後，每接嘗寮之歡。故公之世家，竊備聞見。敢述遺烈，將無愧辭。銘曰」：

魯史褒者，臧孫有之。陳魚則諫，納鼎以規。殁貴言立，時稱聖爲。仁昭典墳，智叶蓍龜。世濟忠肅，光光羽儀。以至夫公，英明雄毅。鶚視騰彩，龍驤作氣。鋒淬霜稜，妙窮」金匱。謀猷泉寫，翰墨風馳。儒勇是兼，勳庸以位。介馳戎馬，猛奮虓虎。絶漠援孤，連兵戰苦。萬虜鳴鏑，紛紛如雨。一身抗詞，諤諤連拄。精貫雲日，氣雄鉦鼓。狄人義激」，僕固誠全。眇漫窮

唐故右武衛將軍贈工部尚書上柱國上蔡縣開國侯臧公神道碑銘
金紫光祿大夫行撫州刺史上柱國魯郡開國公顏真卿撰并書
公諱懷恪字貞節東莞人其先出于魯孝公之子彄字子臧大夫不得祖諸侯其孫以王父字爲
成功而遁迹子原抗節而捨生義和辭金飾之器榮緒奮陽秋之筆賢達繼軌紛綸至今曾祖滿
德朝散大夫贈銀州刺史咸務遠圖克開厥後恤亂之慶世祀宜其公即銀州之第三子也身長六尺
寬仁得衆奇謀沖邈英勇冠倫友于弟兄謹介鄉黨每敦詩而執禮不茹柔以吐剛莅事而剖判
以勳勞亟紆戎級開元初嘗遊平盧屬奚室韋大下公挺身與戰所向摧靡繇是發名 玄宗聞
邊隅用乂俄拜左衛率府左郎將轉右領軍中郎將兼安北都護中受降城使朔方五城都知征
節度使王晙所器奏充都知兵馬使嘗以百五十騎遇突厥斬啜八部落十萬餘衆於狼頭山殺其
曰我爲臧懷恪 勅令和汝何得與我拒戰乎時僕固懷恩父設支適在其中獨遮之諸部
免遂與設支部落二千帳來歸後充河西軍前將盤禾安氏有馬千駟怙富不虔一族三人□皆
河源軍使兼隴右節度副大使關西兵馬使拜右武衛將軍吐蕃不敢東向者累年俄封上蔡縣
城之官舍享年五十六其年八月廿三日 詔曰故具官公頃以幹能亟承任使操行愈謹勞効未
冬十月庚戌遷窆于京兆府三原縣北原禮也嗚呼公兄左羽林軍大將軍平盧副持節懷亮以方
崇仁府折衝希崇豐州別駕贈宋州刺史希昶左武衛將軍朔方節度副使贈太子賓客希恍右
靜邊軍使贈秘書監希景寧州刺史左金吾衛將軍贈揚州大都督希晏開府儀同三司行太子□
渭北節度使魯國公希讓等夙漸詩禮恭承教義分閫擬蘭玉之茂英□繼虓闞之□希讓
楙於 王室至德中 今上爲元帥東伐麾允押牙從收兩京陟降左右入侍帷幄既崇冀戴
贍恤終始無渝行道之人孰不嗟尚 肅宗以公有謀翼之勤乾元三年春三月贈魏州刺史寶應
身可揚名於後代忠能事主故追榮而及親開府儀同三司兼御史大夫元帥都虞候魯國公□
而行己包禮樂以資身守節安卑幽貞自勵養蒙全正聲利不營雖與善無徵促齡悲逝於□
藩條之寄入多爪牙之任位以德遷禮宜加等父由子貴贈合超倫宜登八座之榮式慰九原之路
材雄朔陲尚書既還特以功楙當代兄弟子姪勳賢間出自天寶岠于開元乘朱輪而拖組者
有後之慶固殊異於他族者矣真卿早歲與公兄子謙爲田蘇之游敦伯仲之契晚從大夫之後每接
魯史褒者臧孫有後之陳魚則諫納鼎以規歿賢言立時稱聖爲仁昭典墳智叶著龜世濟忠肅光羽
金匱謀猷泉寫翰墨風馳儒勇是兼勳庸以位介馳戎馬猛奮虓虎絕漠援孤連兵戰苦萬虜鳴鏑
僕固誠全眇漫窮裔隨降幾千野靜沙雪風恬塞煙我騎如雲我旗連天牧無南向凱有北旋
城王折萬里鵰息陣雲蒼蒼日暮無色令人趨奉 天眷孔昭九原不作八座哀榮勇烈徽範芳

局部

裔，隨降幾千。野静沙雪，風恬塞煙。我騎如雲，我旗連天。牧無南向，凱有北旋。天子休之，命侯開國。謂福而壽，康衢騁力。奚命之遭，幽扃是即。十」城玉折，萬里鵬息。陣雲蒼蒼，日暮無色。令人趍奉，天眷孔明。九原不作，八座哀榮。勇列徽範，芳時懿名。里成冠盖，族茂簪纓。萬古千祀，瞻言涕零」。

按

《舊唐書·代宗本紀》載："（大曆四年）六月丁酉，以太子詹事臧希讓檢校工部尚書，充渭北節度。"與碑文所載臧希讓終職同，則此碑最早應撰于唐大曆四年（769）。又顔真卿撰此碑文時署"撫州刺史"，據史載顔真卿于大曆三年至大曆六年任此職，則此碑最晚當撰于大曆六年（771）。

此碑爲顔真卿所撰書，歷來爲世所重，故研究成果甚爲豐富，如趙明誠《金石録》卷八"唐臧懷恪碑"條、陳思《寶刻叢編》卷十三"唐贈工部尚書臧懷恪碑"條、顧炎武《金石文字記》卷四"贈工部尚書臧懷恪碑"條、孫承澤《庚子銷夏記》卷六"顔真卿書臧懷恪碑"條、林侗《來齋金石刻考略》卷中"贈工部尚書臧懷恪碑"條、錢大昕《潛研堂金石文跋尾》卷七"贈工部尚書臧懷恪碑"條等論之甚詳。全文考證見《金石萃編》。

327.776　瞿曇譔墓誌

大唐故
瞿曇公
墓誌銘

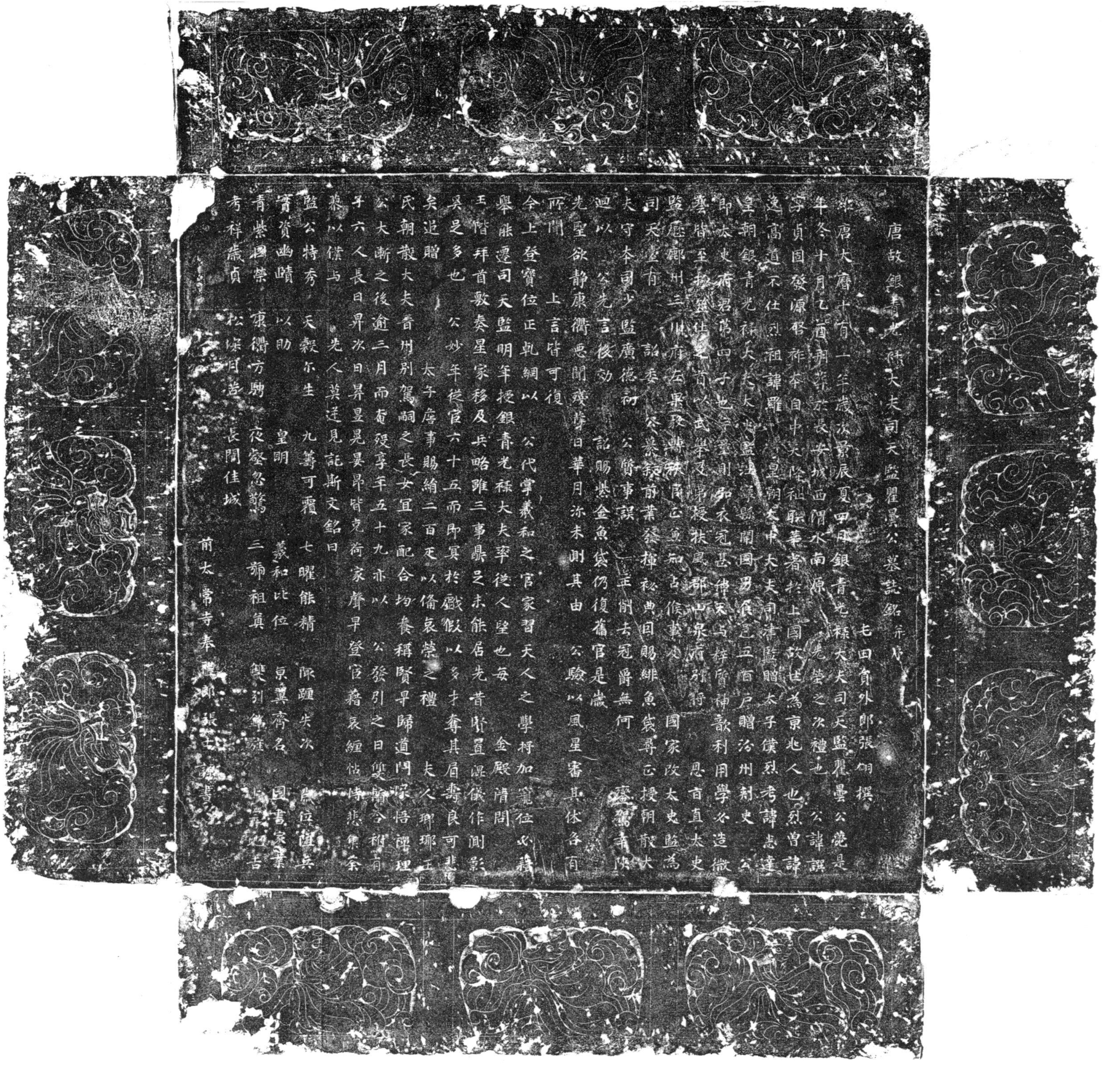
唐故銀青光祿大夫司天監瞿曇公墓誌銘并序

説明

唐大曆十一年(776)十月刻。蓋盝形,誌正方形。蓋邊長73厘米,誌邊長66厘米。蓋文3行,滿行3字,篆書"大唐故」瞿曇公」墓誌銘」"。誌文楷書29行,滿行29字。張翃撰文,張士源書丹。蓋四殺刻四神流雲紋,四周飾寶相花紋;誌四側飾壼門内十二生肖圖案。1977年西安市長安縣北田村出土。現存西安博物院。《隋唐五代墓誌滙編》《全唐文補遺》《长安碑刻》著録。

釋文

唐故銀青光禄大夫司天監瞿曇公墓誌銘并序」

屯田員外郎張翃撰」

維唐大曆十有一年歲次景辰夏四月,銀青光禄大夫、司天監瞿曇公薨。是」年冬十月乙酉朔,葬於長安城西渭水南原先塋之次,禮也。公諱譔」,字貞固。發源啟祚,本自中天;降祉聯華,著於上國。故世爲京兆人也。烈曾諱」逸,高道不仕。烈祖諱羅,皇朝太中大夫、司津監,贈太子僕。烈考諱悉達」,皇朝銀青光禄大夫、太史監、江寧縣開國男,食邑五百户,贈汾州刺史。公」即太史府君第四子也。宇量則弘,衣冠甚偉,天与粹質,神歆利用,學必造微」,藝皆至極。筮仕之首,以武舉及第,授扶風郡山泉府别將,恩旨直太史」監,歷鄜州三川府左果毅,轉秩官正,兼知占候事。及國家改太史監爲」司天臺,有詔委公纂敘前業,發揮秘典,因賜緋魚袋。尋正授朝散大」夫,守本司少監。廣德初,公質事誤主,削去冠爵。無何,鑾駕幸陜」迴,以公先言後效,詔賜紫金魚袋,仍復舊官。是歲」,先聖欲静康衢,惡聞殘孽,日華月沴,未測其由。公驗以風星,審其休咎,有」所聞上,言皆可復」。今上登寶位,正乾綱,以公代掌羲和之官,家習天人之學,將加寵位,必藉」舉能,遷司天監。明年,授銀青光禄大夫,率從人望也。每金殿清問」,玉階拜首,敷奏星家,移及兵略。雖三事鼎足,未能居先。昔賢置混儀,作測影」,奚足多也。公妙年從宦,六十五而即冥。於戲!假以多才,奪其眉壽,良可悲」矣。追贈太子詹事,贈絹二百匹,以備哀榮之禮。夫人瑯琊王」氏,朝散大夫、晉州别駕嗣之長女。宜家配合,均養稱賢。早歸道門,深悟禪理」。公大漸之後,逾三月而奄歿,享年五十九。亦以公發引之日,雙輀合祔。有」子六人:長曰昪,次曰昇、昱、晃、晏、昂,皆克荷家聲,早登宦籍。哀纏怙恃,悲集荼」蓼。以僕与先人莫逆,見託斯文。銘曰」:

監公特秀,天穀尔生。九籌可覆,七曜能精。陬躔失次,歲位阻兵」。實資幽賾,以助皇明。羲和比位,京翼齊名。圖書家業」,青紫國榮。康衢方騁,夜壑忽驚。三號祖奠,雙引銘旌。卜宅地吉」,考祥歲貞。松深月苦,長閉佳城」。

前太常寺奉禮郎張士源書」

按

誌主瞿曇譔,原本異域人,"本自中天;降祉聯華","烈祖諱羅,皇朝太中大夫、司津監,贈太子僕。烈考諱悉達,皇朝銀青光禄大夫、太史監、江寧縣開國男,食邑五百户,贈汾州刺史"。祖孫三代,皆爲當時著名天文曆法家,《新唐書》有載。瞿曇羅曾制《經緯曆》《光宅曆》,瞿曇悉達撰《開元占經》一百二十卷,皆是重要典籍。本誌爲研究瞿曇氏之重要材料。

328.777　第五玄昱墓誌

大唐故
第五府
君墓誌

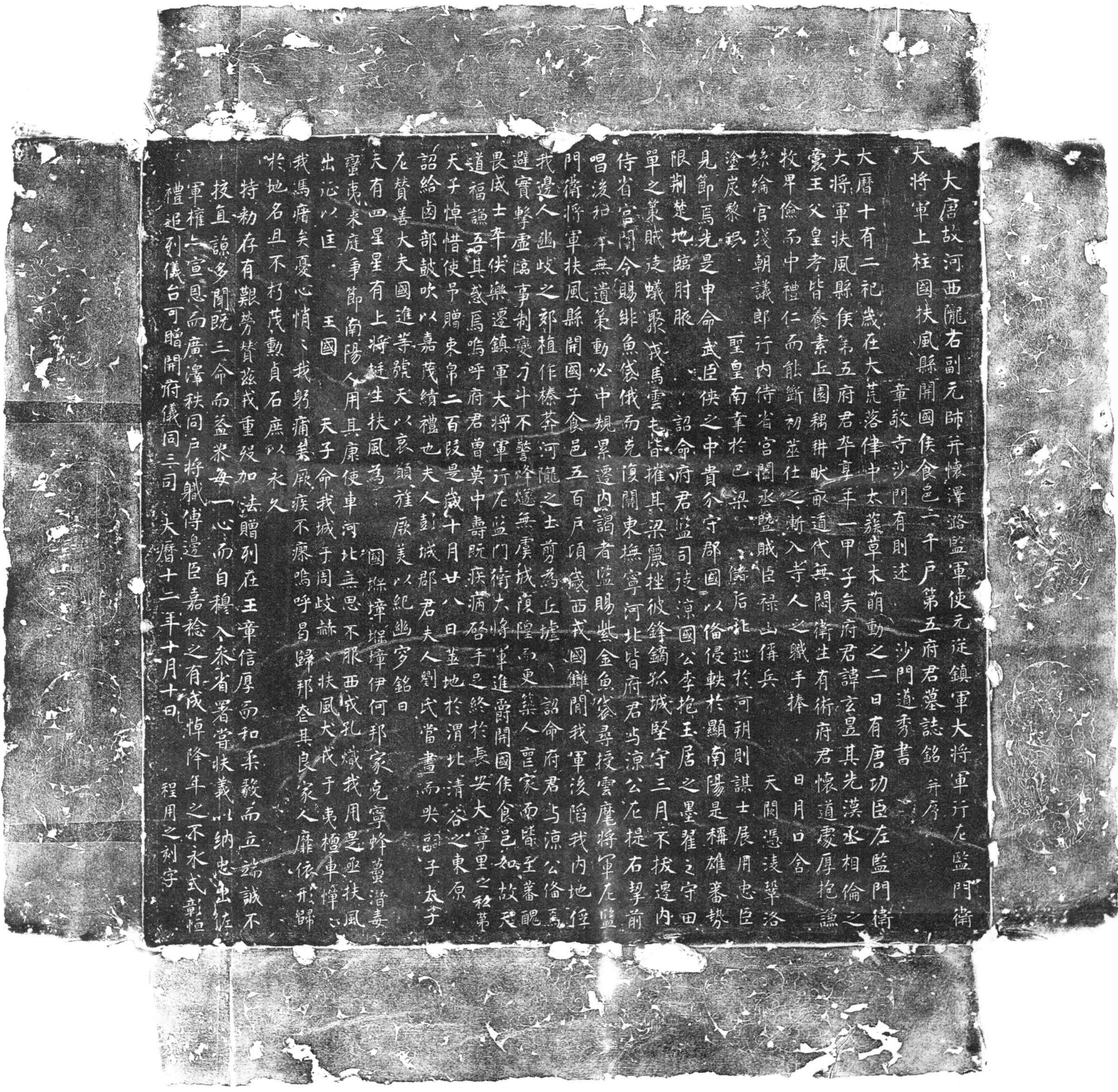

説明

唐大曆十二年（777）十月刻。蓋盝形，誌正方形。誌、蓋尺寸相同，邊長均90厘米。蓋文3行，滿行3字，篆書“大唐故」第五府」君墓誌」”。誌文楷書31行，滿行30字。沙門有則撰文，沙門道秀書丹。蓋四殺刻四神流雲紋，四周飾寶相花紋；誌四側飾壼門内十二生肖圖案。三原縣出土，具體時、地不詳。現存三原縣博物館。《隋唐五代墓誌滙編》《全唐文補遺》著録。

釋文

大唐故河西隴右副元帥并懷澤潞監軍使元從鎮軍大將軍行左監門衛」大將軍上柱國扶風縣開國侯食邑二千户第五府君墓誌銘并序」

章敬寺沙門有則述

沙門道秀書」

大曆十有二祀歲在大荒落律中太簇草木萌動之二日，有唐功臣左監門衛」大將軍扶風縣侯第五府君卒，享年一甲子矣。府君諱玄昱，其先漢丞相倫之」裔。王父、皇考皆養素丘園，耦耕畎畝，遁代無悶，衛生有術。府君懷道處厚，抱謙」牧卑，儉而中禮，仁而能斷。初筮仕之漸，入寺人之職。手捧日月，口含」絲綸。官踐朝議郎，行内侍省宫闈丞。曁賊臣禄山偁兵天闕，憑凌鞏洛」，塗炭黎氓。聖皇南幸於巴梁，儲后北巡於河朔。則謀士展用，忠臣」見節焉。先是申命武臣佚之中貴分守郡國，以備侵軼。於顯南陽，是稱雄蕃，勢」限荆楚，地臨肘腋。詔命府君監司徒涼國公李抱玉，居之墨翟之守，田」單之策。賊徒蟻聚，戎馬雲屯。皆摧其梁麗，挫彼鋒鏑。孤城堅守，三月不拔。遷内」侍省宫闈令，賜緋魚袋。俄而克復關東，撫寧河北，皆府君与涼公左提右挈，前」唱後和，舉無遺策，動必中規。累遷内謁者監，賜紫金魚袋。尋授雲麾將軍、左監」門衛將軍、扶風縣開國子，食邑五百户。頃歲，西戎國讎，間我軍後，陷我内地，俘」我邊人。豳歧之郊，植作榛莽；河隴之土，剪爲丘墟。詔命府君与涼公備焉」。避實擊虚，臨事制變。刁斗不警，烽燧無虞。城復隍而更築，人喪家而皆至。蕃醜」畏威，士卒佚樂。遷鎮軍大將軍，行左監門衛大將軍，進爵開國侯，食邑如故。天」道福謙，吾其惑焉。嗚呼！府君曾莫中壽，既疾病啓手足，終於長安大寧里之私第」。天子悼惜，使吊贈束帛二百段。是歲十月廿八日，筮地於渭北清谷之東原」，詔給鹵部鼓吹，以嘉茂績，禮也。夫人彭城郡君夫人劉氏，當晝而哭。嗣子太子」左贊善大夫國進等，號天以哀。願旌厥美，以紀幽穸。銘曰」：

天有四星，星有上將。挺生扶風，爲國埰埠。埰埠伊何，邦家克寧。蜂蠆潛毒」，蠻夷来庭。秉節南陽，人用其康。使車河北，無思不服。西戎孔熾，我用是亟。扶風」出征，以匡王國。天子命我，城于周歧。赫赫扶風，犬戎于夷。檀車幝幝」，我馬瘏矣。憂心悄悄，我躬痡矣。厥疾不瘳，嗚呼曷歸。邦喪其良，家人靡依。形歸」於地，名且不朽。茂勳貞石，庶以永久」。

特敕：存有艱勞，贊兹戎重。殁加法贈，列在王章。信厚而和，柔毅而立。端誠不」校，直諒多聞。既三命而益恭，每一心而自穆。入參省署，嘗扶義以納忠；出佐」軍權，亦宣恩而廣澤。秩同户將，職傳邊臣。嘉稔之有成，悼降年之不永。式彰恒」禮，追列儀台，可贈開府儀同三司。

大曆十二年十月十日

程用之刻字」

按

誌主第五玄昱，宦官出身，累遷至左監門衛大將軍，封扶風縣侯。《唐書》無載。誌所記其監司徒涼國公李抱玉軍、守南陽于安史之亂、拒吐蕃于豳岐之郊等歷史事實，均可補史載之闕。

329.778　薛坦墓誌

大唐故
薛府君
墓誌銘

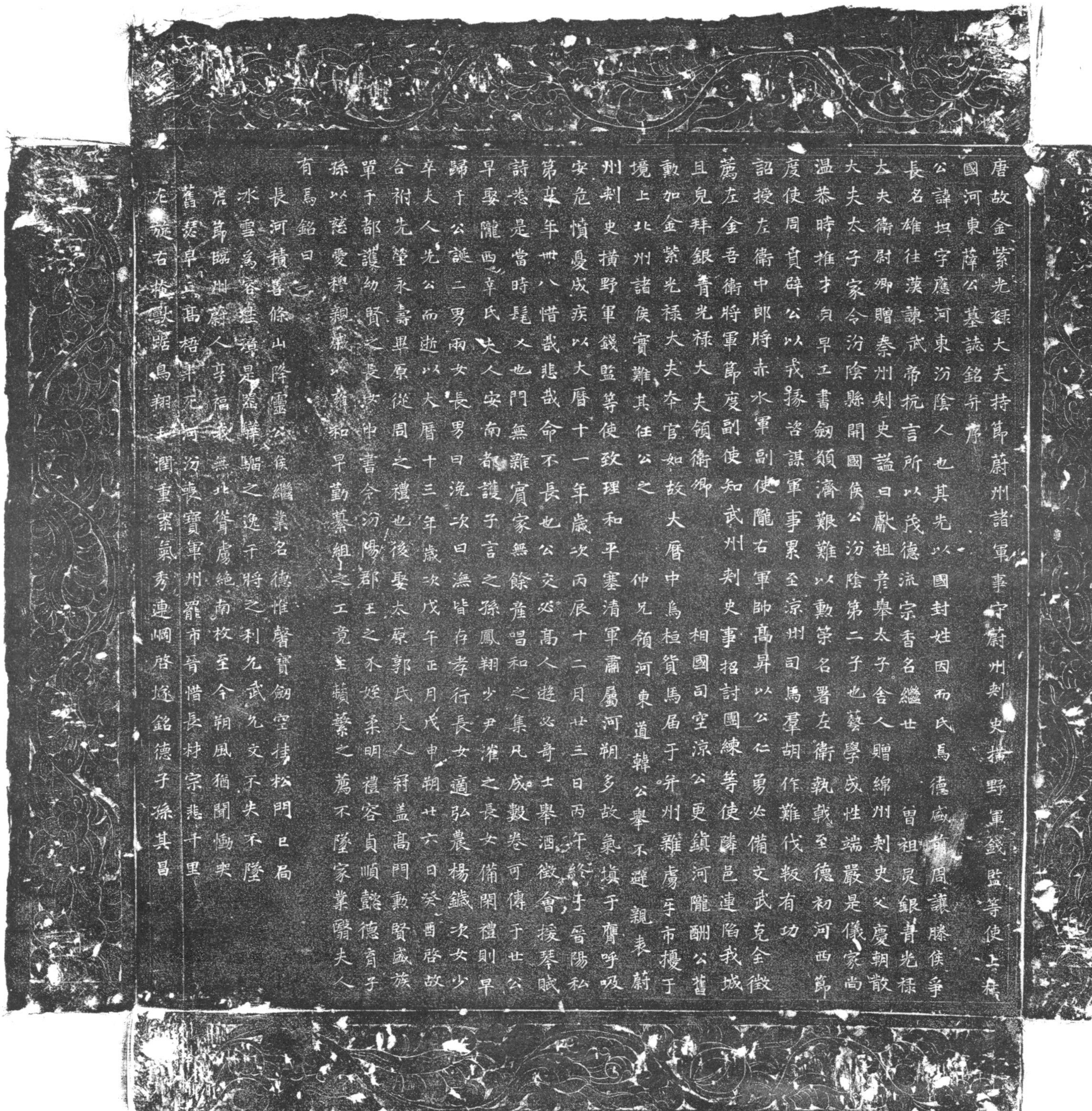
唐故金紫光祿大夫持節蔚州諸軍事守蔚州刺史横野軍錢監等使上柱
國河東薛公墓誌銘并序
公諱坦字應河東汾陰人也其先以國封姓因而氏焉德盛有周讓滕侯爭
長名雄往漢諫武帝抗言所以茂德流宗香名繼世　曾祖昃銀青光祿
大夫衛尉卿贈秦州刺史謚曰獻祖彥舉太子舍人贈綿州刺史父慶朝散
大夫太子家令汾陰縣開國侯公汾陰第二子也藝學成性端嚴是儀家尚
溫恭時推才負早工書劍頻濟艱難以勳策名署左衛執戟至德初河西節
度使周賁辟公以戎掾洛謀軍事累至涼州司馬羣胡作難伐叛有功
詔授左衛中郎將赤水軍副使隴右軍帥高昇以公仁勇必備文武克全徵
薦左金吾衛將軍節度副使知武州刺史事招討團練等使隣邑連陷我城
且見拜銀青光祿大夫領衛卿　相國司空涼公更鎮河隴酬公舊
勳加金紫光祿大夫本官如故大曆中烏桓貸馬屆于并州雜虜于市擾于
境上北州諸侯實難其任公之　仲兄領河東道韓公舉不避親表蔚
州刺史横野軍錢監等使致理和平塞清軍肅屬河朔多故氣塡于膺呼吸
安危憤憂成疾以大曆十一年歲次丙辰十二月廿三日丙午終于晉陽私
第享年卌八惜哉悲哉命不長也公交必高人遊必奇士舉酒徵會援琴賦
詩悉是當時髦乂也門無雜賓家無餘産唱和之集凡成數卷可傳于世公
早娶隴西辛氏夫人安南都護子言之孫鳳翔少尹灌之長女備閑禮則早
歸于公誕二男兩女長男曰逸次曰澳皆存孝行長女適弘農楊鐵次女少
卒夫人先公而逝以大曆十三年歲次戊午正月戊申朔廿六日癸酉啓故
合祔先塋永壽畢原從周之禮也後娶太原郭氏夫人冠蓋高門勳賢盛族
單于都護幼賢之長女中書令汾陽郡王之外姪柔明禮容貞順懿德育子
孫以慈愛稱親戚以雍和早勤纂組之工竟主蘋蘩之薦不墜家業翳夫人
有焉銘曰
長河積善條山降靈公侯繼業名德惟馨寶劍空掛松門已扃
冰雪爲容挂璋是器驊騮之逸千將之利允武允文不失不墜
虎節臨州蔚人享福戎無北侵虜絶南牧至今朔風猶聞慟哭
舊瑟阜立萬梧并汾喪寶軍州罷市晉惜長材宗悲千里
左旋右抱獸踞鳥翔玉潤重泉氣秀連崗啓隧銘德子孫其昌

説明

唐大曆十三年（778）正月刻。蓋盝形，誌正方形。蓋邊長59厘米，誌邊長62厘米。蓋文3行，滿行3字，篆書“大唐故｣薛府君｣墓誌銘｣”。誌文楷書29行，滿行29字。蓋四殺刻四神流雲紋，四周飾寶相花紋；誌四側飾纏枝花紋。西安市出土，具體時、地不詳。現存西安博物院。《隋唐五代墓誌滙編》《全唐文補遺》著録。

釋文

唐故金紫光禄大夫持節蔚州諸軍事守蔚州刺史横野軍錢監等使上柱｣國河東薛公墓誌銘并序｣

公諱坦，字應，河東汾陰人也。其先以國封姓，因而氏焉。德盛前周，讓滕侯争｣長；名雄往漢，諫武帝抗言。所以茂德流宗，香名繼世。曾祖炅，銀青光禄｣大夫、衛尉卿，贈秦州刺史，謚曰獻。祖彦舉，太子舍人，贈綿州刺史。父慶，朝散｣大夫、太子家令、汾陰縣開國侯。公，汾陰第二子也。藝學成性，端嚴是儀。家尚｣温恭，時推才貌。早工書劍，願濟艱難。以勳策名，署左衛執戟。至德初，河西節｣度使周賁辟公以戎掾咨謀軍事，累至涼州司馬。群胡作難，伐叛有功｣，詔授左衛中郎將、赤水軍副使。隴右軍帥高昇以公仁勇必備，文武克全，徵｣薦左金吾衛將軍、節度副使、知武州刺史事、招討團練等使。鄰邑連陷，我城｣且貌，拜銀青光禄大夫，領衛卿。相國司空涼公更鎮河隴，酬公舊｣勳，加金紫光禄大夫，本官如故。大曆中，烏桓貿馬，届于并州；雜虜互市，擾于｣境上。北州諸侯，實難其任。公之仲兄領河東道韓公舉不避親，表蔚｣州刺史、横野軍錢監等使。致理和平，塞清軍肅。屬河朔多故，氣填于膺，呼吸｣安危，憤憂成疾。以大曆十一年歲次丙辰十二月廿三日丙午，終于晉陽私｣第，享年卌八。惜哉悲哉，命不長也！公交必高人，遊必奇士，舉酒徵會，援琴賦｣詩，悉是當時髦乂也。門無雜賓，家無餘産。唱和之集，凡成數卷，可傳于世。公｣早娶隴西辛氏夫人，安南都護子言之孫、鳳翔少尹漼之長女。備閑禮則，早｣歸于公。誕二男兩女：長男曰浼，次曰潕，皆存孝行。長女適弘農楊鐵，次女少｣卒。夫人先公而逝。以大曆十三年歲次戊午正月戊申朔廿六日癸酉，啓故｣合祔先塋永壽畢原，從周之禮也。後娶太原郭氏夫人，冠蓋高門，勳賢盛族｣，單于都護幼賢之長女、中書令汾陽郡王之介姪。柔明禮容，貞順懿德。育子｣孫以慈愛，穆親戚以雍和。早勤纂組之工，竟主蘋蘩之薦。不墜家業，翳夫人｣有焉。銘曰｣：

長河積善，條山降靈。公侯繼業，名德惟馨。寶劍空挂，松門已扃｣。冰雪爲容，珪璋是器。驊騮之逸，干將之利。允武允文，不失不墜｣。虎節臨州，蔚人享福。我無北聳，虜絶南枚。至今朔風，猶聞慟哭｣。舊瑟早亡，高梧半死。河汾喪寶，軍州罷市。晉惜長材，宗悲千里｣。左旋右掩，獸踞鳥翔。玉潤重案，氣秀連崗。啓隧銘德，子孫其昌｣。

按

誌主薛坦，《唐書》無載。誌所載其家庭譜系及其爲官授職等生平事迹，均可補史載之闕。特别是誌所載唐大曆年間唐王朝與烏桓邊貿之事，更是研究唐代經濟、邊防的重要資料。

330.779　顏勤禮碑

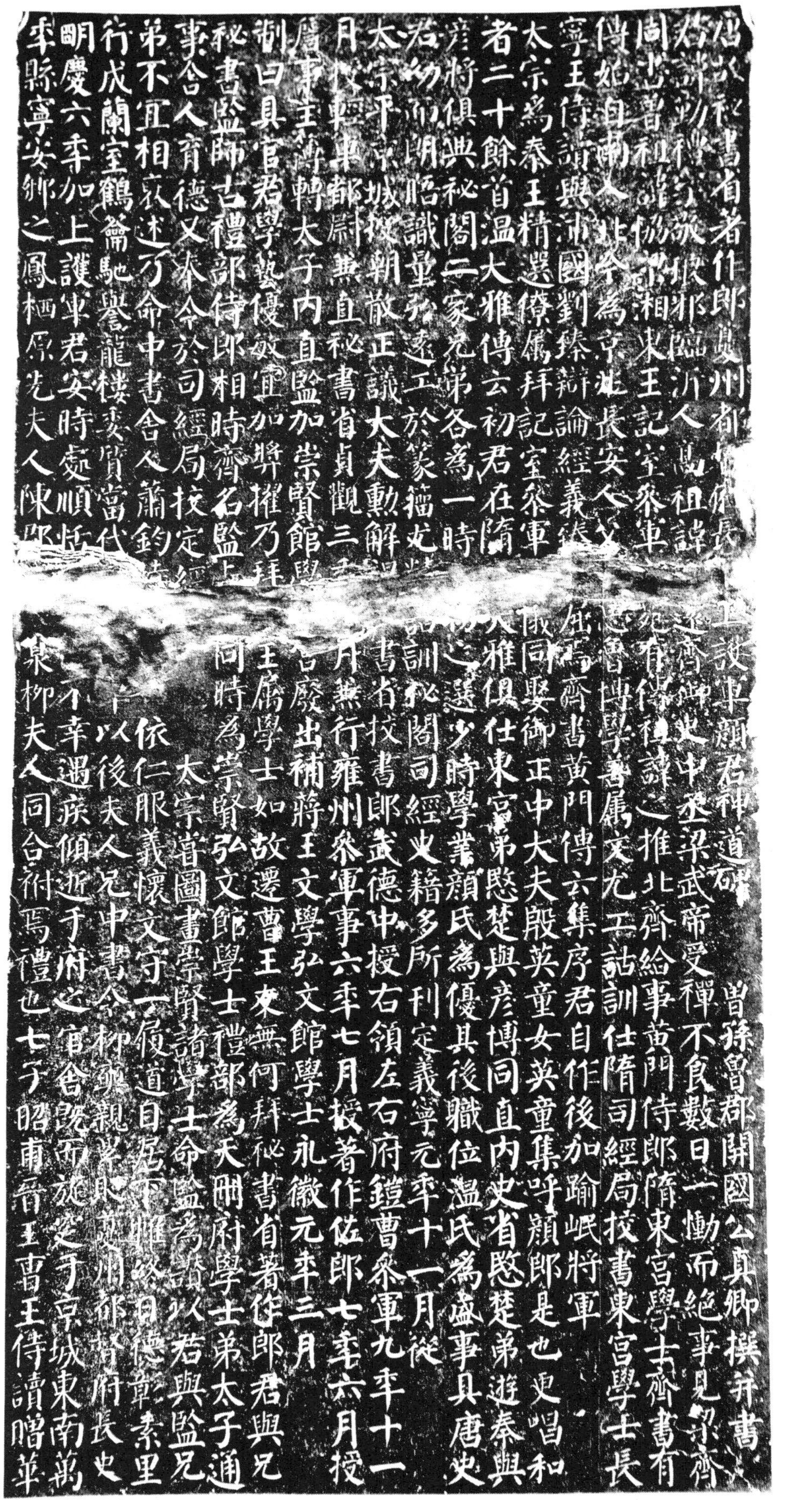

碑陽

説明

唐大曆十四年（779）刻。碑螭首方座。高268厘米，寬92厘米。四面刻，現存三面。碑陽楷書19行，碑陰楷書20行，滿行均38字；碑左側楷書5行，滿行37字。顔真卿撰文並書丹。右側文字北宋時已被磨去。碑身中部斷裂。原立于西安市長安縣鳳栖原顔氏墓地，宋代移城内，後佚。1922年西安市社會路出土，後移置新城，1948年入藏西安碑林。現存西安碑林博物館。《集古録》《陝西金石志》《西安碑林全集》《長安碑刻》等著録。

釋文

唐故秘書省著作郎夔州都督府長史[①]上護軍顔君神道碑

曾孫魯郡開國公真卿撰并書」

君諱勤禮，字敬，琅邪臨沂人。高祖諱見遠，齊御史中丞。梁武帝受禪，不食數日，一慟而絶。事見《梁》《齊》」《周書》。曾祖諱協，梁湘東王記室參軍，文苑有傳。祖諱之推，北齊給事黄門侍郎，隋東宫學士，《齊書》有」傳。始自南入北，今爲京兆長安人。父諱思魯，博學，善屬文，尤工詁訓。仕隋司經局校書、東宫學士、長」寧王侍讀。與沛國劉臻辯論經義，臻屢屈焉。《齊書》黄門傳云，《集》序君自作。後加踰岷將軍」。太宗爲秦王，精選僚屬，拜記室參軍、上儀同。娶御正中大夫殷英童女，《英童集》呼“顔郎”是也。更唱和」者二十餘首。《温大雅傳》云：初君在隋，與大雅俱仕東宫。弟愍楚與彦博同直内史省，愍楚弟遊秦與」彦將俱典秘閣，二家兄弟各爲一時人物之選。少時學業，顔氏爲優；其後職位，温氏爲盛。事具《唐史》」。君幼而朗晤，識量弘遠，工於篆籀，尤精詁訓。秘閣司經史籍，多所刊定。義寧元年十一月，從」太宗平京城，授朝散、正議大夫勳，解褐秘書省校書郎。武德中，授右領左右府鎧曹參軍。九年十一」月，授輕車都尉，兼直秘書省。貞觀三年六月，兼行雍州參軍事。六年七月，授著作佐郎。七年六月，授」詹事主簿，轉太子内直監，加崇賢館學士。宫廢，出補蔣王文學、弘文館學士。永徽元年三月」，制曰：具官君學藝優敏，宜加獎擢，乃拜陳王屬，學士如故。遷曹王友。無何，拜秘書省著作郎。君與兄」秘書監師古、禮部侍郎相時齊名。監上儀同時爲崇賢、弘文館學士，禮部爲天册府學士，弟太子通」事舍人育德又奉令於司經局校定經史。太宗嘗圖畫崇賢諸學士，命監爲贊。以君與監兄」弟不宜相褒述，乃命中書舍人蕭鈞特爲贊曰：依仁服義，懷文守一。履道自居，下帷終日。德彰素里」，行成蘭室。鶴籥馳譽，龍樓委質。當代榮之。六年，以後夫人兄中書令柳奭親累，貶夔州都督府長史」。明慶[②]六年，加上護軍。君安時處順，恬無愠色。不幸遇疾，傾逝于府之官舍。既而旋窆于京城東南萬」年縣寧安鄉之鳳栖原，先夫人陳郡殷氏洎柳夫人同合祔焉，禮也。七子：昭甫，晉王、曹王侍讀，贈華」（以上碑陽）州刺史，事具真卿所撰《神道碑》。敬仲，吏部郎中，事具劉子玄《神道碑》。殆庶無恤辟，非少連務滋，皆」著學行。以柳令外甥不得仕進。孫元孫，舉進士，考功員外劉奇特標榜之，名動海内，從調以書判」入高等者三，累遷太子舍人。屬玄宗監國，專掌令畫滁、沂、豪三州刺史，贈秘書監。惟貞，頻」以書判入高等，歷畿赤尉丞、太子文學、薛王友，贈國子祭酒、太子少保，德業具陸據《神道碑》。會宗」，襄州參軍。孝友，楚州司馬。澄，左衛翊衛。潤，倜儻，涪城尉。曾孫春卿，工詞翰，有風義，明經拔萃，犀浦」（以上碑左側）、蜀二縣尉。故相國蘇頲舉茂才，又爲

碑陰

張敬忠劍南節度判官、偃師丞。杲卿，忠烈，有清識吏幹，累遷太」常丞，攝常山太守。殺逆賊安禄山將李欽湊，開土門，擒其心手何千年、高邈，遷衛尉卿，兼御史中丞」。城守陷賊，東京遇害。楚毒參下，詈言不絶。贈太子太保，謚曰忠。曜卿，工詩，善草隸。十六以詞學直崇」文館、淄川司馬。旭卿，善草書，胤山令。茂曾，訥言敏行，頗工篆籀，犍爲司馬。闕疑，仁孝，善《詩》《春秋》，杭州」參軍。允南，工詩，人皆諷誦之。善草隸，書判頻入等第，歷左補闕、殿中侍御史，三爲郎官、國子司業、金」鄉男。喬卿，仁厚有吏材，富平尉。真長，耿介，舉明經。幼輿，敦雅有醖藉，通班《漢書》，左清道率府兵曹。真」卿，舉進士，校書郎。舉文詞秀逸，醴泉尉。黜陟使王鉷以清白名聞，七爲憲官，九爲省官，薦爲節度採」訪觀察使，魯郡公。允臧，敦實有吏能，舉縣令，宰延昌，四爲御史，充太尉郭子儀判官、江陵少尹、荆南」行軍司馬。長卿、晉卿、邠卿、充國、質多，無禄早世。名卿、倜、佶、伋、倫，並爲武官。玄孫紘，通義尉，没于蠻。泉」明，孝義有吏道，父開土門，佐其謀。彭州司馬威明，邛州司馬季明，子幹、沛、詡、頗，泉明男誕，及君外曾」孫沈盈、盧逖，並爲逆賊所害，俱蒙贈五品京官。濬，好屬文。翹華、正頡，並早夭。頍，好五言，校書郎。頵，仁」孝方正，明經，大理司直，充張萬頃嶺南營田判官。顗，鳳翔參軍；頍，通悟，頗善隸書，太子洗馬、鄭王府」司馬。並不幸短命。通明，好屬文，項城尉。翽，温江丞。覿，綿州參軍。靚，鹽亭尉。顒，仁和有政理，蓬州長史」。慈明，仁順幹蠱，都水使者。穎，介直，河南府法曹。頔，奉禮郎。頎，江陵參軍。頡，當陽主簿。頌，河中參軍。項」，衛尉主簿。願，左千牛。頤、頖，並京兆參軍。□、須、頠，並童稚未仕。自黄門御正至君父、叔、兄弟，洎子、侄，揚」庭、益期、昭甫、强學，十三人四世爲學士、侍讀，事見柳芳續卓絶，殷寅著姓略。小監、少保，以德行詞翰」爲天下所推。春卿、杲卿、曜卿、允南而下，洎君之群從，光庭、千里、康成、希莊、日損、隱朝、匡朝、昇庠、恭敏」、鄰幾、元淑、温之、舒、説、順、勝、怡、渾、允濟、挺、式宣、韶等，多以名德著述，學業文翰，交映儒林，故當代謂之」學家。非夫君之積德累仁，貽謀有裕，則何以流光末裔，錫羡盛時。小子真卿，聿修是忝。嬰孩集蓼，不」及過庭之訓；晚暮論撰，莫追長老之口。故君之德美，多恨闕遺。銘曰」（以上碑陰）：（下闕）

校勘記

①史，因原碑斷裂，此字不清，據《陝西金石志》補。下同。

②明慶，當爲“顯慶”，因避諱所改。

按

此碑爲顏真卿爲其祖父顏勤禮所撰之傳記功德碑，碑之内容是研究顏氏家族世系珍貴的資料。可與《北齊書·顏之推傳》等史書互證互補。這是顏真卿晚年所書之精品佳作，故其筆力蒼勁渾厚，結體寬闊疏朗，爲顏體代表作之一。碑無刻立年月，此刻年從宋歐陽修《集古録》説。

331.780　元懷暉墓誌

大唐故
元府君
墓誌銘

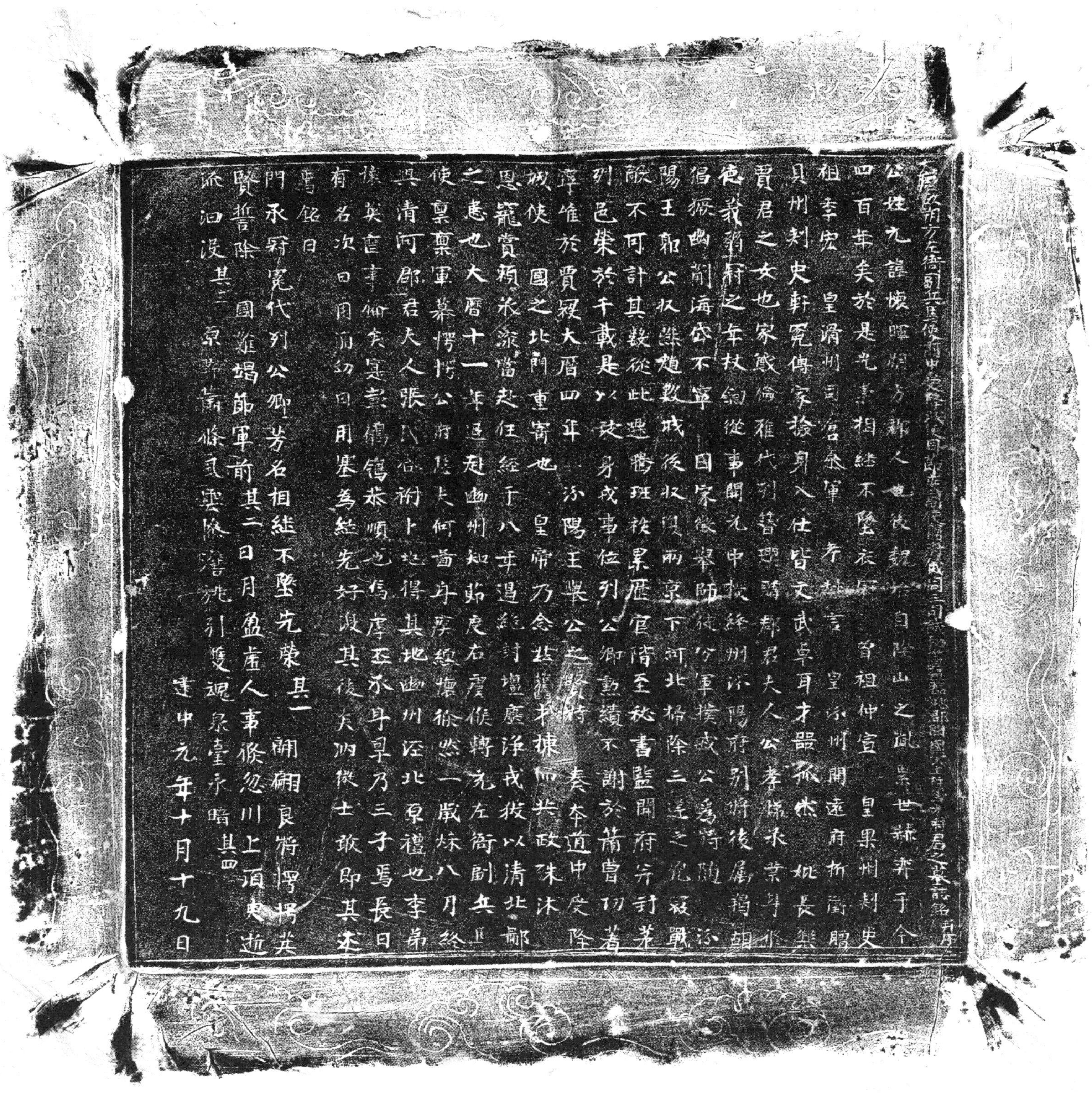

説　明

唐建中元年（780）十月刻。蓋盝形，誌正方形。誌、蓋尺寸相同，邊長均49厘米。蓋文3行，滿行3字，篆書“大唐故」元府君」墓誌銘」”。誌文楷書24行，滿行25字。蓋四殺飾寶相花紋，誌四側飾忍冬紋。彬州市出土，具體時、地不詳。現存彬州市文化館。《隋唐五代墓誌滙編》《全唐文補遺》《咸陽碑刻》著録。

釋　文

大唐故朔方左衙副兵馬使前中受降城使同節度副使開府儀同三司試秘書監臨洮郡開國公上柱國元府君之墓誌銘并序」

公姓元，諱懷暉，朔方郡人也。後魏始自陰山之胤，累世赫奕，于今」四百年矣。於是光業相繼，不墜衣冠。曾祖仲宣，皇果州刺史」。祖季宏，皇滑州司倉參軍。考叔言，皇汾州開遠府折衝，贈」貝州刺史。軒冕傳家，檢身入仕。皆文武卓耳，才器孤然。妣長樂」賈君之女也。家戴儉雅，代列簪瓔。贈郡君夫人。公孝悌承業，厥修」德義。弱冠之年，杖劍從事。開元中，授絳州汾陽府別將。後属羯胡」猖獗，幽薊海岱不寧，國家徵舉師徒，分軍撲城。公爲將，隨汾」陽王郭公收燕趙數城。後收復兩京，下河北掃除三逆之兇寇，戰」敵不可計其數。從此遷騰班秩，累歷官階，至秘書監、開府，并封茅」列邑，榮於千載。是以致身戎事，位列公卿。勳績不謝於蕭曹，功著」寧唯於賈寇。大曆四年，汾陽王舉公之賢，特奏本道中受降」城使，國之北門重寄也。皇帝乃念兹舊才，揀而共政，殊沐」恩寵，賞賴承深。當赴任經于八年，遏絶封疆，廢浄戎狄，以清北鄙」之患也。大曆十一年，追赴豳州知節度右虞候，轉充左衙副兵馬」使。稟稟軍幕，愕愕公府。悲夫！何圖厥疾纏懷，倏然一歲，秋八月終」。與清河郡君夫人張氏合袝。卜兆得其地豳州涇北原，禮也。季弟」懷英，喪事備矣，寔報鶺鴒恭順也。烏虖！丕承厥嗣，乃三子焉。長曰」有名，次曰用浦，幼曰用塞。爲繼先好，復其後矣。汭徵士，敢即其述」焉。銘曰」：

門承冠冕，代列公卿。芳名相繼，不墜先榮。其一。翩翩良將，愕愕英」賢。誓除國難，竭節軍前。其二。日月盈虚，人事倏忽。川上須臾，逝」流汩没。其三。原野蕭條，風雲慘澹。旐引雙魂，泉臺永暗。其四」。

建中元年十月十九日

按

誌主元懷暉，《唐書》無載。誌所載其家族世系及其“隨汾陽王郭公收燕趙數城。後收復兩京，下河北掃除三逆之兇寇，戰敵不可計其數”等功績，均可補史載之闕。

332.781　大秦景教流行中國碑

大秦景教流行中國碑

説 明

唐建中二年（781）正月刻。碑螭首龜趺。通高356厘米，身高279厘米，寬99厘米。額文3行，滿行3字，楷書“大秦景」教流行」中國碑」”。正文楷書32行，滿行62字。景净撰文，吕秀巖書丹並題額。文末刻有簡短的敘利亞文字。碑額上部雕刻十字架和佛教蓮花的圖案。明天啓三年（1623）出土後，移存于金勝寺中保管。1907年移存于西安碑林。現存西安碑林博物館。《陝西碑石精華》《西安碑林全集》等著録。

釋 文

景教流行中國碑頌并序」

大秦寺僧景净述」

粤若常然真寂，先先而无元；窅然靈虚，後後而妙有。總玄樞而造化，妙衆聖以元尊者，其唯我三一妙身无元真主阿羅訶歟。判十字以定四方，鼓元風而生」二氣。暗空易而天地開，日月運而晝夜作。匠成万物，然立初人。别賜良和，令鎮化海。渾元之性，虚而不盈；素蕩之心，本無希嗜。洎乎娑殫施妄，鈿飾純精，閒平大於」此是之中，隙冥同於彼非之内。是以三百六十五種，肩随結轍，競織法羅。或指物以託宗，或空有以淪二，或禱祀以邀福，或伐善以矯人。智慮營營，恩情役役。茫然」無得，煎迫轉燒。積昧亡途，久迷休復。於是我三一分身景尊弥施訶，戢隱真威，同人出代。神天宣慶，室女誕聖於大秦；景宿告祥，波斯睹耀以来貢。圓廿四聖」有説之舊法，理家國於大猷；設三一净風無言之新教，陶良用於正信。制八境之度，鍊塵成真；啓三常之門，開生滅死。懸景日以破暗府，魔妄於是乎悉摧；棹慈」航以登明宫，含靈於是乎既濟。能事斯畢，亭午昇真。經留廿七部，張元化以發靈關。法浴水風，滌浮華而潔虚白；印持十字，融四照以合無拘。擊木震仁惠之音，東」礼趣生榮之路。存鬚所以有外行，削頂所以無内情。不畜臧獲，均貴賤於人；不聚貨財，示罄遺於我。齋以伏識而成，戒以静慎爲固。七時礼讚，大庇存亡；七日一薦」，洗心反素。真常之道，妙而難名；功用昭彰，强稱景教。惟道非聖不弘，聖非道不大。道聖符契，天下文明。太宗文皇帝光華啓運，明聖臨人。大秦國有上德曰阿」羅本，占青雲而載真經，望風律以馳艱險。貞觀九祀至於長安，帝使宰臣房公玄齡總仗西郊，賓迎入内，翻經書殿，問道禁闈，深知正真，特令傳授。貞觀十有二」年秋七月，詔曰：道無常名，聖無常體，随方設教，密濟群生。大秦國大德阿羅本，遠將經像，来獻上京。詳其教旨，玄妙無爲；觀其元宗，生成立要。詞無繁説，理有忘筌」。濟物利人，宜行天下。所司即於京義寧坊造大秦寺一所，度僧廿一人。宗周德喪，青駕西昇；巨唐道光，景風東扇。旋令有司將帝寫真轉模寺壁，天姿泛彩，英朗」景門，聖迹騰祥，永輝法界。案《西域圖記》及漢魏史策，大秦國南統珊瑚之海，北極衆寶之山，西望仙境花林，東接長風弱水。其土出火綄布、返魂香、明月珠、夜光璧」，俗無寇盜，人有樂康。法非景不行，主非德不立。土宇廣闊，文物昌明。高宗大帝克恭纘祖，潤色真宗，而於諸州各置景寺，仍崇阿羅本爲鎮國大法主。法流十」道，國富元休；寺滿百城，家殷景福。聖曆年，釋子用壯，騰口於東周；先天末，下士大笑，訕謗於西鎬。有若僧首羅含、大德及烈，並金方貴緒，物外高僧，共振玄網，俱維」絶紐。玄宗至道皇帝令寧國等五王，親臨福宇，建立壇場。法棟暫橈而更崇，道石時傾而復正。天寶初，令大將軍高力士送五聖寫真寺内安置，賜絹百」匹，奉慶睿圖。龍髯雖遠，弓劍可攀；日角舒光，天顔咫尺。三載，大秦國有僧佶和，瞻星向化，望日朝尊，詔僧羅含、僧普論等一七人，與大德佶和於興慶宫修功德。於」是天題寺榜，額戴龍書。寶裝璀翠，灼爍丹霞；睿扎宏空，騰凌激日。寵賚比南山峻極，沛澤與東海齊深。道無不可，所可可名；聖無不作，所作可述。肅宗文明皇」帝於靈武等五郡重立景寺，元善資而福祚開，大慶臨而皇業建。代宗文武皇帝恢張聖運，從事無爲，每於降誕之辰，錫天香以告成功，頒御饌以光景衆。且」乾以美利，故能廣生；聖以體元，故能亭毒。我建中聖神文武皇帝，披八政以黜陟幽明，闡九疇以惟新景命。化通玄理，祝無愧心。至於方大而虚，專静而恕，廣」慈救衆苦，善貸被群生者，我修行之大猷，汲引之階漸也。若使風雨時，天下静，人能理，物能清，存能昌，殁能樂，念生響應，情發目誠者，我景力能事之功用也。大施」主金紫光禄大夫、同朔方節度副使、試殿中監、賜紫袈裟僧伊斯，和而好惠，聞道勤行。遠自王舍之城，聿来中夏，術高三代，藝博十全。始效節於丹庭，乃策名於王」帳。中書令汾陽郡王郭公子儀，初總戎於朔方也，肅宗俾之從邁，雖見親於卧内，不自異於行間。爲公爪牙，作軍耳目，能散禄賜，不積於家。獻臨恩之頗黎，布」辭憩之金罽。或仍其舊寺，或重廣法堂，崇飾廊宇，如翬斯飛。更效景門，依仁施利。每歲集四寺僧徒，虔事精供，備諸五旬。餧者来而飯之，寒者来而衣之，病者療而」起之，死者葬而安之。清節達娑，未聞斯美，白衣景士，今見其人，願刻洪碑，

經留廿七部張元化以發靈關法浴水風滌浮華而潔虛白印持十字融四照以合
不畜臧獲均貴賤於人不聚貨財示罄遺於我齋以伏識而成戒以靜慎為固七時
惟道非聖不弘聖非道不大道聖符契天下文明 太宗文皇帝光華啓運明聖
至於長安 帝使宰臣房公玄齡惣仗西郊賓迎入內翻經書殿問道禁闈深知正
群生大秦國大德阿羅本遠將經像來獻上京詳其教旨玄妙無為觀其元宗生成
一所度僧廿一人宗周德喪青駕西昇巨唐道光景風東扇旋令有司將 帝寫真
大秦國南統珊瑚之海北極衆寶之山西望仙境花林東接長風弱水其土出火綄
廣闊文物昌明 高宗大帝克恭纘祖潤色真宗而於諸州各置景寺仍崇阿羅
騰口於東周先天末下士大笑訕謗於西鎬有若僧首羅含大德及烈並金方貴緒
建立壇場法棟暫橈而更崇道石時傾而復正天寶初令大將軍高力士送五
尺三載大秦國有僧佶和瞻星向化望日朝尊詔僧羅含僧普論等一七人與大德
空騰凌激日寵賚比南山峻極沛澤與東海齊深道無不可所可可名聖無不作所
臨而皇業建 代宗文武皇帝恢張聖運從事無為每於降誕之辰錫天香以告
中聖神文武皇帝披八政以黜陟幽明闡九疇以惟新景命化通玄理祝無愧心至
漸也若使風雨時天下靜人能理物能清存能昌殁能樂念生響應情發自誠者我
襲裒僧伊斯和而好惠聞道勤行遠自王舍之城聿來中夏術高三代藝博十全始
肅宗俾之從邁雖見親於臥內不自異於行間為公爪牙作軍耳目能散祿賜不
翬斯飛更效景門依仁施利每歲集四寺僧徒虔事精供備諸五旬餧者來而飰之
今見其人願刻洪碑以揚休烈詞曰 真主无元湛寂常然權輿匠化起地立天分身
廓坤張明明景教言歸我唐翻經建寺存殁舟航百福偕作萬邦之康 高宗纂
玄宗啓聖克修真正御牓揚輝天書蔚映皇圖璀璨率土高敬庶績咸熙人賴其

局部

以揚休烈。詞曰：

真主无元，湛寂常然。權輿匠化，起地立天。分身出代，救度無邊。日昇暗」滅，咸證真玄。赫赫文皇，道冠前王。乘時撥乱，乾廓坤張。明明景教，言歸我唐。翻經建寺，存殁舟航。百福偕作，萬邦之康。高宗纂祖，更築精宇。和宮敞朗，遍」滿中土。真道宣明，式封法主。人有樂康，物無灾苦。玄宗啓聖，克修真正。御榜揚輝，天書蔚映。皇圖璀燦，率土高敬。庶績咸熙，人賴其慶。肅宗来復，天威引」駕。聖日舒晶，祥風掃夜。祚歸皇室，祅氛永謝。止沸定塵，造我區夏。代宗孝義，德合天地。開貸生成，物資美利。香以報功，仁以作施。暘谷来威，月窟畢萃。建」中統極，聿修明德。武肅四溟，文清萬域。燭臨人隱，鏡觀物色。六合昭蘇，百蠻取則。道惟廣兮應惟密，强名言兮演三一。主能作兮臣能述，建豐碑兮頌元吉」。

大唐建中二年歲在作噩太簇月七日大耀森文日建立

時法主僧寧恕知東方之景衆也」

朝議郎前行台州司士參軍吕秀巖書」

按

本碑爲歷史上流傳下來的少數景教文獻之一。碑文記述了唐貞觀九年（635）至建中二年（781）景教在中國的流傳情況，並簡要闡述了景教教義。本碑爲研究景教在中國傳播史的重要資料，對于研究中西文化交流有重要的價值。此碑書法秀麗天然，結構疏密得當，章法布局巧妙，藝術造詣極爲深厚，是唐代名碑之一。

333.781　唐廣智三藏和尚碑

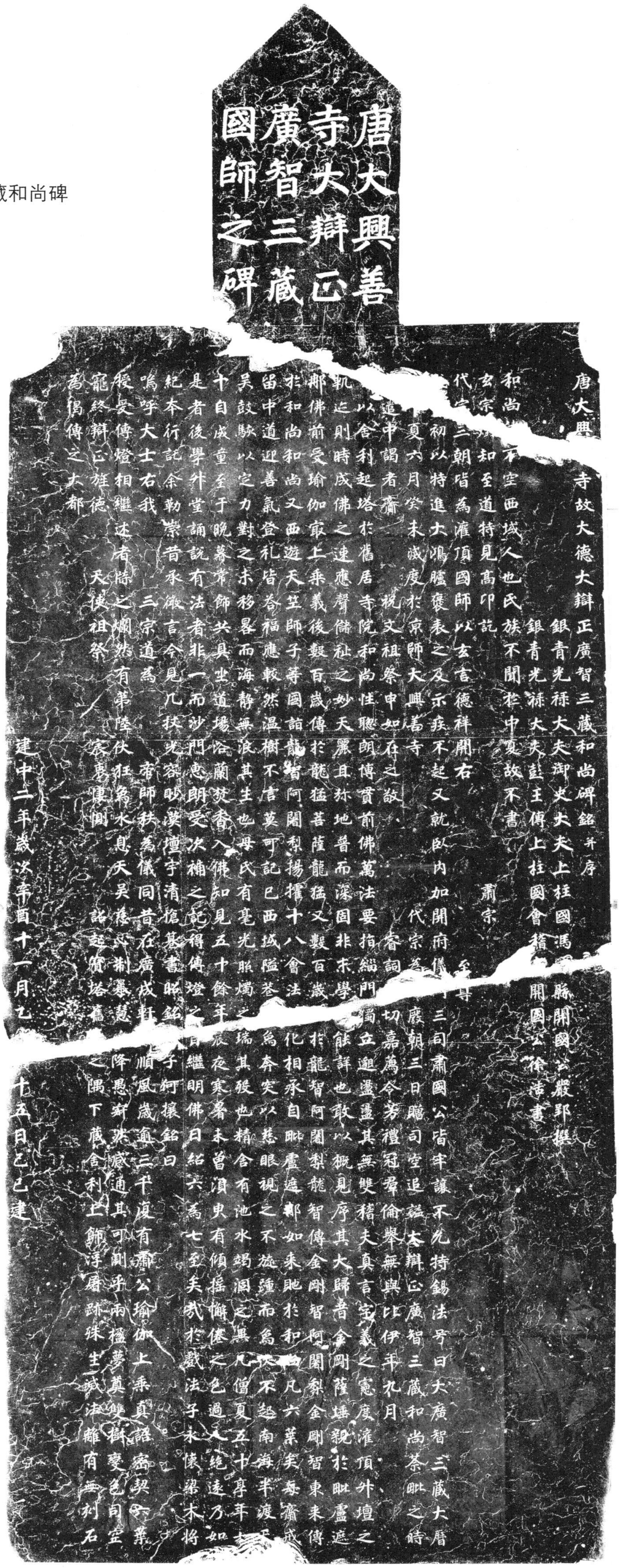
唐大興善
寺大辯正
廣智三藏
國師之碑

説明

唐建中二年（781）十一月刻。碑螭首龜座。通高305厘米，寬99厘米。額文4行，滿行4字，楷書“唐大興善」寺大辯正」廣智三藏」國師之碑」”。正文楷書23行，滿行48字。嚴郢撰文，徐浩書丹。原立于長安靖善坊大興善寺，宋元祐五年（1090）移存西安碑林。明嘉靖三十四年（1555）關中大地震時，碑身中斷。現存西安碑林博物館。《佛祖歷代通載》《石墨鐫華》《金石萃編》《西安碑林全集》等著録。

釋文

唐大興善①寺故大德大辯正廣智三藏和尚碑銘并序」

銀青光禄大夫御史大夫上柱國馮翊縣開國公嚴郢撰」

銀青光禄大夫彭王傅上柱國會稽郡開國公徐浩書」

和尚諱不空，西域人也。氏族不聞於中夏，故不書」。玄宗燭知至道，特見高印，訖肅宗」、代宗，三朝皆爲灌頂國師，以玄言德祥開右至尊」。代宗初，以特進大鴻臚褒表之。及示疾不起，又就卧内加開府儀同三司、肅國公，皆牢讓不允，特錫法号曰“大廣智三藏”。大曆」五年夏六月癸未，滅度於京師大興善寺。代宗爲之廢朝三日，贈司空，追謚大辯正廣智三藏和尚。荼毗之時」，詔遣中謁者齎祝文祖祭，申如在之敬。睿詞深切，嘉薦令芳，禮冠群倫，舉無與比。伊年九月」，詔以舍利起塔於舊居寺院。和尚性聰朗，博貫前佛萬法要指，緇門獨立，邈遠遠其無雙。稽夫真言字義之憲度，灌頂升壇之」軌迹，則時成佛之速，應聲儲祉之妙。天麗且弥，地普而深，固非末學所能詳也。敢以概見，序其大歸。昔金剛薩埵親於毗盧遮」那佛前，受瑜伽最上乘義。後數百歲傳於龍猛菩薩，龍猛又數百歲傳於龍智阿闍梨，龍智傳金剛智阿闍梨，金剛智東来，傳」於和尚。和尚又西遊天竺、師子等國，詣龍智阿闍梨，揚攉十八會法。法化相承，自毗盧遮那如来貤於和尚，凡六葉矣。每齋戒」留中，道迎善氣，登礼皆答，福應較然。温樹不言，莫可記已。西域隘巷，狂象奔突，以慈眼視之，不旋踵而象伏不起；南海半渡，天」吴鼓駭，以定力對之，未移晷而海静無浪。其生也，母氏有毫光照燭之瑞；其歿也，精舍有池水竭涸之異。凡僧夏五十，享年七」十。自成童至于晚暮，常飾共具，坐道場，浴蘭焚香，入佛知見。五十餘年，晨夜寒暑，未曾須臾有傾摇懈倦之色，過人絶遠乃如」是者。後學升堂誦説，有法者非一。而沙門惠朗受次補之記，得傳燈之旨，繼明佛日，紹六爲七，至矣哉。於戲！法子永懷梁木，將」紀本行，託余勒崇。昔承微言，今見几杖，光容眇漠，壇宇清愴。纂書昭銘，小子何攘。銘曰」：

嗚呼大士，右我三宗。道爲帝師，秩爲儀同。昔在廣成，軒后順風。歲逾三千，復有肅公。瑜伽上乘，真語密契。六葉」授受，傳燈相繼。述者牒之，爛然有第。陸伏狂象，水息天吴。慈心制暴，慧力降愚。寂然感通，其可測乎？兩楹夢奠，雙樹變色。司空」寵終，辯正旌德。天使祖祭，宸衷悽惻。詔起寶塔，舊庭之隅。下藏舍利，上飾浮圖。迹殊生滅，法離有無。刻石」爲偈，傳之大都」。

建中二年歲次辛酉十一月乙卯十五日己巳建」

校勘記

①善，碑斷裂處文字據《佛祖歷代通載》等補。下凡碑文闕字者，均據以補。

按

此碑爲不空和尚弟子追敘先師功德而作。不空，又作不空金剛，南印度師子國人。爲唐代譯經家、密教付法第六祖。生平事迹載《宋高僧傳》《代宗朝贈司空大辨正廣智三藏和上表制集》等。與善無畏、金剛智並稱“開元三大士”，又與鳩摩羅什、真諦、玄奘等並稱四大翻譯家，對確立梵語與漢字間嚴密的音韻對照組織之功甚鉅。

撰者嚴郢，華州華陰人，《新唐書》有傳。

書者徐浩，與顏真卿並世，時稱“顔徐”。此碑爲徐浩去世之前一年所書，用筆圓勁厚重，筆勢力雄氣沉，結體穩健，骨壯氣豪。

334.784　李國珍墓誌

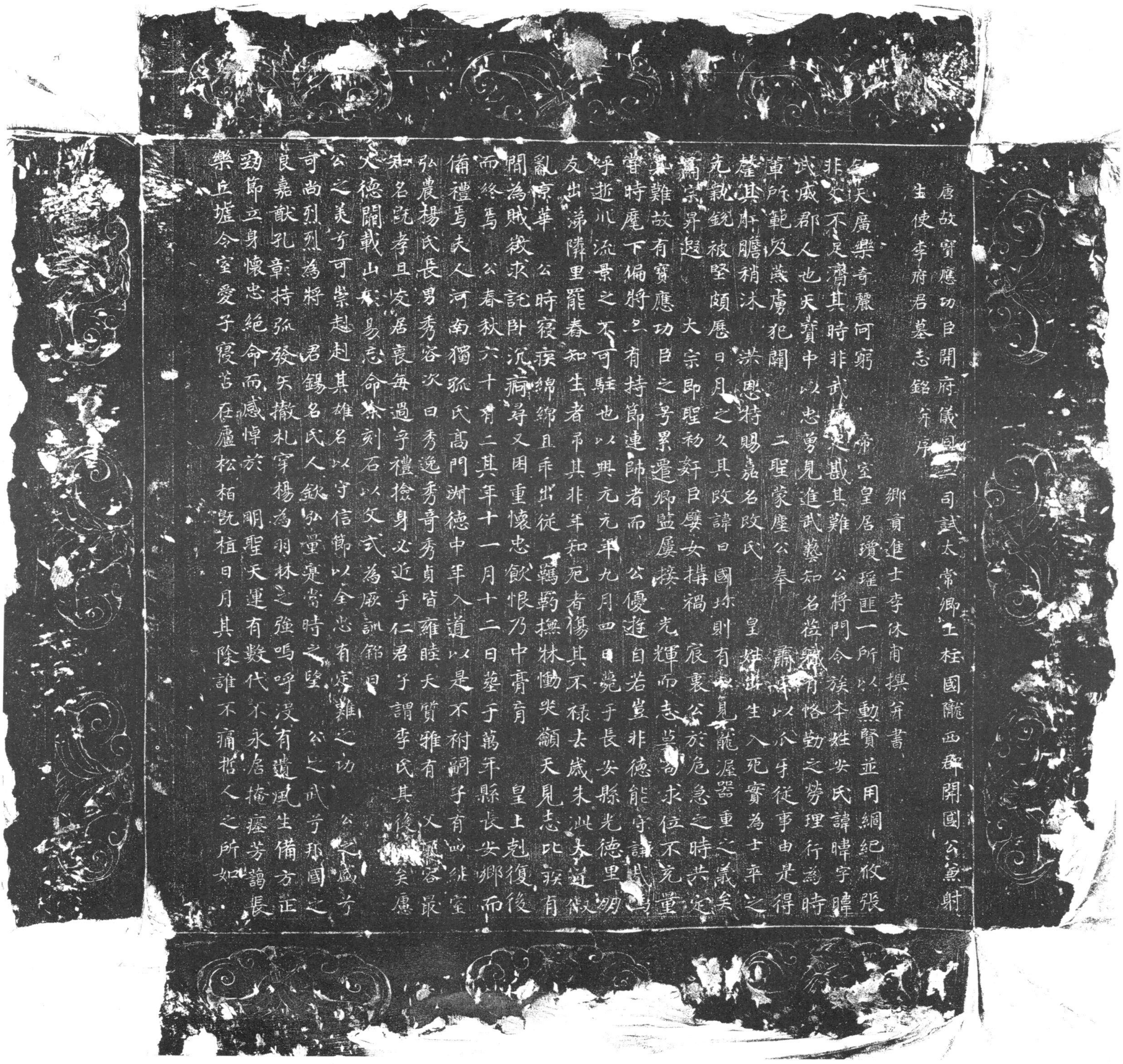

説 明

唐興元元年（784）十一月刻。蓋盝形，誌正方形。誌、蓋尺寸相同，邊長均58厘米。蓋文3行，滿行3字，篆書“大唐故」李府君」墓誌銘」”。誌文楷書26行，滿行28字。李休甫撰文並書丹。蓋四殺飾纏枝花紋，誌四側飾壼門内十二生肖圖案。西安市出土，具體時、地不詳。現存西安博物院。《隋唐五代墓誌滙編》《全唐文補遺》著録。

釋 文

唐故寶應功臣開府儀同三司試太常卿上柱國隴西郡開國公兼射」生使李府君墓志銘并序」

鄉貢進士李休甫撰并書」

欽天廣樂，奇麗何窮；帝室皇居，瓊瑶匪一。所以勳賢並用，綱紀攸張」。非文不足濟其時，非武不足戡其難。公將門令族，本姓安氏，諱暐，字暐」，武威郡人也。天寶中，以忠勇見進，武藝知名。莅職有恪勤之勞，理行爲時」輩所範。及燕虜犯闕，二聖蒙塵，公奉肅宗，以爪牙從事。由是得」罄其肝膽，稍沐洪恩。特賜嘉名，改氏皇姓。出生入死，實爲士卒之」先；執鋭被堅，頗歷日月之久。其改諱曰國珎，則有以見寵渥器重之義矣」。肅宗昇遐，大宗即聖。初，奸臣嬖女，構禍宸衷。公於危急之時，共定」其難，故有“寶應功臣”之号。累遷卿監，屢接光輝，而志莫苟求，位不充量」。嘗時麾下偏將，亦有持節連帥者，而公優遊自若，豈非德能守謙哉？嗚」呼！逝川流景之不可駐也，以興元元年九月四日薨于長安縣光德里。朋」友出涕，隣里罷舂。知生者吊其非年，知死者傷其不禄。去歲，朱泚大逆，假」亂京華。公時寢疾綿綿，且乖出從羈靮，撫牀慟哭，籲天見志。比疾有」間，爲賊徵求，託卧沉痾，尋又困重，懷忠飲恨，乃中膏肓。皇上剋復，後」而終焉。公春秋六十有二，其年十一月十二日，葬于萬年縣長安鄉而」備禮焉。夫人河南獨孤氏，高門淑德，中年入道，以是不祔。嗣子有四，繼室」弘農楊氏。長男秀容，次曰秀逸、秀奇、秀貞，皆雍睦天質，雅有父風。容最」知名，既孝且友。居喪每過乎禮，檢身必近乎仁。君子謂李氏其後□矣。慮」父德闕載，山形易忘，命余刻石以文，式爲厥訓。銘曰」：

公之美兮可崇，赳赳其雄。名以守信，節以全忠，有定難之功。公之盛兮」可尚，烈烈爲將。君錫名氏，人欽弘量，寔當時之望。公之武兮邦國之」良，嘉猷孔彰。持弧發矢，撤札穿楊，爲羽林之强。嗚呼！没有遺風，生備方正」。勁節立身，懷忠絶命，而感悼於明聖。天運有數，代不永居。掩瘞芳藹，長」樂丘墟。令室愛子，寢苫在廬。松柏既植，日月其除。誰不痛哲人之所如」。

按

誌主李國珍，《唐書》無傳。原姓安，諱暐。天寶末年因擁立唐肅宗登位，賜姓李，改名國珍。對于唐代賜姓賜名之研究有一定的資料價值。